粗颗粒盐渍土路基工程

张莎莎　杨晓华　著

人民交通出版社股份有限公司
China Communications Press Co.,Ltd.

内 容 提 要

本书介绍了粗颗粒盐渍土的基本工程特性及其易溶盐测定方法;开展了单因素改变条件下的粗颗粒盐渍土盐胀试验和多因素交互作用下的盐胀试验,分析了土、水、盐、温、力各因素及其交互作用对盐胀的影响,提出了各影响因素对盐胀的敏感权重;通过室内溶陷试验,分析了其作为路基填料的溶陷规律;开展了冻融循环条件下的大比尺粗颗粒盐渍土路基模型试验,分析了其变形特征,揭示了其微观机理及路基土体强度特性。在此基础上,探讨了粗颗粒盐渍土路基填料的适用性;并对无法直接使用的高含盐量粗颗粒盐渍土进行了改良研究。最后介绍了盐渍化软弱土地基处治技术。

本书可供盐渍土地区公路工程研究人员以及勘察、设计、施工、检测等相关技术人员参考,可为其他类似工程的研究治理提供一定的借鉴和思路,也可作为高等学校岩土工程、路基工程等专业师生的参考书。

图书在版编目(CIP)数据

粗颗粒盐渍土路基工程 / 张莎莎,杨晓华著. —北京:人民交通出版社股份有限公司,2019.6

ISBN 978-7-114-15549-9

Ⅰ. ①粗… Ⅱ. ①张… ②杨… Ⅲ. ①盐渍土地区—公路路基—路基工程 Ⅳ. ①U416.1

中国版本图书馆 CIP 数据核字(2019)第 095844 号

书　　名:粗颗粒盐渍土路基工程
著 作 者:张莎莎　杨晓华
责任编辑:赵瑞琴
责任校对:刘　芹
责任印制:张　凯
出版发行:人民交通出版社股份有限公司
地　　址:(100011)北京市朝阳区安定门外外馆斜街 3 号
网　　址:http://www.ccpress.com.cn
销售电话:(010)59757973
总 经 销:人民交通出版社股份有限公司发行部
经　　销:各地新华书店
印　　刷:北京鑫正大印刷有限公司
开　　本:787 × 1092　1/16
印　　张:17.25
字　　数:404 千
版　　次:2019 年 6 月　第 1 版
印　　次:2019 年 6 月　第 1 次印刷
书　　号:ISBN 978-7-114-15549-9
定　　价:56.00 元

前　　言

我国盐渍土分布面积约 90 万 km^2，占全国总面积的 9.6% 左右。盐渍土按地理区分为滨海盐渍土区和内陆盐渍土区。在我国，内陆盐渍土区主要为新疆、青海、甘肃、内蒙古、宁夏等省，粗颗粒盐渍土主要分布于上述区域。由于盐渍土具有盐胀、溶陷和腐蚀等工程特性，对路基会产生一定的危害。如何合理处治、利用盐渍土，并减少或防止盐渍土造成的工程次生灾害，直接关系到我国在这些地区投资建设的高速公路、高速铁路等基础工程设施的稳定性和经济性。

本书整理了作者及其研究团队从 2004 年到 2018 年的相关研究成果，由于时间跨度较大，引用的部分规范已经更新，在此说明。基于上述研究成果，本书重点介绍了粗颗粒盐渍土的基本工程特性和易溶盐测定方法；开展了单因素改变条件下的粗颗粒盐渍土盐胀试验和多因素交互作用下的粗颗粒盐渍土盐胀试验，分析了土、水、盐、温、力各个因素及其交互作用对盐胀的影响，提出了各影响因素对盐胀的敏感权重；并针对粗颗粒盐渍土作为路基填料进行了室内溶陷试验，分析了其作为路基填料的溶陷规律；在常规盐胀和溶陷试验的基础上，开展了冻融循环条件下的大比尺粗颗粒盐渍土路基模型试验，分析了其变形特征，揭示了其微观机理，明确了冻融循环对粗颗粒盐渍土路基土体强度特性的影响。在此基础上，探讨了粗颗粒盐渍土地区路基填料的适用性指标；并对无法直接使用的高含盐量粗颗粒盐渍土进行了改良试验分析，提出了改良配比方案。同时，分析了粗颗粒盐渍土路基水盐迁移特征，提出了粗颗粒盐渍土路基隔断层的设计原则。最后，介绍了盐渍化软弱土地基的处治措施。

本书相关研究成果得到了国家自然科学基金项目“粗颗粒盐渍土路基变形性状的敏感参数及其路用评判指标研究”（51209006）、中国中铁重大科研项目“德伊高铁盐渍土工程特性及路基修建关键技术研究”、甘肃省交通厅交通建设科技项目“嘉峪关至安西一级公路盐渍土地段路基修筑技术研究”、西部交通建设科技项目“盐渍土地区公路修筑成套技术研究”和新疆维吾尔自治区交通运输厅科技项目“粗颗粒盐渍土公路工程分类研究”等科研课题的资助，同时也得到了长安大学、中国中铁二院工程集团有限责任公司、甘肃省交通厅、新疆维吾尔自治区交通厅等相关单位的大力支持与协助，在此表示衷心的感谢。陈伟志、王永威、王龙、刘伟、张林、谢山杰、孔祥鑫、肖飞、周强、金好乾、王岩涛、曾浩、李爱明、李嘉璐、肖靖、赵滨京等参与了部分研究和书稿的整理工作，在此对上述做出贡献的相关人员表示衷心的感谢。

希望本书的出版能够对提高和完善我国粗颗粒盐渍土地区的路基工程建设贡献绵薄之力。鉴于作者水平有限，书中难免存在疏漏和错误，敬请读者批评指正。

作 者

2019 年 5 月

目　录

第1章　绪　　论

1.1　概　　述

土地和水是人们赖以生存及一切社会活动的基本条件，是必不可少的物质基础。由于气候变暖等诸多原因，在干旱地区，土壤和水中往往会含有过量的可溶盐，而其将会对人类的生产生活造成重大危害。土壤盐渍化和地下水咸化是土地荒漠化的主要表现形式之一，也是社会发展亟待解决的资源和生态难题。因此，对此类问题需要更加重视。据联合国等国际组织统计，全球有各类盐渍土面积约 10 亿 hm^2，约占全球陆地总面积的 10%，广泛分布于欧亚大陆、非洲和北美洲的100 多个国家和地区。其在我国分布面积也十分广阔，总面积约90 万 km^2，约占全国总面积的 9.6%。盐渍土按地理区分为滨海盐渍土区和内陆盐渍土区。在我国，滨海盐渍土区主要分布在河北、山东、江苏、辽宁等沿海地区；内陆盐渍土区主要分布在新疆、青海、甘肃、内蒙古、宁夏等干旱的内陆省区。从上述盐渍土集中分布地区可以看出，盐渍土广泛分布于我国"一带一路"倡议的重要始发站和途径地带。如何合理地处治盐渍土和利用盐渍土直接关系到这些地区的社会和经济顺利、快速发展。

同时，"一带一路"辐射区域包括我国西北和中亚等地区，在上述地区存在着广阔的粗颗粒盐渍土。由已有研究资料可知，粗颗粒土具有压实性能好、透水性能强、填筑密度大、沉陷变形小、抗剪强度高、承载力高、地震荷载作用下不易产生液化等优良的工程特性，它符合就地取材的条件，已在高土石坝、公路路堤、高速铁路路基、建筑物地基、海岸港湾护岸、人工筑岛等工程中得到了广泛应用。其中，级配良好的粗颗粒土通常是路堤填料的首选材料，在中国西北地区，分布面积广阔，将其合理地加以利用可以保证公路工程及铁路工程的施工质量。但是，由于西北地区气候干燥少雨，气温变化大、寒暑悬殊、蒸发量大，且矿化度极高，使其形成了大面积的粗颗粒盐渍土。而盐渍土中的易溶盐会因为温差变化与蒸发作用，产生相态的改变，直接影响了该地区粗颗粒盐渍土的合理应用。在这些地区进行工程设计和施工时，工程技术人员往往因为盐渍土的工程危害而将粗颗粒盐渍土弃置不用，这导致了借弃土方的数量庞大，造成严重的水土流失和生态破坏，如图 1-1 所示。

鉴于上述原因，本书依托国家自然科学基金项目"粗颗粒盐渍土路基变形性状的敏感参数及其路用评判指标研究"（51209006）、中国中铁重大科研项目"德伊高铁盐渍土工程特性及路基修建关键技术研究"（2017-重大-11-04）、甘肃省交通运输厅交通建设科技项目"嘉峪关至安西一级公路盐渍土地段路基修筑技术研究"、西部交通建设科技项目"盐渍土地区公路修筑成套技术研究"和新疆维吾尔自治区交通运输厅科技项目"粗颗粒盐渍土公路工程分类研究"等科研课题，对 10 年来课题组所从事的粗颗粒盐渍土相关研究获得的成果进行了一定的总结归纳，以便为粗颗粒盐渍土地区进行路基工程设计和施工的工程技术人员、科研工作者等相关专业人士提供一定的技术参考。同时也希望通过本书与各行业专业人士进行技术交流。

图 1-1　弃置盐渍土造成的生态破坏

1.2　盐渍土的一般定义

盐渍土作为一种特殊土,是指土中易溶盐超过一定含量的盐化土壤、碱化土壤、盐土及碱土。当土中的盐碱含量超过一定数量时,就会形成盐渍土,从而改变土的物理性质,影响工程建设及正常使用。

土的含盐量通常是用一定土体内含盐的质量与其干土质量之比,以百分数来表示。

我国现行《岩土工程勘察规范》(GB 50021—2017)中规定盐渍土的界限含盐量标准是易溶盐含量达到0.3%,并具有溶陷、盐胀、腐蚀等工程特性时,应判定为盐渍土;《公路路基设计规范》(JTG D30—2015)中规定,当地基土中易溶盐的含量达到0.3%时,应根据盐渍土地基的要求进行勘察、设计和施工;《铁路工程地质勘察规范》(TB 10012—2007 J 124—2007)中规定,土中易溶盐含量大于0.3%的土,称为盐渍土,当地表1m深度内,土体中平均易溶盐含量大于0.3%,称为盐渍土场地;《盐渍土地区建筑技术规范》(GB/T 50942—2014)中规定,易溶盐含量大于或等于0.3%且小于20%,并具有溶陷或盐胀等工程特征的土称为盐渍土;《工程地质手册》(第五版)等都将盐渍土含盐量的界限值定为0.3%。

作为特殊土体的盐渍土,具有异于一般土的特点:一是,易溶盐可以同时以固态和液态的形式存在于土中;二是,盐渍土的含水率增大后,土中易溶盐的相态会发生变化,土体的物理、力学性质会因此发生改变,强度也会因此显著降低;三是,随着环境温度或湿度的降低,土体孔隙中的盐分浓缩并结合水分子析出成为晶体,致使盐渍土地基出现膨胀变形;四是,当盐渍土地基遭水浸时,土体中起胶结作用的结晶盐部分或全部被水溶解,土颗粒之间的胶结联结能力降低,土的原有结构遭到破坏,土颗粒发生相对滑移,土体中孔隙减小,土体下陷;五是,易溶盐的存在使地基土对混凝土和金属建材具有强烈的腐蚀作用,对建筑物的基础和地下设施的耐久性和安全使用产生很大影响。

1.3 盐渍土分类

盐渍土的分类方法很多，但以往其分类原则无非是根据盐渍土本身特点（如含盐的性质、含盐量的多少、盐在水中溶解的难易程度、盐渍土的地理条件等），按其对工业、农业或交通运输业的影响和危害程度进行分类。例如，农业上是考虑对一般农作物生长有害程度，按可溶盐类别和含量进行分类，而工程上则考虑对工程使用的影响，进行盐渍土分类。

盐渍土对不同工程对象的危害特点和影响程度是不同的。如对铁路或公路路基的危害和影响，就与其对建筑物地基和基础的不同，所以各部门都可根据各自的特点和需要来划分盐渍土的类别。此外，尚应指出，各种盐渍土分类方法中的界限都是人为确定的，考虑的因素和角度不同，所以盐渍土分类的界限值也不尽相同。本节将介绍目前国内外几种主要盐渍土的分类方法，同时简单介绍根据颗粒特征对盐渍土进行工程分类，可作为对盐渍土路基工程进行了解和研究的参考。

1.3.1 按盐的性质分类

地基中常含多种盐类，不同性质盐的含量的多寡，影响着盐渍土的工程性质。如含氯盐为主的盐渍土，因氯盐的溶解度大，遇水后土中的结晶盐极易溶解，使土变软，强度变低，并产生湿陷变形，此外，其盐溶液对钢筋混凝土基础和其他地下设施中的钢筋或钢材产生腐蚀。又如含硫酸盐为主的盐渍土，除了会产生湿陷变形外，其中的硫酸钠（俗称芒硝）在温度和湿度发生变化时，还将产生较大的体积变形，造成地基膨胀和收缩，此外，其溶液对基础和其他地下设施的材料（如混凝土等）将产生腐蚀作用。碳酸盐对土的工程性质的影响，视盐的成分而定，碳酸钙和碳酸镁等很难溶于水，对土起着胶结和稳定的作用，而碳酸钠和碳酸氢钠则使土在遇水后产生膨胀。

因此，需要对盐渍土中含盐成分，按常规方法进行全量化学分析，确定各种盐的含量，然后进行分类，以判断哪种或哪几种盐对盐渍土的工程性质起主导作用。

我国40年来一直沿用苏联的分类方法，但苏联从1972年起，就改用新的分类表，修改后的分类表见表1-1。

盐渍土按盐的性质分类（苏联） 表1-1

盐渍土名称	$\frac{Cl^-}{SO_4^{2-}}$	$\frac{CO_3^{2-}+HCO_3^-}{Cl^-+SO_4^{2-}}$
氯盐渍土	>2.5	—
亚氯盐渍土	2.5~1.5	—
亚硫酸盐渍土	1.5~1.0	—
硫酸盐渍土	<1.0	—
碳酸(氢)盐渍土	—	>0.33

目前，《公路路基设计规范》（JTG D30—2015）中按含盐性质分类，见表1-2。

盐渍土按盐的性质分类 表 1-2

盐渍土名称	$\frac{Cl^-}{SO_4^{2-}}$	$\frac{CO_3^{2-}+HCO_3^-}{Cl^-+SO_4^{2-}}$
氯盐渍土	>2.0	—
亚氯盐渍土	1.0~2.0	—
亚硫酸盐渍土	0.3~1.0	—
硫酸盐渍土	<0.3	—
碳酸(氢)盐渍土	—	>0.3

注:离子含量以 1kg 土中离子的毫摩尔数计(mmol/kg)。

《盐渍土地区建筑技术规范》(GB/T 50942—2014)中的分类方式见表 1-3。

盐渍土按盐的化学成分分类 表 1-3

盐渍土名称	$\frac{c(Cl^-)}{2c(SO_4^{2-})}$	$\frac{2c(CO_3^{2-})+c(HCO_3^-)}{c(Cl^-)+2c(SO_4^{2-})}$
氯盐渍土	>2.0	—
亚氯盐渍土	>1.0,≤2.0	—
亚硫酸盐渍土	>0.3,≤1.0	—
硫酸盐渍土	≤0.3	—
碱性盐渍土	—	>0.3

注:$c(Cl^-)$、$c(SO_4{}^{2-})$、$c(CO_3{}^{2-})$、$c(HCO_3{}^-)$分别表示氯离子、硫酸根离子、碳酸根离子、碳酸氢根离子在 0.1kg 土中所含的毫摩尔数,单位为 mmol/0.1kg。

《铁路特殊路基设计规范》(TB 10035—2006)和《盐渍土地区建筑技术规范》(GB/T 50942—2014)关于盐渍土分类相同,《公路路基设计规范》(JTG D30—2015)与《盐渍土地区建筑技术规范》(GB/T 50942—2014)表述方法略有区别。但是总体分类原则相同,均是以一定质量土体中的离子含量来分类。

1.3.2 按盐的溶解度分类

盐在水中溶解的难易程度不同,通常可用一定温度下溶解度来衡量,即以 100g 溶液中能溶解该盐的克数来表示。不同的盐,其溶解度差别较大,见表 1-4。土中固态的结晶盐遇水后的溶解程度,直接影响地基的强度和变形特性,所以盐渍土以含盐的溶解度分类,对路基工程和建筑地基有很大实用意义。

不同盐的溶解度表(徐攸在,1998) 表 1-4

盐类的分子式	可结合的结晶水	100g 溶液中能溶解的盐量(g)		
		$t=0℃$	$t=20℃$	$t=60℃$
NaCl	—	35.6	36.6	37.3
KCl	—	22.2	25.5	31.3
$CaCl_2$	$6H_2O$	37.2	42.7	—
$CaCl_2$	$4H_2O$	—	—	57.8
$MgCl_2$	$6H_2O$	34.6	35.3	37.9

续上表

盐类的分子式	可结合的结晶水	100g溶液中能溶解的盐量(g)		
		$t=0℃$	$t=20℃$	$t=60℃$
$NaHCO_3$	—	6.9	9.6	16.4
$Ca(HCO_3)_2$	—	16.5	16.6	17.5
Na_2CO_3	$10H_2O$	7.0	21.5	31.7
$MgSO_4$	$7H_2O$	—	26.8	35.5
Na_2SO_4	$10H_2O$	4.5	16.1	—
Na_2SO_4	—	—	—	45.3
$CaSO_4$	$2H_2O$	0.18	0.20	0.20
$CaCO_3$	—	—	0.0014	0.0015

根据土中的溶解度，盐渍土通常可分为易溶盐渍土、中溶盐渍土和难溶盐渍土，见表1-5。

盐渍土按盐的溶解度分类(徐攸在，1998)　　表1-5

盐渍土名称	含 盐 成 分	溶解度(%)($t=20℃$)
易溶盐渍土	氯化钠(NaCl)、氯化钾(KCl)、氯化钙($CaCl_2$)、硫酸钠(Na_2SO_4)、硫酸镁($MgSO_4$)、碳酸钠(Na_2CO_3)、碳酸氢钠($NaHCO_3$)等	9.6~42.7
中溶盐渍土	石膏($CaSO_4\cdot 2H_2O$)、无水石膏($CaSO_4$)	0.2
难溶盐渍土	碳酸钙($CaCO_3$)、碳酸镁($MgCO_3$)等	0.0014

1.3.3　按含盐量分类

按土中可溶盐(易溶盐和中溶盐)的含量多少来分类，历来是国内外对盐渍土进行分类的方法，但各部门的规定各不相同，现将国内外主要的几种按含盐量分类的规定简要介绍如下。

苏联在公路方面多数采用别兹鲁克的分类标准。根据不同盐的性质，按表1-6规定的含盐量标准，将盐渍土分为四类。

盐渍土按含盐量分类(苏联)　　表1-6

盐渍土名称	含盐量(%)	
	氯盐、亚氯盐	硫酸盐、亚硫酸盐
弱盐渍土	0.3~1.0	0.3~0.5
中盐渍土	1.0~5.0	0.5~2.0
强盐渍土	5.0~8.0	2.0~5.0
超盐渍土	>8.0	>5.0

在建筑工程方面，苏联则采用别特鲁辛的分类标准，根据不同的土类，按表1-7规定出含易溶盐和中溶盐总量的最低标准，以区分盐渍土和非盐渍土。分类标准中考虑了不同土类对盐的敏感程度，也考虑了中溶盐的影响，但对含中溶盐为主的土，则不完全适宜，把中溶盐与易溶盐等量齐观有欠妥当。

各类盐渍土可溶盐含量标准(苏联)　　表 1-7

土的类别		可溶盐含量(%)
碎石土	含砂土填充物<40%	2.0
	含砂土填充物≥40%	0.5
	含砂土填充物<30%	2.0
砂类土		0.5
亚黏土、亚砂土		5.0
黏土		10.0

表 1-6 和表 1-7 中,碎石盐渍土的含量是指填充物的含量,即在计算干土质量时,不考虑碎石或卵石的质量,这是偏于安全的。

我国铁道部门采用的分类标准见表 1-8。在 1992 年出版的《铁路工程设计手册:路基》(修订版)中规定地表土层 1m 内易溶盐含量超过 0.5% 的土称为盐渍土。

盐渍土按含盐量分类　　表 1-8

盐渍土	含盐量(%)		
	氯盐、亚氯盐	硫酸盐、亚硫酸盐	碳酸盐
弱盐渍土	0.5~1.0	—	—
中盐渍土	1.0~5.0	0.5~2.5	0.5~1.0
强盐渍土	5.0~8.0	2.5~5.0	1.0~2.0
超强盐渍土	>8.0	>5.0	>2.0

2001 年,新疆维吾尔自治区交通厅颁布的《新疆盐渍土地区公路路基路面设计与施工规范》(XJTJ 01—2001)中,对盐渍土分类提出了新的方法,考虑了土类对盐渍土工程特性的影响,对盐渍土分类分别采用了细颗粒土和粗颗粒土两种指标,比较符合工程实际。而后,公路行业普遍开始借鉴。

《公路路基设计规范》(JTG D30—2015)中将盐渍土按含盐量分为 4 种(表 1-9)。

盐渍土按含盐量分类　　表 1-9

盐渍土类型	细颗粒土土层的平均含盐量(以质量百分数计)		粗颗粒土通过 1mm 筛孔土的平均含盐量(以质量百分数计)	
	氯盐渍土及亚氯盐渍土	硫酸盐渍土及亚硫酸盐渍土	氯盐渍土及亚氯盐渍土	硫酸盐渍土及亚硫酸盐渍土
弱盐渍土	0.3~1.0	0.3~0.5	2.0~5.0	0.5~1.5
中盐渍土	1.0~5.0	0.5~2.0	5.0~8.0	1.5~3.0
强盐渍土	5.0~8.0	2.0~5.0	8.0~10.0	3.0~6.0
过盐渍土	>8.0	>5.0	>10.0	>6.0

注:离子含量以 100g 干土内的含盐总量计。

《岩土工程勘察规范》(GB 50021—2017)及《盐渍土地区建筑技术规范》(GB/T 50942—2014)中的分类标准相同(表 1-10)。

盐渍土按含盐量分类 表1-10

盐渍土名称	平均含盐量(%)		
	氯及亚氯盐	硫酸及亚硫酸盐	碱性盐
弱盐渍土	0.3~1.0	—	—
中盐渍土	1.0~5.0	0.3~2.0	0.3~1.0
强盐渍土	5.0~8.0	2.0~5.0	1.0~2.0
过盐渍土	>8.0	>5.0	>2.0

1.4 粗颗粒盐渍土的形成及其分布特点

了解盐渍土的形成过程和大致的分布规律,无疑对我们进行勘察、设计和施工以及防止土的进一步盐渍化,都是有很大帮助的。关于盐渍土的成因,曾有不同学说解释其形成过程,这些学说并不相互排斥,可以互为补充,所以本节予以综合并简述如下。

1.4.1 盐的来源与迁移

近代的观点认为,盐渍土中的盐,主要来源于三方面:岩石中盐类的溶解,工矿业废水的注入和海水的渗入。而盐的迁移和在土中的重分布,则是靠水流(地表水和地下水)和风力来进行。

1)盐的来源

盐渍土中的盐主要来自岩石。如火山爆发时,直接喷出盐酸、氯气和各种氧化硫等,与岩石相互作用,产生新的氯盐和硫酸盐。凝固后的岩浆遇水后则逐渐被溶解,导致其矿物成分的改变而生成盐溶液。岩石的化学风化是在氧气、水、碳酸和其他有机酸等作用下,岩石发生氧化、碳化、水化和高岭土化的过程,最后使原来岩石的化学成分发生变化,同时也产生出不同的盐类。此外,含盐的沉积岩也是盐渍土中盐的来源。

工业废水中常含有大量硫酸盐、镁盐、氯盐、钾盐和铵盐以及许多酸类,另外,一些矿(如硫化矿和煤矿等)的矿水,渗入土中后,均会造成土的盐渍化。

海滨地区如果由于某种原因造成海水入侵,例如,大量抽取地下水,使海水倒灌,则盐类会随着海水渗入土中,形成海滨盐渍土。

2)盐的转移

如前所述,盐的迁移是靠风力或水流来完成的。飓风可以将含盐的海水带到陆地;在沙漠等干旱地区,大风常将盐或含盐的土粒和粉尘吹落到远处,积聚起来,使盐分重新分布。我国西北地区的一些地方,可以见到相当厚度的、较均匀的含盐的细、粉砂和粉土层,即是由于风力迁移的结果。

水流是使盐类迁移和重新分布的主要因素。雨水、冰雪融水等水流,一部分渗入地下,其余的形成地表水,从地势高处流向低处,地表水和地下水将其流动过程中所溶解的盐带至低洼处,有时形成较大的盐湖。在含盐水流经的途中,如遇到干旱的气候条件或地区,水流中的部分盐分就会因强烈的地面蒸发而析出并积聚在那里。因此,盐分迁移的远近及其重新分布的情况,除与水的流量大小、地形和地质条件、土的渗透性有关外,还取决于当地的气候条件。由于海水入侵而造成的盐分迁移的范围,则取决于陆地地下水下降的程度和范围。

1.4.2 我国粗颗粒盐渍土地理分布

盐渍土是盐土和碱土的总称,水平地带性不明显。我国西北、华北、东北的西部、内蒙古河套地区以及东南沿海一带都有分布。除沿海外,大都处在干旱、半干旱地区。气候干燥,地面蒸发强烈,毛细水所引起的积盐作用显著,因此,不仅在地势低洼处广泛分布着现代盐渍土,就连地势较高的山前平原、古河阶地上也常常保存有残余盐渍土。滨海地区,受海水长期浸渍形成滨海盐渍土。平原灌溉区,因水库位置欠妥,灌溉不当,造成地下水水位上升,也会导致次生盐渍化。

由于各地自然条件的差异性,使盐分在积聚程度和组成上有较大差异。

滨海盐渍土,表层含盐量一般在1% ~4%,但华南一带因淋溶作用强烈,含盐量较低,很少超过0.2%,而且盐分以氯盐、亚硫酸盐为主;华北、东北一带淋溶作用相对较弱,土层盐分淋失较少,所以含盐量较高,可达3%以上,盐分以氯盐为主,土呈微碱性。

内陆盐渍土分布面积广,含盐量高,类型繁多,成分复杂。其含盐量一般高达10% ~20%,甚至超过50%,尤以青海柴达木盆地、新疆塔里木盆地的盐渍土为最高,而且地表常结成几厘米至几十厘米厚度不等的盐壳。内陆盐渍土的盐分以氯盐、亚氯盐、亚硫酸盐为主,但在内蒙古西部,则以氯盐为主,很少见到硫酸盐。

碱性盐渍土分布面积小,且分散,比较集中的地区是在东北松嫩平原、三江平原及宁夏银川平原等,其形成与当地成土母质有直接关系。黄、淮、海河地区碱性盐渍土多呈岛状分布,穿插于其他盐渍土之间。新疆、青海、甘肃、内蒙古等地则与沙丘成复域分布,其表面常成龟裂状,一般质地黏重。

我国盐渍土分布虽广,但大都集中在西北内陆盆地中,不仅危害着当地的农业生产,同时还给公路及铁路建设带来一系列困难。

以下分别介绍河西走廊、准噶尔盆地、塔里木盆地、柴达木盆地的盐渍土分布情况,上述地区也是我国粗颗粒盐渍土分布的主要区域。

1)河西走廊

河西走廊属于祁连山地槽边缘拗陷带。喜马拉雅运动时,祁连山大幅度隆升,走廊接受了大量新生代以来的洪积、冲积物。自南而北,依次出现南山北麓坡积带、洪积带、洪积冲积带、冲积带和北山南麓坡积带。河西走廊东西长近1000km,南北宽数公里至近200km,海拔一般为1 ~1.5km,为祁连山的山前洪积—冲积缓坡平原。本区属温带干旱荒漠,降水量自东向西迅速减少。

河流属内陆闭流水系,主要有石羊河水系、黑河水系和疏勒河水系,都是来源于祁连山的冰雪融水和中高山降水,自南向北流,形成祁连山山前广大的洪积-冲积平原。在河流的下游有自成单元的平原、湖盆和洼地,这些湖盆成为化学径流的归宿。

从山麓至盐湖,随着不同的地貌部位,形成不同的土壤盐演化类型。在祁连山山前扇形地,砂砾堆积厚度达700 ~800m。在洪积-冲积扇的中、上部,为广阔的砾质戈壁,植被稀疏,分布有残余盐土;在洪积-冲积平原的前缘,土壤颗粒变细,并有泉水出露,分布着盐化草甸土和草甸盐土等,镁质碱化土壤多数分布在扇缘地下水溢出带的部位上。镁质碱化土壤的主要特征是,在剖面10~80cm处,普遍有青白色或青灰色土层,其化学组成主要为HCO^{3-}和Mg^{2+},pH在9以上,由于具有特殊的青白土层,当地人称之为青白土。从东到西,由民勒到玉门镇均有镁质碱化土壤的分布,但以酒泉、边湾、玉门等地较为集中。

在扇缘之外,地下水水位又随之降低,主要分布着普通盐土(原称典型盐土)和其他盐渍化土壤。

在河流的中下游,如石羊河、黑河和疏勒河的中下游平原地带,地下径流缓慢,矿化度增高,土壤普遍发生盐渍化,多盐土。在疏勒河下游有大面积坚硬结壳的盐土,其厚度为5~10cm,含盐量极高。

2)准噶尔盆地

准噶尔盆地位于新疆天山以北,在天山与阿尔泰山之间。西北、东北和南面均被高山所包围,成为一个不等边的三角形。盆地四周的山岭有许多缺口,来自北冰洋的水汽可以进入盆地,因而降水量在150~200mm。气候干燥,冬季寒冷,盆地内景观较为多样,有草原、沙漠、盐湖、沼泽,还有大片盐碱化土壤等。

除额尔齐斯河流注入北冰洋的喀拉海之外,其余皆是内流水系。在盆地北部,额尔齐斯河和乌伦古河流域,因河流下切,河滩狭窄,只在小河流的沿岸和干三角洲的下部以及在泉水出露、湖泊沼泽周围有盐渍土的分布。由于额尔齐斯河和乌伦古河的水化学类型是属于苏打水,HCO^{3-}离子占阴离子含量总数的60%~90%,苏打-硫酸盐盐渍化土壤有广泛的分布,土壤中苏打的累积与河水和地下水含有苏打有关。塔城地区的额敏河亦有类似的情况。

在乌伦古河的左岸,有龟裂碱化土的分布,通常为光板地,地面龟裂成不规则的多角形,具有碱化特征,pH在9.0左右,就整个盆地而言,玛纳斯河以东,为古尔班通古特沙漠,它占据很大的面积(4.73万km^2),发源于天山的许多河流的尾圆或尖灭在沙漠的边缘,或形成沼泽,或注入艾比湖和玛纳斯湖。盆地的绿洲主要分布于盆地的南缘(即天山北麓)。

盐渍土主要集中分布于广大的古老冲积平原上,如奇台、石河子、乌苏、精河和博乐之间,都有连片的分布;在玛纳斯湖和艾比湖的周缘也有大面积分布;在湖滨阶地有残余盐土分布。此外,在古老的冲积平原上,有大片的龟裂碱化土的分布,其中以玛纳斯河平原较为集中。

3)塔里木盆地

塔里木盆地位于天山以南,昆仑山和帕米尔高原之间,近似一个菱形的内陆盆地,盆地东西长约1500km,南北宽约600km,是我国最大的一个盆地。盆地年降水量小于10mm,其中若羌、吐鲁番的年降水量只有10mm多一些。蒸发量为2000~3000mm,蒸发强烈,干旱少雨,易溶性盐类大量积累。

4)柴达木盆地

柴达木盆地是由昆仑山、阿尔金山和祁连山所环抱的大盆地。东西长约850km,南北宽约250km。

发源于昆仑山和祁连山的河流有40多条,为内陆向心水系,它们都是注入湖泊或中途湮灭于戈壁荒滩之中,其中比较大的,包括巴音河、香日德河(又称为柴达木河)、格尔木河、诺木洪河等,是对农业有影响的河流。

盆地四周山地的风化物质,有经常性水流和间歇性的水流(有时为山洪)带入盆地,与所有极端干旱地区类似,山前洪积倾斜平原十分发育。盆地的主要特点是由于地质构造运动的剧烈变化,盆地内部隆起地段与沉陷地段发生了逆变,原来的古柴达木湖解体,使盆地湖泊遍布,盐类的化学沉积相当广泛,形成丰富多彩的盐类矿床。自第三纪晚期以来,盆地内出现过两次聚盐期:①在上新世,主要在盆地西部的塌陷区,大约在马海、冷湖、油沙山、芒崖、里平所围绕的范围,硫酸盐类;②到了晚更新世至全新世时期,西部反而隆起,原来的大潮解体,而盆地的中部偏东南的广大地区反而塌陷,这样,原来西部的盐类和晶间卤水,变成了一个很大的盐源,流向盆地的中部和东南部,大量氯化物盐类沉积,形成石盐矿床和内陆钾盐矿床。

"柴达木"蒙语为"盐泽",整个盆地实质上是个大湖盆,从四周汇集来的化学径流,全部汇集在盆地,无论是大量可溶性盐类还是微量元素都呈富集状态。

上述情况,说明了柴达木盆地的湖泊演变过程与盆地盐滩的广布、土壤盐渍化普遍(其中许多是残余的)及各种盐类富集有密切的关系。

目前,柴达木盆地的湖区,还在进行着化学沉积,随着湖水面的日益缩小,盐泥、盐壳也随之逐渐发育,所以盐渍土总是围绕着湖区呈环状有规律的分布。就大的湖区而言,从湖中心算起,向山麓一侧延伸,可以依次发现如下的顺序:化学沉积仍在进行的湖泊水体—盐淤泥出露—盐壳—沼泽盐土—沼泽草甸盐土—草甸盐土—砾质戈壁石膏盐盘残余盐土。

1.4.3 粗颗粒盐渍土的形成条件

盐渍土的生成、发展与演变,是所在地区的自然条件(地形、地质、水文地质、气候等)综合作用的产物。人类活动也有着较大影响。其中气候条件是引起土质盐渍化的主要外在因素,内在因素则是易溶盐的存在,并通过地形、土质、水文、水文地质等条件发生迁移和积聚。

西北地区属于荒漠生态环境,由于缺乏降水的淋溶作用,土中积累的易溶盐较其他区域更多;加上强烈的蒸发,不仅地表水蒸发浓缩,同时矿化的地下水借助毛细管作用上升到地表,所以盐渍化就成为西北地区的普遍而突出的特点。

西北地区绝大多数河流为内陆河,河流所携带的盐分汇集于下游低洼处,成为盐沼或盐湖。地下径流至盆地低洼处接近地表,导致水分持续大量蒸发,因此,各个盆地斜坡的中部或中下部都是盐渍土的分布地带,是水、热不平衡造成盐、水不平衡的结果。

1)西北盐渍土形成的气候条件

我国西北深居内陆腹地,四周又有高山阻挡,来自海洋的潮湿气流很少能够到达,故具有强烈的大陆性气候特点,降水稀少,蒸发量大,气温变化剧烈,成为我国最干旱的地区。

(1)降水稀少,蒸发量大:本区除北疆和高大山地之外,年降水量均在200mm以下,柴达木盆地最大年降雨量只有60mm,塔里木盆地10mm左右,河西走廊西部地区不足30mm,但蒸发量极大,达3000mm以上,干燥度也高达80左右,相对湿度只有40%左右。极端干旱的气候条件有利于盐分在土层中的积累。

(2)气温变幅大:本区夏季酷热,冬季严寒,年温差、日温差都很大,素有"早穿皮袄午穿纱"之说。如新疆地区极端最高温度多在40℃以上,极端最低温度在-30℃以下,日温差25℃

以上。剧烈的气温变化,不仅加速盐类的运移,同时改变着盐类的溶点和冰点,影响土的工程性质。如硫酸盐渍土,随着温度变化而发生相态的转变破坏着土的结构。

(3)风多、风大:本区普遍多风,以西北风为主,风力可达8级以上,特别是山谷隘口处风力更大,如阿拉山口、达坂城、七角井、白杨河、三个泉,年大风日数多达100d以上。由于风吹,使地面蒸发和植物蒸腾作用加剧,盐渍化临界深度加深,地下水矿化度间接增大。

仅从以上几点,足以看出,气候条件在本区盐渍土形成中所起到的作用。

2)地貌和水文地质条件与盐渍土的分带性

地貌对干旱气候条件下盐渍土的形成有着深刻的影响。从大的地貌类型来看,我国西北盐渍土大都分布在群山环抱的内陆盆地中,如塔里木盆地、准噶尔盆地、柴达木盆地及一些小型的山间盆地,如新疆的焉耆盆地、吐鲁番盆地、哈密盆地等。这些盆地多为封闭、半封闭型,而且绝大多数河流为内陆河流,与地下水一起溶解周围山区的易溶盐分,并携带至盆地低洼处沉积下来。如焉耆盆地中的博斯腾湖,注入其内的河流有:开都河、黄水沟、清水河等5条小河,年平均径流量41.46亿m^3,其中易溶盐含量可达102.66万t。而源于博斯腾湖的孔雀河每年泄出的流量为12.5亿m^3,其中易溶盐含量仅为49.25万t。每年滞留在盆地内的盐量达53.41万t以上,为盆地盐渍土的形成提供了丰富的物质来源,见表1-11。

焉耆盆地各河流的流量和矿化度　　表1-11

<table>
<tr><th colspan="2">河流名称</th><th>长度(km)</th><th>多年平均径流量($\times10^8 m^3$)</th><th>矿化度(g/L)</th><th>全年流入盆地盐量($\times10^4 t$)</th></tr>
<tr><td rowspan="7">流入博斯腾湖</td><td>开都河</td><td>525</td><td>35.32</td><td>0.240</td><td>82.64</td></tr>
<tr><td>黄水沟</td><td>171</td><td>2.81</td><td>0.289</td><td>8.121</td></tr>
<tr><td>清水河</td><td>60</td><td>1.10</td><td>0.378</td><td>3.718</td></tr>
<tr><td>乌拉斯河</td><td>100</td><td>1.17</td><td>0.396</td><td>4.633</td></tr>
<tr><td>曲慧河</td><td>50</td><td>0.42</td><td>0.392</td><td>1.646</td></tr>
<tr><td>乌什塔拉河</td><td>90</td><td>0.64</td><td>0.296</td><td>1.894</td></tr>
<tr><td>合计</td><td></td><td>41.46</td><td></td><td>102.661</td></tr>
<tr><td rowspan="2">泄出博斯腾湖</td><td rowspan="2">孔雀河</td><td rowspan="2"></td><td rowspan="2">-12.5</td><td rowspan="2">0.394</td><td>全年泄出盆地盐量($\times10^4 t$)</td></tr>
<tr><td>-49.25</td></tr>
</table>

注:本表摘自《新疆地理》。

从次一级地貌单元来看,盐渍土只发育在河流三角洲、河漫滩、低级阶地、滨湖平原及山前洪积、冲积平原上。其中,尤以盐湖周围积盐过程最强烈,滨湖盐壳广泛分布。如察尔汗盐湖南岸有宽达数十千米的超氯盐渍土,青藏铁路穿过长度55km,地下水埋藏很浅,矿化度高达300g/L,并且具有良好毛细水作用的细粒土层,如砂黏土、黏砂土及粉细砂等,气候极端干旱,地表积盐严重。

地形对盐渍土生成最主要的影响在于促使盐分沿地形剖面的重新分配。这是因为不同地貌单元直接影响地下水埋藏深度、矿化度以及矿化类型等。而西北内陆盆地具有同心圆状结构,因此,盐渍土也沿盆地周边呈条带状分布。

如柴达木盆地南缘为昆仑山,向盆地中心地貌单元依次为:昆仑山山前区—山前洪积、冲积倾斜平原区—冲积、洪积平原区—湖积平原区—察尔汗盐湖区。地形由陡变缓,地层组成物质由粗变细,地下水埋藏由深变浅,矿化度由小变大;地表积盐程度也由轻变重,盐类组成由溶解度较小的碳酸盐逐渐过渡到较易溶的硫酸盐和极易溶解的氯盐,见图1-2。

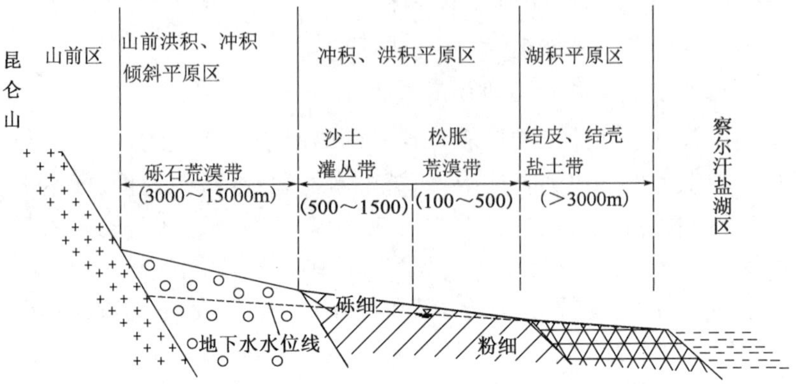

图1-2　柴达木盆地南缘盐渍土水平分带示意图(盐渍土地区铁路工程,1986年)

(1)砾石荒漠带

紧靠昆仑山山前区,地势较高,地面坡度大,漫流水系发育。地层为洪积-冲积之卵砾石土,地下水埋深一般10m以下,径流条件好,矿化度低,属碳酸盐-硫酸盐型淡水,表土中极少含盐,生长琵琶柴、麻黄等砾生灌木。工程地质条件良好。

(2)沙土灌丛带

沙土灌丛带位于砾石荒漠带之下,地面坡度较前者小,地表水以宽浅的网状流或片流为主,土层为砂类土,地下水埋深7~10m,矿化度较低,含少量溶解度较小的碳酸钠、碳酸氢钠和硫酸钙。地表土层含盐量很低,生长白刺、红柳、拐枣等沙生植物。工程地质比前者差。

(3)松胀盐土带

地势低平,地表径流不发育,土层以粉细砂、砂黏土为主,地下水已进入潜水停滞带,水位距地表3~4m,矿化度较高,一般在10~15g/L,为硫酸盐、亚硫酸盐和氯盐型。地表常有10~30mm的松散盐壳,1m土层内含盐量1%~5%,以硫酸盐渍土为主。生长红柳等耐盐植物。本带工程地质条件差,有盐胀病害,选线时应尽量控制路堤最小高度及填土中的有害含盐量。

(4)结壳盐土带

毗邻察尔汗盐湖区,地形平坦,寸草不生。地层以湖积黏性土为主,地下水埋藏很浅,只有0.5~1.5m,为潜水溢出带,地面时有积水,矿化度很高,可达80~300g/L,为氯盐型。地表常有几厘米至数十厘米厚的坚硬氯盐盐壳,盐壳含盐量一般在40%~55%,最高可达70%以上,1m深度内平均含盐量8.3%~37.6%。积盐严重,工程地质条件很差,线路于此带通过,要慎重对待。

研究内陆盆地盐渍土的水平分带性,有助于选择合理的线路位置和采取相应的工程处理措施。

内陆盆地盐渍土不仅具有明显的水平分带性,在垂直剖面上也显示一定规律性,往往最易溶的氯盐多聚集在地面,以下则为硫酸盐富集带,再下面为碳酸盐类。这是因为各种盐类溶解度不同,按各自的沉积环境聚集的结果。

3)物质基础

盐渍土的形成,必须有源源不断的盐分来源。岩层含盐矿物的风化产物,是当地土层盐渍化的来源,土层盐类性质与岩石矿物成分有关。例如,花岗岩侵入体和以片麻岩为主的变质岩系,多含钠长石矿物,这些地区必然反映出土层的苏打(碳酸钠)盐渍化;多岩盐、石膏、黏土等沉积岩系地区,也必然反映出土层的硫酸盐、氯化物的盐渍化。

西北内陆盆地周围不少山麓、丘陵,多为三叠系、侏罗系、第三系含黏土质的砂岩、泥岩及砾岩,或白垩系紫红色砾岩夹薄层砂页岩等,大部分为钙质、铁质胶结,含盐的风化壳就成为盆地的盐分来源。如沿天山南麓绵延着数百千米的这类岩层,青海柴达木盆地也广泛分布。这些地层在强烈的物理风化作用下,残积层中赋存了大量的易溶盐类,冰雪融水及大气降水将其溶解,一部分随地表水注入洼地,另一部分渗入土中注入地下,使地下水矿化度升高,二者均参与了地表盐分积累过程。

此外,内陆湖积物,也可直接成为盐渍土的成土母质,青海、新疆、河西走廊各湖盆中都能见到这种情况。

1.4.4 粗颗粒盐渍土的形成途径

西北地区的盐渍化,是本区气候、地形、地质、水文地质等自然因素的综合产物,其形成过程实际上是各种易溶盐在土层中逐渐聚集的过程,可归纳为以下几种途径。

1)地下水影响下的积盐过程

西北盐渍土的形成,主要由于地下水的作用。因西北盐渍土集中在各内陆盆地中,其地形低洼,地下水埋藏很浅,又无排泄条件,在毛细水强烈蒸发作用下,造成地表盐分积累。积盐程度取决于当地地下水矿化度和埋藏深度,以及土质成分、土质结构等。一般说来,地下水水位浅、矿化度高,地表积盐就重,反之则轻。

地下水埋藏多深才能导致土层的盐渍化?由此引出临界水位的概念。临界水位是指开始引起土层迅速积盐的潜水水位,铁路工程上采用有害毛细水上升高度,二者含义基本相同,只是在采用高度上略有出入。当潜水水位高于临界水位时,毛细水才能源源不断地上升至地表。

地下水引起的积盐过程有如下缺点:

(1)表聚性强。如南疆铁路沿线盐渍土,主要由地下水作用而形成,在地表0.25m深度内平均含盐量占1m土层内含盐量的60%~80%,并随深度增加而急剧降低,致使盐分在土层中呈近“T”字形分布。

(2)盐渍土的盐分组成与地下水的化学成分基本一致,含盐量受地下水埋藏深度和矿化度控制。

(3)土的积盐深度与当地冻结深度相符。因土层发生冻结时水分向冻层方向移动,与此同时盐分也随之移动,富集在冻结层之内,遂使在1m深度处出现明显的积盐区。

(4)盐渍土类型因地形条件而有规律的分布,见表1-12。

盐渍土类型因地形分布规律(盐渍土地区铁路工程 1986)　　表 1-12

地貌部位	1m 深度内含盐量(%)	土层阴离子含量(g/L)			地下水		地下水阴离子含量(g/L)		
		Cl^-	SO_4^{2-}	HCO_3^-	埋深(m)	矿化度(g/L)	Cl^-	SO_4^{2-}	HCO_3^-
山前冲积平原上部	0.166	0.012	0.032	0.038	7.5	0.40	0.043	0.079	0.144
山前冲积平原中部	3.357	0.540	1.30	0.014	2m 左右	4.13	0.830	1.500	0.050
山前冲积平原下部	7.290	1.460	4.130	0.026	1m 左右	5.20	1.002	0.748	0.044

2)地表水影响下的积盐过程

西北地区每年春夏冰雪融水及骤然降水,其一部分渗入地下,另一部分汇合成地表径流,当溶解了沿途中的盐分之后,就变成了矿化地表径流,有时也汇集部分矿化裂隙泉水,当流出山口形成漫流之后,在强烈地面蒸发下,水流流程不长便蒸发已尽,所携带的盐分聚集地表或距地表不深的地下部位,形成了没有或很少有地下水参与的积盐过程。

3)生物作用下的积盐过程

干旱、半干旱地区的植物,为了适应严酷的生态环境,具有根系深大的特点,在生长过程中,可从深层土中汲取大量盐分,积累在枝干中,枯死后盐分重新进入土层。如新疆、河西走廊生长的胡杨树,它不仅耐干旱、耐盐碱,同时自身有分泌盐碱的能力,所以在树干、枝条上常见凝结的白色盐晶体,称之为“胡杨碱”,当其坠落地表,就增加了表土的苏打含量;又如红柳,具有高度的积镁盐特点;盐爪爪、盐穗木等耐盐植物也有不同程度的积盐作用。

另外,这些深根植物有强烈的蒸腾作用,其消耗水分可大于地面蒸发的 1.5 ~2.0 倍,致使附近地下水矿化度增高,间接加速土层盐渍化。

4)风力搬运下的积盐过程

内陆干旱地区具有风大、风多的特点,在大风吹起时,含盐土随沙尘迁移和积聚,增加表土盐分。如山前戈壁、沙漠的表层经常附着一层白色的盐结皮,往往是风力搬运、积聚的结果。

5)人类活动引起的积盐过程

由于人类的生产活动,改变了当地的自然环境,使原来没有盐渍化的土层发生盐渍化,即次生盐渍化。这种现象在西北干旱、半干旱地区最为普遍。

6)湖泊、沼泽退化引起的盐渍化

由于新构造运动和气候的变迁,使一些内陆湖泊和沼泽退化或干涸,变成大片的盐渍土或岩盐。例如,塔里木盆地的罗布泊,其丰水时最大积水面积曾达 5000km^2,是我国第二大咸水湖,《后汉书·西域传》上曾有“广袤三百里,其水亭居,冬夏不减”的记载。20 世纪 50 年代初积水尚有二千多平方千米。因塔里木河上游建库截流,在降水不足 10mm、蒸发量高达 3000mm 以上的极端干旱气候条件下,很快干涸,变成一望无际,盐壳起伏的瀚海。又如青新铁路米兰以北,线路所经台特马湖,20 世纪 50 年代前湖中尚有两千米多宽的积水,而今也变成干涸的盐湖。

伊朗的苏尔坦盐湖为干涸的盐湖,属湖积平原,地形平坦、开阔,地面高程 803 ~816m,自然坡度1°~3°,相对高差1~2m。表层土为盐渍土,属现代盐渍土,现代积盐过程仍在进行,盐渍化明显,具有盐壳、松胀等现象,盐渍土厚度一般在4.5m以内,下部为含盐地层,厚度大于70m。

1.4.5　粗颗粒盐渍土的主要特点

(1)西北盐渍土的积盐过程,以现代盐渍土为主,局部有残余盐渍化。其分布面积广,积盐程度高,通常在0~50cm土层内含盐量占1m内总含盐量的50%以上,具有表聚性强和明显的地带性。

(2)受气候条件影响,盐分积聚速度快,季节变化大。秋季温度高,蒸发剧烈,形成"秋季返盐期";初春因冰雪融化,土层湿度增加,盐分部分溶解,含盐量相对减少,这种现象尤以河西走廊、新疆更为突出。

(3)盐类组成复杂,形态多样。除含有一般的氯化物、硫酸盐和碳酸盐外,还有少量硝酸盐、硼酸盐等。在形态上,南疆和柴达木盆地的南缘多为干盐渍土;北疆和新疆东部、河西走廊一带以一般盐渍土居多;银川平原以北及内蒙古河套地区(黄河两岸)多为湿盐渍土。

(4)次生盐渍化普遍。

本章参考文献

[1] 徐攸在. 盐渍土地基[M]. 北京:中国建筑工业出版社, 1993.

[2] 罗伟甫. 盐渍土地区公路工程[M]. 北京:人民交通出版社, 1980.

[3] 中华人民共和国行业标准. JTG D30—2015　公路路基设计规范[S]. 北京: 人民交通出版社, 2015.

[4] 中华人民共和国行业标准. TB 10035—2006　铁路特殊路基设计规范[S]. 北京:中国铁道出版社, 2006.

[5] 中华人民共和国地方标准. XJTJ 01—2001　新疆盐渍土地区公路路基路面设计与施工技术规范[S].

[6] 铁道部第一勘测设计院. 盐渍土地区铁路工程[M]. 北京:中国铁道出版社, 1988.

[7] 中华人民共和国国家标准. GB/T 50942—2014　盐渍土地区建筑技术规范[S]. 北京:中国计划出版社, 2014.

[8] 中华人民共和国国家标准. GB 50021—2009　岩土工程勘察规范[S]. 北京:中国建筑工业出版社, 2009.

[9] 中华人民共和国行业标准. TB 10102—2010　铁路工程土工试验规程[S]. 北京:中国铁道出版社, 2011.

[10] 中华人民共和国行业标准. TB 10001—2016　铁路路基设计规范[S]. 北京:中国铁道出版社, 2017.

[11] 中国中铁二院工程集团有限责任公司. 德伊高铁盐渍土工程特性及路基修建关键技术研究,2018.

第 2 章　粗颗粒盐渍土的物理力学特性

2.1　概　　述

盐渍土的三相体与非盐渍土有所不同,它的三相体可以用气相、液相和固相来表示,如盐溶液用液相来表示,除了土体颗粒用固相来表示以外,还有结晶盐随外界条件而发生相变,如图 2-1、图 2-2 所示。

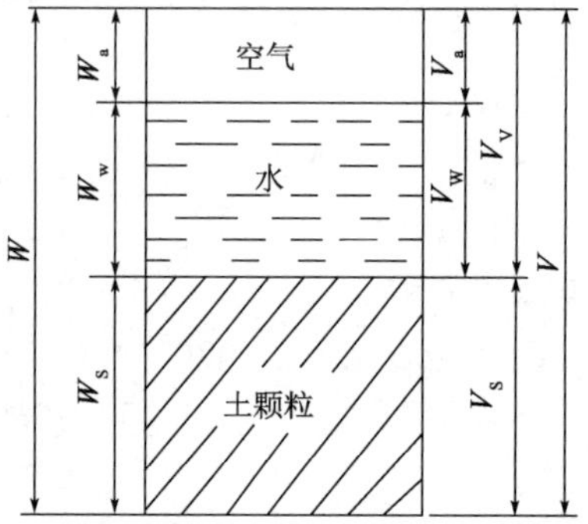

图 2-1　常规土的三相图

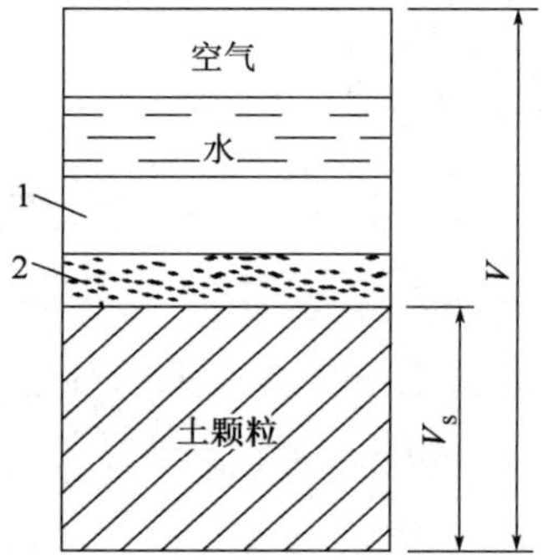

图 2-2　盐渍土的三相图

1-易溶盐;2-难溶盐

结晶盐主要有氯化钠($NaCl$)、水石盐($NaCl \cdot 2H_2O$)、氯化钾(KCl)、氯化钙($CaCl_2$)、硫酸钠(Na_2SO_4)、芒硝($Na_2SO_4 \cdot 10H_2O$)、硫酸镁($MgSO_4$)、碳酸钠(Na_2CO_3)、结晶碳酸钠($Na_2CO_3 \cdot 10H_2O$)、碳酸氢钠($NaHCO_3$)等;液相由水和溶于水中的盐离子组成,盐离子主要有 Cl^-、CO_3^{2-}、HCO_3^-、SO_4^{2-}、Ca^{2+}、Mg^{2+}、K^+、Na^+ 等。组成固相和液相的盐受温度、含水率、含盐量等因素影响可以相互转换。土中的固相盐随着含水率的增大、温度的升高或其成分的改变,可以转化成溶于水的盐;土中的液相盐随着含水率的减少、温度的降低或其成分的改变,可以转化成固体盐结晶。无水 Na_2SO_4、无水 Na_2CO_3 等结晶盐可以转化为芒硝($Na_2SO_4 \cdot 10H_2O$)和结晶碳酸钠($Na_2CO_3 \cdot 10H_2O$),其体积分别膨胀 3.18 倍和 3.68 倍。

盐渍土作为一种特殊土,其与一般素土的根本区别是含有一定量的易溶盐,当这些盐全部溶解在水中时,不会增加液体的体积,但会增大液体的比重;当盐类不能全部溶解在土中水时,过饱和的盐分便会以结晶固体的形式存在于土颗粒之间,与土体颗粒共同起土骨架作用,可将这种随温度、水分产生相态改变的易溶盐称之为“易溶盐相”,这样盐渍土就变成了包括固、液、气和易溶盐的“四相土体”。由于“易溶盐相”会发生相态的改变,因此对土体的物理和力学性质有很大影响。与一般土体一样,盐渍土三相组成的比例关系,也能表征其物理性质,即可以用颗粒级配、土颗粒相对密度 G_s、孔隙比 e、干重度 γ_d 和湿重度 γ、含水率 w、饱和度 S_r、液限 ω_L、塑限 ω_p、塑性指数 I_p、液性指数 I_L 等指标表示其物理性质。此外,盐渍土的性质还取决于盐分类型、含盐量、土质结构等因素。

我国盐渍土分布范围较广,各地区盐渍土的成因、组成及特征有明显的区域特点,因此,不同区域盐渍土的工程特性表现有所不同。固相结晶盐和液相盐溶液变化将导致盐渍土工程性质的千变万化,目前仍难建立精确的数学模型来描述。与非盐渍土一样,盐渍土的三相组成的比例关系,能表征土的一系列物理性质,这些物理性质同样可以用一些物理指标表示。

2.2　粗颗粒盐渍土的基本物理性质

2.2.1　几种典型天然粗颗粒盐渍土路基填料的颗粒级配特征

盐渍土的土体颗粒和非盐渍土一样,是指那些岩石、矿物和非晶体化合物的零散碎屑;颗粒组成是指不同粒径的颗粒所占含量的百分数。我国的盐渍土的土类复杂,有砂石类土、粉土,也有黏土、亚黏土。

卢肇钧院士在"兰新线张掖地区盐渍土路基的初步研究报告"中指出,盐渍土的工程性质与其颗粒级配和含盐量有关。当土中所含可溶盐总量小于 0.5% 时,土壤的物理力学性质主要取决于其颗粒组成的特性,盐分则几乎不产生影响;当含盐量超过 0.5% 后,土壤的性质开始受盐分的变化而发生改变;当可溶盐在土中的含量超过 3% 时,土壤的性质由盐分的种类和含量决定,颗粒级配的影响权重则变小。与此同时其也指出,盐渍土的工程性质不仅与其可溶盐的化学成分和颗粒组成有关,同时也与土样本身塑性高低以及当地气候水文条件等都有较为密切联系。另外,粗颗粒盐渍土由于其孔隙度较大,其表现出来的工程性质与细粒土的工程特性会存在着一定的差异。粗颗粒构成了盐渍土的基本骨架,粗颗粒间填充的细颗粒含量是影响粗颗粒土盐胀量的重要因素。由此可见,土体颗粒级配对盐渍土工程特性的影响不容小觑。

研究盐渍土的颗粒组成首先需要按照相关行业规范对盐渍土体粒径进行颗分试验。对于粒径大于 0.075mm 的土样用筛分法;若粒径小于 0.075mm 的土样超过总土质量 10% 时,可先洗盐,洗完盐后将其烘干,然后采用移液管法或密度计法进行分析。

以下数据为几种典型的拟用于路基填料的粗颗粒盐渍土的级配特征。

1)德伊高铁沿线粗颗粒盐渍土路基填料

伊朗德黑兰—库姆—伊斯法罕高速铁路建设项目,是我国政府"一带一路"倡议重点关注的项目之一,总里程 400km,最高设计速度 300km/h。地勘资料显示,铁路沿线存在大量的粗颗粒盐渍土,工程所在地现场见图 2-3,局部平均含盐量超过 2%,超过中盐渍土的上限,为强盐渍土。

表 2-1 为该项目德黑兰—库姆段部分标段中粗颗粒盐渍土用于路基填料的颗粒组成。

图 2-3　德黑兰—库姆—伊斯法罕高速铁路盐湖区盐渍土及路基修筑现场

土样各孔径筛孔的通过率　　表 2-1

土样位置		DK78 +900 处 1 号土样筛孔通过率(%)	DK78 +900 处 5 号土样筛孔通过率(%)	DK78 +900 处 7 号土样筛孔通过率(%)	DK77 +300 处 2 号土样筛孔通过率(%)	DK77 +300 处 3 号土样筛孔通过率(%)	DK77 +300 处 5 号土样筛孔通过率(%)
孔径(mm)	60	95.23	81.77	97.57	98.73	98.53	93.43
	40	89.02	66.09	93.59	97.82	95.24	90.83
	20	77.09	52.13	86.74	94.59	87.13	79.65
	10	66.05	41.46	77.73	88.38	74.50	65.24
	5	57.40	35.14	65.42	80.79	57.99	59.40
	2	55.61	27.34	51.30	68.84	38.54	47.08
	1	48.99	23.56	42.37	65.45	31.08	40.47
	0.5	34.73	15.02	29.55	57.80	20.86	30.20
	0.25	17.00	6.32	10.23	34.93	9.40	14.28
	0.075	3.22	1.40	1.99	7.48	1.29	2.19
不均匀系数 C_u		40.20	86.89	15.71	14.31	21.33	29.03
曲率系数 C_c		0.18	0.81	0.31	0.41	0.61	0.24
土的定名		级配不好的砾砂	级配不好的中圆砾	级配不好的砾砂	级配不好的砾砂	级配不好的细圆砾	级配不好的细圆砾

试验所得到德黑兰至库姆段大部分路基填料中均含砾类土和砂类土，粗颗粒含量相对较多；小于 0.075mm 的颗粒含量所占比例较小，均在 10% 以下。表 2-1 中所列的 6 个标段路基填料中，级配差异性也比较大。

表 2-2 为项目库姆至伊斯法罕段既有路基中部分标段的粗颗粒盐渍土用于路基填料的颗粒组成。

土样各孔径筛孔的通过率(%)　　表 2-2a)

土样位置		K7 +920	K12 +380	K17 +910	K23 +000	K27 +050	K38 +370
孔径(mm)	60	100	95.0	100	100	97.0	100
	40	97.8	93.6	98.1	99.5	91.3	95.0
	20	87.1	86.2	94.5	94.9	83.1	81.5
	10	72.8	73.5	86.9	83.6	68.8	67.4
	5	52.6	60.0	77.0	79.8	52.1	52.7
	2	30.7	43.0	54.0	47.4	34.1	34.8
	1	23.7	37.2	44.5	39.0	28.9	28.5
	0.5	16.1	25.6	30.2	26.5	21.2	19.5
	0.25	9.8	17.0	19.1	17.2	14.9	12.8
	0.075	2.7	4.2	3.5	2.6	2.3	1.6
不均匀系数 C_u		24.42	40.00	20.24	24.21	45.16	39.42
曲率系数 C_c		1.96	0.66	0.77	0.85	1.22	1.01
土的定名		级配好的细角砾	级配不好的细角砾	级配不好的砾砂	级配不好的细角砾	级配好的细角砾	级配好的细角砾

土样各孔径筛孔的通过率(%)　　表 2-2b)

土样位置		K65 +540	K75 +600	K87 +950	K95 +100	K103 +300
孔径(mm)	60	100	100	100	100	100
	40	95.7	97.0	98.8	99.5	93.7
	20	82.3	91.8	89.3	94.9	83.6
	10	68.4	80.7	75.1	83.6	66.6
	5	56.3	67.1	59.3	79.8	50.8
	2	40.1	49.8	37.2	47.4	34.4
	1	34.2	40.5	32.5	39.0	28.9
	0.5	22.4	28.2	22.5	26.5	19.8
	0.25	13.3	17.9	12.5	17.2	12.6
	0.075	1.8	3.1	1.6	2.6	2.1
不均匀系数 C_u		35.00	26.92	12.91	26.50	39.00
曲率系数 C_c		0.50	0.71	2.09	0.65	0.92
土的定名		级配好的细圆砾	级配不好的细圆砾	级配好的细角砾	级配不好的细圆砾	级配不好的细圆砾

土样各孔径筛孔的通过率(%) 表 2-2c)

土样位置		K109+300	K115+700	K121+150	K128+650	K142+000
孔径(mm)	60	100	100	100	100	100
	40	97.6	96.7	100	99.0	100
	20	87.0	87.0	87.5	90.8	97.4
	10	72.3	69.0	69.8	76.5	90.5
	5	57.8	51.5	52.8	59.2	76.6
	2	40.0	27.7	30.1	35.1	62.5
	1	33.9	21.4	23.4	28.1	37.9
	0.5	23.0	11.5	11.5	13.7	29.2
	0.25	13.9	5.4	7.4	6.3	19.4
	0.075	2.5	1.7	2.1	2.3	2.9
不均匀系数 C_u		32.86	15.56	18.63	13.64	35.20
曲率系数 C_c		0.64	1.54	1.44	0.65	0.50
土的定名		级配不好的细圆砾	级配好的细圆砾	级配好的细圆砾	级配不好的细圆砾	级配不好的细圆砾

试验得到库姆至伊斯法罕段大部分路基填料中直径大于2mm的土颗粒的含量在38%~72%,路基填料均为砾类土,粗颗粒含量相对较多;小于0.075mm的土样占比均小于5%。表2-2中所列的16个标段路基填料中,级配差异性也比较大。

2)*嘉安一级公路沿线天然盐渍土路基填料*

连云港至霍尔果斯国道主干线嘉峪关—安西段一级公路项目,位于甘肃省河西走廊西端、疏勒河流域中下游,在酒泉地区的嘉峪关市和安西县❶境内,地处东经95°00′~97°40′,北纬39°90′~45°45′,其东起嘉峪关市,西至安西县城东,现G312线联结处,东西长约235km,为一狭长地带,包括疏勒河中下游的绿洲平原和低山戈壁地区。经过多次勘测,该地区广泛分布着大量的各种类型的盐渍土,这些不同类型的盐渍土在不同的环境下对公路工程建筑物具有不同性质的破坏作用。

以嘉安一级公路沿线盐渍土的物质组成为例,对采集到的土样进行颗粒分析试验。按四分法取土样,共做三组平行试验,取平均值。

天然盐渍土试样的颗粒分析及土样分类见表2-3和表2-4。

颗粒分析表 表 2-3

桩号	粒径(mm)					有效粒径 d_{10}(mm)	平均粒径 d_{30}(mm)	界限粒径 d_{60}(mm)
	<0.075	0.075~0.5	0.5~2	2~10	>10			
	颗粒组成质量百分比(%)							
K90+000	15.8	24.4	11.4	24.9	23.5	0.130	0.020	0.041
K94+200	11.9	11.2	12.4	48.5	16.0	0.055	1.000	5.200
K104+100	1.9	15.6	16.3	32.6	31.6	0.200	1.300	8.000
K107+500	39.5	28.1	5.9	15.0	12.5	0.016	0.049	0.190

❶ 2006年8月甘肃省安西县更名为瓜州县。

续上表

桩　　号	粒径(mm)					有效粒径 d_{10} (mm)	平均粒径 d_{30} (mm)	界限粒径 d_{60} (mm)
	<0.075	0.075 ~ 0.5	0.5 ~ 2	2 ~ 10	>10			
	颗粒组成质量百分比(%)							
K111 +400	5.3	26.9	7.4	19.3	41.1	0.110	0.280	1.000
K112 +200	2.3	16.1	11.2	29.0	41.4	0.180	2.000	10.100
K112 +500	2.9	11.7	8.7	30.7	46.0	0.200	3.300	0.051
K114 +540	71.5	26.5	1.2	0.8	0.0	0.014	0.023	0.051
K120 +600	73.2	25.6	0.7	0.5	0.0	0.014	0.022	0.050
K125 +000	88.4	11.0	0.6	0.0	0.0	0.012	0.019	0.038

土样分类表　　表 2-4

桩　　号	粗颗粒土(>0.075mm)				细粒土(<0.075mm)	土　　类
	砾 2 ~ 60(%)	砂 0.075 ~ 2(%)	不均匀系数 C_u	曲率系数 C_c	<0.075(%)	
K90 +000	48.4	35.8	0.3	0.8	15.8	细粒土质砂
K94 +200	64.5	23.6	94.5	3.5	11.9	含细粒土砾
K104 +100	66.2	31.9	40.0	1.1	1.9	级配良好砾石
K107 +500	26.5	34.0	11.9	0.8	39.5	含砂低液限黏土
K111 +400	60.4	34.3	90.9	0.1	5.3	含砂低液限黏土
K112 +200	70.4	27.3	56.1	2.2	2.3	级配良好砾石
K112 +500	76.7	20.4	60.0	1.5	2.9	级配不良砾石
K114 +540	0.8	27.7	3.6	0.7	71.5	含砂低液限粉土
K120 +600	0.5	26.3	3.6	0.7	73.2	含砂低液限粉土
K125 +000	0.0	11.6	3.2	0.8	88.4	含砂低液限黏土

从以上试验结果可看出,嘉安一级公路沿线盐渍土的颗粒组成集中在粒径 2 ~ 40mm,不均匀系数 C_u 分布范围在 11.6 ~ 34.0,曲率系数 C_c 分布范围在 0.5 ~ 70.4。公路沿线盐渍土以含细粒土、细粒土砾为主,同时也含有少量细粒土质砂、粉土质砂。

K90 +000 ~ K94 +200 段,土样粒径主要分布在 0.075 ~ 10mm 的范围内,表层土主要为细粒土质砂、低液限粉土。

K94 +200 ~ K104 +100 段,土样粒径主要分布在 0.5 ~ 40mm 的范围内,表层土主要为含细粒土质砾。

K104 +100 ~ K112 +200 段,土样粒径主要分布在 0.5 ~ 20mm 的范围内,表层土主要为砾石。K112 +200 处的砂砾不均匀系数 $C_u > 5$,曲率系数 $C_c = 2.2$,为级配良好砂砾。

K112 +500 处的砂砾不均匀系数 $C_u = 60.0 > 5$,$C_c = 4.5$,为级配不良砾。

K114 +540 ~ K125 +000 段,土样粒径主要分布在小于 0.5mm 粒径范围以内,土体以小于 0.075mm 为主,但中间夹杂有大量的砂。表层土主要为含砂低液限粉土,中间夹杂着细砂质粉黏粒较多,表明颗粒表面活性较高,有黏性。

3)河西走廊地区某路基填料场的天然粗颗粒盐渍土

河西走廊属于祁连山地槽边缘拗陷带。喜马拉雅运动时,祁连山大幅度隆升,走廊接受了大量新生代以来的洪积、冲积物。自南而北,依次出现南山北麓坡积带、洪积带、洪积冲积带、冲积带和北山南麓坡积带。走廊地势平坦,一般海拔1500m左右。河西走廊气候干旱,分布着较广泛的粗颗粒盐渍土。本课题组于2016年至2017年分别在该地区某路基填料场选取典型粗颗粒盐渍土进行试验研究(图2-4)。

图2-4　取土现场

本次颗粒分析试验参照《铁路工程土工试验规程》(TB 10102—2010)和《盐渍土地区建筑技术规范》(GB/T 50942—2014)进行,并参考《铁路路基设计规范》(TB 10001—2016)确定各取回土样的分类及名称。

依据《铁路工程土工试验规程》(TB 10102—2010),首先参照取回土样的最大粒径取6～8kg具有代表性风干土样,精确至5g;其次将试样过2mm筛,以确定土样是否需要过粗颗粒标准筛,摇筛时间控制在10～15min为宜;然后,检查各筛的筛分情况,并称取和记录该级筛的质量,精确至0.1g(图2-5)。甘肃河西走廊地区某路基填料场取回的天然盐渍土的颗粒级配曲线如图2-6所示。

a)　b)　c)

图2-5　筛分试验过程

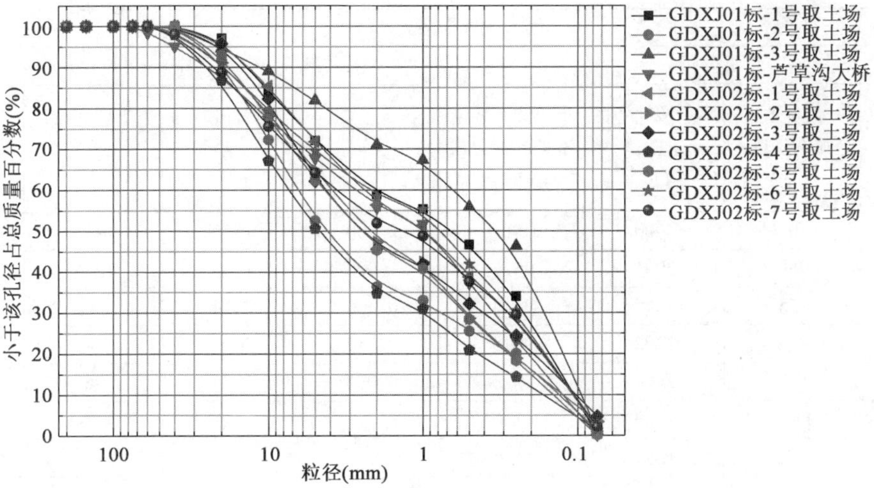

图 2-6　甘肃河西走廊地区某路基填料场取回的天然盐渍土的颗粒级配曲线

通过对甘肃河西走廊地区某路基填料场取回的天然盐渍土的颗粒级配试验结果的分析，其中：

GDXJ01 标段 1 号取土场、芦草沟大桥和 02 标段 6 号、7 号取土场土样为间断级配砾砂土，其不均匀系数 C_u 分布范围在 18.2 ~ 35，曲率系数 C_c 分布范围在 0.25 ~ 0.38，颗粒组成集中在粒径 0.075 ~ 10mm；

GDXJ01 标段 2 号取土场和 02 标段 2 ~ 5 号取土场土样为间断级配细砾土，其不均匀系数 C_u 分布范围在 34.5 ~ 50.8，曲率系数 C_c 分布范围在 0.39 ~ 0.83，颗粒组成集中在粒径 0.075 ~ 10mm；

GDXJ01 标段 3 号取土场土样为均匀级配砾砂土，其不均匀系数 $C_u = 6.6$，曲率系数 $C_c = 0.44$，颗粒组成集中在粒径 0.075 ~ 10mm；

GDXJ02 标段❶ 1 号取土场土样为良好级配砾砂土，其不均匀系数 $C_u = 22$，曲率系数 $C_c = 1.27$，颗粒组成集中在粒径 0.075 ~ 10mm。

4) 新疆克拉玛依地区天然盐渍土

本试验土样取自新疆奎克高速公路某段路基填料场，共计 22t。试样基本工程性质试验均依据《公路土工试验规程》(JTG E40—2007) 操作。

颗粒分析试验共做 2 组平行试验，试验结果见表 2-5、表 2-6 及图 2-7。

由试验结果可以得到：$d_{10} = 0.25$mm、$d_{60} = 5$mm、$d_{30} = 0.5$mm，则：

不均匀系数 $C_u = d_{60}/d_{10} = 20$；

曲率系数 $C_c = {d_{30}}^2/d_{60}d_{10} = 0.25$。

C_u 表示粒度组成累计曲线的陡度，本土样的 $C_u > 10$，即土粒是不均匀的，级配良好。但是，曲率系数 C_c 表示了曲线的平滑程度，即颗粒分布范围，C_c 在 1 ~ 3 之间的土级配较好。

从以上分析可以知道，该土样粒度成分并不连续，主要由大颗粒和小颗粒组成，缺少中间颗粒。

❶为叙述简洁，标段简称“标”。

第一组颗粒分析表 表 2-5

第一次数据采集及结果							
粗筛分析				细筛分析			
孔径（mm）	累计留筛土质量（g）	小于该孔径的土质量（g）	小于该孔径土质量的百分比（%）	孔径（mm）	累计留筛土质量（g）	小于该孔径的土质量（g）	小于该孔径土质量的百分比（%）
40	0	3000	100.0	2.000	1555	1445	48.2
19	99	2901	96.7	1.000	1753	1247	41.6
16	155	2845	94.8	0.500	2117	883	29.4
13.2	292	2708	90.3	0.250	2603	397	13.2
9.5	502	2498	83.3	0.074	2904	96	3.2
4.75	1111	1889	63.0				
2.36	1455	1545	51.5				
2	1555	1445	48.2				

第二组颗粒分析表 表 2-6

第二次数据采集及结果							
粗筛分析				细筛分析			
孔径（mm）	累计留筛土质量（g）	小于该孔径的土质量（g）	小于该孔径土质量的百分比（%）	孔径（mm）	累计留筛土质量（g）	小于该孔径的土质量（g）	小于该孔径土质量的百分比（%）
40	0	3000	100.0	2.000	1506	1494	49.8
19	181	2819	94.0	1.000	1700	1300	43.3
16	240	2760	92.0	0.500	2066	934	31.1
13.2	339	2661	88.7	0.250	2586	414	13.8
9.5	539	2461	82.0	0.074	2961	39	1.3
4.75	1094	1906	63.5				
2.36	1397	1603	53.4				
2	1506	1494	49.8				

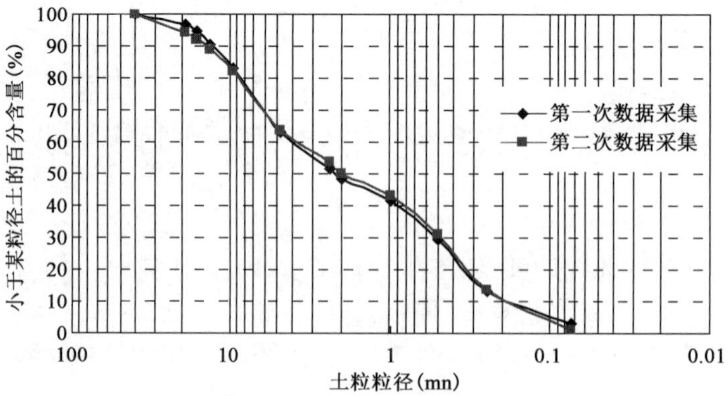

图 2-7 颗粒分析曲线

2.2.2　相对密度和湿重度

盐渍土中的土体颗粒本身的矿物成分与一般土相同，故其相对密度值也应在 2.67 ~ 2.75。

对于非盐渍土来说，土的相对密度测定常用比重瓶法，并以下式来确定相对密度值：

$$G_s = \frac{m_d}{m_{b\omega} + m_d - m_{b\omega s}} \cdot G_{lt} \tag{2-1}$$

式中：m_d——干土质量（g）；

$m_{b\omega}$——比重瓶和水的总质量（g）；

$m_{b\omega s}$——比重瓶、水和土的总质量（g）；

G_{lt}——t℃时纯水（蒸馏水）的相对密度，准确至 0.001。

但是对于盐渍土来说，采用比重瓶法进行比重试验时，不能用水作为排开的液体，因为土中含有易溶盐，当土遇水后，尤其是在试验时的煮沸过程中，易溶盐会溶解于水，形成溶液，因此水与盐原有的体积之和大于溶解后盐溶液的体积。同时，水溶盐中原有的结晶水的密度较蒸馏水小（如 $CaSO_4 \cdot 5H_2O$、$CaSO_4 \cdot 2H_2O$ 及 $Na_2SO_4 \cdot 10H_2O$ 中的结晶水的密度分别为 0.71g/cm^3、0.79g/cm^3、0.85g/cm^3），因此，盐的溶解使盐渍土的颗粒（包括土颗粒和结晶盐）所排开水的体积减小。《岩土工程测试技术》提供了按比重瓶法并采用蒸馏水作为排开液体试验所得的相对密度值随含盐量的变化情况，见表 2-7。

不同含盐量的土的相对密度测定结果比较（徐攸在）　　表 2-7

含盐量（%）	0.5	1.0	2.0	3.0
相对密度值增大数值	0.012	0.020	0.039	0.043

据上所述，含有水溶盐的盐渍土，应采用中性液体（如煤油等）代替蒸馏水进行比重试验，以防盐类溶解。如果要测定盐渍土纯土颗粒的相对密度，则应在洗盐后用蒸馏水来进行测定。

盐渍土的天然重度的变化范围很大，其值为 14.1 ~ 25.2kN/m^3 之间。这是因为其所含的土类广泛，既有碎石类土、砂土，又有黏性土。盐渍土天然重度的测定方法与非盐渍土相同，只是对于含有较多 Na_2SO_4 的盐渍土，应考虑其在低温条件下的结晶膨胀特性对天然重度的测定值带来的影响。

2.2.3　含水率和干重度

盐渍土的干重度 γ_d 是衡量其密实程度的一个重要指标，它与盐渍土的溶陷性有明显的关系。对于同一类型的土来说，干重度越小，溶陷性越强；反之亦然。盐渍土干重度的变化范围在 14 ~ 18kN/m^3，粗颗粒盐渍土干重度的变化范围在 16.5 ~ 23.2kN/m^3，但应注意的是：同一种土含盐和去盐后的干重度有明显差别，特别是对于含盐量较高的盐渍土，干重度即使较大，其溶陷性也可能比较大。

表征盐渍土密实程度的另一个重要指标是孔隙比。盐渍土的溶陷量不仅取决于含盐量与含盐类型，更重要的还取决于孔隙比的大小。当孔隙比大时，盐渍土一旦被水浸，由盐胶结的土颗粒间的联结力削弱或消失，颗粒落入孔隙中，导致土体产生较大的溶陷；反之，如果土的孔隙较小，即使土中含盐比较高，其溶陷也较小。

盐渍土的孔隙比的变化范围很大，一般在0.5～1.0之间变化。同样，含盐与去盐后的孔隙比是不同的。

我国内陆盐渍土（如青海、新疆）地区，年平均降雨量少，地下水埋藏较深，所以，土中含水率 ω 通常在2%～20%之间变化，均比较低。因此，当含盐量高时，土中水不足以溶解土中盐而致使有相当一部分盐以结晶固态形式存在于土中。但是，一旦骤降暴雨，或施工用水渗入地下，或管道漏水等原因，使土中含水率增加，盐分被溶解，导致土体溶陷。

内陆盐渍土的饱和度 S_r 通常在2.5%～79.8%，多数较小，土常年处于极为干燥状态；滨海盐渍土均接近于饱和，饱和度 $S_r>80\%$。

对于盐渍土地区路基填料而言，工程上比较关心的是路基填料的最大干密度和最佳含水率。从嘉安一级公路沿线盐渍土的试验结果可以看出，其路基填料的最佳含水率主要分布在3.7%～17.3%，最大干密度主要在1.74～2.36g/cm^3。含砂低液限黏土、含砂低液限粉土最佳含水率较小，主要分布在11.1%～15.0%；最大干密度分布范围较广，主要分布在1.74～2.36g/cm^3。粉土质砂比黏土质砂的最佳含水率高，最大干密度大。低液限黏土与低液限粉土最佳含水率、最大干密度相近，最佳含水率主要分布在5.6%～10.4%；最大干密度相近主要分布在2.26～2.33g/cm^3。

由新疆奎克高速公路某标段路基填料试验数据可以得到，粗颗粒盐渍土路基填料的最大干密度的平均值为2.27g/cm^3，最佳含水率的平均值为6.34%。

在德伊高铁沿线的盐渍土试验结果中可以看出，砾类土（库伊段）的最佳含水率主要分布在5.0%～6.8%，最大干密度主要分布在2.22～2.34g/cm^3；砂土的最佳含水率主要分布在12.5%～14.3%，最大干密度主要在1.786～1.83g/cm^3；黏土的最佳含水率主要分布在13.4%～19.65%，最大干密度主要在1.677～1.876g/cm^3。

2.3 粗颗粒盐渍土的击实特点

土的最佳含水率与最大干密度是决定路基压实度的两个重要参数，击实试验是测定土样在标准击实功作用下含水率与干密度之间的关系，以确定最佳含水率与最大干密度。

针对粗颗粒盐渍土路基填料，其击实试验主要按照相关行业规范执行，对于路基工程应依据行业要求可分别选择《铁路工程土工试验规程》（TB 10102—2010）和《公路土工试验规程》（JTG E40—2007）。一般开展2～3组平行试验并求其平均值。根据规范要求，粗颗粒土的击实试验通常采用重型击实法，土样的制备采用干土法。

为了充分掌握粗颗粒盐渍土的击实特点，本节的主要内容包括天然粗颗粒盐渍土的路基填料和人工配制填料。

2.3.1 天然粗颗粒盐渍土路基填料的击实特点

1）德伊高铁沿线天然盐渍土路基填料击实试验

本课题组对德伊高铁沿线路基填料进行了室内重型击实试验，得到各标段路基填料的最大干密度和最佳含水率，试验结果见表2-8。

德伊高铁沿线各标段路基填料最大干密度和最佳含水率　　表 2-8

土样位置	击实试验		土样位置	击实试验	
	最大干密度 ρ_{dmax} (g/m³)	最佳含水率 ω_{opt} (%)		最大干密度 ρ_{dmax} (g/m³)	最佳含水率 ω_{opt} (%)
K7 +920	2.24	6.0	K95 +100	2.28	5.9
K12 +380	2.32	5.3	K103 +300	2.25	6.8
K17 +910	2.27	6.4	K109 +300	2.34	5.3
K23 +000	2.29	6.7	K115 +700	2.26	6.3
K27 +050	2.34	5.0	K121 +150	2.25	6.6
K38 +370	2.23	6.2	K128 +650	2.34	5.0
K65 +540	2.28	6.5	K142 +000	2.29	6.1
K75 +600	2.28	5.9			
K87 +950	2.22	5.7			

从上述粗颗粒盐渍土路基填料击实试验结果可知,粗颗粒盐渍土的最佳含水率在 5.0% ~ 6.8%,最大干密度在 2.22 ~ 2.34g/cm³。

2)嘉安一级公路沿线天然盐渍土路基填料击实试验

试验按照交通部标准《公路土工试验规程》(JTG E40—2007)进行。试样的制备采用干土法(土样不重复使用),按四分法制备 10 个试样。

试验结果见表 2-9。

最佳含水率与最大干密度　　表 2-9

桩　　号	最佳含水率(%)	最大干密度(g/cm³)
K90 +000	6.7	2.26
K94 +200	5.7	2.26
K104 +100	7.8	2.11
K107 +500	6.1	2.27
K111 +400	3.7	2.36
K112 +200	5.2	2.34
K112 +500	5.6	2.33
K114 +540	12.2	1.98
K120 +600	17.3	1.74
K125 +000	10.4	1.87

从以上试验结果可以看出,嘉安一级公路沿线的盐渍土的最佳含水率主要分布在 3.7% ~17.3%,最大干密度主要在 1.74 ~2.36g/cm³。含砂低液限黏土、含砂低液限粉土最佳含水率较小,主要分布在 11.1% ~15.0%;最大干密度分布范围较广泛,主要分布在 1.74 ~2.36g/cm³。粉土质砂比黏土质砂最佳含水率高,最大干密度大。低液限黏土与低液限粉土最佳含水率、最大干密度相近,最佳含水率主要分布在 5.6% ~10.4%;最大干密度相近主要分布在 2.26 ~2.33g/cm³。

3)河西走廊地区某路基填料场的天然粗颗粒盐渍土击实试验

对取自河西走廊地区某路基填料场的天然粗颗粒盐渍土开展室内重型击实试验(图2-8)。由于开展的试验对象以细圆砾为主,土样中所含细黏粒极少,会使得土样的饱和含水率会偏小,为保证试验的准确和击实曲线的光滑饱满,故在设置每种土样的含水率间距可适当减少。综合考虑上述问题以及试验本身的可操作性,将每种土样的含水率间隔设置在1.0%~1.5%。

a) b) c) d) e) f)

图2-8 重型击实试验

根据既有的试验条件及试验需要,分别对所选的三种土样(分别取自GDXJ的1标段2号、2标段2号和2标段4号取土场)测定风干土样含水率,并以此为依据,配置现场相当含盐量和不同含水率条件下的天然盐渍土,并养生48h以上。采用重型击实试验标准开展试验。

通过对上述试验结果的整理,即可得出3种土体的击实曲线,如图2-9所示。

从图2-9中可知,1标段2号的最佳含水率为6.7%,最大干密度为2.222g/cm^3;2标段2号的最佳含水率为6.4%,最大干密度为2.243g/cm^3;2标段4号的最佳含水率为6.1%,最大干密度为2.295g/cm^3。上述所选三种土样均出现不同程度的"M"形曲线。在此过程中,击实曲线分别经历了上升阶段、下降阶段、再次上升阶段及再次下降阶段共 4 个阶段。在土样的风干含水率的情况下，土样由于相当干燥，非常松散，黏结力几乎为 0。此时，需要克服的主要是内摩阻力，击锤或配重落到土体上时，力则以振动波的形式传播至土样表面。故土体不但在垂直方向上受力，而且水平方向上也受派生出的力的作用，继而产生跳跃式位移。另外，颗粒与颗粒之间的相互摩擦作用以及击实时大颗粒的跳跃均会消耗相当大的击实功能；而随着含水率的逐渐增加，土样中的水使得土样大颗粒之间的跳跃减少，击实功的消耗减少。所有这些位移的方向总是朝着空隙的地方发展，从而使颗粒得到重新排列，逐渐趋于密实；当含水率进一步增加时，土样会达到饱和状态，干密度下降。

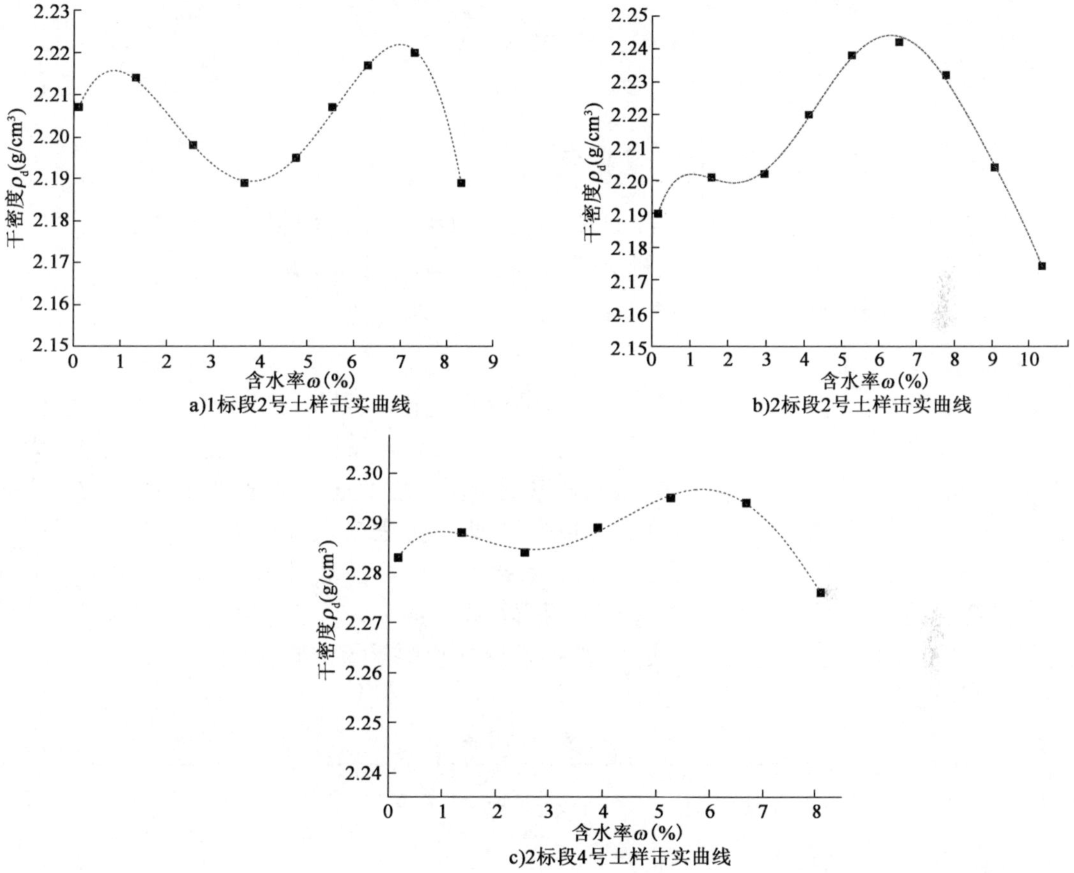

图 2-9　所选土样击实曲线

4）新疆克拉玛依地区天然盐渍土击实试验

由于取自新疆克拉玛依地区奎克高速公路某段路基填料场的天然盐渍土土样的粗颗粒土较多，试样比较特殊，击实试验共做了 4 组平行试验。4 组平行击实曲线如图 2-10 所示。

由试验数据可以得到填料的最大干密度的平均值为 2.27g/cm^3，最佳含水率的平均值为 6.34%。

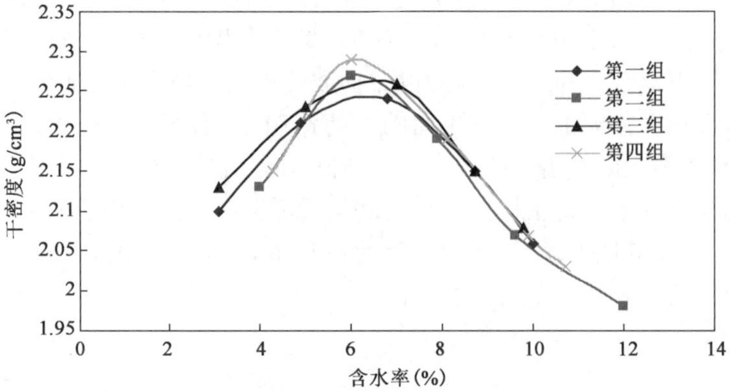

图 2-10 击实曲线

2.3.2 典型粗颗粒盐渍土的击实特点

针对典型粗颗粒盐渍土开展了击实试验,试验用土均为室内配制。为了使试验具有代表性,选取粗颗粒土中的砾砂、细砂和粉砂为研究对象,试验过程及结果如下。

1)以铁路路基工程规范为基础的人工配制土样的击实特点

(1)试验配土方案

根据地质勘查资料,德黑兰—库姆—伊斯法罕高速铁路项目德黑兰—库姆段,该场区内盐渍土主要为粗颗粒盐渍土,以含黏土级配不良砂(细砂)和含黏土级配不良砾(圆砾土)为主。由于从现场取土耗费时间长且费用高,本次盐胀试验用土均由室内配置;为了使试验具有代表性,选取粗颗粒土砾砂和细砂为研究对象,各粒径的取值见表 2-10、表 2-11。筛出碎石、河砂中粒径为 $40\text{mm} > d \geqslant 0.075\text{mm}$ 的颗粒配制砾砂,筛出河砂中粒径范围为 $2\text{mm} > d \geqslant 0.075\text{mm}$ 的颗粒配制细砂,粒径小于 0.075mm 的黏粒采用西安天然黄土。为了避免黄土中含有的盐分对试验结果造成影响,对黄土进行洗盐处理,洗掉易溶盐和漂浮的杂质,晒干、粉碎、过 0.075mm 土壤筛备用,见图 2-11。

砾砂配土方案表 表 2-10

粒径(mm)	$40 > d \geqslant 20$	$20 > d \geqslant 10$	$10 > d \geqslant 5$	$5 > d \geqslant 2$	$2 > d \geqslant 1$	$1 > d \geqslant 0.5$	$0.5 > d \geqslant 0.25$	$0.25 > d \geqslant 0.075$	$d < 0.075$
质量(%)	5	10	10	5	5	10	2.5	2.5	50

细砂配土方案表 表 2-11

粒径(mm)	$2 > d \geqslant 1$	$1 > d \geqslant 0.5$	$0.5 > d \geqslant 0.25$	$0.25 > d \geqslant 0.075$	$d < 0.075$
质量(%)	10	30	30	15	15

(2)试验土样的击实特性

根据配土方案配制好试验所需的土样,根据《铁路工程土工试验规程》(TB 10102—2010)进行重型击实试验。击实筒内径 152mm,高 116mm,锤底直径 51mm,锤质量 4.5kg,落高 457mm,分三层击实,每层击实 94 次,总击实功 2701kJ/m^3。采用干土法配置 5 个含水率相差 2% 的土样,拌匀后密封闷料 24h 后进行击实试验,击实完成后,在土样的中心位置处取两个试样，测其含水率并计算其干密度。砾砂和细砂干密度与含水率的击实关系曲线如图 2-12、图 2-13所示。

图 2-11　黄土洗盐、晒干、粉碎、过筛

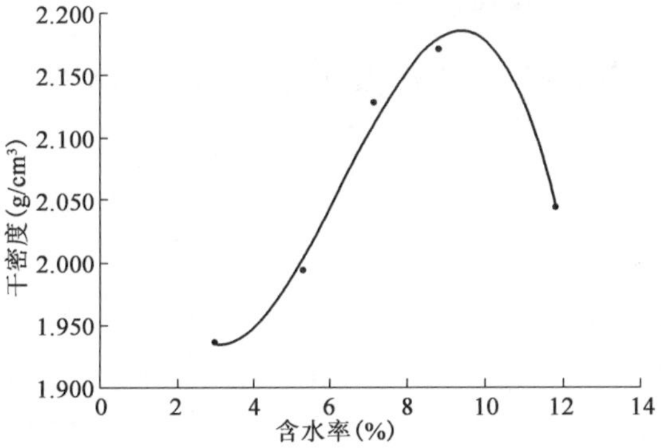

图 2-12　砾砂干密度与含水率的击实关系曲线

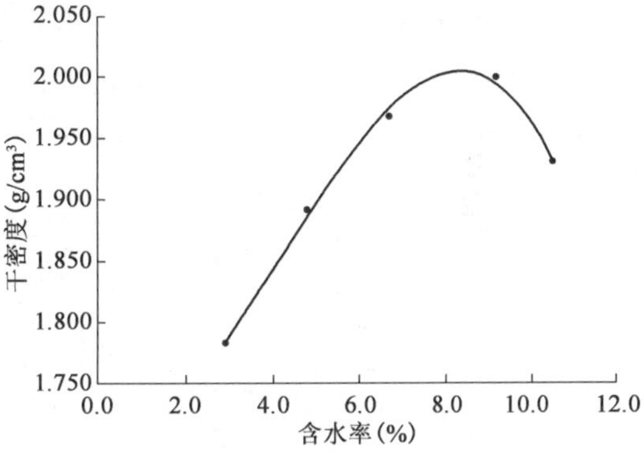

图 2-13　细砂干密度与含水率的击实关系曲线

由击实曲线得到，砾砂土样的最大干密度为 $\rho_{d,max}=2.170g/cm^3$，最佳含水率为 $w_{op}=8.5\%$；细砂土样的最大干密度为 $\rho_{d,max}=2.005g/cm^3$，最佳含水率为 $w_{op}=8.6\%$

2）以公路路基工程规范为基础的人工配制土样的击实特点

（1）配土方案

对砂类土，粉砂中细粒土的含量取 50%，细砂中细粒土的含量取 15%。用土壤筛筛出粒径 $2mm>d\geqslant 0.075mm$ 的粗颗粒土，并进行 3 次自来水和 3 次蒸馏水洗盐烘干处理，以减小土中其他盐分对试验结果的不确定性，添加天然黄土（过 0.075mm 土壤筛）作为细粒填料，再在室温条件下添加盐分，其中盐分的添加采用过 5mm 筛的方法，配制成级配较好的粉砂和细砂作为试验土样，具体的配土方案见表 2-12、表 2-13。

粉砂配土方案　　表 2-12

粒径（mm）	$2>d\geqslant 1$	$1>d\geqslant 0.5$	$0.5>d\geqslant 0.25$	$0.25>d\geqslant 0.075$	$d<0.075$
质量（%）	10	15	15	10	50

细砂配土方案　　表 2-13

粒径（mm）	$2>d\geqslant 1$	$1>d\geqslant 0.5$	$0.5>d\geqslant 0.25$	$0.25>d\geqslant 0.075$	$d<0.075$
质量（%）	10	30	30	15	15

对于砾类土，用土壤筛筛出粒径在 40mm > d≥0.075mm 的粗颗粒土，做与砂类土相同处理，配土方案见表 2-14。

砾砂配土方案　　表 2-14

粒径(mm)	40 > d≥20	20 > d≥10	10 > d≥5	5 > d≥2	2 > d≥1	1 > d≥0.5	0.5 > d≥0.25	0.25 > d≥0.075	d < 0.075
质量(%)	5	10	10	5	5	10	2.5	2.5	50

(2)土样击实特性

配制好试验用土后，根据《公路土工试验规程》(JTG E40—2007)进行重型击实试验。按照四分法准备 5 个不同含水率的土样，拌匀并闷料 12h 后再进行击实试验，记录试验数据，并以干密度为纵坐标，含水率为横坐标，绘制干密度与含水率的击实关系曲线，由击实曲线得出土样的最大干密度和最佳含水率。

①粉砂击实特性

按照上述试验方案，配制 5 份含水率不同的土样，对粉砂土样进行击实试验，绘制出含水率与干密度的击实关系曲线，如图 2-14 所示。

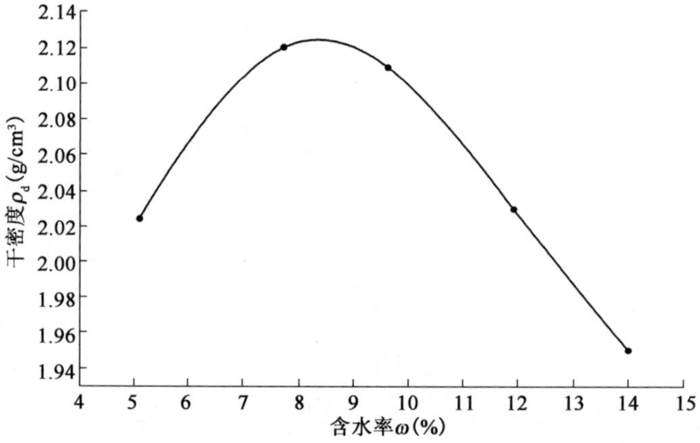

图 2-14　粉砂土样含水率与干密度关系曲线

从击实曲线可以得到，粉砂土样的最大干密度 $\rho_{d,max}$ = 2.125g/cm^3，最佳含水率 w_{op} = 8.8%。

②细砂击实特性

细砂土样含水率与干密度的击实关系曲线如图 2-15 所示。通过击实曲线可以得出，细砂土样的最大干密度 $\rho_{d,max}$ = 1.975g/cm^3，最佳含水率 w_{op} = 11.0%。

③砾砂击实特性

砾砂土样含水率与干密度的击实关系曲线如图 2-16 所示。通过击实曲线可以得出，砾砂土样的最大干密度 $\rho_{d,max}$ = 2.224g/cm^3，最佳含水率 w_{op} = 6.4%。

3)不同含盐量条件下粗颗粒盐渍土击实特点

击实试验通过试样在标准击实功作用下，由含水率与干密度之间的关系，来测定试样的最大干密度和最佳含水率。为探究硫酸盐含量对盐渍土的击实特性的影响，按照《铁路工程土工试验规程》(TB 10102—2010)中的击实试验步骤,对含盐量为 2%(中盐渍土上限)、3.5%(强盐渍土中间值)、5%(强盐渍土上限)和 7%(超盐渍土)的硫酸盐渍土和素土,进行击实试验。表 2-15 为规范中的击实试验标准技术参数。

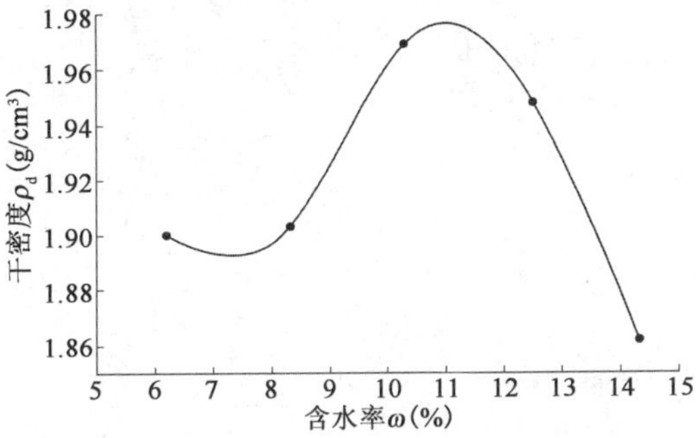

图 2-15　细砂土样含水率与干密度关系曲线

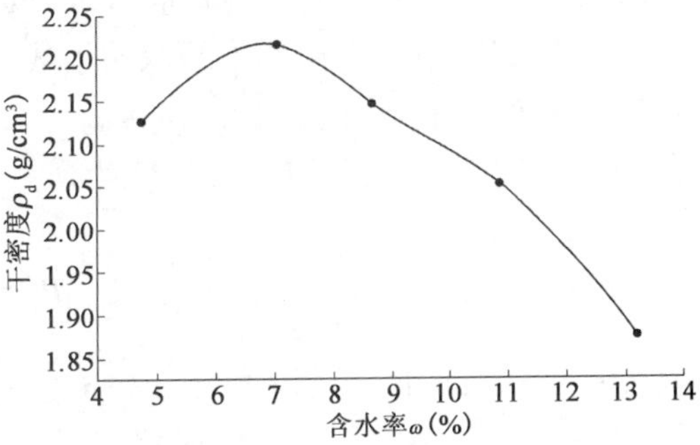

图 2-16　砾砂土样含水率与干密度关系曲线

击实试验标准技术参数　　表 2-15

试验类型	击锤质量(kg)	锤底直径(mm)	落距(mm)	击实筒内径(mm)	击实筒高(mm)	护筒高度(mm)	击实层数	击数	最大粒径(mm)
轻型 Q1	2.5	51	305	102	116	50	3	25	5
轻型 Q2	2.5	51	305	152	116	50	3	56	20
重型 Z1	4.5	51	457	102	116	50	5	25	5
重型 Z2	4.5	51	457	152	116	50	5	56	20
重型 Z3	4.5	51	457	152	116	50	3	94	40

根据击实试验的最大粒径要求,选择本试验试验类型为重型 Z2,采用干法制样,每种含盐量做两组平行试验,共配制击实试验试样 50 个,开展 10 组试验,见图 2-17。具体试验过程如下。

图 2-17　击实试验拌土、闷料和击实过程

(1)配制不同含水率的土料。向配好的土样中加入确定含量的无水硫酸钠,然后加水,配制含水率间隔1.5%~2%的土样,拌和均匀,密闭闷料24h。

(2)利用电动击实仪进行击实试验。设置击数为56次,分5层击实,每层击完后刨毛表面,放入下一层土料,每层土料质量约为1kg。

(3)称量质量后,在土样中间取两个代表性土样,总质量不少于1kg,测其含水率。

(4)计算干密度,并绘制击实曲线。

击实后试样的湿密度按式(2-2)计算:

$$\rho = \frac{m_2 - m_1}{V} \tag{2-2}$$

式中:ρ——击实后试样的湿密度(g/cm^3),计算至$0.01g/cm^3$;

m_2——击实后击实筒和土样质量(g);

m_1——击实筒质量(g);

V——击实筒容积(cm^3),本次试验V为$2104cm^3$。

击实后试样干密度按式(2-3)计算:

$$\rho_d = \frac{\rho}{1 + 0.01\omega} \tag{2-3}$$

式中:ρ_d——干密度(g/cm^3),计算至0.01;

ρ——湿密度(g/cm^3);

ω——含水率(%)。

以干密度为纵坐标、含水率为横坐标,绘制干密度与含水率的关系曲线,即击实曲线。曲线最高点对应的含水率和干密度即为最佳含水率和最大干密度。为保证击实结果的准确性,应使至少两点落到峰值两侧,在不能绘制曲线时,进行补点。图2-18为试验得到的不同硫酸钠含量的盐渍土击实曲线。

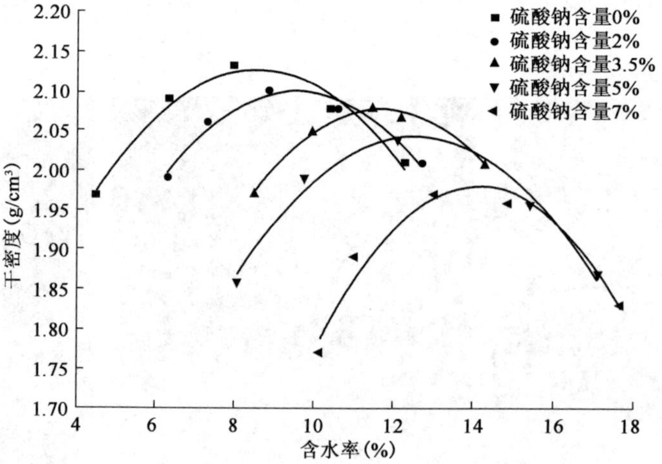

图2-18　不同硫酸钠含量的盐渍土击实曲线

从表2-16 和图2-19 中得到以下结论,随着硫酸钠含量的增加,最佳含水率逐渐增大,最大干密度逐渐减小,产生这种变化的直接原因是硫酸钠在土中存在的状态产生改变。硫酸钠在土中存在的状态有三种:一是,硫酸盐含量较少时,硫酸钠全部溶于水,土中的液相为硫酸钠溶液;二是,随着含盐量的增大,土中液相溶解的硫酸钠达到饱和,析出形成硫酸钠结晶,此时,硫酸钠存在方式为饱和硫酸钠溶液和十水硫酸钠共存;三是,含盐量继续增加,土中含水量不足以完全和无水硫酸钠结合,这时,硫酸钠和十水硫酸钠结晶共存于土中,形成"假干"现象。本次试验选取的含盐量较大,在最佳含水率下硫酸钠以饱和硫酸钠溶液和十水硫酸钠结晶形式存在。硫酸钠溶液在土中充当润滑剂,其摩擦系数比水的摩擦系数小。在含盐量逐渐增大的过程中,十水硫酸钠结晶逐渐增多,而其体积比无水硫酸钠增大 3.1 倍,因此,在相同击实功作用下,十水硫酸钠含量越多,更易压实,表现为最大干密度越小。由于采用干法配土,在测定含水率时烘箱温度设置为 105 ~ 108℃,在此温度下,十水硫酸钠失去十个水分子,失去的水分按照土中液相处理,因此表现为十水硫酸钠含量越高,最佳含水率越大。

不同含盐量硫酸盐渍土的最佳含水率和最大干密度　　表 2-16

硫酸钠含量(%)	0	2	3.5	5	7
最佳含水率(%)	8.3	9.8	11.7	12.6	14.1
最大干密度(g/cm^3)	2.13	2.1	2.07	2.04	1.98

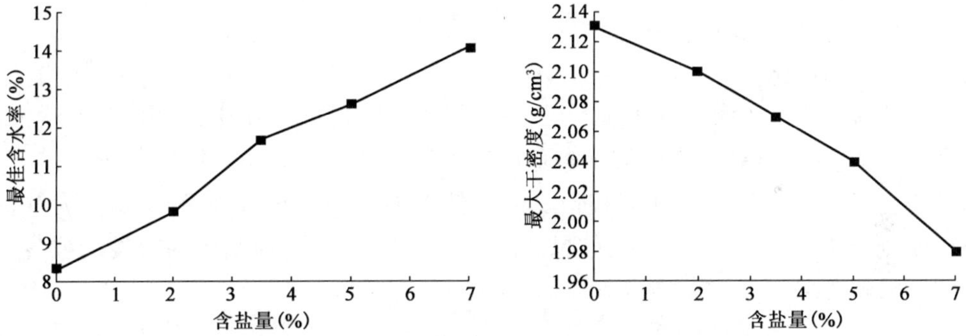

图 2-19　最佳含水率、最大干密度与含盐量的关系曲线

2.4　粗颗粒盐渍土的压缩特性

土的压缩性反映土体在外荷载作用下产生压缩变形的大小。本节主要研究粗颗粒盐渍土作为路基填料时,在最佳含水率条件下土体受外荷载作用所产生的变形。

2.4.1　天然粗颗粒盐渍土的压缩特性

盐渍土的压缩性指标与一般土一样,可用压缩系数 a_V、压缩模量 E_s 和变形模量 E_0 来表示,其测定方法也与非盐渍土相同,即压缩系数通过室内有侧限压缩试验,按下式求得:

$$a_V = \frac{e_i - e_{i+1}}{p_{i+1} - p_i} \tag{2-4}$$

式中：a_V——压缩系数(kPa^{-1})；

p_i——某级压力值(kPa)；

e_i——压力 p_i 下试样固结稳定后的孔隙比。

某压力范围内的压缩模量，应按下式来计算：

$$E_s = \frac{p_{i+1} - p_i}{s_{i+1} - s_i} \times 10^3 \tag{2-5}$$

式中：E_s——某压力范围内的压缩模量(kPa)；

s_i——在 p_i 压力下试样固结稳定后的单位沉降量(mm/m)。

由于盐渍土中砂石类盐渍土居多，所以取规则原状土样来进行室内压缩试验往往难以做到。因此，通过现场荷载试验来确定盐渍土的变形模量 E_0，以评价其压缩性就显得特别重要。现场试验土的变形模量通常由下式决定：

$$E_0 = \frac{\pi(1 - \mu^2)}{s_{i+1} - s_i} \cdot \frac{pd}{s} \tag{2-6}$$

式中：p——基础底面的压力；

d——基础底面的直径；

s——相应与压力 p 时的基础的沉降；

μ——土的泊松比。

我国内陆盐渍土由于大多处于极干燥状态，且由于盐的胶结作用，所以，其天然条件下的压缩性都比较低，如细砂类盐渍土的压缩系数 a_{1-2} 为 0.0007～0.0051MPa^{-1}，中砂类盐渍土的压缩系数 a_{1-2} 为 0.0007～0.0017MPa^{-1}，轻亚黏土类盐渍土的压缩系数 a_{1-2} 为 0.0003～0.0035MPa^{-1}。但是，值得指出的是，如果盐渍土地基一旦浸水，地基中的盐类就被溶解，从而变成一种新的软弱地基，压缩性极大。

2.4.2 不同含盐量条件下粗颗粒盐渍土的压缩特性

根据《土力学与基础工程(第二版)》中关于土的变形性质及地基沉降计算的介绍可知，一般土样的压缩模量 E_s 决定了路基在一定荷载下的变形情况。E_s 是评价常规土样压缩性的重要参数指标。一般而言，E_s 越大，土样产生的变形量就越小，土样的力学性质就越好，即在沉降方面，一般工况下就不需要通过额外加固技术手段处理土样。开展盐渍土的压缩试验，可以准确了解在常温常湿的工况下土样的沉降量，为路基的设计和施工提供相应的参数依据。

1) 试验方案及程序

通过开展第 2.3 节的河西走廊地区某路基填料场的天然粗颗粒盐渍土击实试验已得到所选三种土样(GDXJ1 的 1 标 2 号、2 标 2 及 2 标 4 号取土场)的最佳含水率 w_{op} 和最大干密度 $\rho_{d,max}$，分别研究前两者加入 0～5 次含盐水对土样的影响以及后者压实度对其影响。将每组试样平均分成三份依次置于固结容器内，层与层之间应刮毛处理，试样的上表面整平击实。根据《高速铁路路基工程施工技术指南》(Q/CR 9602—2015)对路基填料的要求，路基的压实度不得小于92%；另外，结合现场施工的基本条件，本次试验试样在没有特殊说明的情况下，均是按照93%的压实度进行控制。据此，由于大型固结仪的压缩容器的试样高为25.0cm，只需将每层土样击实后厚度都确保在8.5cm左右，最后一层填满25.0cm高的固结容器即可。故只需控制所需制样的质量就能达到相应设计压实度的要求。

打开仪器和操作软件，先向土样表面施加较小的预压力，让试样与仪器之间得到充分接触，之后应立即去掉预压力，反复多次预压。而后再分别按0kPa、50kPa、100kPa、200kPa、300kPa及400kPa进行逐级加载，数据采集系统则会实时显示土样沉降数值，并在后台自动记录。当试样在每一级荷载的一小时内的总变形量小于或等于0.05mm时，则可认为试样在该级荷载下变形已稳定，即可施加下一级荷载。以此类推，直至达到试验设计荷载土样变形稳定后，即可启动卸载程序。

固结压缩试验及安排分别见图2-20、表2-17。

a)闷料养生　　b)重新搅拌　　c)制样　　d)固结压缩

图2-20　固结压缩试验

固结压缩试验安排　　表2-17

工　况	土样编号		
	1标2号	2标2号	2标4号
天然情况	93%	93%	93%、95%、97%
加1次含盐水	93%	93%	—
加2次含盐水	93%	93%	—
加3次含盐水	93%	93%	—
加4次含盐水	93%	93%	—
加5次含盐水	93%	93%	—

注：每组包括两个平行试验。

2)试验器材

本次试验采用的是长安大学所属1000kN大型固结仪。该仪器适用于测量最大粒径为60mm粗颗粒土的变形和压力或孔隙比与压力的关系,变形与时间的关系,以便计算粗颗粒土的单位沉降量、压缩系数、回弹指数、体积压缩关系、压缩模量、固结系数及先期固结压力等。

试样尺寸:ϕ500mm×250mm;

轴向荷重:1000kN;

变形传感器:量程50mm,精度±0.2%F·s;

压力传感器:量程1000kN,稳定精度±1%。

该仪器能够保证24h持续输出荷载的稳定,所需数据实现电脑自动化采集,软件界面较为友好,能自动完成试验数据的实时显示以及初步处理。本设备包含的附属设备有吊装设备和饱和装置等。该装置重要部件的示意图如图2-21所示。

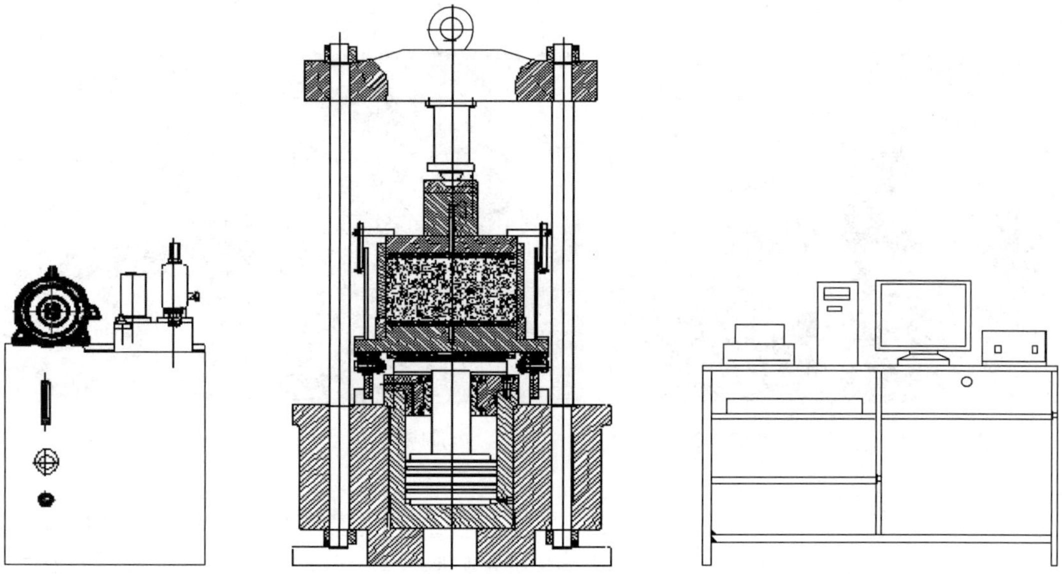

a)液压源系统　b)加载系统　c)测控系统

图2-21　1000kN大型固结仪示意图

注:该1000kN大型固结仪由3大部分组成,即液压源系统、加载系统、测控系统。

3)数据分析

根据相应规范即可计算出各工况下1标2号、2标2号以及2标4号取土场取回土样的各项压缩指标,如孔隙比、压缩模量和压缩系数等。继而,可据此绘制出不同工况下土样的e-p曲线或者e-lg$p$曲线,如图2-22所示。

图2-23是指1标2号、2标2号土样在300kPa稳定的情况下,按照原设定的加载速度,加载至400kPa后至土样变形稳定的情况。

从图2-23中可以得出,不论何种盐分,随着洒水遍数的增加,土样都是从前一级荷载加载后一级荷载至变形稳定所需的时间逐步增加。

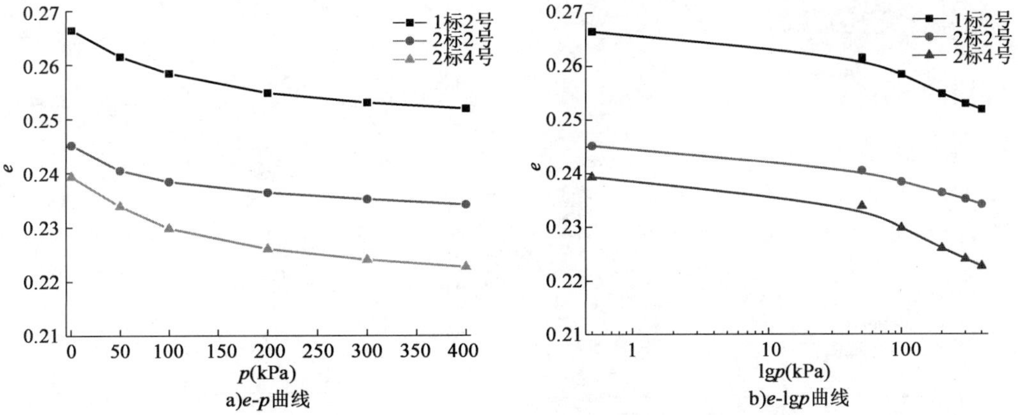

图 2-22　1 标 2 号、2 标 2 号及 2 标 4 号土样固结压缩曲线

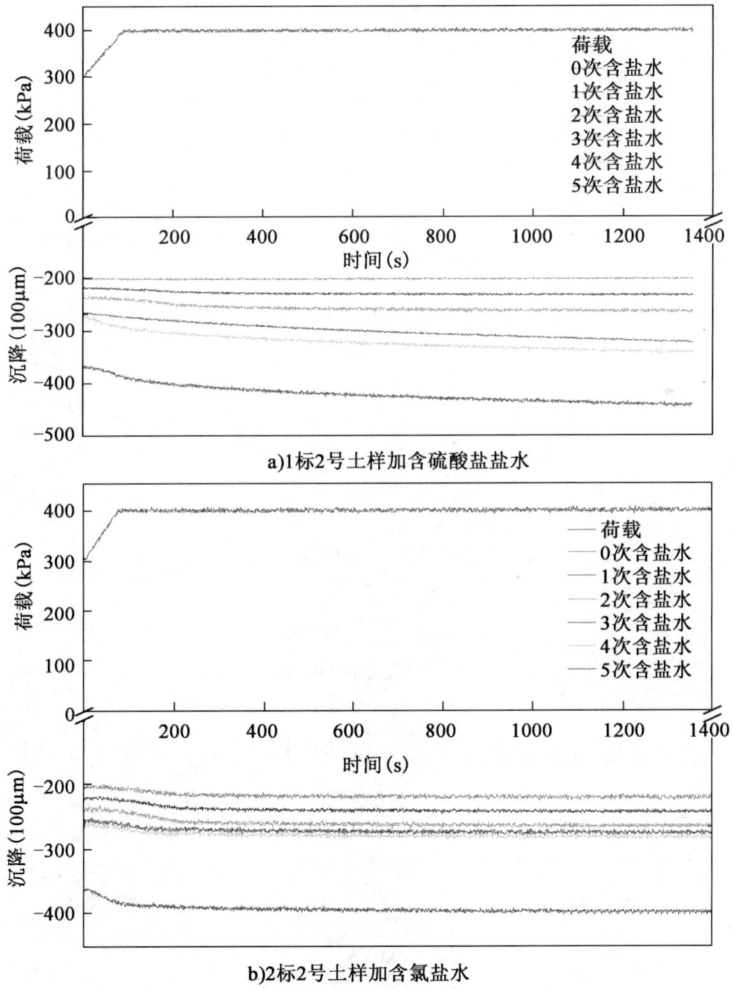

图 2-23　400kPa 荷载下时间-荷载-变形曲线

由图 2-24、图 2-25 可知，由于每个试样的总含水率相同，随着盐水加入次数的增加，土样中的易溶盐含量不断提高。

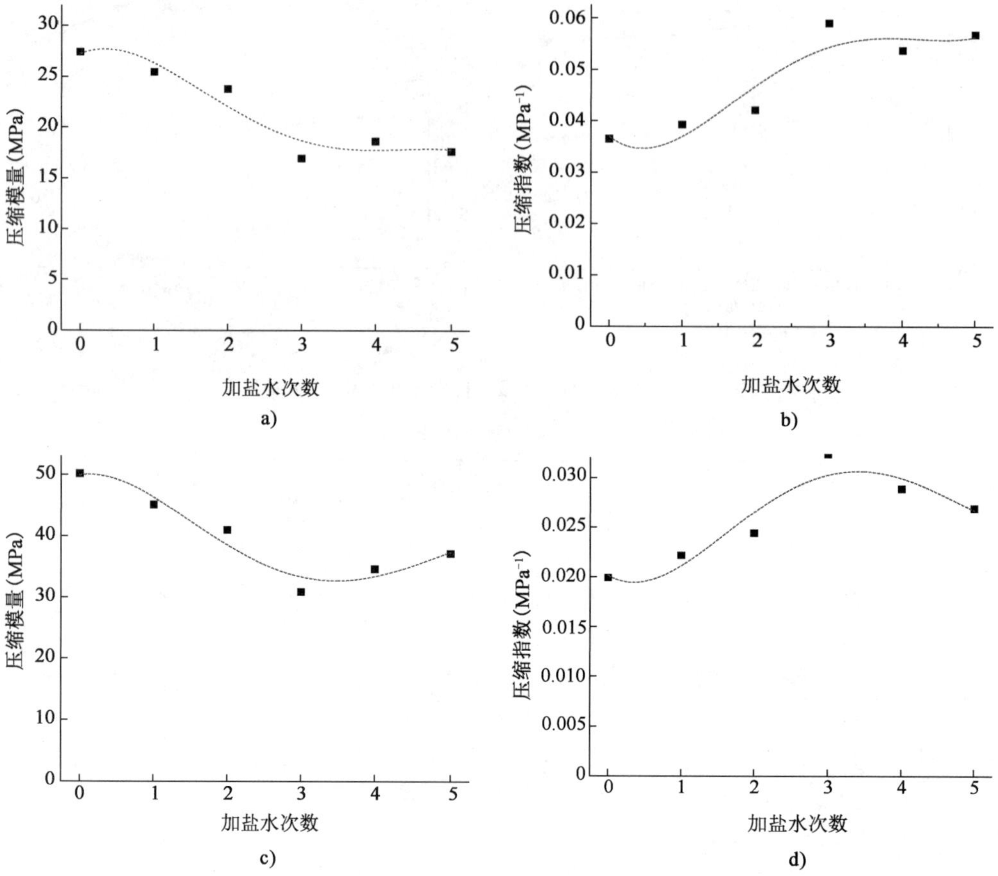

图 2-24　土样压缩指标与加水遍数关系曲线

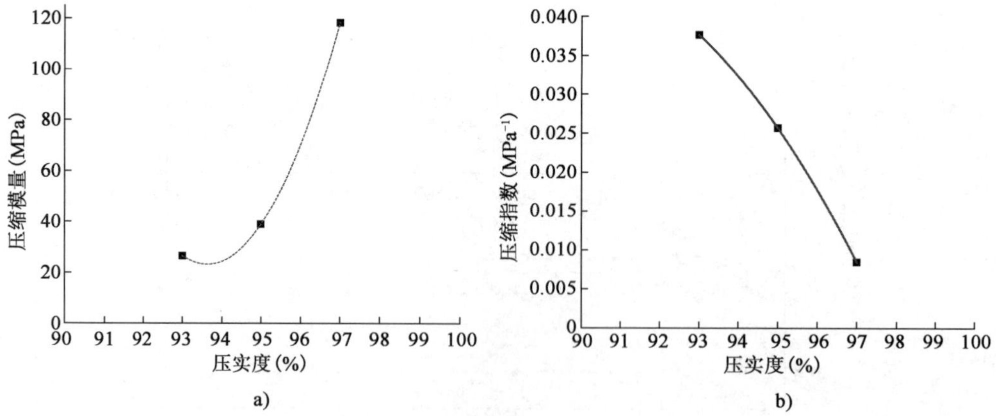

图 2-25　土样压缩指标与压实度的关系曲线

在0次添加盐水的工况中,添加了5次纯水以达到最佳含水率,大型压缩试验所得此种工况下土样的压缩量最小,这是因为此刻土样的最大干密度和最佳含水率正是在该工况下进行重型击实试验得到的,即此工况下,土样的密实度相对最佳。所以,得到的压缩量最小。而在添加1次至5次盐水以达到所谓的最佳含水率的工况中,土样的实际最佳含水率已经随着水中易溶盐的增加而发生了改变。随着含盐量的增加,土样的最佳含水率增加,因此在加入第1~5次盐水的过程中,相较于最佳含水率,土样的含水率越来越小,对应的干密度也越来越小,密实度越来越低。

同时,在一定的温度条件下,且温度变化量较小时,易溶盐在水中的溶解度是定值。据此,并结合试验结果可以推测,在前3次盐水的加入过程中,原本在土体中起胶结土骨架作用或孔隙填充作用的易溶盐均被加入的水分溶解,且其密实度随盐水加入次数的增加逐渐降低,因此土样压缩变形量越来越大,尤其是第3次盐水的加入达到了易溶盐的最大溶解度,且此时相较于前两次加入盐水,土体结构最为松散,故而此时压缩量最大。当第4次盐水加入时,水中的易溶盐溶解度已超过饱和,部分易溶盐结晶析出,水分也未能溶解原本存在于土体中的易溶盐,其依然存在于土体中,以晶体形式填充孔隙或充当土颗粒间的胶结物质,所以在第4次加入盐水时,土体的压缩变形量开始减小,同时压缩模量增大。

本章参考文献

[1] 张莎莎. 粗颗粒硫酸盐盐渍土盐胀特性试验研究[D]. 西安:长安大学, 2007.

[2] 中华人民共和国行业标准. JTG D30—2015　公路路基设计规范[S]. 北京:人民交通出版社, 2015.

[3] 中华人民共和国行业标准. TB 10035—2006　铁路特殊路基设计规范[S]. 北京:中国铁道出版社, 2006.

[4] 中华人民共和国地方标准. XJTJ 01—2001　新疆盐渍土地区公路路基路面设计与施工技术规范[S].

[5] 中华人民共和国国家标准. GB/T 50942—2014　盐渍土地区建筑技术规范[S]. 北京:中国计划出版社, 2014.

[6] 周强. 德伊高铁沿线现场施工用水对路基性质影响及其改良试验研究[D]. 西安:长安大学,2018.

[7] 谢山杰. 粗颗粒硫酸盐渍土地区高速铁路路基填料的改良试验研究[D]. 西安:长安大学,2018.

[8] 中华人民共和国行业标准. TB 10102—2010　铁路工程土工试验规程[S]. 北京:中国铁道出版社, 2010.

[9] 中华人民共和国行业标准. TB 10001—2016　铁路路基设计规范[S]. 北京:中国铁道出版社, 2017.

[10] 罗炳芳,潘菊英. 粗颗粒土易溶盐含盐量测定方法的研究[J]. 公路,2005(11):

197-198.

[11] 中华人民共和国行业标准. JTG E40—2007 公路土工试验规程[S]. 北京:人民交通出版社,2007.

第3章　粗颗粒盐渍土易溶盐测定

3.1　概　　述

盐渍土作为一种特殊土,常会导致公路出现盐胀、翻浆、溶陷、腐蚀等病害。随着我国“一带一路”倡议的提出与实施,必然会促进沿线地区交通运输工程的建设。然而,我国的西北地区及中亚、西亚等地区均分布广阔的粗颗粒盐渍土,其工程特性与细粒盐渍土相比也存在一定的差异性。倘若不能将粗颗粒盐渍土合理的利用,将会造成施工现场就近资源的浪费、工程造价与投资成本的增加以及生态环境的污染与破坏等问题。

解决这些问题的首要工作就是对粗颗粒盐渍土进行合理的判定,以确定其用作路基填料的适用范围。对于盐渍土类型及盐渍化程度是通过土的易溶盐试验进行判别的,易溶盐含量的多少不仅是分界其是否为盐渍土的标准,而且是判别其盐渍化程度的主要依据。而盐渍土粗细粒径的不同,又使得粗颗粒盐渍土的易溶盐测试试验方法存在较多的争议。所以,通过合理的方法确定土体中的含盐量就显得十分重要。

试验表明(杨晓华,2010),当均采用过1mm筛的易溶盐测定方法时,易溶盐含量为2.8%的粗砂经过7次冻融循环试验后,其盐胀变形率仅为0.03%,几乎没有产生盐胀变形;而易溶盐含量为2.4%的黏土经过7次冻融循环试验后,其盐胀变形率为0.68%,盐胀变形率相对较大。从试验结果可知,对于两种不同粒径的土样,均采用过1mm筛的易溶盐测定方法显然是不合理的,极易将原本可用于路基填料的含盐粗颗粒土样弃置不用,造成浪费。因此,对于路基工程而言,填料含盐量的测定方法值得进一步研究,需要提供一种满足工程需求的易溶盐测定方法。其中,尤其是对粗颗粒盐渍土而言,若只考虑粒径小于1mm的干土重,显然就放大了土的含盐量指标;但如果将粗粒土中全部大于1mm的干土重量均计入,则含盐量很低,部分粗粒土将误判为“非盐渍土”,且无法合理的反应粗颗粒盐渍土的工程特性。因此,对于粗粒盐渍土而言,寻找一个合理的易溶盐测定粒径界限亦非常重要。

《铁路工程岩土化学分析规程》(TB 10103—2008/J 862—2009)规定:将潮湿的土样弃去试样中的植物根、茎及其他杂物,风干后用木棒或橡皮榧敲击胶结团核,使其分散,拌和均匀后用四分法取300g,经2mm筛,称量筛上剩余颗粒的质量后弃去,并计算其占总试样质量百分数。2mm筛下的试样用研钵充分研碎并通过1mm筛(不得撒失)混合均匀。

《公路土工试验规程》(JTG E40—2007)中给出的利用过1mm筛孔的土样开展易溶盐试验的方法已得到广泛的应用。然而,根据盐渍土地区公路工程的诸多实践经验可知,规范中的测试方法对于细粒盐渍土是较为适合的,而对于粗颗粒土,尤其是砾类土易溶盐含量的测定并不适用。因为若将粗颗粒盐渍土通过1mm筛来制备易溶盐试验所用的土样,那么所得土样可能只占原土质量的一半甚至更少,这既不能充分反映粗颗粒土的不同颗粒组成差异对易溶盐含量测试的影响,也不能真实反映粗颗粒盐渍土中易溶盐含量的多少。

为了使工程技术人员明确适用于粗颗粒盐渍土的易溶盐试验方法,本章将以公路工程中粗颗粒盐渍土易溶盐含量测定为例,简单介绍颗粒粒径的选取对粗颗粒盐渍土易溶盐测定准确度的影响。

3.2 易溶盐试验方法分类

目前,对于粗颗粒盐渍土土样的易溶盐测定方法可归纳为以下三种:第一种是按照《公路土工试验规程》(JTG E40—2007)中的规定,采用过1mm筛孔的烘干土样100g开展易溶盐待测液的制备,该方法较为经典实用,在测定易溶盐含量及成分方面有着较高的精确度,且便于操作。第二种为取过5mm筛孔的烘干土样300g进行测试试验。第三种为采用不过筛(全土)的烘干土样500g,即直接采用原盐渍土试样进行化学成分分析。因此,不管采用质量多少的烘干土样进行粗颗粒盐渍土的易溶盐测试试验,以上三种方法最本质的不同表现在其待测液制备时土样合理粒径的选择上。但是目前对于这三种方法并未进行系统的分析研究,也没有全面梳理三种方法对于不同粒径盐渍土易溶盐试验的优缺点,基于这一原因,本章将通过试验分析提出适合粗颗粒盐渍土的易溶盐试验方法。

当制备好盐渍土易溶盐试验所需的过筛土样后,根据《公路土工试验规程》(JTG E40—2007)中的规定,首先,取不含二氧化碳的蒸馏水,采用土水质量比1∶5进行水土混合,振荡3min后立即过滤,即可得到试验待测液。其次,取适量浸出液,利用质量法对盐渍土中的易溶盐总量进行测定,再重新取浸出液,采用硫酸滴定法对碳酸根离子和碳酸氢根离子进行测定。可根据制备待测液的多少确定是否用测定过 CO_3^{2-}、HCO_3^- 的溶液继续测定氯离子。

3.3 粗颗粒盐渍土易溶盐测定方法合理性判别

目前,粗颗粒盐渍土易溶盐测试方法的研究重点主要集中在其待测液制备时土样合理粒径的选择上。为了确定粗颗粒盐渍土合理的易溶盐试验方法,常规的研究思路是从粗颗粒盐渍土的不同粒径出发,按照颗粒级配逐步计算出过某几种筛孔土样占总土样的百分含量,并分析其与通过这些筛孔土样的含盐量之间的关系,从中寻找具有代表性的粗颗粒盐渍土过筛粒径。

本章从另一角度出发,基于粗颗粒盐渍土的相关现有室内试验结果分析,逆序推导粗颗粒盐渍土易溶盐试样制备的合理粒径,最后通过重配易溶盐试验进行验证,以便能够真实反映粗颗粒盐渍土的实际含盐状况,从而在保证公路工程质量的前提下提高粗颗粒盐渍土的利用效率。

3.3.1 基于盐胀试验的分析

(1)试验目的

为了从过1mm筛、过5mm筛以及全土(即不过筛)3种方案中确定更适合测试粗颗粒易溶盐含量的试验方案,依据含细粒土砂、细粒土质砂和细粒土质砾3种配土方案,开展盐分改变条件下粗颗粒盐渍土盐胀特性的研究试验结果对比分析。

(2)试验方法

根据已有盐胀试验成果,盐渍土中细粒土含量对试样的盐胀具有促进作用,故本试验中,细粒土的含量均取其含量的极限值来配制试验土样,要求配置的土样级配良好。同时,为了提高试验准确度并节省试验时间,将经洗盐处理后的土样在室温条件下按三种不同的方法添加盐分制备试验土样并养生 24h 以上。

试验时,将制好的土样放入高低温试验箱中,控制土类、含水率、温度(温度区间和降温速率)一定,不加上覆荷载,改变易溶盐的含量和类型,其中含水率取素土最佳含水率,试验温度从 25℃开始逐级降低至 -15℃,降温速率为 5℃/h,经试验可知,该试验所用含细粒土砂的最佳含水率为 11.0%,细粒土质砂的最佳含水率为 8.4%,细粒土质砾的最佳含水率为 6.4%。易溶盐含量由 0.3% 开始增加,然后依次增加到初始设定的最大值,直至土体出现盐胀破坏,探索不同类型粗颗粒盐渍土的起胀含盐量和土体结构破坏时的含盐量。

(3)试验结果分析

试验中所涉及的土样均为新疆克拉玛依地区典型的(亚)硫酸盐渍土或由人工配制,将试验结果按照不同过筛粒径、不同土类进行整理汇总。根据盐胀试验的试样最大盐胀率,通过换算可得相应试样过不同筛孔的易溶盐含量,具体数据见表 3-1 ~ 表 3-3。

过不同筛孔含细粒土砂的易溶盐含量及盐胀率　　表 3-1

全土含盐质量(g)	过不同筛孔后的含盐量(%)			盐胀率(%)	
	过 1mm 筛	过 5mm 筛	全土	硫酸盐渍土	亚硫酸盐渍土
64.95	0.33	0.3	0.3	0.86	0.32
108.25	0.56	0.5	0.5	1.40	0.51
173.20	0.89	0.8	0.8	1.90	0.69
238.15	1.22	1.1	1.1	2.54	0.89
303.10	1.56	1.4	1.4	2.67	1.02
368.05	1.89	1.7	1.7	2.89	1.25
497.95	2.56	2.3	2.3	3.82	1.65
627.85	3.22	2.9	2.9	4.62	2.00
757.75	3.89	3.5	3.5	5.39	2.38
887.65	4.56	4.1	4.1	5.99	—
1017.55	5.22	4.7	4.7	—	2.72

过不同筛孔细粒土质砂的易溶盐含量及盐胀率　　表 3-2

全土含盐质量(g)	过不同筛孔后的含盐量(%)			盐胀率(%)	
	过 1mm 筛	过 5mm 筛	全土	硫酸盐渍土	亚硫酸盐渍土
69.86	0.33	0.3	0.3	0.15	0.04
186.31	0.89	0.8	0.8	0.16	0.08
256.17	1.22	1.1	1.1	0.73	0.23
326.03	1.56	1.4	1.4	0.81	0.43

续上表

全土含盐质量(g)	过不同筛孔后的含盐量(%)			盐胀率(%)	
	过1mm筛	过5mm筛	全土	硫酸盐渍土	亚硫酸盐渍土
395.90	1.89	1.7	1.7	0.98	0.44
456.76	2.22	2.0	2.0	1.01	0.79
535.63	2.56	2.3	2.3	1.91	1.02
605.49	2.89	2.6	2.6	2.77	1.62
698.65	3.33	3.0	3.0		1.97
768.51	3.67	3.3	3.3		2.39
815.09	3.89	3.5	3.5	5.30	
931.53	4.44	4.0	4.0	7.14	

过不同筛孔细粒土质砾的易溶盐含量及盐胀率　　表3-3

全土含盐质量(g)	过不同筛孔后的含盐量(%)			盐胀率(%)	
	过1mm筛	过5mm筛	全土	硫酸盐渍土	亚硫酸盐渍土
54.85	0.35	0.3	0.23	0.09	0.08
91.41	0.58	0.5	0.38	0.24	0.19
146.26	0.92	0.8	0.60	0.45	0.27
201.11	1.27	1.1	0.83	0.52	0.41
255.96	1.62	1.4	1.05	0.63	0.53
310.81	1.96	1.7	1.28	0.69	0.64
420.50	2.65	2.3	1.73	1.23	0.94
530.20	3.35	2.9	2.18	1.73	1.25
639.90	4.04	3.5	2.63	2.07	1.62
749.59	4.73	4.1	3.08	2.23	
859.29	5.42	4.7	3.53	2.34	1.86
914.14	5.77	5.0	3.75		1.87

由表3-1～表3-3可知，过1mm筛孔盐渍土的易溶盐含量比过5mm筛孔的易溶盐含量要偏大，而且按照现有的规范，根据过不同直径筛孔土的含盐量对同一种盐渍土进行分类，可能得到不同的判定。例如，表3-1中，对于全土含盐质量为303.10g的硫酸盐渍土，根据《公路土工试验规程》(JTG E40—2007)中的规定，通过对过1mm筛土样的试验结果分析可以判定该硫酸盐渍土土样属于强盐渍土，但是通过对过5mm筛土样的试验结果分析可以判定该硫酸盐渍土土样又属于中盐渍土。

对于采用同一过筛方法进行易溶盐试验的盐渍土，根据不同的规范，也将得到不同的判定。例如，表3-2中，全土含盐质量为186.31g的亚硫酸盐渍土，测得其易溶盐总量为0.89%，根据《公路土工试验规程》(JTG E40—2007)中的规定,通过对于过1mm筛土样的分析,可以判定该亚硫酸盐渍土的土样属于中盐渍土,但是根据《公路路基设计规范》(JTG D30—2004)中的规定,对过1mm筛土样的分析,可以判定该亚硫酸盐渍土的土样属于弱盐渍土。然而,从盐渍土的盐胀性出发,盐胀试验过程中,该盐渍土的试验盐胀率仅为0.08%,根据其盐胀率可知,此种含盐量的亚硫酸盐渍土对公路路基不会造成破坏,但是根据《公路土工试验规程》(JTG E40—2007)的判定,其在公路路基中的使用必然会受到一定的限制。

由表3-1~表3-3也可以看出,对硫酸盐渍土和亚硫酸盐渍土,随着含盐量的增加,盐胀量随之增大。当含盐量相同时,硫酸盐渍土的盐胀量比亚硫酸盐渍土的要大,这是由于土体中的硫酸钠是盐渍土产生盐胀的主要影响因素,而氯化钠对硫酸钠具有盐析作用。因此,土体中氯化钠的存在会降低其硫酸钠的溶液浓度,从而使盐胀率产生不同程度的降低。

经上述分析可知,这种因不同判定所致的关于粗颗粒盐渍土的适用范围的问题并不特殊,甚至是极为常见的。这也在一定程度上也体现了现有规范对粗颗粒盐渍土的分类与判别中存在的问题。而利用过1mm筛的土样进行粗颗粒盐渍土的易溶盐试验将使其含盐量测试结果明显偏大;全土测试不仅会导致试验结果偏小,试验操作也不易开展;而过5mm筛的易溶盐测试结果居于两者之间,所以初步判定过5mm筛孔是较为合理的。

3.3.2　基于冻融循环试验的分析

(1)试验目的

通过对取自甘肃河西走廊地区嘉安一级公路沿线某天然料场的粗颗粒亚硫酸盐渍土进行冻融循环盐胀特性试验分析(经筛分试验确定本试验土样属于砂类土,其最佳含水率为6.8%,最大干密度为2.38g/cm^3),对比粗颗粒盐渍土的三种易溶盐试验方法的合理性。

(2)试验方案

冻融试验的实施按照三个部分进行,具体方案如下。

一是,利用HC-2010低温恒温槽装置对试样进行模拟冬季降温的过程,并通过关闭低温恒温槽使土样自然升温来模拟春季的升温过程,且在一个试验周期内,降温与升温的持续时间均为24h,然后以此重复进行7个冻融循环周期,总计用时336h。

二是,分别通过降温12h和升温12h来模拟西北地区昼夜温度变化对盐渍土冻融盐胀的影响,并以此当作一个试验周期,共试验9个周期循环,总计用时216h,同样采用低温恒温槽进行降温。

三是,在对盐渍土试样的降温过程中,为了避免其因水分冻结膨胀而影响盐胀的试验结果,从而设计每级降温时间为12h的有(无)荷载的单次降温盐胀试验,且在降温时盐渍土试样顶部和底部的温度变化依次为25℃/25℃→20℃/5℃→15℃/5℃→10℃/5℃→5℃/5℃→0℃/5℃→-5℃/0℃→-10℃/0℃→-15℃/-5℃→-20℃/-5℃。

试验时,取含水率为8.8%,压实度为最大干密度的93%。

(3)试验结果分析

通过上述试验可以得到该天然盐渍土在冻融循环试验的三个不同模拟过程中的最大盐胀量(率)。结合筛分试验对土样的分析,即可得到过不同筛孔的土所占总土样质量的百分含量及其所对应的易溶盐含量,具体结果对比见表3-4。

不同易溶盐含量试验方法结果对比 表 3-4

试验方案	第一部分			第二部分			第三部分		
	季节交替冻融循环试验			昼夜交替冻融循环试验			单次降温试验		
盐胀率(%)	0.07			0.29			0.31		
试验方法	过 1mm 筛	过 5mm 筛	全土	过 1mm 筛	过 5mm 筛	全土	过 1mm 筛	过 5mm 筛	全土
易溶盐含量(%)	2.85	2.07	1.52	2.85	2.07	1.52	2.85	2.07	1.52

从上述试验结果可知,在模拟三种不同工况下粗颗粒盐渍土的冻融循环试验中,单次降温所产生的盐胀最大,且最大盐胀率为 0.31%。由表 3-4 分析可知,根据《公路土工试验规程》(JTG E40—2007)中的规定,若利用过 1mm 筛的土样制备易溶盐待测液,则该亚硫酸盐渍土可判定为强盐渍土;若利用全土试样制备易溶盐待测液,该盐渍土可判定为中盐渍土。然而,在冻融循环试验过程中,该盐渍土的盐胀率并不大。可见,利用过 1mm 筛的土样制备待测液所测易溶盐含量比实际土样明显偏大,而全土所测的易溶盐含量又与过 1mm 筛的相差甚远,这也不符合粗颗粒盐渍土的实际情况。故利用过 5mm 筛的土样进行待测液制备所得结果则居于过 1mm 筛孔与全土之间,可较好地接近实际。

3.3.3 基于重配土的易溶盐试验

(1)试验目的

为了更加客观地分析和验证按照过 1mm 筛孔、5mm 筛孔和不过筛(即全土)三种方法所取土样对原粗颗粒盐渍土易溶盐含量的影响,通过对人工随机配制的粗颗粒盐渍土(易溶盐总量已知)展开室内易溶盐试验,以便最终确定粗颗粒盐渍土的易溶盐测试方法及为进一步开展研究其用于路基填料的评判指标做铺垫。

(2)试验方法

对依照上述三种方法所取土样制得的待测液按《公路土工试验规程》(JTG E40—2007)规定,分别采用质量法对易溶盐总量进行测定,采用硝酸银滴定法对氯离子进行测定,硫酸根离子通过 EDTA 间接配位滴定法滴定测定,部分试验图如图 3-1、图 3-2 所示。

图 3-1 氯离子测定时溶液滴定图

(3)试验结果及分析

具体试验数据及计算结果见表 3-5 ~ 表 3-7。

图 3-2　硫酸根离子测定时溶液滴定图

盐渍土易溶盐总量试验记录表　　表 3-5

土样种类	1mm		5mm		全土	
吸取浸出液体积 V(mL)	50		50		50	
试验次数	1	2	1	2	1	2
残渣 + 蒸发皿的质量(g)	40.9541	62.1606	44.0671	35.8973	40.8932	37.0556
蒸发皿的质量(g)	40.8065	62.0115	43.9379	35.7665	40.8043	36.9660
残渣的质量(g)	0.1476	0.1491	0.1292	0.1308	0.0889	0.0896
全盐量(%)	1.476	1.491	1.292	1.308	0.889	0.896
全盐量平均值(%)	1.4835		1.300		0.8925	

氯根离子试验记录表　　表 3-6

土样种类	1mm		5mm		全土	
吸取浸出液体积 V(mL)	25		25		25	
与吸取浸出液相当的土样质量(g)	5	5	5	5	5	5
$AgNO_3$ 标准液的浓度(mol/L)	0.01804					
试验次数	1	2	1	2	1	2
滴定试样消耗 $AgNO_3$ 标准液的量(mL)	14.72	14.11	15.43	15.15	9.9	11.11
Cl^-(%)	0.1885	0.1807	0.1976	0.1940	0.1268	0.1423
Cl^- 平均值(%)	0.1846		0.1958		0.1346	

硫酸根离子试验记录　　表 3-7

土样种类	1mm	5mm	全土
吸取浸出液体积 V(mL)	25	25	25
EDTA 二钠盐溶液的浓度(mol/L)	0.01		

续上表

土样种类	1mm		5mm		全土	
试验次数	1	2	1	2	1	2
待测液经沉淀后剩余钡镁合剂所消耗 EDTA 的量 V_1(mL)	18.50	18.85	25.30	23.60	23.45	21.50
钡镁合剂(空白标定)所消耗 EDTA 的量 V_2(mL)	23.55		39.95		35.06	
同体积待测液中原有 Ca^{2+}、Mg^{2+} 所消耗 EDTA 的量 V_3(mL)	18.90	18.42	10.14	7.50	8.67	7.42
$SO_4^{2-}\left(\mathrm{mmol}\ \frac{1}{2}SO_4^{2-}/\mathrm{kg}\right)$	95.80	92.48	99.17	95.40	81.13	83.92
SO_4^{2-} 平均值($\mathrm{mmol}\ \frac{1}{2}SO_4^{2-}/\mathrm{kg}$)	94.14		97.29		82.53	
SO_4^{2-}(%)	0.4600	0.4440	0.4760	0.4579	0.3894	0.4028
SO_4^{2-} 的平均值(%)	0.4520		0.4670		0.3961	

由于此次试验的粗颗粒盐渍土是人工配制,所以可以较为准确地计算土样中的含盐量,具体见表 3-8。

原盐渍土样中实际含盐量 表 3-8

易溶盐总量(%)	Cl^- 平均含量(%)	SO_4^{2-} 的平均含量(%)
1.1200	0.2441	0.4883

将测试数据及原盐渍土的实际含盐量列表对比,见表 3-9。

含盐量情况对比 表 3-9

	易溶盐总量(%)	Cl^- 平均含量(%)	SO_4^{2-} 的平均含量(%)
过 1mm 筛孔	1.4835	0.1846	0.4520
过 5mm 筛孔	1.300	0.1958	0.4670
不过筛(全土)	0.8925	0.1346	0.3961
实际土样	1.1200	0.2441	0.4883

在理论状态下,按以上三种方法所测含盐量以及各离子百分含量,其由大到小的排序为:过 1mm 筛、过 5mm 筛、不过筛(全土),而在此次粗颗粒盐渍土的三种方法试验中,易溶盐的总量呈现这种变化趋势,但是 Cl^- 含量和 SO_4^{2-} 的含量测试结果与上述稍有不同。两种离子测试结果出现这种现象的可能原因是:其测试时滴定终点不能很好地确定。例如,氯离子测试时,用硝酸银标准溶液滴定,直至生成砖红色沉淀为滴定完成,但是具体是突变为砖红色沉淀即止还是待沉淀不消失为止两种情况并不明确,这就会导致结果的偏差。而在硫酸根离子滴定的过程中同样存在此种滴定终点颜色确定的情况,这在一定程度上成为影响测试结果的人为因素。此外,在浸出液制备时,实际上,盐分也不可能全部通过筛孔,会有部分粘在土颗粒表面,致使测试结果出现偏差。

由以上分析可知,在所开展的粗颗粒盐渍土易溶盐试验中,与易溶盐总量的测定结果相比，两种离子的测定结果会出现不同程度的偏差。所以，对于 Cl^- 含量和 SO_4^{2-} 的含量而言，其试验结果更容易受到主观因素的影响，故不如易溶盐总量的测试具有代表性。

但是，从表 3-9 中可以看出，采用过筛后的土样开展试验，所测得的易溶盐总量、Cl^- 含量和 SO_4^{2-} 的含量均大于不过筛（全土）的土样，且过筛后的土样所测得的各种易溶盐含量更加接近盐渍土的实际含盐量。这与理论推算结果相一致，即粗颗粒盐渍土经烘干、碾碎并通过粒径为 1mm 或 5mm 的筛孔后，在理想状态下，盐分是完全可以通过筛孔的，故过筛后所测的含盐量必然大于不过筛的。由此可见，粗颗粒盐渍土易溶盐试验待测液制备时，所取土样的粒径大小是非常重要的，合理的过筛粒径可较好地提高试验的精确度，也更能真实地反映粗颗粒盐渍土的工程特性。

对于过 1mm 筛孔的土样试验结果而言，其明显夸大了实际土样的含盐量。而不过筛土样的试验结果明显小于盐渍土的实际含盐量，虽然试验所用盐渍土的含盐量就是基于全土方式所配制的，但其易溶盐结果与实际工程相差很大，根本无法反映粗颗粒盐渍土的实际含盐情况，这在工程实际中是不可取的。过 5mm 筛孔土样的试验结果则更接近实际。原因是，利用过 5mm 筛孔的土样进行粗颗粒盐渍土的易溶盐试验，不仅试验操作方便，而且取样质量也占原土质量的比例更大，避免了采用过 1mm 筛取样时，土样质量可能只占原土质量的一半甚至更少的过分夸大的现象。同时，从表 3-9 中也可得出，利用过 5mm 筛孔的土样开展粗颗粒盐渍土的易溶盐试验，其结果跟接近实际值，故更具有代表性。

3.3.4　粗颗粒盐渍土的合理易溶盐试验方法

通过上述关于粗颗粒盐渍土的三种室内试验分析可以看出，对于同一种盐渍土，利用不同的规范可得到不同的盐渍土分类等级，而过不同筛孔的盐渍土，根据同一规范也可得到不同等级的分类。在一定程度上，这将使现阶段公路工程中部分各项指标较好地满足规范要求，但由于含盐量轻微超出规范规定的粗颗粒盐渍土大量浪费，从而增加了舍近求远的运输费用，大幅度地提高工程造价。

换言之，在试验中，对于粗颗粒盐渍土，依据现有规范，若选择过 1mm 筛孔的土进行易溶盐试验，其可能判定为中盐渍土，在公路路基中的使用要予以考虑；若选择过 5mm 筛孔的土，则可能为弱盐渍土，且其盐胀率很小，可扩大其在公路路基中的应用；对于全土（即不过筛）的土样而言，从理论上讲，似乎能更加真实地反映粗颗粒盐渍土的实际含盐量，但是这在很大程度上低估了粗颗粒盐渍土的实际工程特性，扩大了盐渍土在工程中的利用范围，降低了其在公路工程中的安全可靠度；另一方面，对于粗颗粒盐渍土而言，其中含有较大粒径的土颗粒（大于 5mm），这极不利于室内易溶盐试验待测液的制备，相同条件下，反而会增加试验结果误差，甚至出现错误，也不利于反映其实际情况。

因此，合理选择粗颗粒土易溶盐的过筛粒径是很有必要的。而选择过 5mm 筛孔的土进行易溶盐试验，能较为准确反映其实际含盐量和工程性质，亦是较为合理的易溶盐试样制备粒径。后续试验步骤按照《公路土工试验规程》（JTG E40—2007）规定进行。

本章参考文献

[1] 中华人民共和国国家标准. GB/T 50942—2014　盐渍土地区建筑技术规范[S]. 北京：中

国计划出版社, 2014.
[2] 中华人民共和国行业标准. TB 10103—2008 J 862—2009 铁路工程岩土化学分析规程[S]. 北京:中国铁道出版社, 2009.
[3] 中华人民共和国行业标准. JTG E40—2007 公路土工试验规程[S]. 北京:人民交通出版社, 2007.
[4] 刘伟, 张莎莎, 杨晓华. 不同过筛粒径取样对粗颗粒盐渍土易溶盐试验结果的影响研究[J]. 公路, 2017(7):266-271.
[5] 新疆公路学会. 盐渍土地区公路设计与施工指南[M]. 北京:人民交通出版社,2006.
[6] 包卫星, 李志农, 罗炳芳. 公路工程粗颗粒盐渍土易溶盐试验方法研究[J]. 岩土工程学报,2010,32(5):792-797
[7] 张莎莎,杨晓华,张秋美. 天然粗颗粒盐渍土大型路堤模型试验研究[J]. 岩土工程学报,2012,34(5):842-847.
[8] 罗炳芳,潘菊华. 粗颗粒土易溶盐含盐量测定方法的研究[J]. 公路,2005,11(11):192-193.
[9] 张莎莎,杨晓华,王龙. 单因素对粗颗粒盐渍土的盐胀规律影响效果研究[J]. 水利学报,2015,46(1):129-134.
[10] 张莎莎,杨晓华,戴志仁. 基于均匀设计的砾类硫酸盐渍土盐胀特性试验研究[J]. 公路交通科技,2009,26(5):29-34.
[11] 中华人民共和国行业标准. JTG D30—2004 公路路基设计规范[S]. 北京: 人民交通出版社, 2004.
[12] 张莎莎,杨晓华,戴志仁. 天然粗颗粒盐渍土多次冻融循环盐胀试验[J]. 中国公路学报,2009,22(4): 28-32.
[13] 杨晓华,张莎莎,包卫星. 天然盐渍土工程特性对比分析[J]. 工程勘察,2010. 11:11-16

第 4 章　粗颗粒盐渍土路基盐胀特性

4.1　概　　述

土、水、盐、温、力是影响盐渍土盐胀变形的主要因素,单因素的改变对盐渍土的作用程度如何,是复杂环境下粗颗粒盐渍土能否作为路基填料应用机理研究的理论基础。

本章将分别介绍在单因素作用下粗颗粒硫酸盐渍土和粗颗粒亚硫酸盐渍土的盐胀量影响试验,以确定粗颗粒盐渍土的盐胀起胀温度、盐胀敏感温度区间、起胀含盐量、容许含盐量等指标,为粗颗粒盐渍土盐胀机理的建立奠定理论基础。同时,在此基础上,介绍多因素交互作用下的粗颗粒硫酸盐渍土和粗颗粒亚硫酸盐渍土的盐胀规律影响试验及其敏感因素分析。

4.2　单因素改变条件下粗颗粒盐渍土的盐胀特点

为了更好地研究在单因素改变条件下粗颗粒盐渍土的盐胀特点,本章采用了模型试验的方法。下面将分别介绍模型试验的试验仪器设计、土样的配制及击实特性、试验流程设计等。

(1)试验仪器设计

为了避免颗粒尺寸效应、提高试验精度和效率,以高低温试验箱为基础,设计了适用于粗颗粒盐渍土的有侧向限制的盐胀试验装置(图 4-1),高低温试验箱的温控范围为 -40 ~ 60℃,可实现自动降温并能够保持恒温,盐胀试验装置的内径为 24.5cm、高为 25cm。

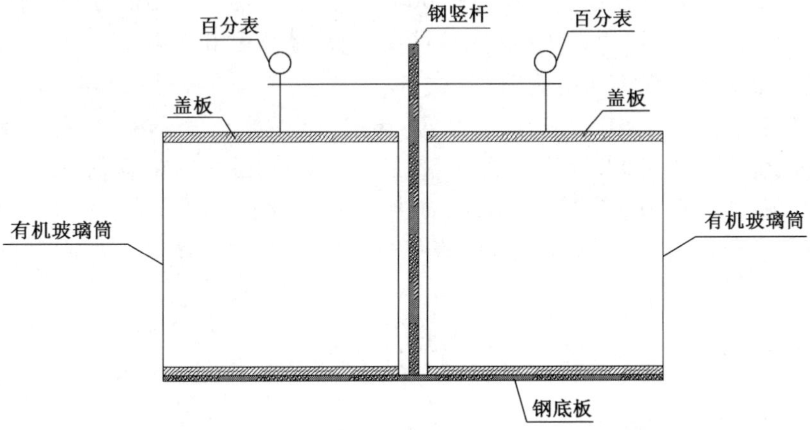

图 4-1　盐胀试验装置

(2)土样的配制及其击实特性

为了使试验结果具有代表性,试验土样主要分为砾类土和砂类土两大类,其中砾类土采用细粒土质砾作为研究对象，砂类土根据细粒土含量的极限值 15% 和 50%，分别以含细粒土砂和细粒土质砂为研究对象。其中，为了增强试验结果的可对比性，以天然素黄土作为细粒土填料，粗颗粒土统一级配，并满足路基填料级配良好的要求（配土方案见表 4-1、表 4-2）。在配制好试验所用素土后，将土样经 3 次自来水和 3 次蒸馏水的洗盐烘干，减小其他盐分对试验结果的不确定性影响，并针对素土进行击实试验（试验结果见表 4-3）。在室温的条件下添加盐分，根据已有研究成果，粗颗粒土易溶盐的配制采用 5mm 筛法配制，即过 5mm 筛的土体的含盐量（质量法），其盐渍土类型是配制硫酸盐渍土（仅添加 Na_2SO_4）、氯盐渍土（仅添加 NaCl）和亚硫酸盐渍土（$Cl^-/SO_4^{2-}=0.5$）。

砾类土配土方案　　表 4-1

粒径(mm)	$40>d\geq20$	$20>d\geq10$	$10>d\geq5$	$5>d\geq2$	$2>d\geq1$	$1>d\geq0.5$	$0.5>d\geq0.025$	$0.025>d\geq0.075$	$d<0.075$
质量(kg)	$0.05M$	$0.1M$	$0.1M$	$0.05M$	$0.05M$	$0.1M$	$0.025M$	$0.025M$	$0.5M$

注：M 为所需土样的总质量(kg)。

砂类土配土方案　　表 4-2

粒径(mm)	$2>d\geq1$	$1>d\geq0.5$	$0.5>d\geq0.25$	$0.25>d\geq0.075$	$d<0.075$
细粒土质砂各级配的质量(kg)	$0.1M$	$0.15M$	$0.15M$	$0.1M$	$0.5M$
含细粒土砂各级配的质量(kg)	$0.1M$	$0.3M$	$0.3M$	$0.15M$	$0.15M$

注：M 为所需土样的总质量(kg)。

击实试验结果　　表 4-3

土类	砾类土	细粒土质砂	含细粒土砂
最大干密度(g/cm^3)	2.224	2.125	1.975
最佳含水率 w_{op}(%)	6.4	8.4	11

(3)试验流程设计

单因素作用下的粗颗粒盐渍土盐胀分析试验。首先，以逐级降温的方式，通过调节温度高低范围和温度的降温速率，以研究典型的粗颗粒硫酸盐渍土和粗颗粒氯盐渍土的盐胀敏感温度区间及降温速率对盐胀量大小的影响；其次，仅改变易溶盐的含量和类型，以探索粗颗粒盐渍土的起胀含盐量和土体结构破坏时的含盐量；再次，研究含水率对粗颗粒盐渍土盐胀量的影响，然后，控制温度（温度区间和速率）、含盐量（以土体结构破坏时的含盐量为准）、含水率一定，不加上覆荷载，通过调节土样的压实度来研究土体初始密度对粗颗粒盐渍土盐胀量的影响程度；最后，研究上覆荷载对粗颗粒硫酸盐渍土与粗颗粒亚硫酸盐渍土盐胀量抑制的作用和程度。

4.2.1　温度因素改变下粗颗粒盐渍土的盐胀特点

(1)试验方案设计

根据已有的配土方案，配制好试验土样，试验土体初始干密度取压实度为 93%，控制土类、含水率、含盐量一定，不加上覆荷载。其中，盐渍土分为仅添加 Na_2SO_4 的盐渍土和仅添加 NaCl 的盐渍土两种类型，含盐量初始值根据已有的研究成果取 0.5%，含水率取由击实试验得到的最佳含水率,以逐级降温的方式,通过调节温度高低范围和温度的降温速率,以探索研究粗颗粒盐渍土的盐胀起胀温度,盐胀敏感温度区间及降温速率对盐胀量大小的影响。

温度改变条件下硫酸、亚硫酸粗颗粒盐渍土的盐胀试验降温控制过程见表 4-4。

温度因素改变的试验方案设计　　表 4-4

土　类	含盐量(%)	含水率(%)	压实度(%)	降温过程(℃)	每级降温持续时间(min)
硫酸盐渍土	0.5	ω_{op}	93	25→20→15→10→5→0→-5→-10→-15	15/30/60/90/120
氯盐渍土					

(2)试验结果及分析

仅温度条件改变时,不同种类粗颗粒硫酸盐渍土和氯盐渍土的盐胀变形曲线如图 4-2 ~ 图 4-4 所示。

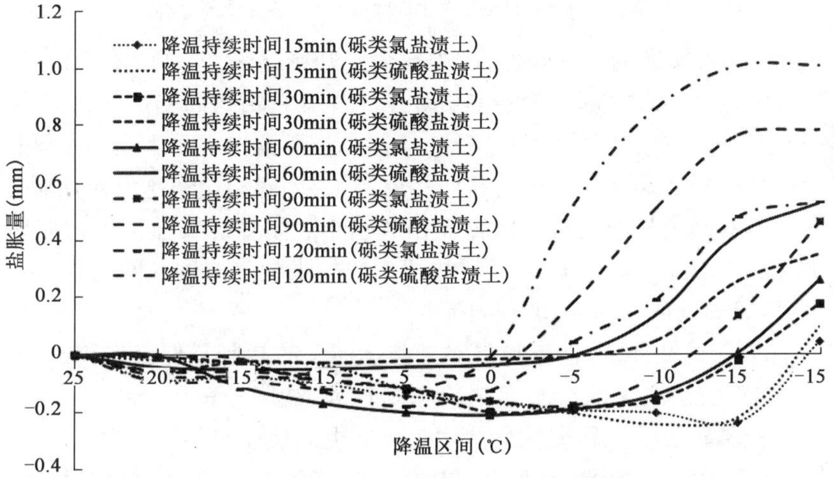

图 4-2　砾类盐渍土不同降温速率与盐胀的关系

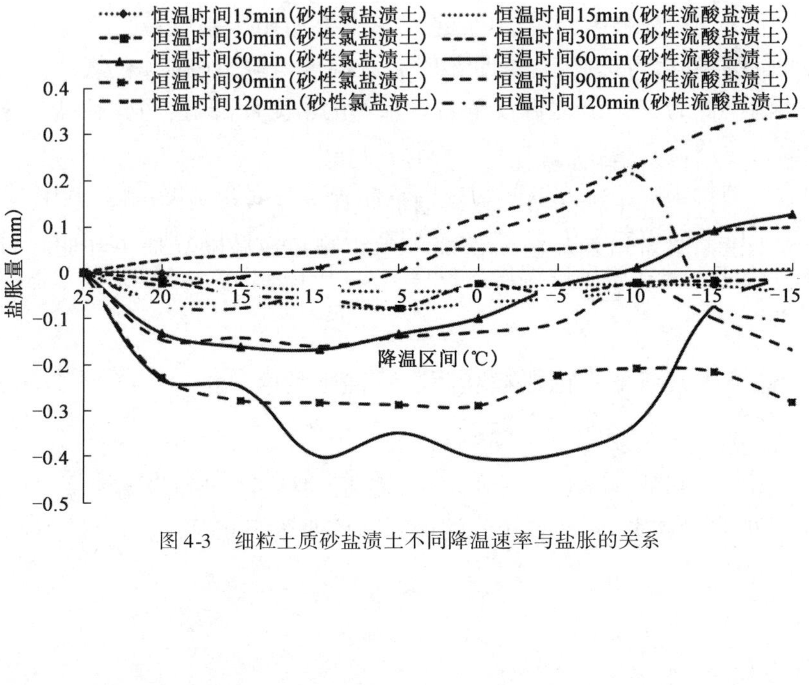

图 4-3　细粒土质砂盐渍土不同降温速率与盐胀的关系

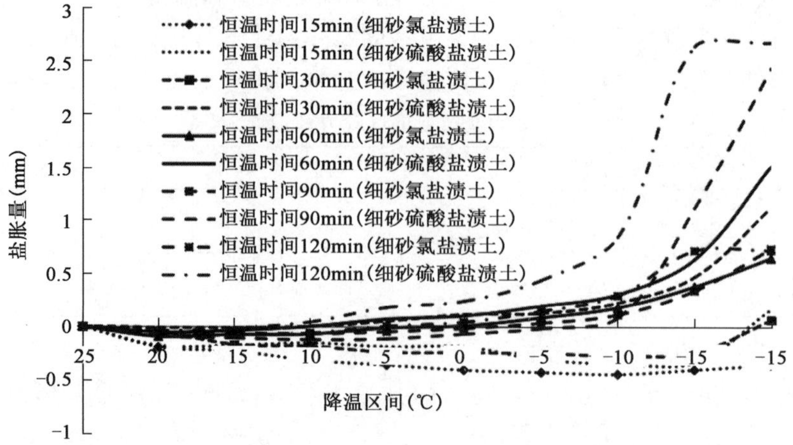

图 4-4 含细粒土砂盐渍土不同降温速率与盐胀率的关系

从图 4-2 可知,随着温度的逐渐降低,砾类盐渍土开始起胀,但是由于土体颗粒孔隙较大,部分盐结晶被大孔隙结构吸收,部分盐结晶破坏了土体颗粒结构而陷落到孔隙中,致使降温初期土体出现体积缩小的特征;随着降温的持续,盐结晶量逐渐增大而表现出土体积的增大。每一级的降温持续时间越长,砾类盐渍土的盐胀量就越大,即降温速率越慢对盐胀量的增长具有促进作用,急速降温对砾类盐渍土盐胀量影响相对较小。图中砾类盐渍土盐胀量的产生主要集中在 0 ~ －15℃降温区间,其中,砾类硫酸盐渍土的盐胀敏感温度区间为 －5 ~ －10℃,砾类氯盐渍土的盐胀敏感温度区间为 －10 ~ －15℃。

从图 4-3 和图 4-4 可知,降温速率越慢对砂类盐渍土的盐胀量促进作用越明显;降温区间 5 ~ －15℃中,砂类硫酸盐渍土的盐胀量增长幅度较大,盐胀较敏感;降温区间 －10 ~ －15℃中,砂类氯盐渍土盐胀较敏感。砂类硫酸盐渍土比砂类氯盐渍土盐胀量大。

根据试验数据和文献(张莎莎、杨晓华,2009、2010、2012)可知,粗颗粒盐渍土的起胀温度与降温速率、含盐量、含盐类型、含水率、初始密度及上覆荷载都有一定关系。其中,降温速率越慢对盐胀量的促进作用越显著,并且其促进作用主要作用于粗颗粒盐渍土的盐胀敏感温度区间;含盐量大时起胀温度可提高,含盐量小时起胀温度可降低;粗颗粒氯盐渍土比粗颗粒硫酸盐渍土的起胀温度低约 5℃;起胀温度随着含水率的增大而降低;粗颗粒盐渍土初始密度越大,起胀温度越高;上覆荷载越大,起胀温度越低。

粗颗粒盐渍土的盐胀敏感温度区间与各因素的关系与起胀温度类似,其中,粗颗粒硫酸盐渍土的盐胀敏感温度区间主要集中于 －5 ~ －10℃,其盐胀量可达到总盐胀量的 80% 左右;粗颗粒氯(亚硫酸)盐渍土的盐胀敏感温度区间主要集中于 －10 ~ －15℃,其盐胀量可达到总盐胀量的 70% 以上。

4.2.2 含盐量因素改变下粗颗粒盐渍土的盐胀特点

(1)试验方案设计

以上述试验内容为基础,控制土类、含水率、温度(温度区间和降温速率)一定,不加上覆荷载,改变易溶盐的含量和类型,其中盐分的配制是按照过 5mm 筛法给土样中添加 Na_2SO_4 和

NaCl，以配制硫酸盐渍土（仅添加 Na_2SO_4）和亚硫酸盐渍土（$Cl^-/SO_4^{2-}=0.5$），易溶盐的含量由0.3%增加到0.5%再增加到0.8%，然后依次增加到初始设定的最大值，直至土体出现盐胀破坏，探索不同类型粗颗粒盐渍土的起胀含盐量和土体结构破坏时的含盐量。

盐分改变条件下硫酸、亚硫酸粗颗粒盐渍土的盐胀试验控制过程见表4-5。

盐分因素改变的试验方案设计　　表4-5

土　类	压实度（%）	含水率（%）	含盐量的变化（%）
硫酸盐渍土	93	w_{op}	0.3→0.5→0.8→1.1→1.4→1.7→2→2.3→2.6→2.9→3.2→3.5→3.8→4.0→4.3→4.7
亚硫酸盐渍土	93	w_{op}	0.3→0.5→0.8→1.1→1.4→1.7→2→2.3→2.6→2.9→3.2→3.5→3.8→4.0→5.0

注：降温过程为25℃→20℃→15℃→10℃→5℃→0℃→－5℃→－10℃→－15℃；每级降温持续时间60min；最后恒温时间为6h。

（2）试验结果及其分析

随着含盐量的增大，不同粗颗粒盐渍土含盐量与盐胀量之间的关系曲线如图4-5所示。

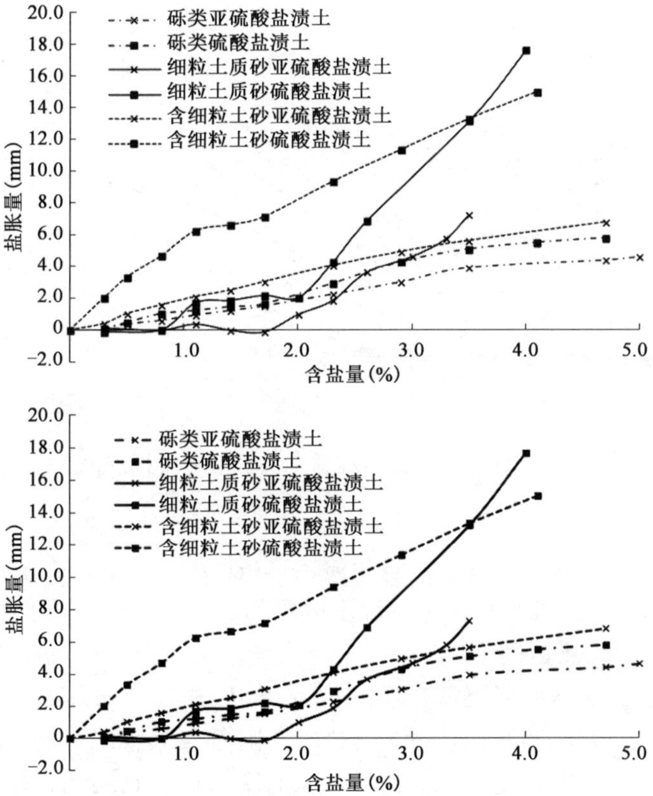

图4-5　粗颗粒盐渍土含盐量与盐胀量之间的关系

不同粗颗粒盐渍土的盐胀量随时间变化曲线如图4-6和图4-7所示。

由图4-5可知，在相同的含盐量条件下，粗颗粒硫酸盐渍土的盐胀量大于粗颗粒亚硫酸盐渍土的盐胀量。相同含盐量条件下，细粒土质砂的盐胀量大于含细粒土砂的盐胀量，砾类土的

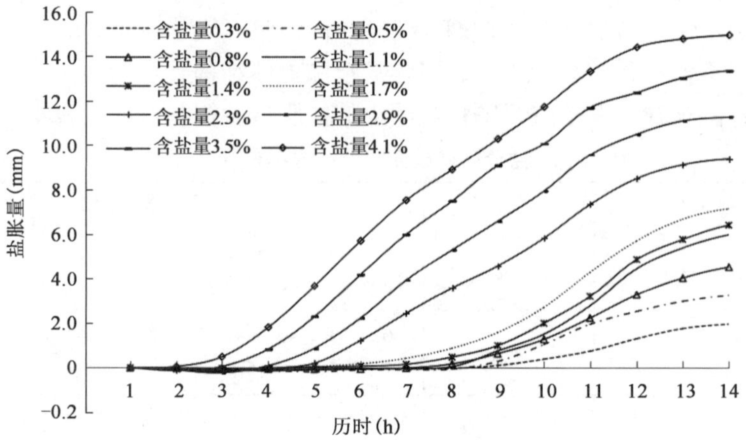

图4-6　含细粒土砂硫酸盐渍土盐胀量随时间变化曲线

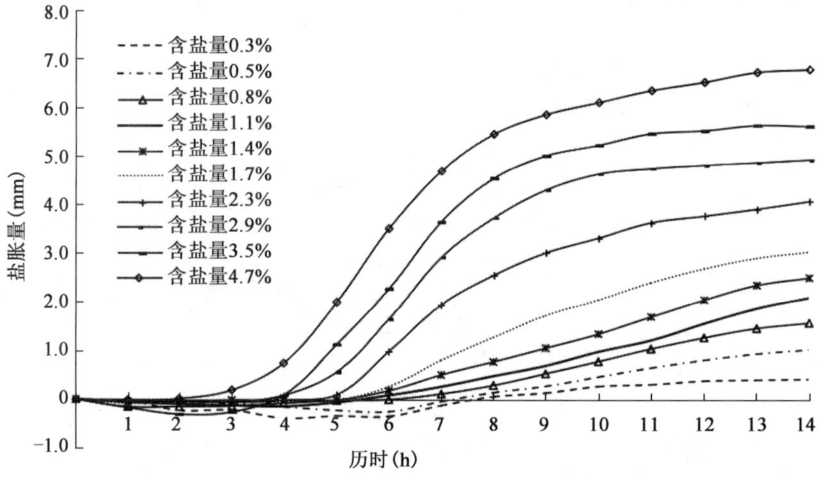

图4-7　含细粒土砂亚硫酸盐渍土盐胀量随时间变化曲线

盐胀量最小。

从图4-6和图4-7可以看出,对于硫酸盐渍土,含盐量小于2%时,盐胀敏感温度区间为-5～-15℃;含盐量大于2%时,盐胀敏感温度区间为5～-15℃。对于亚硫酸盐渍土,含盐量小于2%时,盐胀敏感温度区间为-5～-15℃;含盐量大于2%时,盐胀敏感温度区间为0～-15℃。即含盐量高时,盐胀起胀温度升高;含盐量低时,盐胀起胀温度降低。

通过对盐胀量换算可知,粗颗粒盐渍土的盐胀率随着含盐量的增加而增大。当粗颗粒硫酸盐渍土(仅添加Na_2SO_4)的含盐量小于2%时,盐胀率均小于1%;当含盐量大于2%时,盐胀率大于1%,并且随着含盐量的增加,盐胀率迅速增大。当粗颗粒亚硫酸盐渍土($Cl^-/SO_4^{2-}=0.5$)的含盐量小于2.5%时,盐胀率基本小于1%;当含盐量大于2.5%时,盐胀率随着含盐量的增加迅速增大,并且大于1%。

粗颗粒盐渍土的起胀含盐量和容许含盐量与土类、初始密度、温度、含水率及上覆荷载等都有一定关系，为了使问题简明化，同时为后续试验提供参考数据，从工程实际及安全出发，按照土类划分、初始压实度 93%、最佳含水率、无上覆荷载及不同路面类型要求进行计算。其中，起胀含盐量是当盐胀率为零时所对应的含盐量值；容许含盐量(即破坏含盐量)是路面安全与破坏的分界点所对应的含盐量值，对于常见的水泥混凝土路面和沥青混凝土路面容许盐胀量分别取 2cm 和 4cm，盐胀深度分别为 2.0m 和 2.5m。通过对试验结果的回归分析整理后可得表 4-6。

粗颗粒盐渍土起胀含盐量与破坏含盐量的试验初定值　　表 4-6

土类	含盐量分类		适用路面类型及公路等级	
			高等级公路	一级公路
			水泥混凝土	沥青混凝土
砾类硫酸盐渍土	起胀含盐量(%)		0.3	0.3
	破坏含盐量(%)	盐胀深度 2.0m	2.1	3.4
		盐胀深度 2.5m	1.9	2.8
砾类亚硫酸盐渍土	起胀含盐量		0.5	0.5
	破坏含盐量(%)	盐胀深度 2.0m	2.5	5.1
		盐胀深度 2.5m	2.1	4.1
细粒土质砂硫酸盐渍土	起胀含盐量		0.3	0.3
	破坏含盐量(%)	盐胀深度 2.0m	2.0	2.3
		盐胀深度 2.5m	1.5	2.3
细粒土质砂亚硫酸盐渍土	起胀含盐量		0.5	0.5
	破坏含盐量(%)	盐胀深度 2.0m	2.4	2.9
		盐胀深度 2.5m	2.3	2.7
含细粒土质砂硫酸盐渍土	起胀含盐量		0.5	0.5
	破坏含盐量(%)	盐胀深度 2.0m	2.1	2.8
		盐胀深度 2.5m	1.9	2.4
含细粒土质砂亚硫酸盐渍土	起胀含盐量		0.5	0.5
	破坏含盐量(%)	盐胀深度 2.0m	2.8	4.9
		盐胀深度 2.5m	2.3	4.0

注：本表为单次降温试验所得的粗颗粒盐渍土界限含盐量的初定值，为后续试验提供参考。

4.2.3　含水率因素改变下粗颗粒盐渍土的盐胀特点

(1)试验方案设计

在上述试验的基础上，控制土类、含盐量、温度(温度区间和降温速率)一定，不加上覆荷载，调节土体含水率，以研究含水率对粗颗粒硫酸盐渍土(仅添加 Na_2SO_4)和亚硫酸盐渍土($Cl^-/SO_4^{2-}=0.5$)盐胀量的影响，其中含盐量分别以起胀含盐量和土体结构破坏时的破坏含盐量为准，含水率分别在最佳含水率的基础上变化 ±2.2%，总共三个水平。

含水率改变条件下硫酸、亚硫酸粗颗粒盐渍土的盐胀试验控制过程见表 4-7。

含水率因素改变的试验方案 表 4-7

盐分类型	压实度(%)	含盐量(%)		含水率(%)
硫酸盐渍土	93	起胀含盐量	破坏含盐量	w_{op}; $w_{op}\pm2.2$
亚硫酸盐渍土				

(2)试验结果及其分析

不同含水率条件下,粗颗粒盐渍土的盐胀量随时间变化过程如图 4-8 ~ 图 4-13 所示。

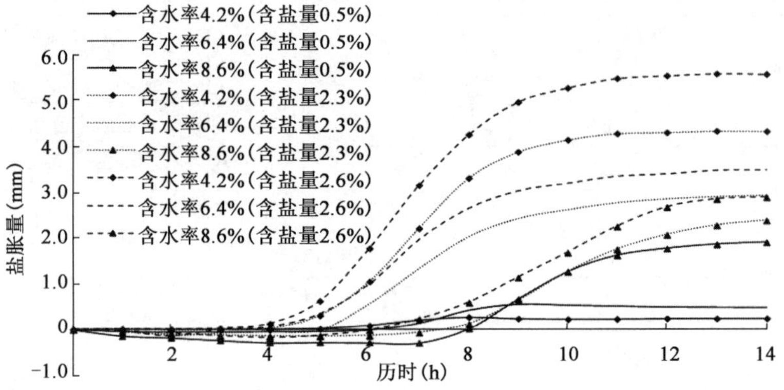

图 4-8 不同含水率下砾类硫酸盐渍土盐胀量随时间变化曲线

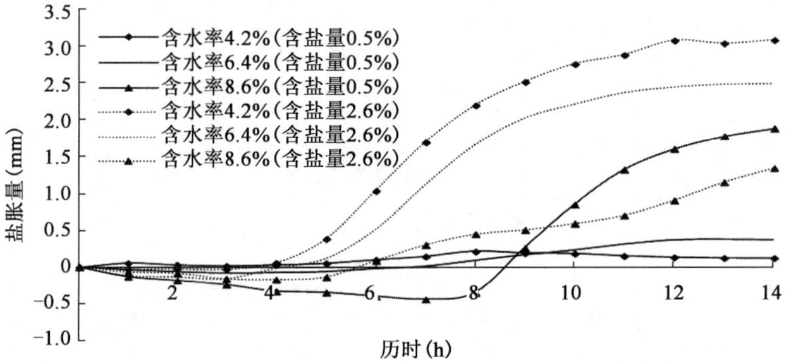

图 4-9 不同含水率下砾类亚硫酸盐渍土盐胀量随时间变化曲线

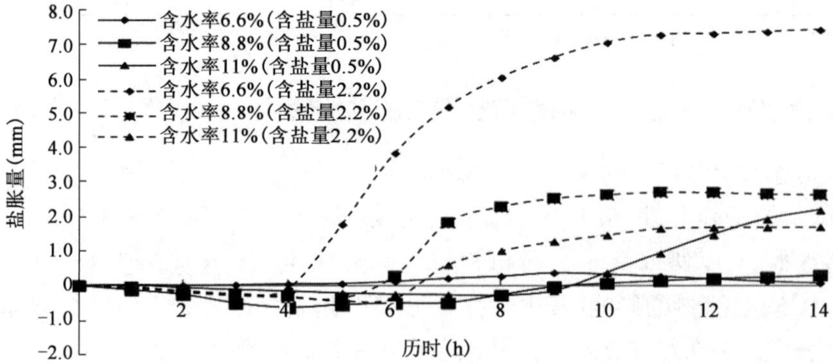

图 4-10 不同含水率下细粒土质砂硫酸盐渍土含盐量随时间变化曲线

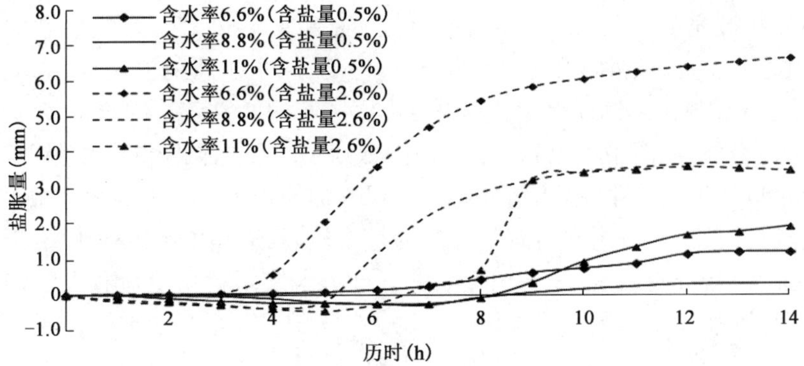

图 4-11　不同含水率下细粒土质砂亚硫酸盐渍土盐胀量随时间变化曲线

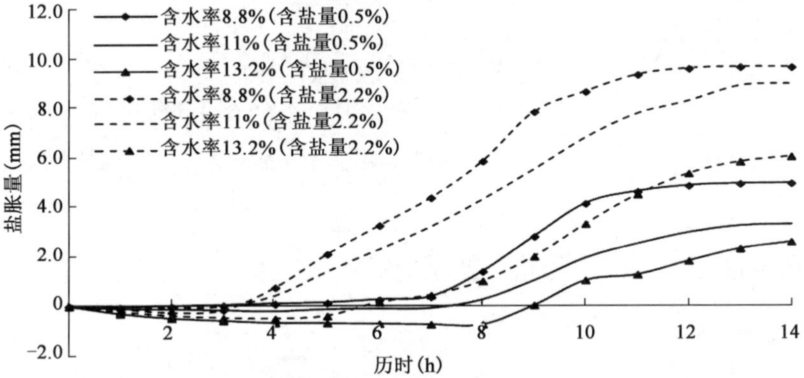

图 4-12　不同含水率下含细粒土砂硫酸盐渍土盐胀量随时间变化曲线

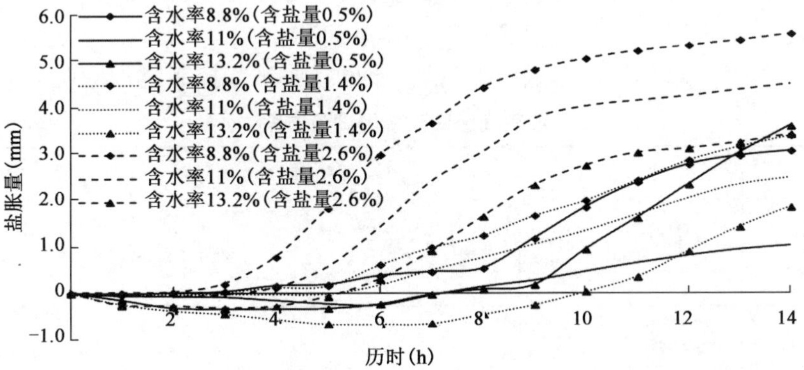

图 4-13　不同含水率下含细粒土砂亚硫酸盐渍土盐胀量随时间变化曲线

从图 4-8 至图 4-13 可知，当含盐量为 0.5% 时，粗颗粒盐渍土的盐胀量随着含水率的增加而增大；当含盐量较大接近于破坏含盐量时，粗颗粒盐渍土的盐胀量随着含水率的增加而减小。

当含盐量较小时，盐分对粗颗粒土的压实结构影响相对较弱，含水率小于最佳含水率时，土粒之间由于粒间引力使土保持比较疏松的凝聚结构,土中孔隙大都相互连通,水少而气多,使得大部分结晶盐被充填于孔隙之中,使盐胀量表现不明显;随着含水率的增加,土粒之间水膜变厚,粒间引力减弱,施以外部压实功能则土粒移动,加之水膜的润滑作用,压实效果渐佳,土体孔隙相对变小,孔隙之间水量增大,其中自由水和溶解的易溶盐相对较多,当温度降低时,结晶盐体积增大,另外,从图中可以看出,含水率较大时的土体体积增长敏感温度为 -15℃,土粒之间的自由水也发生了冻胀,盐胀与冻胀的体积叠加使得土体整体体积增大。

当含盐量较大时,土中自由水溶解了大量的易溶盐,其影响了土体的压实结构。在含水率较小时,土粒之间由盐分胶结连接,土粒孔隙中有自由水溶解的易溶盐和大量的盐分填充,随着温度的降低,易溶盐大量结晶使得土体体积增大;当含水率逐渐增加时,土粒之间的水膜厚度增大,自由水增多,溶解的易溶盐相对较多,土粒之间起胶结作用的易溶盐相对减少,土体孔隙相对增大,温度降低时的结晶盐主要填充于土体孔隙。从图中可知,5 ~0℃是含水率较小时粗颗粒盐渍土的盐胀起胀敏感温度区间, -10 ~ -15℃是含水率较大时粗颗粒盐渍土的盐胀和冻胀起胀敏感温度区间。

通过试验数据分析可知,水分对粗颗粒盐渍土盐胀的作用受到含盐量和土类的影响,并且由于粗颗粒土的大孔隙结构,这种影响尤为显著。当素土的含水率以最佳含水率为中心上下波动时,含盐量较小时,盐胀随着含水率的增加而增大;含盐量较大时,盐胀随着含水率的增加而减小。

4.2.4 压实度因素改变下粗颗粒盐渍土的盐胀特点

(1)试验方案设计

以上述试验为基础,控制温度(温度区间和降温速率)、含盐量、含水率一定,不加上覆荷载,通过调节土样的压实度来研究土体初始干密度对粗颗粒硫酸盐渍土(仅添加 Na_2SO_4)和亚硫酸盐渍土($Cl^-/SO_4^{2-}=0.5$)盐胀量的影响程度,压实度分别取89%、93%、97%三个水平,含盐量分别以起胀含盐量和土体结构破坏时的含盐量为准。

压实度改变条件下硫酸、亚硫酸粗颗粒盐渍土的盐胀试验控制过程见表4-8。

压实度因素改变的试验方案 表4-8

盐分类型	含水率(%)	含盐量(%)		压实度(%)
硫酸盐渍土	w_{op}	起胀含盐量	破坏含盐量	89、93、97
亚硫酸盐渍土				

(2)试验结果及其分析

不同初始密度的粗颗粒盐渍土与其盐胀量间的关系曲线如图4-14和图4-15所示。

从图4-14和图4-15可知,粗颗粒盐渍土的盐胀量随着初始压实度的增大而增加,这是因为随着土体压实度的增大土体的密实度增加,土体孔隙率减小,盐结晶膨胀量增大的相对明显。

图4-15中有部分盐渍土出现了在初始密度增大的情况下盐胀量反而减小的情况,其是因为在温度降低初期,结晶盐破坏了土体结构使得部分土粒陷落到粗颗粒土间的大孔隙中,即粗

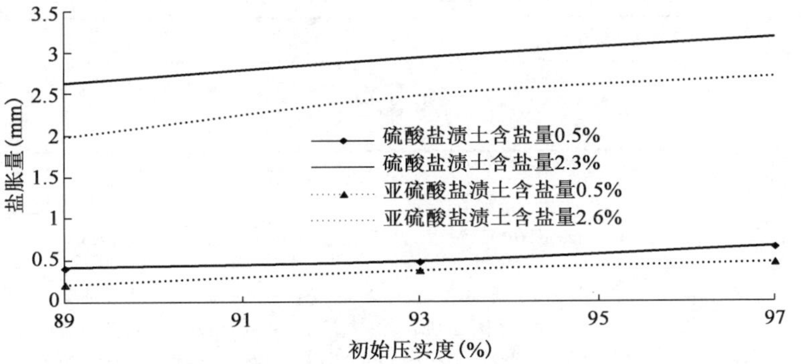

图 4-14　不同初始密度与砾类盐渍土盐胀量间的关系

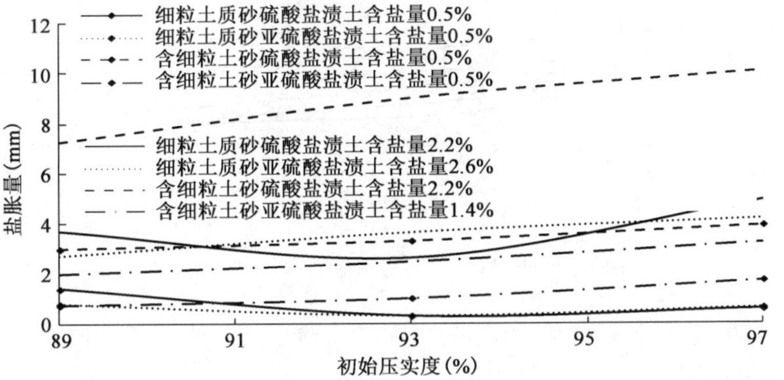

图 4-15　不同初始密度与砂类盐渍土盐胀量间的关系

颗粒土的大孔隙结构特点决定了粗颗粒土盐胀变化的不稳定性。

针对粗颗粒盐渍土，盐胀影响五要素中土的因素主要体现在粗颗粒土粒径大小组成和压实度两个方面，粗颗粒土粒径越大，其组成的土粒粒间孔隙较大，盐胀量越小；初始压实度越大土粒间孔隙越小，盐胀量越明显。

但是，由于粗颗粒土的大孔隙结构，使得粗颗粒土上述盐胀量的规律性表现会有一定的波动变化。

4.2.5　上覆荷载因素改变下粗颗粒盐渍土的盐胀特点

(1)试验方案设计

在以上试验的基础上，控制温度（温度区间和降温速率）、含盐量、含水率一定，逐级施加上覆荷载，以研究不同级别的上覆荷载对粗颗粒硫酸盐渍土（仅添加 Na_2SO_4）和亚硫酸盐渍土（$Cl^-/SO_4^{2-}=0.5$）盐胀量抑制的作用和程度，该试验中，土体含盐量以土体结构破坏时的含盐量为准，荷载采用荷载板逐级等差施加，取 0kg、5.1kg、10.2kg、15.3kg 四个水平，即 0kPa、0.276kPa、0.552kPa、0.828kPa 四级荷载。

上覆荷载作用下硫酸、亚硫酸粗颗粒盐渍土的盐胀试验控制过程见表 4-9。

上覆荷载因素改变的试验方案　表 4-9

盐分类型	含水率(%)	含盐量(%)	压实度(%)	上覆荷载(kPa)
硫酸盐渍土	w_{op}	破坏含盐量	93	0→0.276→0.552→0.828
亚硫酸盐渍土				

(2)试验结果及其分析

不同上覆荷载条件下,粗颗粒盐渍土盐胀量变化曲线如图 4-16 所示。

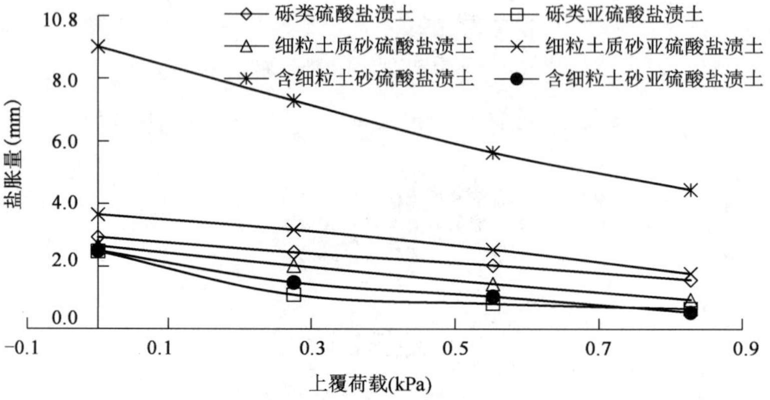

图 4-16　粗颗粒盐渍土的盐胀量随上覆荷载变化曲线

从图 4-16 可知,随着上覆荷载的增加,粗颗粒盐渍土的盐胀量逐渐减小,上覆荷载对粗颗粒盐渍土的盐胀量抑制作用显著。

当有上覆荷载时,粗颗粒盐渍土的盐胀主要是处于盐结晶膨胀力和附加压力的双重作用力下波动上胀,上覆荷载对粗颗粒盐渍土的抑制作用较强,并且对亚硫酸盐渍土的抑制作用强于硫酸盐渍土。

由试验数据可知,上覆荷载仅增加 828Pa,粗颗粒硫酸盐渍土的盐胀量即可减小 50% 左右;粗颗粒亚硫酸盐渍土的盐胀量可减小 70% 左右。

4.3　多因素交互作用下粗颗粒盐渍土的盐胀模型

4.3.1　均匀降温条件下粗颗粒盐渍土的盐胀模型

1)均匀降温条件下盐胀试验模型的建立

均匀降温条件下的盐胀模型的建立过程中,试验仪器采用上海路达试验仪器有限公司 DW-40 型高低温试验箱,可控温度为 −40 ~ 60℃,精度为 1℃。素土经 3 次自来水和 3 次蒸馏水洗盐烘干,人工配制所需的含水率和含盐量,在 25℃左右温度中养生 24h 以上(利于水分和盐分的均匀分布)配制而成的试验土样放到内径 24cm,高 25cm 的圆柱状有机玻璃容器中。试样与容器间涂敷凡士林,以减少土与内壁间的摩擦力,侧向箍紧,减小横向变形。

试验降温从25℃开始，依次经过下列温级：25℃、20℃、15℃、10℃、5℃、0℃、-5℃、-10℃、-15℃，每级降温完成后稳定1h，记录数据，再进行下一级降温，-15℃稳定6h（含细粒土砂亚硫酸盐渍土盐胀试验-15℃稳定16h），记录最终盐胀量，每一组试样试验时间为14h（含细粒土砂亚硫酸盐渍土盐胀试验时间为24h）。用百分表测量盐胀量，如图4-17所示。

图4-17　百分表测量盐胀量图

2）均匀降温条件下回归正交试验方案设计和试验结果

为测得粗颗粒盐渍土在不同含盐量、含水率、压实度、上覆荷载条件下盐胀率，采用回归正交试验设计方法安排试验，对细粒土质砂、含细粒土砂、细粒土质砾亚硫酸盐渍土和硫酸盐渍土分别进行室内试验研究。

各盐渍土试验范围根据工程实际或者试验条件确定，含盐量根据单因素盐胀试验确定破坏含盐量，含水率和压实度根据工程实际确定变化范围，上覆荷载根据试验条件确定。由各因素试验范围根据二次回归正交设计方法，确定每个因素五个特定水平进行盐胀试验，试验结果为各水平下盐胀率。

（1）因素水平范围的确定

本节将基于单因素试验结果，按照回归正交设计法安排试验，含盐量以起胀含盐量和破坏含盐量为基准水平设置（参考表4-6），含水率采用最佳含水率为基准，压实度以93%为基准，上覆荷载主要参考试验条件。试验各因素水平见表4-10。试验降温程序和测试与单因素试验一致。

盐胀率各影响因素试验范围　　表4-10

土　类	含盐量（%）	含水率（%）	压实度（%）	上覆荷载（kPa）
细粒土质砂亚硫酸盐渍土	[0.5,2.96]	[6.6,11]	[89,97]	[0,4.42]
细粒土质砂硫酸盐渍土	[0.5,2.491]	[6.6,11]	[89,97]	[0,4.42]
含细粒土砂亚硫酸盐渍土	[0.5,2.61]	[8.8,13.2]	[89,97]	[0,4.42]
含细粒土砂硫酸盐渍土	[0.5,2.491]	[8.8,13.2]	[89,97]	[0,4.42]
细粒土质砾亚硫酸盐渍土	[0.5,2.96]	[4.2,8.6]	[89,97]	[0,4.42]
细粒土质砾硫酸盐渍土	[0.5,2.61]	[4.2,8.6]	[89,97]	[0,4.42]

（2）回归正交试验水平编码

在回归设计中，各因素的量纲不同，取值范围不同，为处理数据方便，做线性变换，使所有因素的取值范围都转化为中心在原点的一个“立方体”中，对因素水平进行编码。标准化度量，更容易实质性地比较不同自变量系数的大小。将各因素实际值z_i（$i=1,2,3,4$）按下式换算成与其相应的x_i值，x_i为无量纲的量。

$$x_i = \frac{z_i - z_{0i}}{\Delta_i} \tag{4-1}$$

其中，$z_{0i}=(z_{1i}+z_{2i})/2$；$\Delta_i=(z_{2i}-z_{1i})/(2\gamma)$；$[z_{1i},z_{2i}]$为第$i$个因素的变化范围；$z_{0i}$为第$i$个因素上下界的平均值；$\Delta_i$为第$i$个因素的变化区间；$\gamma$根据二次正交设计确定（本书$\gamma=1.414$）。

细粒土质砂、含细粒土砂、细粒土质砾亚硫酸盐渍土和硫酸盐渍土 4 因素 5 水平正交试验设计因素水平表 4-11 ~ 表 4-16。

细粒土质砂亚硫酸盐渍土试验因素水平表　　表 4-11

影响因素	含盐量(%)	含水率(%)	压实度(%)	荷载(kPa)
记号	x_1	x_2	x_3	x_4
基准水平(0)	1.73	8.8	93	2.21
变化间距(Δ)	0.87	1.556	2.83	1.563
上水平(+1)	2.6	10.36	95.83	3.77
下水平(-1)	0.86	7.24	90.17	0.65
上星号臂(+1.414)	2.96	11	97	4.42
下星号臂(-1.414)	0.5	6.6	89	0

细粒土质砂硫酸盐渍土试验因素水平表　　表 4-12

影响因素	含盐量(%)	含水率(%)	压实度(%)	荷载(kPa)
记号	x_1	x_2	x_3	x_4
基准水平(0)	1.496	8.8	93	2.21
变化间距(Δ)	0.704	1.556	2.83	1.563
上水平(+1)	2.2	10.36	95.83	3.77
下水平(-1)	0.792	7.24	90.17	0.65
上星号臂(+1.414)	2.491	11	97	4.42
下星号臂(-1.414)	0.5	6.6	89	0

含细粒土砂亚硫酸盐渍土试验因素水平表　　表 4-13

影响因素	含盐量(%)	含水率(%)	压实度(%)	荷载(kPa)
记号	x_1	x_2	x_3	x_4
基准水平(0)	1.4	11	93	2.21
变化间距(Δ)	0.87	1.556	2.83	1.563
上水平(+1)	2.3	12.556	95.83	3.77
下水平(-1)	0.81	9.444	90.17	0.65
上星号臂(+1.414)	2.61	13.2	97	4.42
下星号臂(-1.414)	0.5	8.8	89	0

含细粒土砂硫酸盐渍土试验因素水平表　　表 4-14

影响因素	含盐量(%)	含水率(%)	压实度(%)	荷载(kPa)
记号	x_1	x_2	x_3	x_4
基准水平(0)	1.496	11	93	2.21
变化间距(Δ)	0.704	1.556	2.83	1.563
上水平(+1)	2.2	12.556	95.83	3.77
下水平(-1)	0.792	9.444	90.17	0.65
上星号臂(+1.414)	2.491	13.2	97	4.42
下星号臂(-1.414)	0.5	8.8	89	0

细粒土质砾亚硫酸盐渍土试验因素水平表 表4-15

影响因素	含盐量(%)	含水率(%)	压实度(%)	荷载(kPa)
记号	x_1	x_2	x_3	x_4
基准水平(0)	1.73	6.4	93	2.21
变化间距(Δ)	0.87	1.556	2.83	1.563
上水平(+1)	2.6	7.956	95.83	3.77
下水平(-1)	0.86	4.844	90.17	0.65
上星号臂(+1.414)	2.96	8.6	97	4.42
下星号臂(-1.414)	0.5	4.2	89	0

细粒土质砾硫酸盐渍土试验因素水平表 表4-16

影响因素	含盐量(%)	含水率(%)	压实度(%)	荷载(kPa)
记号	x_1	x_2	x_3	x_4
基准水平(0)	1.555	6.4	93	2.21
变化间距(Δ)	0.746	1.556	2.83	1.563
上水平(+1)	2.3	7.956	95.83	3.77
下水平(-1)	0.8	4.844	90.17	0.65
上星号臂(+1.414)	2.61	8.6	97	4.42
下星号臂(-1.414)	0.5	4.2	89	0

(3)回归正交试验结果

对含盐量、含水率、压实度、上覆荷载试验水平进行编码后,按照回归正交设计法进行试验安排,盐胀率试验结果见表4-17。

二次回归正交试验设计安排表及试验结果 表4-17

变量试验号	试验设计矩阵					试验数据总变形率 ΔH(%)					
	$\boldsymbol{x}_0$	$\boldsymbol{x}_1$	$\boldsymbol{x}_2$	$\boldsymbol{x}_3$	$\boldsymbol{x}_4$	SY	SS	HY	HS	LY	LS
1	1	1	1	1	1	0.231	0.865	0.703	1.456	0.385	1.410
2	1	1	1	1	-1	1.144	2.188	1.148	3.396	0.614	1.866
3	1	1	1	-1	1	0.23	1.017	0.668	1.267	0.428	1.410
4	1	1	1	-1	-1	1.099	1.892	1.416	2.811	0.691	2.119
5	1	1	-1	1	1	1.322	1.667	0.562	1.773	1.108	1.377
6	1	1	-1	1	-1	1.783	2.393	1.426	3.944	1.447	1.983
7	1	1	-1	-1	1	1.426	1.872	0.848	2.056	0.964	1.252
8	1	1	-1	-1	-1	1.881	2.496	1.626	4.053	1.602	1.745
9	1	-1	1	1	1	-0.022	0.051	1.000	1.144	0.255	0.953
10	1	-1	1	1	-1	0.279	0.172	1.553	1.734	0.533	1.810
11	1	-1	1	-1	1	0.078	0.138	1.121	0.945	0.32	0.968
12	1	-1	1	-1	-1	0.202	0.333	1.663	1.756	0.505	1.330
13	1	-1	-1	1	1	0.014	0.060	0.832	1.270	0.342	0.591
14	1	-1	-1	1	-1	0.178	0.294	1.406	1.933	0.614	1.043

续上表

变量试验号	试验设计矩阵					试验数据总变形率 ΔH(%)					
	x_0	x_1	x_2	x_3	x_4	SY	SS	HY	HS	LY	LS
15	1	-1	-1	-1	1	-0.054	0.115	0.709	1.022	0.404	0.639
16	1	-1	-1	-1	-1	0.123	0.374	1.475	1.740	0.579	1.038
17	1	1.414	0	0	0	1.658	2.238	0.968	2.620	1.045	2.156
18	1	-1.414	0	0	0	0.002	0.036	1.158	0.661	0.452	0.577
19	1	0	1.414	0	0	0.307	0.578	1.540	0.938	0.548	1.692
20	1	0	-1.414	0	0	0.962	1.137	0.682	2.107	0.757	0.745
21	1	0	0	1.414	0	0.884	1.055	1.110	1.815	0.568	1.448
22	1	0	0	-1.414	0	0.920	1.026	0.720	1.616	0.648	1.172
23	1	0	0	0	1.414	0.320	0.550	0.881	1.301	0.521	0.935
24	1	0	0	0	-1.414	1.126	1.383	1.617	2.834	0.858	1.817
25	1	0	0	0	0	0.736	1.028	1.066	1.955	0.662	1.372

注:SY-细粒土质砂亚硫酸盐渍土;SS-细粒土质砂硫酸盐渍土;HY-含细粒土砂亚硫酸盐渍土;HS-含细粒土砂硫酸盐渍土;LY-细粒土质砾亚硫酸盐渍土;LS-细粒土质砾硫酸盐渍土。以下拟合公式也采用此记号,区分不同盐渍土系数。

3)均匀降温条件下盐渍土盐胀率拟合方程建立及分析

本节将对细粒土质砂、含细粒土砂、细粒土质砾亚硫酸盐渍土和硫酸盐渍土盐胀试验数据进行整理计算,采用二次回归方程及三层 BP 神经网络对试验数据进行拟合。回归方程就是对变量之间统计关系进行定量描述的一种数学表达式,能够简单直观地描述盐胀率与各因素之间的函数关系,计算简单,并且能够反映盐胀率影响因素间的交互作用和各自变量对因变量影响的权重;BP 神经网络模型,在一定程度上弥补了二次回归方程的不足。它有较强的非线性映射能力,可以充分逼近任意复杂的非线性关系,具有高度自学习和自适应的能力,对试验数据的处理更加精细。

(1)细粒土质砂亚硫酸盐渍土盐胀率二次回归方程建立及简化

二次回归正交试验设计计算见表 4-18。

二次回归正交试验设计计算表 表 4-18

变量试验号	x_0	x_1	x_2	x_3	x_4	x_1x_2	x_1x_3	x_1x_4	x_2x_3	x_2x_4	x_3x_4	x_1'	x_2'	x_3'	x_4'	ΔH(%)
1	1	1	1	1	1	1	1	1	1	1	1	0.2	0.2	0.2	0.2	0.231
2	1	1	1	1	-1	1	1	-1	1	-1	-1	0.2	0.2	0.2	0.2	1.144
3	1	1	1	-1	1	1	-1	1	-1	1	-1	0.2	0.2	0.2	0.2	0.23
4	1	1	1	-1	-1	1	-1	-1	-1	-1	1	0.2	0.2	0.2	0.2	1.099
5	1	1	-1	1	1	-1	1	1	-1	-1	1	0.2	0.2	0.2	0.2	1.322
6	1	1	-1	1	-1	-1	1	-1	-1	1	-1	0.2	0.2	0.2	0.2	1.783
7	1	1	-1	-1	1	-1	-1	1	1	-1	-1	0.2	0.2	0.2	0.2	1.426
8	1	1	-1	-1	-1	-1	-1	-1	1	1	1	0.2	0.2	0.2	0.2	1.881

续上表

变量 试验号	x_0	x_1	x_2	x_3	x_4	x_1x_2	x_1x_3	x_1x_4	x_2x_3	x_2x_4	x_3x_4	x_1'	x_2'	x_3'	x_4'	$\Delta H(\%)$
9	1	-1	1	1	1	-1	-1	-1	1	1	1	0.2	0.2	0.2	0.2	-0.022
10	1	-1	1	1	-1	-1	-1	1	1	-1	-1	0.2	0.2	0.2	0.2	0.279
11	1	-1	1	-1	1	-1	1	-1	-1	1	-1	0.2	0.2	0.2	0.2	0.078
12	1	-1	1	-1	-1	-1	1	1	-1	-1	1	0.2	0.2	0.2	0.2	0.202
13	1	-1	-1	1	1	1	-1	-1	-1	-1	1	0.2	0.2	0.2	0.2	0.014
14	1	-1	-1	1	-1	1	-1	1	-1	1	-1	0.2	0.2	0.2	0.2	0.178
15	1	-1	-1	-1	1	1	1	-1	1	-1	-1	0.2	0.2	0.2	0.2	-0.054
16	1	-1	-1	-1	-1	1	1	1	1	1	1	0.2	0.2	0.2	0.2	0.123
17	1	1.414	0	0	0	0	0	0	0	0	0	1.2	-0.8	-0.8	-0.8	1.658
18	1	-1.414	0	0	0	0	0	0	0	0	0	1.2	-0.8	-0.8	-0.8	0.002
19	1	0	1.414	0	0	0	0	0	0	0	0	-0.8	1.2	-0.8	-0.8	0.307
20	1	0	-1.414	0	0	0	0	0	0	0	0	-0.8	1.2	-0.8	-0.8	0.962
21	1	0	0	1.414	0	0	0	0	0	0	0	-0.8	-0.8	1.2	-0.8	0.884
22	1	0	0	-1.414	0	0	0	0	0	0	0	-0.8	-0.8	1.2	-0.8	0.92
23	1	0	0	0	1.414	0	0	0	0	0	0	-0.8	-0.8	-0.8	1.2	0.32
24	1	0	0	0	-1.414	0	0	0	0	0	0	-0.8	-0.8	-0.8	1.2	1.126
25	1	0	0	0	0	0	0	0	0	0	0	-0.8	-0.8	-0.8	-0.8	0.736
B_j	16.829	10.659	-4.357	-0.106	-4.604	-3.982	-0.258	-1.933	0.101	-0.95	-0.214	-0.229	-1.011	0.059	-0.657	$S_T=9.275, f_T=24$
b_j	0.673	0.533	-0.218	-0.005	-0.23	-0.249	-0.016	-0.121	0.006	-0.059	-0.013	-0.029	-0.126	0.007	-0.082	$S_R=9.168, f_R=14$
S_j	11.328	5.681	0.949	0.001	1.06	0.991	0.004	0.233	0.001	0.056	0.003	0.007	0.128	0	0.054	$S_E=0.107, f_E=10$

由表4-18可得细粒土质砂亚硫酸盐渍土盐胀率回归方程为：

$$Y = 0.673 + 0.533x_1 - 0.218x_2 - 0.005x_3 - 0.230x_4 - 0.249x_1x_2 - 0.016x_1x_3 - 0.121x_1x_4 + 0.006x_2x_3 - 0.059x_2x_4 - 0.013x_3x_4 - 0.029x_1' - 0.126x_2' + 0.007x_3' - 0.082x_4' \tag{4-2}$$

$R^2=0.989$

取显著性水平 $\alpha=0.05$，$F_{0.05}(14,10)=2.87$，$F_{0.05}(1,10)=4.96$，对回归方程及回归系数进行方差分析，见表4-19。

二次回归方差分析表　　　　表4-19

来　源	偏回归平方和	自　由　度	均　方　和	F　比
x_1	5.681	1	5.681	533.168
x_2	0.949	1	0.949	89.086
x_3	0.001	1	0.001	0.053
x_4	1.06	1	1.06	99.49

续上表

来　　源	偏回归平方和	自　由　度	均　方　和	F　　比
x_1x_2	0.991	1	0.991	93.029
x_1x_3	0.004	1	0.004	0.389
x_1x_4	0.233	1	0.233	21.913
x_2x_3	0.001	1	0.001	0.06
x_2x_4	0.056	1	0.056	5.298
x_3x_4	0.003	1	0.003	0.27
x_1'	0.007	1	0.007	0.618
x_2'	0.128	1	0.128	11.992
x_3'	0	1	0	0.04
x_4'	0.054	1	0.054	5.071
回归平方和	9.168	14	0.655	61.46
残差平方和	0.107	10	0.011	
总平方和	9.275	24		

由表4-19可知：

①$F_{S_R,S_E}=61.46>F_{0.05}(14,10)$，回归方程(4-2)在显著性水平$\alpha=0.05$上是显著的；

②$x_1,x_2,x_4,x_1x_2,x_1x_4,x_2x_4,x_2',x_4'$的回归系数在显著性水平$\alpha=0.05$上是显著的；

③$x_3,x_1x_3,x_2x_3,x_3x_4,x_1',x_3'$的回归系数在显著性水平$\alpha=0.05$上是不显著的，可对方程需进行简化修正。

由试验设计的正交性，各试验回归系数不相关，可直接删除该变量而不影响其他变量的回归系数。将不显著变量的偏回归平方和加到残差平方和，进行二次回归方差分析，见表4-20。

二次回归方差分析表　　表4-20

来　　源	偏回归平方和	自　由　度	均　方　和	F　　比
x_1	5.681	1	5.681	710.114
x_2	0.949	1	0.949	118.651
x_4	1.06	1	1.06	132.508
x_1x_2	0.991	1	0.991	123.902
x_1x_4	0.233	1	0.233	29.185
x_2x_4	0.056	1	0.056	7.057
x_2'	0.128	1	0.128	15.972
x_4'	0.054	1	0.054	6.754
回归平方和	9.153	8	1.144	143.016
残差平方和	0.122	16	0.008	
总平方和	9.275	24		

修正后回归方程为：

$$Y = 0.673 + 0.533x_1 - 0.218x_2 - 0.230x_4 - 0.249x_1x_2 - 0.121x_1x_4 - 0.059x_2x_4 - 0.126x_2' - 0.082x_4' \quad (4\text{-}3)$$

$R^2 = 0.987$

取显著性水平 $\alpha = 0.05$，$F_{0.05}(8,16) = 2.59$，$F_{0.05}(1,16) = 4.49$，由上表可知：

①$F_{S_R,S_E} = 143.016 > 2.59$，回归方程 4-3 在显著性水平 $\alpha = 0.05$ 上是显著的；

②$x_1, x_2, x_4, x_1x_2, x_1x_4, x_2x_4, x_2', x_4'$ 的回归系数在显著性水平 $\alpha = 0.05$ 上是显著的；

③构造新的 F 统计量，有：

$$F = \frac{(R_1^2 - R_2^2)/(k_1 - k_2)}{(1 - R_1^2)/(n - k_1 - 1)} \quad (4\text{-}4)$$

其中，R_1 为方程(4-2)的相关系数；R_2 为方程(4-3)的相关系数；k_1 为方程(4-2)的自变量数目；k_2 为方程(4-3)的自变量数目；n 是样本总量，这里 $n = 25$；F 值服从 $k_1 - k_2$ 和 $n - k_1 - 1$ 个自由度的 F 分布。

计算可得 $F = 0.303 < F_{0.05}(6,10) = 3.22$，即删除 6 个不显著因素之后，对方程未产生显著性的影响。

最后建立细粒土质砂亚硫酸盐渍土的因素水平编码盐胀率公式为方程(4-3)，因素实际值盐胀率公式为方程(4-5)：

$$\hat{Y} = -6.469 + 2.430z_1 + 1.148z_2 + 0.369z_4 - 0.184z_1z_2 - 0.089z_1z_4 - 0.024z_2z_4 - 0.052z_2^2 - 0.034z_4^2 \quad (4\text{-}5)$$

$R^2 = 0.987$

其中，$\hat{Y}$ 为盐胀率(%)；z_1 为含盐量(%)；z_2 为含水率(%)；z_4 为上覆荷载(kPa)；z_1z_2 为含盐量与含水率交互作用；z_1z_4 为含盐量与上覆荷载交互作用；z_2z_4 为含水率与上覆荷载交互作用；z_2^2 为含水率平方；z_4^2 为上覆荷载平方。

(2)细粒土质砂硫酸盐渍土盐胀率二次回归方程建立及简化

细粒土质砂硫酸盐盐胀率回归方程为：

$$Y = 0.998 + 0.798x_1 - 0.170x_2 - 0.025x_3 - 0.277x_4 - 0.145x_1x_2 + 0.014x_1x_3 - 0.171x_1x_4 + 0.021x_2x_3 - 0.042x_2x_4 - 0.028x_3x_4 + 0.064x_1' - 0.076x_2' + 0.015x_3' - 0.022x_4' \quad (4\text{-}6)$$

$R^2 = 0.992$

取显著性水平 $\alpha = 0.05$，$F_{0.05}(14,10) = 2.87$，$F_{0.05}(1,10) = 4.96$，对回归方程及回归系数进行方差分析，见表 4-21。

二次回归方差分析表　　表 4-21

来　源	偏回归平方和	自由度	均方和	F 比
x_1	12.748	1	12.748	910.590
x_2	0.579	1	0.579	41.386
x_3	0.013	1	0.013	0.913
x_4	1.531	1	1.531	109.343
x_1x_2	0.336	1	0.336	23.971
x_1x_3	0.003	1	0.003	0.214
x_1x_4	0.469	1	0.469	33.487
x_2x_3	0.007	1	0.007	0.515
x_2x_4	0.028	1	0.028	2.009
x_3x_4	0.013	1	0.013	0.910
x_1'	0.032	1	0.032	2.316
x_2'	0.047	1	0.047	3.329
x_3'	0.002	1	0.002	0.130
x_4'	0.004	1	0.004	0.267
回归平方和	15.811	14	1.129	80.670
残差平方和	0.142	10	0.014	
总平方和	15.954	24		

由表 4-21 可知：

①$F_{S_R,S_E}=80.67>F_{0.05}(14,10)$，回归方程(4-6)在显著性水平 $\alpha=0.05$ 上是显著的；

②$x_1,x_2,x_4,x_1x_2,x_1x_4$ 的回归系数在显著性水平 $\alpha=0.05$ 上是显著的；

③$x_3,x_1x_3,x_2x_3,x_2x_4,x_3x_4,x_1',x_2',x_3',x_4'$ 的回归系数在显著性水平 $\alpha=0.05$ 上是不显著的，可对方程需进行简化修正。

修正后回归方程为(4-7)，二次回归方差分析见表 4-22。

$$Y=0.998+0.798x_1-0.170x_2-0.277x_4-0.145x_1x_2-0.171x_1x_4 \tag{4-7}$$

$R^2=0.982$

二次回归方差分析表　　表 4-22

来　源	偏回归平方和	自由度	均方和	F 比
x_1	12.748	1	12.748	833.219
x_2	0.579	1	0.579	37.870
x_4	1.531	1	1.531	100.053
x_1x_2	0.336	1	0.336	21.934
x_1x_4	0.469	1	0.469	30.641
回归平方和	15.663	5	1.144	143.016
残差平方和	0.291	19	0.008	
总平方和	15.954	24		

取显著性水平 $\alpha=0.05$，$F_{0.05}(5,19)=2.74$，$F_{0.05}(1,19)=4.38$，由表 4-22 可知：

①$F_{S_R,S_E}=143.016>2.74$，回归方程(4-7)在显著性水平 $\alpha=0.05$ 上是显著的；

②$x_1,x_2,x_4,x_1x_2,x_1x_4$ 的回归系数在显著性水平 $\alpha=0.05$ 上是显著的；

③由 F 统计量方程(4-4)可知 $F=1.389<F_{0.05}(9,10)=3.02$，即删除 9 个不显著因素之后，对方程未产生显著性的影响。

最后建立细粒土质砂硫酸盐渍土的因素水平编码盐胀率公式为方程(4-7)，因素实际值盐胀率公式为方程(4-8)：

$$\hat{Y}=-1.379+2.493z_1+0.078z_2+0.042z_4-0.125z_1z_2-0.147z_1z_4 \tag{4-8}$$

$R^2=0.982$

其中，$\hat{Y}$ 为盐胀率(%)；z_1 为含盐量(%)；z_2 为含水率(%)；z_4 为上覆荷载(kPa)；z_1z_2 为含盐量与含水率交互作用；z_1z_4 为含盐量与上覆荷载交互作用。

(3)含细粒土砂亚硫酸盐渍土盐胀率二次回归方程建立及简化

含细粒土砂亚硫酸盐渍土盐胀率回归方程为：

$$\begin{aligned}Y=&1.116-0.081x_1+0.080x_2-0.017x_3-0.315x_4-0.090x_1x_2-0.034x_1x_3-\\&0.025x_1x_4-0.002x_2x_3+0.043x_2x_4+0.025x_3x_4+0.011x_1'+0.035x_2'-\\&0.063x_3'+0.104x_4'\end{aligned} \tag{4-9}$$

$R^2=0.857$

取显著性水平 $\alpha=0.05$，$F_{0.05}(14,10)=2.87$，$F_{0.05}(1,10)=4.96$，对回归方程及回归系数进行方差分析，见表 4-23。

二次回归方差分析表　　表 4-23

来　源	偏回归平方和	自　由　度	均　方　和	F　比
x_1	0.133	1	0.133	3.076
x_2	0.128	1	0.128	2.972
x_3	0.006	1	0.006	0.136
x_4	1.990	1	1.990	46.139
x_1x_2	0.130	1	0.130	3.015
x_1x_3	0.018	1	0.018	0.426
x_1x_4	0.010	1	0.010	0.231
x_2x_3	0.000	1	0.000	0.001
x_2x_4	0.030	1	0.030	0.697
x_3x_4	0.010	1	0.010	0.228
x_1'	0.001	1	0.001	0.024
x_2'	0.010	1	0.010	0.229
x_3'	0.031	1	0.031	0.730
x_4'	0.087	1	0.087	2.016
回归平方和	2.584	14	0.185	4.280
残差平方和	0.431	10	0.043	
总平方和	3.016	24		

由表4-23可知：

①$F_{S_R,S_E}=4.28>F_{0.05}(14,10)$，回归方程在显著性水平$\alpha=0.05$上是显著的；

②x_4的回归系数在显著性水平$\alpha=0.05$上是显著的；

③$x_1,x_2,x_3,x_1x_2,x_1x_3,x_1x_4,x_2x_3,x_2x_4,x_3x_4,x_1',x_2',x_3',x_4'$的回归系数在显著性水平$\alpha=0.05$上是不显著的，可对方程需进行简化修正。

修正后回归方程为式(4-10)，二次回归方差分析见表4-24。

$$Y=1.116-0.315x_4 \tag{4-10}$$

$R^2=0.660$

二次回归方差分析表　　表4-24

来　源	偏回归平方和	自　由　度	均　方　和	F　比
x_4	1.990	1	1.06	44.222
回归平方和	1.990	1	1.990	44.222
残差平方和	1.026	23	0.045	
总平方和	3.016	24		

取显著性水平$\alpha=0.05$，$F_{0.05}(1,23)=4.28$，由上表可知：

①$F_{S_R,S_E}=44.222>4.28$，回归方程4-10在显著性水平$\alpha=0.05$上是显著的；

②x_4的回归系数在显著性水平$\alpha=0.05$上是显著的；

③由F统计量方程(4-4)知，$F=1.060<F_{0.05}(13,10)=2.88$，即删除13个不显著因素之后，对方程未产生显著性的影响。

最后建立含细粒土砂亚硫酸盐渍土的因素水平编码盐胀率公式为方程(4-10)，因素实际值盐胀率公式为方程(4-11)：

$$\hat{Y}=1.561-0.202z_4 \tag{4-11}$$

$R^2=0.660$

其中，$\hat{Y}$为盐胀率(%)；z_4为上覆荷载(kPa)。

(4)含细粒土砂硫酸盐渍土盐胀率二次回归方程建立及简化

含细粒土砂硫酸盐渍土盐胀率回归方程为：

$$\begin{aligned}Y=&1.926+0.599x_1-0.247x_2-0.064x_3-0.630x_4-0.157x_1x_2-\\&0.015x_1x_3-0.304x_1x_4+0.056x_2x_3+0.041x_2x_4-0.018x_3x_4+\\&0.043x_1'-0.016x_2'+0.080x_3'+0.257x_4'\end{aligned} \tag{4-12}$$

$R^2=0.970$

取显著性水平$\alpha=0.05$，$F_{0.05}(14,10)=2.87$，$F_{0.05}(1,10)=4.96$，对回归方程及回归系数进行方差分析，见表4-25。

二次回归方差分析表　　表 4-25

来　源	偏回归平方和	自由度	均方和	F 比
x_1	7.179	1	7.179	123.769
x_2	1.218	1	1.218	20.994
x_3	0.082	1	0.082	1.417
x_4	7.939	1	7.939	136.880
x_1x_2	0.394	1	0.394	6.793
x_1x_3	0.003	1	0.003	0.060
x_1x_4	1.483	1	1.483	25.574
x_2x_3	0.051	1	0.051	0.875
x_2x_4	0.027	1	0.027	0.472
x_3x_4	0.005	1	0.005	0.094
x_1'	0.015	1	0.015	0.257
x_2'	0.002	1	0.002	0.035
x_3'	0.052	1	0.052	0.893
x_4'	0.527	1	0.527	9.078
回归平方和	18.977	14	1.356	23.371
残差平方和	0.596	10	0.060	
总平方和	19.573	24		

由上表可知：

①$F_{S_R,S_E}=23.371>F_{0.05}(14,10)$，回归方程(4-12)在显著性水平 $\alpha=0.05$ 上是显著的；

②$x_1,x_2,x_4,x_1x_2,x_1x_4,x_4'$ 的回归系数在显著性水平 $\alpha=0.05$ 上是显著的；

③$x_3,x_1x_3,x_2x_3,x_2x_4,x_3x_4,x_1',x_2',x_3'$ 的回归系数在显著性水平 $\alpha=0.05$ 上是不显著的，可对方程需进行简化修正。

修正后回归方程为方程(4-13)，二次回归方差分析见表 4-26。

$$Y=1.926+0.599x_1-0.247x_2-0.630x_4-0.157x_1x_2-0.304x_1x_4+0.257x_4' \quad (4\text{-}13)$$

$R^2=0.957$

二次回归方差分析表　　表 4-26

来　源	偏回归平方和	自由度	均方和	F 比
x_1	7.179	1	7.179	149.554
x_2	1.218	1	1.218	25.368
x_4	7.939	1	7.939	165.396
x_1x_2	0.394	1	0.394	8.208
x_1x_4	1.483	1	1.483	30.902
x_4'	0.527	1	0.527	10.970
回归平方和	18.793	6	3.132	65.253
残差平方和	0.780	18	0.043	
总平方和	19.573	24		

取显著性水平 $\alpha=0.05$，$F_{0.05}(8,16)=2.66$，$F_{0.05}(1,18)=4.41$，由上表可知：

①$F_{S_R,S_E}=65.253>4.41$，回归方程(4-13)在显著性水平 $\alpha=0.05$ 上是显著的；

②$x_1,x_2,x_4,x_1x_2,x_1x_4,x_4'$ 的回归系数在显著性水平 $\alpha=0.05$ 上是显著的；

③由 F 统计量方程(4-4)知，$F=0.542<F_{0.05}(8,10)=3.07$，即删除 8 个不显著因素之后，对方程未产生显著性的影响。

最后建立含细粒土砂硫酸盐渍土的因素水平编码盐胀率公式为方程(4-13)，因素实际值盐胀率公式为方程(4-14)：

$$\hat{Y}=0.326+3.038z_1+0.056z_2-0.455z_4-0.143z_1z_2-0.276z_1z_4+0.105z_4^2 \tag{4-14}$$

$R^2=0.957$

其中，$\hat{Y}$ 为盐胀率(%)；z_1 为含盐量(%)；z_2 为含水率(%)；z_4 为上覆荷载(kPa)；z_1z_2 为含盐量与含水率交互作用；z_1z_4 为含盐量与上覆荷载交互作用；z_4^2 为上覆荷载平方。

(5)细粒土质砾亚硫酸盐渍土盐胀率二次回归方程建立及简化

细粒土质砾亚硫酸盐渍土盐胀率回归方程为：

$$\begin{aligned}Y=\ &0.674+0.226x_1-0.181x_2-0.015x_3-0.143x_4-0.167x_1x_2-\\&0.004x_1x_3-0.035x_1x_4-0.007x_2x_3+0.029x_2x_4+0.009x_3x_4+\\&0.038x_1'-0.010x_2'-0.032x_3'-0.009x_4'\end{aligned} \tag{4-15}$$

$R^2=0.961$

取显著性水平 $\alpha=0.05$，$F_{0.05}(14,10)=2.87$，$F_{0.05}(1,10)=4.96$，对回归方程及回归系数进行方差分析，见表 4-27。

二次回归方差分析表 表 4-27

来源	偏回归平方和	自由度	均方和	F 比
x_1	1.024	1	1.024	97.504
x_2	0.656	1	0.656	62.519
x_3	0.005	1	0.005	0.449
x_4	0.407	1	0.407	38.787
x_1x_2	0.448	1	0.448	42.638
x_1x_3	0	1	0	0.027
x_1x_4	0.019	1	0.019	1.853
x_2x_3	0.001	1	0.001	0.084
x_2x_4	0.014	1	0.014	1.31
x_3x_4	0.001	1	0.001	0.12
x_1'	0.012	1	0.012	1.105
x_2'	0.001	1	0.001	0.073
x_3'	0.008	1	0.008	0.786
x_4'	0.001	1	0.001	0.056
回归平方和	2.597	14	0.186	17.667
残差平方和	0.105	10	0.011	
总平方和	2.702	24		

由上表可知：

①$F_{S_R,S_E}=17.667>F_{0.05}(14,10)=2.87$，回归方程(4-15)在显著性水平 $\alpha=0.05$ 上是显著的；

②x_1,x_2,x_4,x_1x_2 的回归系数在显著性水平 $\alpha=0.05$ 上是显著的；

③$x_3,x_1x_3,x_1x_4,x_2x_3,x_2x_4,x_3x_4,x_1',x_2',x_3',x_4'$ 的回归系数在显著性水平 $\alpha=0.05$ 上是不显著的，可对方程需进行简化修正。

修正后回归方程为方程(4-16)，第二次方差分析见表 4-28。

$$Y=0.674+0.226x_1-0.181x_2-0.143x_4-0.167x_1x_2 \tag{4-16}$$

$R^2=0.938$

二次回归方差分析表　　表 4-28

来　源	偏回归平方和	自 由 度	均 方 和	F 比
x_1	1.024	1	1.024	122.61
x_2	0.656	1	0.656	78.617
x_4	0.407	1	0.407	48.774
x_1x_2	0.448	1	0.448	53.616
回归平方和	2.535	4	0.634	75.898
残差平方和	0.167	20	0.008	
总平方和	2.702	24		

取显著性水平 $\alpha=0.05$，$F_{0.05}(14,10)=2.87$，$F_{0.05}(1,20)=4.35$，由上表可知：

①$F_{S_R,S_E}=75.898>2.87$，回归方程(4-16)在显著性水平 $\alpha=0.05$ 上是显著的；

②x_1,x_2,x_4,x_1x_2 的回归系数在显著性水平 $\alpha=0.05$ 上是显著的；

③由 F 统计量方程(4-4)可知 $F=0.590<F_{0.05}(10,10)=2.98$，即删除 10 个不显著因素之后，对方程未产生显著性的影响。

最后建立细粒土质砾亚硫酸盐渍土的因素水平编码盐胀率公式为方程(4-16)，因素实际值盐胀率公式为方程(4-17)：

$$\hat{Y}=-0.195+1.049z_1+0.097z_2-0.091z_4-0.123z_1z_2 \tag{4-17}$$

$R^2=0.938$

其中，$\hat{Y}$ 为盐胀率(%)；z_1 为含盐量(%)；z_2 为含水率(%)；z_4 为上覆荷载(kPa)；z_1z_2 为含盐量与含水率交互作用。

(6)细粒土质砾硫酸盐渍土盐胀率二次回归方程建立及简化

细粒土质砾硫酸盐渍土盐胀率回归方程为：

$$\begin{aligned}Y=&1.338+0.351x_1+0.177x_2+0.046x_3-0.279x_4-0.081x_1x_2-\\&0.019x_1x_3-0.012x_1x_4-0.007x_2x_3-0.027x_2x_4-0.026x_3x_4+\\&0.030x_1'-0.044x_2'+0.002x_3'+0.035x_4'\end{aligned} \tag{4-18}$$

$R^2=0.904$

取显著性水平 $\alpha=0.05$，$F_{0.05}(14,10)=2.87$，$F_{0.05}(1,10)=4.96$，对回归方程及回归系数

进行方差分析,见表4-29。

二次回归方差分析表　　表4-29

来　源	偏回归平方和	自　由　度	均　方　和	F　比
x_1	2.466	1	2.466	47.420
x_2	0.626	1	0.626	12.034
x_3	0.042	1	0.042	0.816
x_4	1.558	1	1.558	29.970
x_1x_2	0.106	1	0.106	2.036
x_1x_3	0.006	1	0.006	0.116
x_1x_4	0.002	1	0.002	0.045
x_2x_3	0.001	1	0.001	0.014
x_2x_4	0.012	1	0.012	0.228
x_3x_4	0.010	1	0.010	0.201
x_1'	0.007	1	0.007	0.141
x_2'	0.015	1	0.015	0.296
x_3'	0.000	1	0.000	0.001
x_4'	0.010	1	0.010	0.188
回归平方和	4.862	14	0.347	6.679
残差平方和	0.518	10	0.052	
总平方和	5.380	24		

由上表可知:

①$F_{S_R,S_E}=6.679>F_{0.05}(14,10)=2.87$,回归方程(4-18)在显著性水平 $\alpha=0.05$ 上是显著的;

②x_1,x_2,x_4 的回归系数在显著性水平 $\alpha=0.05$ 上是显著的;

③$x_3,x_1x_2,x_1x_3,x_1x_4,x_2x_3,x_2x_4,x_3x_4,x_1',x_2',x_3',x_4'$ 的回归系数在显著性水平 $\alpha=0.05$ 上是不显著的,可对方程需进行简化修正。

修正后回归方程为(4-19),二次回归方差分析见表4-30。

$$Y=1.338+0.351x_1+0.177x_2-0.279x_4 \tag{4-19}$$

$R^2=0.864$

二次回归方差分析表　　表4-30

来　源	偏回归平方和	自　由　度	均　方　和	F　比
x_1	2.466	1	2.466	70.453
x_2	0.626	1	0.626	17.879
x_4	1.558	1	1.558	44.527
回归平方和	4.650	3	1.550	44.286
残差平方和	0.730	21	0.035	
总平方和	5.380	24		

取显著性水平 $\alpha=0.05$，$F_{0.05}(3,21)=3.07$，$F_{0.05}(1,21)=4.32$，由上表可知：

①$F_{S_R,S_E}=44.286>3.07$，回归方程(4-19)在显著性水平 $\alpha=0.05$ 上是显著的；

②简化后 x_1,x_2,x_4 的回归系数在显著性水平 $\alpha=0.05$ 上是显著的；

③由 F 统计量方程(4-4)知 $F=0.379<F_{0.05}(11,10)=2.94$，即删除 11 个不显著因素之后，对方程未产生显著性的影响。

最后建立细粒土质砾硫酸盐渍土的因素水平编码盐胀率公式为方程(4-19)，因素实际值盐胀率公式为方程(4-20)。

$$\hat{Y}=0.307+0.403z_1+0.114z_2-0.179z_4 \tag{4-20}$$

$R^2=0.864$

其中，$\hat{Y}$ 为盐胀率(%)；z_1 为含盐量(%)；z_2 为含水率(%)；z_4 为上覆荷载(kPa)。

4.3.2　温度梯度影响下粗颗粒盐渍土的盐胀模型

在环境温度影响下，实际路基土体在温度梯度的影响下产生盐胀变形，本节主要介绍温度梯度影响下的大比尺路基模型盐胀变形试验，同时对其结果开展 SPSS 回归分析，从而得到温度梯度影响下的粗颗粒盐渍土各因素之间的关系。

1）温度梯度影响下盐胀试验模型的建立

将养生后的土样取出后按算好的击实密度分 12 层均匀击入高 55cm、内径 15cm 的有机玻璃试模筒中，并给土样上面加事先算好的荷载，试样放入 +25℃的环境中养生 24h 以上待用。然后，给养生好的试样顶端和底端安置制冷头，以控制土样上端及下端的温度状况。把两组模具的制冷头用橡皮管串联起来，连接到 HC-2010 低温恒温槽上。同样，把底端的制冷头用上述方法连接到另外一台低温恒温槽上。橡皮管要套上保温管。在有机玻璃筒上按每 12cm 插入温度传感器，并在上端安好百分表。在有机玻璃筒周围包一层厚 20cm 左右的保温材料(图 4-18)，使土样在降温时同一平面上的温度保持一致。

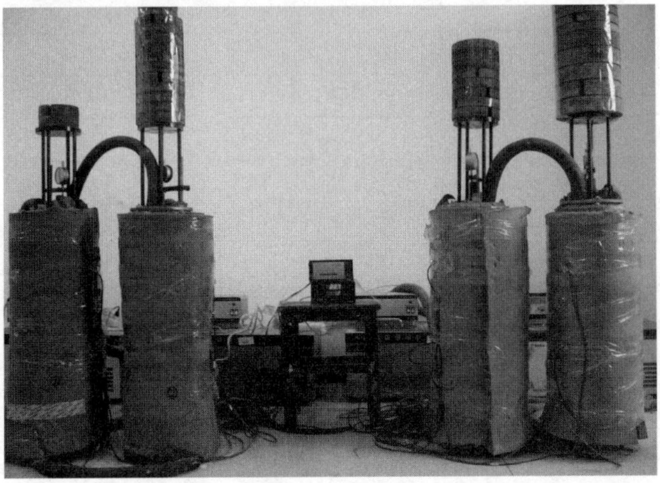

图 4-18　实物图

试验采用单次降温过程，降温过程依次为（土体顶端温度/土体底端温度）25℃/25℃→5℃/5℃→0℃/5℃→－5℃/0℃→－10℃/0℃→－15℃/－5℃→－20℃/－5℃。在这样的环境温度条件下，试验环境温度基本高于土的冻结温度，显然，造成土体体积膨胀的原因不是土的冻胀，而是降温过程中土壤溶液中的盐分析出所致，即盐胀。根据以往经验每单次降温8h以后盐胀量基本趋于稳定，所以拟定单次降温过程持续12h后，再进行下一次降温，降温共历时84h。

2）温度梯度影响下盐胀试验均匀设计方案和试验结果分析

均匀设计是1978年王元教授和方开泰教授在正交设计的基础上考虑试验代表点的均匀分散和整齐可比性后共同提出的一种新的试验设计方法。均匀设计就是只考虑试验点在试验范围内均匀散布的一种试验设计方法。由于考虑了均匀分散和整齐可比，所需要的试验次数比正交设计大大减少。两因素11水平的11次试验点如图4-19所示。

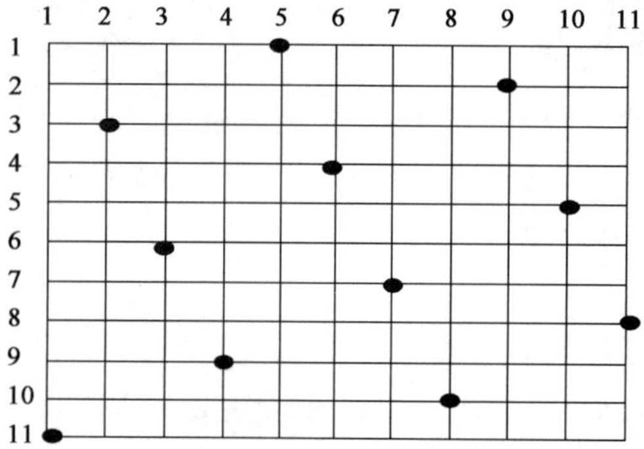

图4-19　两因素11水平的11次试验点

（1）细粒土质砾

①温度梯度影响下盐胀试验均匀设计方案

本试验主要是通过均匀设计来安排试验。通过试验结果定性和定量的分析得出温、水、盐、力这四个因素对细粒土砾硫酸盐盐渍土的盐胀量影响及盐胀特点。配好细粒土砾素土后，再添加纯净的化学分析纯硫酸钠盐分，配制成不同含盐量水平的细粒土砾硫酸盐盐渍土。表4-31～表4-33分别列出了试验安排所需的均匀设计表格，试验因素及具体的试验方案。

U_{12}（12×6×4×3）均匀设计表　　表4-31

水平	因素			
	1	2	3	4
1	1	1	1	3
2	2	2	2	3
3	3	3	3	3
4	4	4	4	3
5	5	5	1	2
6	6	6	2	2
7	7	1	3	2
8	8	2	4	2
9	9	3	1	1
10	10	4	2	1
11	11	5	3	1
12	12	6	4	1
$D=0.3594$				

试 验 因 素　　表 4-32

含盐量(%)	上覆荷载(kPa)	初始干密度(g/cm³)	含水率(%)
0.5	7.49	1.98(89%)	6
1	18.80	2.03(91%)	9
2	24.46	2.07(93%)	12
3	32.95	2.12(95%)	
4	38.61		
5	49.93		
6			
7			
8			
9			
10			
12			

试 验 方 案　　表 4-33

水　平	因　素			
	含盐量(%)	上覆荷载(kPa)	初始干密度(g/cm³)	含水率(%)
1	0.5	7.49	1.98	12
2	1	18.8	2.03	12
3	2	24.46	2.07	12
4	3	32.95	2.12	12
5	4	38.61	1.98	9
6	5	49.93	2.03	9
7	6	7.49	2.07	9
8	7	18.8	2.12	9
9	8	24.46	1.98	6
10	9	32.95	2.03	6
11	10	38.61	2.07	6
12	12	49.93	2.12	6
$D=0.3594$				

$U_{12}(12\times6\times4\times3)$均匀设计表的均匀度偏差 D 为 0.3594，均匀度良好。

试验因素含盐量水平定为 12 个水平，百分含量根据《公路土工试验规程》(JTG E40—2007)是以细粒土砾中的粒径小于 1mm 的细粒填土为百分基数，含盐量水平等于添加纯净硫酸钠盐的质量除以细粒土砾中的粒径小于 1mm 的细粒填土的质量。上覆荷载共分 6 个水平，依据《公路工程技术标准》(JTG B01—2003)最大荷载接近 50kPa。为了研究初始干密度的不同对于盐胀量的影响，初始干密度比较分散的划分为 4 个水平，依次为最大干密度的 89%、

91%、93%、95%。含水率依据最佳含水量7.5%，分别划分为6%、9%、12%。

②试验结果分析

试验原始测试数据，列于表4-34。

试验结果列表 表4-34

水平	因素				
	含盐量(%)	上覆荷载(kPa)	初始干密度(g/cm^3)	含水率(%)	最终盐胀量(mm)
1	0.5	7.49	1.98	12	-0.2140
2	1	18.8	2.03	12	0.3000
3	2	24.46	2.07	12	0.6200
4	3	32.95	2.12	12	0.3950
5	4	38.61	1.98	9	0.1180
6	5	49.93	2.03	9	0.4880
7	6	7.49	2.07	9	1.9120
8	7	18.8	2.12	9	2.0120
9	8	24.46	1.98	6	0.4820
10	9	32.95	2.03	6	1.2620
11	10	38.61	2.07	6	0.3550
12	12	49.93	2.12	6	0.2050
$D=0.3594$					

从试验结果可以看出，在同一含水率的水平下，随着含盐量的增加盐胀量在逐渐增大。但是随着上覆荷载增加到一定值时，对盐胀量的继续增长具有一定的抑制作用，且抑制作用很明显。

含盐量的增加，对于各个水平的盐胀量都有一定的促进作用，但是随着上覆荷载的增加及含水率的减小，这个促进作用已不明显，且上覆荷载的增加对于盐胀量的影响作用较大。含水率的减小，对于盐胀量的抑制作用也较大。这是因为土中的硫酸钠在起初温度降低的过程中开始吸水结晶，到一定程度后，土中的自由水已不能满足硫酸钠结晶所需要的水分，这就导致结晶停止，盐胀不再继续。这就是在某些干旱及半干旱地区可以直接用粗颗粒硫酸盐盐渍土作为路基的原因。

从试验结果整体来看，盐胀量最大值分别出现在含盐量为6%、上覆荷载为7.49kPa、初始干密度为2.07g/cm^3、含水率为9%及含盐量为7%、上覆荷载为18.8kPa、初始干密度为2.12g/cm^3、含水率为9%这两点。从这两点可以看出，含盐量都较大，初始干密度很大，上覆荷载都很小，含水率9%是比较接近于最佳含水率7.5%的。从这一点看出，含盐量及初始干密度与盐胀量呈正比关系，上覆荷载与盐胀量呈反比关系，含水率越接近最佳含水率，盐胀量越大。当超过或小于最佳含水率时，盐胀量反而减小。

本次试验是基于均匀设计来安排试验和组织试验的，要进行多元非线性回归分析所需工作量巨大，必须借助于相关分析软件，试验结果由统计软件SPSS分析整理。盐胀率列表见表4-35。

盐 胀 率 列 表　　表 4-35

水平	因素				
	含盐量(%)	上覆荷载(kPa)	初始干密度(g/cm³)	含水率(%)	最终盐胀率(%)
1	0.5	7.49	1.98	12	-0.03891
2	1	18.8	2.03	12	0.05455
3	2	24.46	2.07	12	0.11273
4	3	32.95	2.12	12	0.07182
5	4	38.61	1.98	9	0.02145
6	5	49.93	2.03	9	0.08873
7	6	7.49	2.07	9	0.34764
8	7	18.8	2.12	9	0.36582
9	8	24.46	1.98	6	0.08764
10	9	32.95	2.03	6	0.22945
11	10	38.61	2.07	6	0.06455
12	12	49.93	2.12	6	0.03727
$D=0.3594$					

从表 4-35 中的数据通过 SPSS 分析软件经多次不同形式的拟合进行非线性回归分析，可得细粒土填料的含盐量、上覆荷载、初始干重度、含水率对于最终盐胀率的影响关系公式：

$$
\begin{aligned}
Y = & -34.476 + 0.208X_1 + 2.399X_3 + 0.131X_4 - 2.52\times10^{-2}X_1{}^2 - \\
& 1.23\times10^{-3}X_2{}^2 + 7.115\times10^{-4}X_1{}^3 + 1.229\times10^{-5}X_2{}^3 - \\
& 1.87\times10^{-3}X_3{}^3 - 1.88\times10^{-4}X_4{}^3 - 4.12\times10^{-4}X_1X_2 - \\
& 4.22\times10^{-3}X_2X_4 + 3.42\times10^{-3}X_2X_3
\end{aligned}
\tag{4-21}
$$

式中：Y——盐胀率(%)；

X_1——细粒填料的含盐量(%)；

X_2——上覆荷载(kPa)；

X_3——初始干重度(kN/m³)；

X_4——含水率(%)。

全相关系数 $R^2=0.933$，在相似的盐胀情况下，可以利用该公式进行盐胀率计算。

(2)含细粒土砂

①温度梯度影响下盐胀试验均匀设计方案

本试验主要分析含细粒土砂硫酸盐盐渍土在不同的温、水、盐、力四个因素下的盐胀特性。由于试验涉及的因素很多试验量大，试验方案采用均匀设计安排。均匀设计表见表 4-36。

$U_{12}(12\times6\times6\times4)$均匀设计表　表4-36

水平	因素			
	1	2	3	4
1	1	2	2	4
2	2	3	4	4
3	3	5	6	4
4	4	6	2	3
5	5	1	4	3
6	6	3	6	3
7	7	4	1	2
8	8	6	3	2
9	9	1	5	2
10	10	2	1	1
11	11	4	3	1
12	12	5	5	1
$D=0.2954$				

在配好的含细粒土砂素土中添加不同量的化学分析纯硫酸钠盐,配制成12个不同的水平。配制方法是以《公路土工试验规程》(JTG E40—2007)为根据,以含细粒土砂中的粒径小于1mm的细粒土为百分基数,含盐量水平等于添加纯净硫酸钠盐的质量除以含细粒土砂的粒径小于1mm的细粒土的质量。上覆荷载分6个水平,最大值达到50.24kPa,初始干密度也分为6个水平,最大值达到最大干密度的97%,这样上覆荷载及初始干密度都基本在工程研究范围内得到均匀分布。含水率围绕最佳含水率9.6%分为6%、8%、10%、12%。试验因素及具体的试验方案分别见表4-37、表4-38。

试验因素　表4-37

含盐量(%)	上覆荷载(kPa)	初始干密度(g/cm^3)	含水率(%)
0.3	8.74	1.84(87%)	6
0.6	18.98	1.88(89%)	8
0.9	27.36	1.92(91%)	10
1.2	33.87	1.96(93%)	12
1.5	40.94	2.00(95%)	
1.8	50.24	2.05(97%)	
2.1			
2.4			
2.7			
3.0			
3.3			
3.6			

试 验 方 案 表 4-38

水 平	因 素			
	含盐量(%)	上覆荷载(kPa)	初始干密度(g/cm^3)	含水率(%)
1	0.3	18.98	1.88	12
2	0.6	27.36	1.96	12
3	0.9	40.94	2.05	12
4	1.2	50.24	1.88	10
5	1.5	8.74	1.96	10
6	1.8	27.36	2.05	10
7	2.1	33.87	1.84	8
8	2.4	50.24	1.92	8
9	2.7	8.74	2.00	8
10	3.0	18.98	1.84	6
11	3.3	33.87	1.92	6
12	3.6	40.94	2.00	6
$D=0.2954$				

$U_{12}(12\times6\times6\times3)$均匀设计表的均匀度偏差 D 为 0.2954,均匀度良好。

试验采用单次降温过程,降温过程依次为(土体顶端温度/土体底端温度)25℃/25℃→5℃/5℃→0℃/5℃→-5℃/0℃→-10℃/0℃→-15℃/-5℃→-20℃/-5℃。在这样的环境温度条件下,试验环境温度基本高于土的冻结温度,显然,造成土体体积膨胀的原因不是土的冻胀,而是降温过程中土壤溶液中的盐分析出所致,即盐胀。根据以往经验每次降温 8h 后盐胀量基本趋于稳定,所以定每单次降温过程持续 12h 后,再进行下一次降温,降温过程共历时 84h。

②试验结果分析

试验原始测试数据列于表 4-39。

试验结果列表 表 4-39

水 平	因 素				
	含盐量(%)	上覆荷载(kPa)	初始干密度(g/cm^3)	含水率(%)	最终盐胀量(mm)
1	0.3	18.98	1.88	12	0.4980
2	0.6	27.36	1.96	12	0.8390
3	0.9	40.94	2.05	12	0.4920
4	1.2	50.24	1.88	10	0.7120
5	1.5	8.74	1.96	10	0.9210
6	1.8	27.36	2.05	10	2.4780
7	2.1	33.87	1.84	8	0.8800
8	2.4	50.24	1.92	8	0.4920

续上表

水　平	因　素				
	含盐量(%)	上覆荷载(kPa)	初始干密度(g/cm^3)	含水率(%)	最终盐胀量(mm)
9	2.7	8.74	2.00	8	0.9310
10	3.0	18.98	1.84	6	1.2260
11	3.3	33.87	1.92	6	1.5250
12	3.6	40.94	2.00	6	1.0990

从试验结果可以看出,盐胀量最大值出现在含盐量1.8%,上覆荷载27.36kPa,初始干密度2.05g/cm^3,含水率10%,此值含盐量并非最大,上覆荷载比较小,初始干密度较大即压实较紧密,含水率最接近最佳含水率。盐胀量最小值分别出现在含盐量0.9%、上覆荷载40.94kPa、初始干密度2.05g/cm^3、含水率12%及含盐量2.4%、上覆荷载50.24kPa、初始干密度1.92g/cm^3、含水率8%这两种水平。这两个水平有着不同的含盐量、初始干密度及含水率,但是最终盐胀量都较小,其主要特点上覆荷载值都较大,分别为40.94kPa、50.24kPa。当含盐量超过3.0%时,盐胀量达到1mm以上。

本次试验是基于均匀设计来安排试验和组织试验的,要进行多元非线性回归分析所需工作量巨大,必须借助于相关分析软件。试验结果由统计软件SPSS分析整理。盐胀率见表4-40。

盐胀率列表　　表4-40

水　平	因　素				
	含盐量(%)	上覆荷载(kPa)	初始干密度(g/cm^3)	含水率(%)	最终盐胀率(‰)
1	0.3	18.98	1.88	12	1.5563
2	0.6	27.36	1.96	12	2.6219
3	0.9	40.94	2.05	12	1.5375
4	1.2	50.24	1.88	10	2.2250
5	1.5	8.74	1.96	10	2.8781
6	1.8	27.36	2.05	10	7.7438
7	2.1	33.87	1.84	8	2.7500
8	2.4	50.24	1.92	8	1.5375
9	2.7	8.74	2.00	8	2.9094
10	3.0	18.98	1.84	6	3.8313
11	3.3	33.87	1.92	6	4.7656
12	3.6	40.94	2.00	6	3.4344

表4-40中的数据通过SPSS分析软件经多次不同形式的拟合进行非线性回归分析,可得细粒土填料的含盐量、上覆荷载、初始干重度、含水率对于最终盐胀率的影响关系公式:

$$Y = -170.356 + 8.206X_1 + 10.666X_3 - 2.607X_1^2 - 4.08 \times 10^{-2}X_2^2 + 0.772X_1^3 - 3.33 \times 10^{-2}X_4^3 + 3.802 \times 10^{-4}X_2^3 - 1.60 \times 10^{-2}X_3^3 - 0.325X_1X_4 + 0.539X_3X_4 - 3.58 \times 10^{-3}X_1X_2 + 2.205 \times 10^{-2}X_2X_4 + 5.392 \times 10^{-2}X_2X_3 \tag{4-22}$$

式中：Y——盐胀率(‰)；

X_1——细粒填料的含盐量(%)；

X_2——上覆荷载(kPa)；

X_3——初始干重度(kN/m^3)；

X_4——含水率(%)。

$R^2 = 0.849$

上述公式已经过试验数据验证，可以进行相似条件下的盐胀率计算。

(3)细粒土质砂

①温度梯度影响下盐胀试验均匀设计方案

当土的类型确定后，硫酸盐盐渍土的盐胀影响因素中温、水、盐、力四个因素对盐渍土的盐胀量影响最大。为分析这四个因素对盐胀量的影响，现以均匀设计来安排组织试验，均匀设计表见表 4-41。

$U_{12}(12 \times 6^2 \times 4)$均匀设计表　　表 4-41

水　平	因　素			
	1	2	3	4
1	1	2	2	4
2	2	3	4	4
3	3	5	6	4
4	4	6	2	3
5	5	1	4	3
6	6	3	6	3
7	7	4	1	2
8	8	6	3	2
9	9	1	5	2
10	10	2	1	1
11	11	4	3	1
12	12	5	5	1
$D = 0.2954$				

在配好的细粒土质砂素土中添加不同含量的化学分析纯硫酸钠盐，配制成 12 个不同的水平。含盐量起始值以易溶盐含量 0.3% 开始，采用小剂量配制，每个水平间隔 0.3%。配制方法是以《公路土工试验规程》(JTJ 051—1993)为根据，以细粒土质砂中的粒径小于 1mm 的细粒土为百分基数，含盐量水平等于添加纯净硫酸钠盐的质量除以细粒土质砂的粒径小于 1mm

的细粒土的质量。上覆荷载分6个水平最大值达到50.24kPa，初始干密度亦分6个水平最大值达到最大干密度的97%，这样上覆荷载及初始干密度都基本在工程研究范围内得到均匀分布。含水率围绕最佳含水率10.3%分别为7%、9%、11%、13%。试验因素及具体的试验安排分别见表4-42、表4-43。

试 验 因 素 表4-42

含盐量(%)	上覆荷载(kPa)	初始干密度(g/cm^3)	含水率(%)
0.3	8.74	1.91(87%)	7
0.6	18.98	1.96(89%)	9
0.9	27.36	2.00(91%)	11
1.2	33.87	2.04(93%)	13
1.5	40.94	2.09(95%)	
1.8	50.24	2.13(97%)	
2.1			
2.4			
2.7			
3.0			
3.3			
3.6			

试 验 安 排 表4-43

水 平	因 素			
	含盐量(%)	上覆荷载(kPa)	初始干密度(g/cm^3)	含水率(%)
1	0.3	18.98	1.96	13
2	0.6	27.36	2.04	13
3	0.9	40.94	2.13	13
4	1.2	50.24	1.96	11
5	1.5	8.74	2.04	11
6	1.8	27.36	2.13	11
7	2.1	33.87	1.91	9
8	2.4	50.24	2.00	9
9	2.7	8.74	2.09	9
10	3.0	18.98	1.91	7
11	3.3	33.87	2.00	7
12	3.6	40.94	2.09	7
$D=0.2954$				

$U_{12}(12\times6\times6\times3)$均匀设计表的均匀度偏差$D$为0.2954，均匀度良好，可以作为试验安排依据进行试验。

②试验结果分析

试验原始数据及盐胀率计算结果分别列于表4-44及表4-45。

试验结果列表 表4-44

水平	因素				
	含盐量(%)	上覆荷载(kPa)	初始干密度(g/cm^3)	含水率(%)	盐胀量(mm)
1	0.3	18.98	1.96	13	0.6660
2	0.6	27.36	2.04	13	0.6670
3	0.9	40.94	2.13	13	1.2660
4	1.2	50.24	1.96	11	0.9670
5	1.5	8.74	2.04	11	1.3080
6	1.8	27.36	2.13	11	1.2550
7	2.1	33.87	1.91	9	0.2720
8	2.4	50.24	2.00	9	0.5750
9	2.7	8.74	2.09	9	0.7860
10	3.0	18.98	1.91	7	0.7850
11	3.3	33.87	2.00	7	0.8700
12	3.6	40.94	2.09	7	0.5560

盐胀率列表 表4-45

水平	因素				
	含盐量(%)	上覆荷载(kPa)	初始干密度(g/cm^3)	含水率(%)	盐胀率(‰)
1	0.3	18.98	1.96	13	2.0813
2	0.6	27.36	2.04	13	2.0845
3	0.9	40.94	2.13	13	3.9563
4	1.2	50.24	1.96	11	3.0219
5	1.5	8.74	2.04	11	4.0875
6	1.8	27.36	2.13	11	3.9219
7	2.1	33.87	1.91	9	0.8500
8	2.4	50.24	2.00	9	1.7969
9	2.7	8.74	2.09	9	2.4563
10	3.0	18.98	1.91	7	2.4531
11	3.3	33.87	2.00	7	2.7188
12	3.6	40.94	2.09	7	1.7375

从试验结果列表表4-44、表4-45中可以看出：最大值出现在含盐量1.5%，上覆荷载为8.74kPa，初始干密度为2.04g/cm^3，含水率为11%时的条件下。与其他条件相比，主要特点是上覆荷载小，初始干密度为最大干密度的93%，含水量接近于最佳含水率，含盐量处于中等水平。盐胀量最小值出现在边界条件为含盐量2.1%，上覆荷载33.87kPa，初始干密度1.91g/cm^3，含水率9%，其主要特点为在含盐量不是很大的情况下，初始干密度仅为最大干密度的87%。这样，就导致盐渍土土体的孔隙度很大。盐结晶时，大部分填充于土体孔隙中。盐胀表现不明显。

试验采用均匀设计，要进行多元非线性分析手动工作量非常巨大。运用相关的统计分析软件SPSS分析，经过多次拟和分析得出下列盐胀率与含盐量、含水率、上覆荷载、初始干密度的关系公式。

$$
\begin{aligned}
Y = & -12.490 + 4.28X_1 - 9.24 \times 10^{-2} X_2 + 1.493X_3 - 0.761X_4 - 3.011{X_1}^2 - \\
& 6.63 \times 10^{-3} {X_2}^2 + 0.460{X_1}^3 + 8.936 \times 10^{-5} {X_2}^3 - 5.91 \times 10^{-4} {X_3}^3 + \\
& 3.096 \times 10^{-3} {X_4}^3 + 8.62 \times 10^{-2} X_1 X_4 - 3.63 \times 10^{-2} X_3 X_4 + \\
& 1.56 \times 10^{-2} X_1 X_2 + 1.49 \times 10^{-2} X_2 X_4 + 7.678 \times 10^{-4} X_2 X_3
\end{aligned}
\tag{4-23}
$$

式中：Y——盐胀率(‰)；

X_1——细粒填料的含盐量(%)；

X_2——上覆荷载(kPa)；

X_3——初始干重度(kN/m³)；

X_4——含水率(%)。

$R^2=0.900$

从相关系数 R^2 可以看出，所得公式中各因素与盐胀率的相关性较好，说明可以运用本公式进行相似条件下的盐胀率计算。

4.4 影响粗颗粒盐渍土盐胀特性的敏感因素

影响盐渍土盐胀变形的主要因素是土、水、盐、温、力，每一个因素对粗颗粒盐渍土盐胀变形的影响程度如何？其直接关系到粗颗粒盐渍土的工程分类和路基填料的选择原则的确定。本节将重点介绍6种粗颗粒盐渍土的盐胀敏感因素权重，为工程技术人员提供参考。

1）细粒土质砂亚硫酸盐渍土

方程(4-3)估计的标准误差共包含8个显著性因素，采用SPSS软件逐步回归分析，构建所有显著性模型，见表4-46。

显著性模型汇总 表4-46

模型	R	R^2	调整 R^2	估计的标准误差	更改统计量					Durbin-Watson
					R^2 更改	F 更改	df1	df2	Sig. F 更改	
a	0.783	0.612	0.596	0.395	0.612	36.355	1	23	0	
b	0.852	0.727	0.702	0.339	0.114	9.198	1	22	0.006	
c	0.913	0.834	0.81	0.271	0.107	13.503	1	21	0.001	
d	0.968	0.936	0.923	0.172	0.102	32.03	1	20	0	
e	0.980	0.961	0.951	0.138	0.025	12.321	1	19	0.002	
f	0.987	0.975	0.967	0.114	0.014	9.92	1	18	0.006	
g	0.990	0.981	0.973	0.102	0.006	5.463	1	17	0.032	
h	0.993	0.987	0.98	0.087	0.006	7.108	1	16	0.017	2.776

注：a模型预测变量：含盐量 x_1。

b模型预测变量：含盐量 x_1，荷载 x_4。

c模型预测变量：含盐量 x_1，荷载 x_4、x_1x_2。

d模型预测变量：含盐量 x_1，荷载 x_4、x_1x_2，含水率 x_2。

e模型预测变量：含盐量 x_1，荷载 x_4、x_1x_2，含水率 x_2、x_1x_4。

f模型预测变量：含盐量 x_1，荷载 x_4、x_1x_2，含水率 x_2、x_1x_4、x_2'。

g模型预测变量：含盐量 x_1，荷载 x_4、x_1x_2，含水率 x_2、x_1x_4、x_2'，x_2x_4。

h模型预测变量：含盐量 x_1，荷载 x_4、x_1x_2，含水率 x_2、x_1x_4、x_2'、x_2x_4、x_4'。

表4-46中，R 为相关系数；R^2 为拟合优度；F为F检验；df1、df2分别为自由度1、自由度2；Sig.为显著性P值；Durbin-Watson为残差独立检验。

盐胀率影响因素的权重为该因素对 R^2 的贡献量，x_i 与 x_i' 在进行逐步回归分析时，作为单独因素分析，在计算盐胀率影响因素权值时为两因素之和，即权重 $\omega_{x_i}=\omega(x_i)+\omega(x_i')$。由表4-46可知：

(1)由含盐量和常量构建的显著模型1，$R^2=0.612$，调整后的 $R^2=0.596$，则含盐量为影响盐胀率最主要的因素。

(2)由 R^2 更改量可知，影响盐胀率的因素按权重从大到小依次为含盐量 x_1、荷载 x_4、含水率 x_2、交互作用 x_1x_2、交互作用 x_1x_4、交互作用 x_2x_4，影响权重依次为0.612、0.12、0.116、0.107、0.025、0.006。

(3)压实度作为影响盐胀率的一个重要因素，在显著性模型中并未体现。

2)细粒土质砂硫酸盐渍土

方程(4-7)共包含5个显著性因素，采用SPSS软件逐步回归分析，构建所有显著性模型，见表4-47。

显著性模型汇总　　表4-47

模型	R	R^2	调整 R^2	估计的标准误	更改统计量					Durbin-Watson
					R^2 更改	F 更改	df1	df2	Sig. F 更改	
a	0.894	0.799	0.790	0.373	0.799	91.465	1	23	0.000	
b	0.946	0.895	0.886	0.276	0.096	20.136	1	22	0.000	
c	0.965	0.931	0.922	0.228	0.036	11.133	1	21	0.003	
d	0.980	0.961	0.953	0.177	0.029	15.007	1	20	0.001	
e	0.991	0.982	0.977	0.123	0.021	22.032	1	19	0.000	2.532

注：a模型预测变量：含盐量 x_1。
b模型预测变量：含盐量 x_1，荷载 x_4。
c模型预测变量：含盐量 x_1，荷载 x_4，含水率 x_2。
d模型预测变量：含盐量 x_1，荷载 x_4，含水率 x_2、x_1x_4。
e模型预测变量：含盐量 x_1，荷载 x_4，含水率 x_2、x_1x_4、x_1x_2。

由表4-47可知：

(1)由含盐量和常量构建的显著模型1，$R^2=0.799$，调整后的 $R^2=0.790$，则含盐量为影响盐胀率最主要的因素。

(2)由 R^2 更改量可知，影响盐胀率的因素按权重从大到小依次为含盐量 x_1、荷载 x_4、含水率 x_2、交互作用 x_1x_4、交互作用 x_1x_2，影响权重依次为0.799、0.096、0.036、0.029、0.021。

(3)压实度作为影响盐胀率的一个重要因素，在显著性模型中并未体现。

3)含细粒土砂亚硫酸盐渍土

方程(4-10)只包含1个显著性因素，采用SPSS软件逐步回归分析，构建显著性模型只有1个，见表4-48。

显著性模型汇总　　表 4-48

模型	R	R^2	调整 R^2	估计的标准误差	更改统计量					Durbin-Watson
					R^2 更改	F 更改	df1	df2	Sig. F 更改	
a	0.812	0.660	0.645	0.211	0.660	44.628	1	23	0.000	1.962

注:a 模型预测变量为荷载 x_4。

由上表可知:

(1)由常量和荷载构建的显著模型 1,$R^2=0.660$,调整后的 $R^2=0.645$,上覆荷载为影响盐胀率最主要的因素,其影响权重为 0.660,是细粒土质砂亚硫酸盐渍土唯一显著性因素。

(2)盐胀率的其他影响因素在方程中均为未体现。

4)含细粒土砂硫酸盐渍土

方程(4-13)共包含 6 个显著性因素,采用 SPSS 软件逐步回归分析,构建所有显著性模型,见表 4-49。

显著性模型汇总　　表 4-49

模型	R	R^2	调整 R^2	估计的标准误差	更改统计量					Durbin-Watson
					R^2 更改	F 更改	df1	df2	Sig. F 更改	
a	0.637	0.406	0.380	0.711	0.406	15.697	1	23	0.001	
b	0.879	0.772	0.752	0.450	0.367	35.456	1	22	0.000	
c	0.921	0.848	0.827	0.376	0.076	10.483	1	21	0.004	
d	0.954	0.910	0.892	0.296	0.062	13.889	1	20	0.001	
e	0.968	0.937	0.921	0.254	0.027	8.154	1	19	0.010	
f	0.978	0.957	0.943	0.215	0.020	8.514	1	18	0.009	1.375

注:a 模型预测变量:荷载 x_4。

b 模型预测变量:荷载 x_4,含盐量 x_1。

c 模型预测变量:荷载 x_4,含盐量 x_1、x_1x_4。

d 模型预测变量:荷载 x_4,含盐量 x_1、x_1x_4,含水率 x_2。

e 模型预测变量:荷载 x_4,含盐量 x_1、x_1x_4,含水率 x_2、x_4'。

f 模型预测变量:荷载 x_4,含盐量 x_1、x_1x_4,含水率 x_2、x_4'、x_1x_2。

由上表可知:

(1)由荷载和常量构建的显著模型 1,$R^2=0.406$,调整后的 $R^2=0.380$,则含盐量为影响盐胀率最主要的因素。

(2)由 R^2 更改量可知,影响盐胀率的因素按权重从大到小排序依次为荷载 x_4、含盐量 x_1、交互作用 x_1x_4、含水率 x_2、交互作用 x_1x_2,影响权重依次为 0.433、0.367、0.076、0.062、0.020。

(3)压实度作为影响盐胀率的一个重要因素,在显著性模型中并未体现。

5)细粒土质砾亚硫酸盐渍土

方程(4-16)共包含 4 个显著性因素,采用 SPSS 软件逐步回归分析,构建所有显著性模型,见表 4-50。

显著性模型汇总　　表 4-50

模型	R	R^2	调整 R^2	估计的标准误差	更改统计量					Durbin-Watson
					R^2 更改	F 更改	df1	df2	Sig. F 更改	
a	0.615	0.379	0.352	0.270	0.379	14.027	1	23	0.001	
b	0.789	0.622	0.587	0.216	0.243	14.138	1	22	0.001	
c	0.887	0.788	0.757	0.165	0.166	16.378	1	21	0.001	
d	0.969	0.938	0.926	0.091	0.151	48.951	1	20	0.000	2.432

注：a 模型预测变量：含盐量 x_1。
b 模型预测变量：含盐量 x_1，含水率 x_2。
c 模型预测变量：含盐量 x_1，含水率 x_2、x_1x_2。
d 模型预测变量：含盐量 x_1，含水率 x_2、x_1x_2，荷载 x_4。

由上表可知：

(1)由含盐量和常量构建的显著模型 1，$R^2=0.379$，调整后的 $R^2=0.352$，则含盐量为影响盐胀率最主要的因素。

(2)由 R^2 更改量可知，影响盐胀率的因素按权重从大到小排序依次为含盐量 x_1、含水率 x_2、交互作用 x_1x_2、荷载 x_4，影响权重依次为 0.379、0.243、0.166、0.151。

(3)压实度作为影响盐胀率的一个重要因素，在显著性模型中并未体现。

6)细粒土质砾硫酸盐渍土

方程(4-19)共包含 3 个显著性因素，采用 SPSS 软件逐步回归分析，构建所有显著性模型，见表 4-51。

显著性模型汇总　　表 4-51

模型	R	R^2	调整 R^2	估计的标准误差	更改统计量					Durbin-Watson
					R^2 更改	F 更改	df1	df2	Sig. F 更改	
a	0.677	0.458	0.435	0.395	0.458	19.461	1	23	0.000	
b	0.865	0.748	0.725	0.248	0.290	25.288	1	22	0.000	
c	0.930	0.864	0.845	0.186	0.116	118.001	1	21	0.000	2.131

注：a 模型预测变量：含盐量 x_1。
b 模型预测变量：含盐量 x_1，荷载 x_4。
c 模型预测变量：含盐量 x_1，荷载 x_4，含水率 x_2。

由上表可知：

(1)由含盐量和常量构建的显著模型 1，$R^2=0.458$，调整后的 $R^2=0.435$，则含盐量为影响盐胀率最主要的因素。

(2)由 R^2 更改量可知，影响盐胀率的因素按权重从大到小排序依次为含盐量 x_1、荷载 x_4、含水率 x_2，影响权重依次为 0.458、0.290、0.116。

(3)压实度作为影响盐胀率的一个重要因素，在显著性模型中并未体现。

本章参考文献

[1]　徐攸在，等. 盐渍土地基[M]. 北京：中国建筑工业出版社，1993.

[2] 陈宏伟. 粗颗粒土压实试验研究[D]. 西安:长安大学,2004.
[3] 徐学组,等. 土体冻胀和盐胀机理[M]. 北京:科学出版社,1995.
[4] 杨丽英. Cl^-/SO_4^{2-} 对硫酸盐盐渍土盐胀规律影响的研究[D]. 西安:西安公路交通大学,1996.
[5] 彭铁华. 硫酸盐盐渍土在不同降温速率下盐胀规律研究[D]. 西安:西安公路交通大学,1995.
[6] 褚彩萍. 硫酸盐盐渍土在多次冻融循环时的盐胀规律及机理研究[D]. 西安:西安公路交通大学,1997.
[7] 高江平,吴家惠. 硫酸盐渍土盐胀特性的单因素影响规律研究[J]. 岩土工程学报,1997.
[8] 袁红,李斌. 硫酸盐渍土起胀含盐量及容许含盐量的研究[J]. 中国公路学报,1995.
[9] 方开泰. 均匀设计与均匀设计表[M]. 北京:科学出版社,1994.
[10] 张莎莎,杨晓华,戴志仁. 基于均匀设计的砾类硫酸盐渍土盐胀特性试验研究[J]. 公路交通科技,2009.
[11] 张莎莎, 王永威, 杨晓华. 砾类亚硫酸盐渍土盐胀率的简化预测模型[J]. 中国公路学报, 2015, 11(11):1-7.
[12] 张莎莎,王永威,包卫星,等,影响粗粒硫酸盐渍土盐胀特性的敏感因素研究,岩土工程学报,2017. 5. 1,39(05):946-952

第 5 章　粗颗粒盐渍土路基溶陷特性

5.1　概　　述

盐渍土的溶陷变形是指盐渍土受淡水浸湿时,在土体自重和附加应力的作用下产生变形。盐渍土的溶陷变形完全是土中的盐结晶溶解,导致土体的联结强度降低,引起土体结构塌陷。所以说,盐渍土的溶陷变形与土中的固态盐溶解密切相关。土中氯离子含量的变化,对硫酸钠相态的变化有很大的影响,同时氯盐的溶解度很高,基本不受温度的影响,遇水后迅速溶解,对盐渍土的溶陷变形有很大的影响。

本章首先以粗颗粒硫酸盐及亚硫酸盐渍土为研究对象,通过对试验仪器进行改造,同时确定各因素合理的试验范围,开展室内大型溶陷试验。其次利用溶陷系数对其溶陷性进行评价,以分析粗颗粒盐渍土的溶陷与各影响因素间的关系,并为结合粗颗粒盐渍土的盐胀性开展其路基填料评判指标的进一步研究奠定基础。

5.2　溶陷试验设计

5.2.1　试验配土方案

为了使试验结果更具一致性和代表性,便于分析对照,故溶陷试验所用含细粒土砂、细粒土质砂、细粒土质砾的配土方案均与盐胀试验相同,且盐分的添加采用过 5mm 筛的方法,具体数值见表 4-1、表 4-2。

5.2.2　试验仪器设计

由于现有规范的溶陷试验都是针对细粒土开展的,而本次试验对象为粗颗粒盐渍土,若按细粒土的试验方法进行取样试验,则与实际工况严重不符,不能反映原粗颗粒盐渍土的实际工程特性。为了使试验结果更具真实性与可靠性,在原溶陷试验的基础上对本次试验所用的仪器进行了设计改造,通过考虑粗颗粒土间的颗粒效应,制作了适用于粗颗粒盐渍土的溶陷试验仪器。

粗颗粒盐渍土的溶陷试验仪器主要由计算机控制系统、加压系统和粗颗粒土样盛放容器三部分组成。其中,粗颗粒盐渍土的盛放容器为有机玻璃筒,其直径为 28cm,容器的上、下面可以自由排水,并且在上面加钢排水板,使试样均匀负荷。同时,为了避免试样装置在受力后产生侧向变形而影响试验结果,在有机玻璃筒外侧安装一个铁箍。加压系统为电子万能试验机,其可以通过计算机控制系统输入编写的程序进行自动加载控制,试验装置如图 5-1 所示。

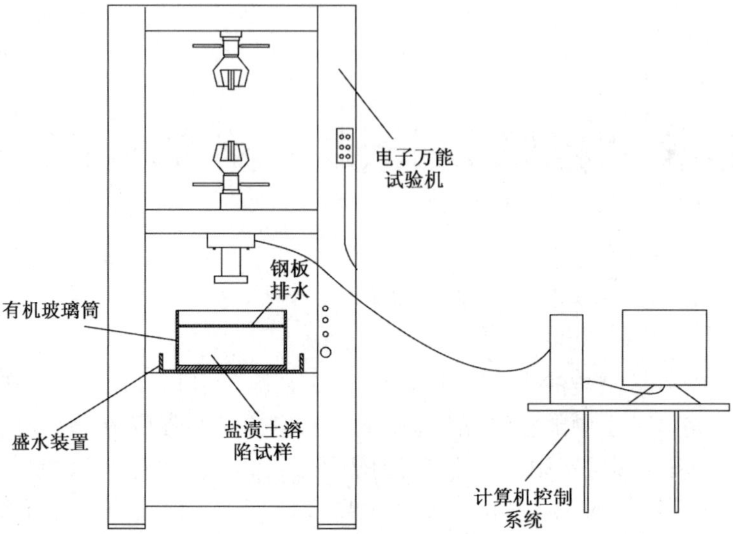

图 5-1　溶陷试验装置示意图

5.2.3　试验程序设计

根据《盐渍土地区公路设计与施工指南》中的规定,溶陷试验的总压力应根据建筑场地地基承受的自重压力和附加压力的大小来定,一般不宜小于 200kPa。借鉴该项规定,本书利用室内压缩试验进行盐渍土溶陷系数的计算时,浸水稳定加载压力取为 200kPa。

目前,就室内压缩试验而言,其又可分为单线法和双线法。其中,单线法是先使试样在不加水的情况下按要求逐级加压至 200kPa,待试样在 200kPa 的压力下变形稳定后,给试样加水直到其变形量再次达到稳定状态,然后继续加载到所需荷载为止,则溶陷系数就是加压至 200kPa 时加水前后试样稳定高度的差值与其原始高度的百分比。双线法是分别将两个相同的盐渍土试样进行逐级加载,一个试样始终不加水,另一个则一直处于浸水状态下,那么当荷载为 200kPa 且变形稳定时,两试样的高度差与其原始高度的百分比即为溶陷系数。

本次试验为了避免试样对照的不确定性,故舍弃双线法而采用单线法。其中,0 ~ 200kPa,每 50kPa 为一级荷载施加,逐级加载,以试样变形每小时不超过 0.01mm 为压缩稳定标准,稳定后再施加下一级荷载。

在 200kPa 荷载下,试样变形稳定后加无离子水由上而下浸湿试样,待变形稳定之后逐级加载(每级 100kPa),至 300kPa 停止,读取各级荷载下的稳定变形量。

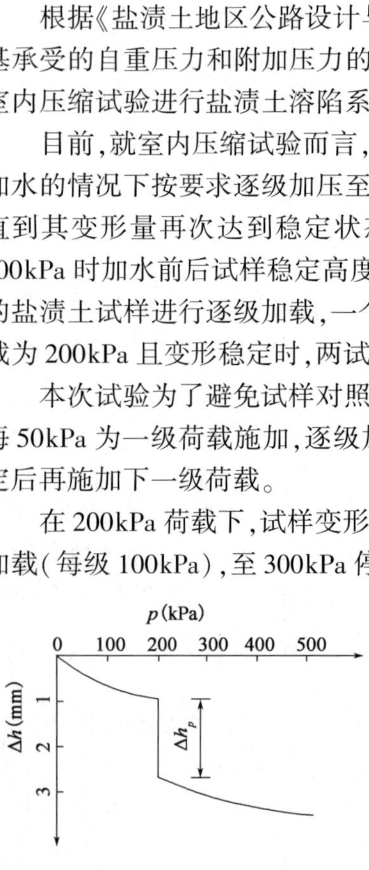

图 5-2　溶陷试验曲线图

其中,200kPa 之前每 50kPa 加载,加载时间为 10min,稳定时间为 1h;200kPa 加载稳定时间为 1h,加水后浸湿 3d;300kPa 加载时间为 10min,稳定时间为 1h。

最后,根据试验数据结果绘制溶陷试验曲线,如图 5-2 所示。

按下式(5-1)计算盐渍土的溶陷系数。

$$\delta = \frac{\Delta h_p}{h_0} = \frac{h_p - h_p'}{h_0} \times 100\% \tag{5-1}$$

式中：h_0——盐渍土试样原始高度；

h_p——压力 p 稳定变形试样高度；

h'_p——压力 p 浸水溶陷变形稳定后试样高度。

5.2.4　试验安排方案

根据已有的试验条件及试验需要，分别配制不同含盐量和含水率条件下的含细粒土砂硫酸及亚硫酸盐渍土、细粒土质砂硫酸及亚硫酸盐渍土、细粒土质砾硫酸及亚硫酸盐渍土，并养生 48h 以上。表 5-1 列出了试验所需的各因素及具体的试验安排。

含细粒土砂盐渍土溶陷试验安排表　　表 5-1a）

试验编号	硫酸盐渍土			亚硫酸盐渍土		
	含盐量(%)	含水率(%)	压实度(%)	含盐量(%)	含水率(%)	压实度(%)
1	0.5	7	93	0.5	5	93
2	0.5	8	93	0.5	7	93
3	0.5	9	93	0.5	9	93
4	0.5	11	93	0.5	11	93
5	0.5	13	93	0.5	13	93
6	1	11	93	0.8	11	93
7	1.5	7	93	1	7	93
8	1.5	9	93	1	9	93
9	1.5	11	93	1	11	93
10	1.5	13	93	1	13	93
11	1.5	13	89	1	13	89
12	1.5	9	89	1	9	89
13	2.2	7	93	1.4	5	93
14	2.2	8	93	1.4	7	93
15	2.2	9	93	1.4	9	93
16	2.2	11	93	1.4	11	93
17	2.2	13	93	1.4	13	93
18	2.2	13	89	1.4	13	89
19	2.2	9	89	1.4	9	89
20	3	11	93	2	11	93

含细粒土质砂盐渍土溶陷试验安排表　　表 5-1b）

试验编号	硫酸盐渍土			亚硫酸盐渍土		
	含盐量(%)	含水率(%)	压实度(%)	含盐量(%)	含水率(%)	压实度(%)
1	0.5	8.4	93	0.5	8.4	93
2	1	8.4	93	1	8.4	93
3	1.5	2.4	93	1.5	2.4	93

续上表

试验编号	硫酸盐渍土			亚硫酸盐渍土		
	含盐量(%)	含水率(%)	压实度(%)	含盐量(%)	含水率(%)	压实度(%)
4	1.5	4.4	93	1.5	4.4	93
5	1.5	6.4	93	1.5	6.4	93
6	1.5	6.4	89	1.5	6.4	89
7	1.5	8.4	93	1.5	8.4	93
8	1.5	10.4	93	1.5	10.4	93
9	1.5	10.4	89	1.5	10.4	89
10	2.2	2.4	93	2.6	2.4	93
11	2.2	4.4	93	2.6	4.4	93
12	2.2	6.4	93	2.6	6.4	93
13	2.2	6.4	89	2.6	6.4	89
14	2.2	8.4	93	2.6	8.4	93
15	2.2	10.4	93	2.6	10.4	93
16	2.2	10.4	89	2.6	10.4	89
17	3	8.4	93	3	8.4	93

细粒土质砾盐渍土溶陷试验安排表 表 5-1c)

试验编号	硫酸盐渍土			亚硫酸盐渍土		
	含盐量(%)	含水率(%)	压实度(%)	含盐量(%)	含水率(%)	压实度(%)
1	0.5	6.4	93	0.5	6.4	93
2	1	6.4	93	1	6.4	93
3	1.5	2.4	93	1.5	2.4	93
4	1.5	4.4	93	1.5	4.4	93
5	1.5	4.4	89	1.5	4.4	89
6	1.5	6.4	93	1.5	6.4	93
7	1.5	8.4	93	1.5	8.4	93
8	1.5	8.4	89	1.5	8.4	89
9	1.5	10.4	93	1.5	10.4	93
10	2.3	2.4	93	2.6	2.4	93
11	2.3	4.4	93	2.6	4.4	93
12	2.3	4.4	89	2.6	4.4	89
13	2.3	6.4	93	2.6	6.4	93
14	2.3	8.4	93	2.6	8.4	93
15	2.3	8.4	89	2.6	8.4	89
16	2.3	10.4	93	2.6	10.4	93
17	3	6.4	93	3	6.4	93

5.3　试验过程及结果分析

根据上述的试验方案依次开展粗颗粒硫酸盐渍土和亚硫酸盐渍土的溶陷试验。其中,试验流程依次为配土、添加盐分、拌样、土样击实、土样加载、浸水及实时监测变形等,具体试验实物图如图 5-3 所示。待每种粗颗粒盐渍土的试验全部完成后,对试验数据结果进行整理分析。

(1)拌样

(2)制样

(3)装钢板

(4)加载

a)试样制作过程图

b)试验装置全图

图 5-3　溶陷试验实物图

5.3.1 含细粒土砂硫酸盐渍土溶陷试验结果分析

首先,当压实度为93%时,考虑不同含盐量盐渍土的溶陷系数随初始含水率变化的关系,如图5-4所示。

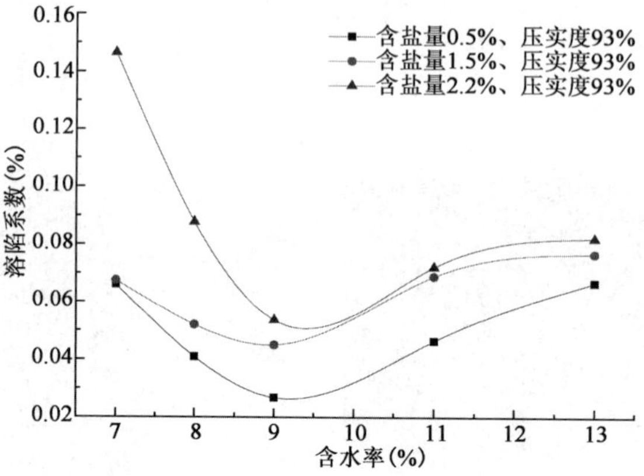

图5-4　溶陷系数与含水率的关系曲线

从图5-4中可以看出,当含盐量和压实度一定时,随着含水率的增加含细粒土砂硫酸盐渍土的溶陷系数呈现先减小后增大的趋势。当土样初始含水率较小时盐渍土的溶陷系数却比较大,且含盐量越高这种现象越明显。这是由于刚开始土体中的骨架结构整体比较大且部分盐分以晶体存在,当压力加至200kPa稳定加水后,土样结构被水浸泡变软,导致连接强度降低。与此同时,土样中的盐分随着水的渗入被溶解带走,导致土体中孔隙增大,随着盐分的不断流出,最终导致土体不能承受原荷载,出现较大的沉降变形。而对于含水率和压实度相同的试样,在试验的范围内,整体上表现为含盐量越大溶陷系数也越大。

当含水率为最佳含水率11%、压实度为93%时,含细粒土砂硫酸盐渍土的含盐量与溶陷系数的关系曲线如图5-5所示。

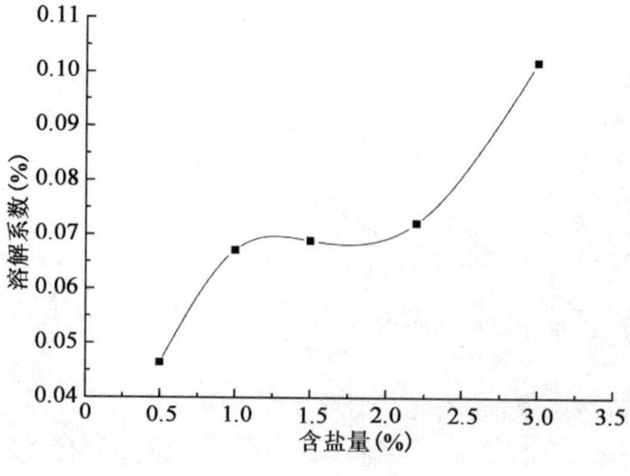

图5-5　溶陷系数与含盐量的关系曲线

由图5-5可知,随着含盐量的逐渐增大,含细粒土砂硫酸盐渍土的溶陷系数在含盐量小于

1% 时增长较快，从 1% 到破坏含盐量 2.2%，其溶陷系数变化较缓，当超过破坏含盐量 2.2% 后，溶陷系数又以较快的速度增长。然而，即使含细粒土砂硫酸盐渍土达到盐胀破坏含盐量，其溶陷系数仍不足 1%。

为了对比不同压实度下盐渍土的溶陷变形量的大小，故而根据试验结果数据绘制如图 5-6 所示的溶陷变形曲线。

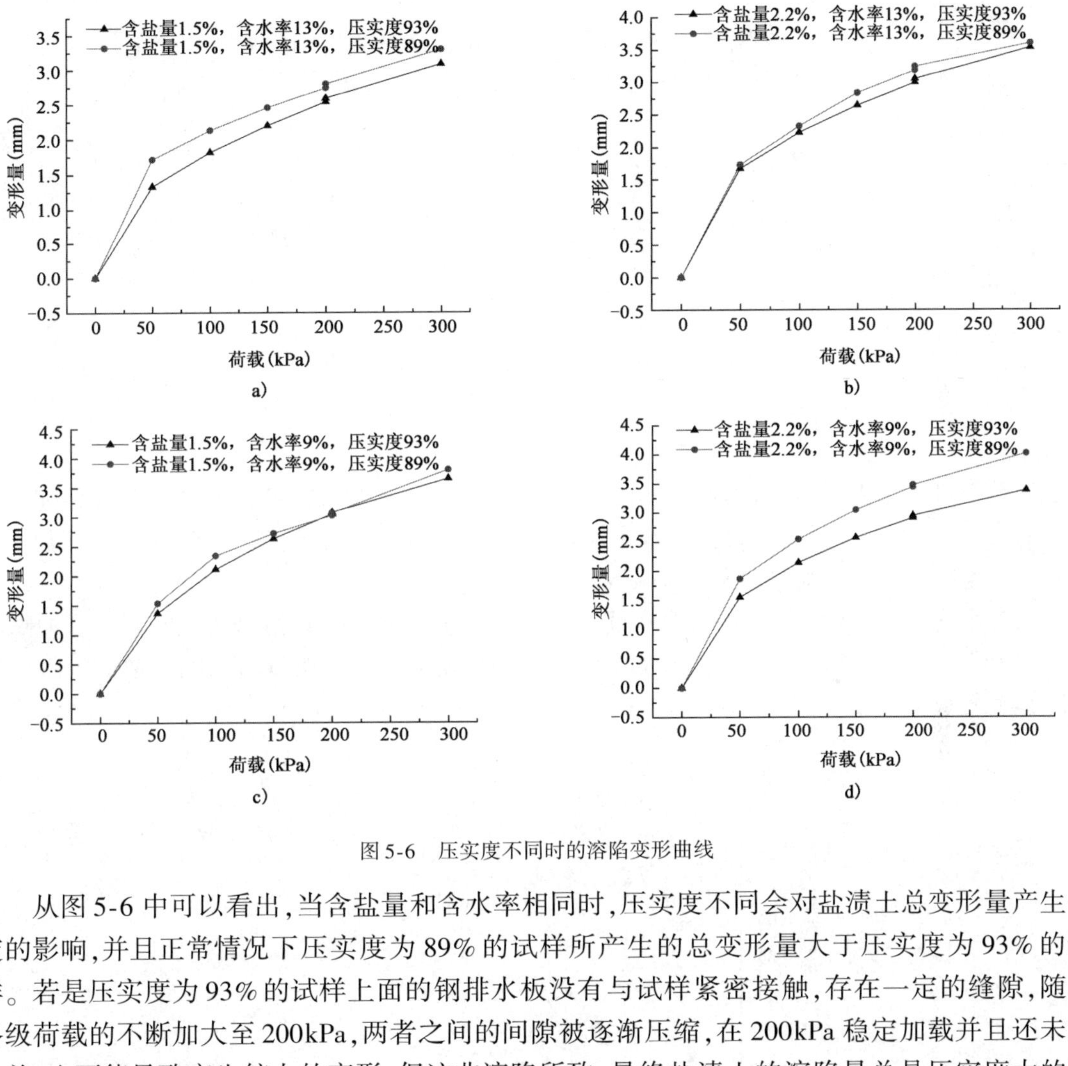

图 5-6　压实度不同时的溶陷变形曲线

从图 5-6 中可以看出，当含盐量和含水率相同时，压实度不同会对盐渍土总变形量产生一定的影响，并且正常情况下压实度为 89% 的试样所产生的总变形量大于压实度为 93% 的试样。若是压实度为 93% 的试样上面的钢排水板没有与试样紧密接触，存在一定的缝隙，随着各级荷载的不断加大至 200kPa，两者之间的间隙被逐渐压缩，在 200kPa 稳定加载并且还未加水前，也可能导致产生较大的变形，但这非溶陷所致，最终盐渍土的溶陷量总是压实度大的试样溶陷系数相对较小。

与此同时，从图 5-6 中可以看出，在 200kPa 稳定加载并加水后，图 5-6a）中，压实度为 93%、89% 试样的溶陷系数分别为 0.077%、0.084%；图 5-6b）中，压实度为 93%、89% 试样的溶陷系数分别为 0.082%、0.086%；图 5-6c）中，压实度为 93%、89% 试样的溶陷系数分别为 0.045%、0.063%；图 5-6d）中，压实度为 93%、89% 试样的溶陷系数分别为 0.054%、0.056%。因此，压实度越大的盐渍土试样所产生的溶陷量越小。

5.3.2 含细粒土砂亚硫酸盐渍土溶陷试验结果分析

按照试验安排对人工配制的含细粒土砂亚硫酸盐渍土展开溶陷试验,并根据试验数据进行如下分析。

首先,当压实度为93%时,考虑不同含盐量盐渍土的溶陷系数随初始含水率变化的关系,如图5-7所示。

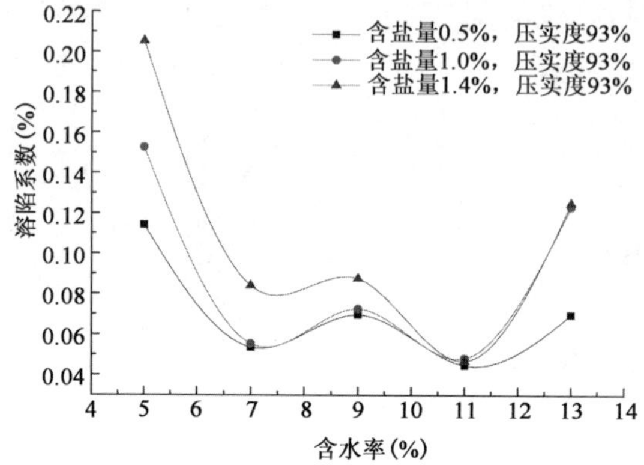

图5-7 溶陷系数与含水率的关系曲线

从图中可以看出,当含盐量和压实度一定时,含细粒土砂亚硫酸盐渍土的溶陷系数随着含水率的增加整体呈下降趋势,直至含水率超过11%时,溶陷系数又随着含水率的增加而增加,且同一含水率所对应含盐量高的溶陷系数大。

当含水率为最佳含水率11%,压实度为93%时,为了更加准确地反映试验规律,在原试验的基础上再增加几组试验点,得到含细粒土砂亚硫酸盐渍土的含盐量与溶陷系数的关系曲线如图5-8所示。

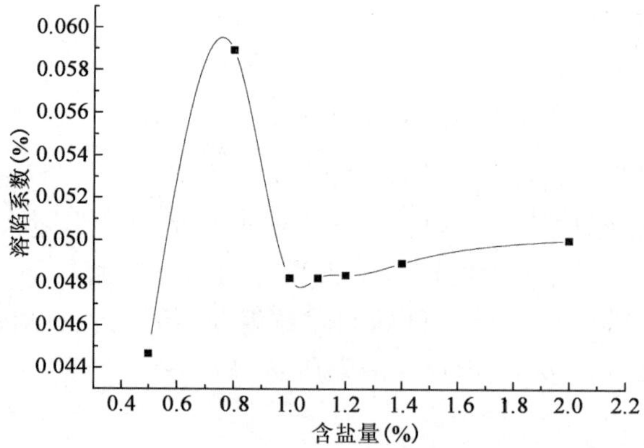

图5-8 溶陷系数与含盐量的关系曲线

由图5-8可知,在最佳含水率为11%且压实度为93%时,含细粒土砂亚硫酸盐渍土的溶陷系数随着含盐量的增大而先增大后减小,当含盐量超过1.0%后,溶陷系数以较小的速率继续增大。

当含盐量和含水率相同时,根据试验数据所绘压实度对照曲线如图 5-9 所示。

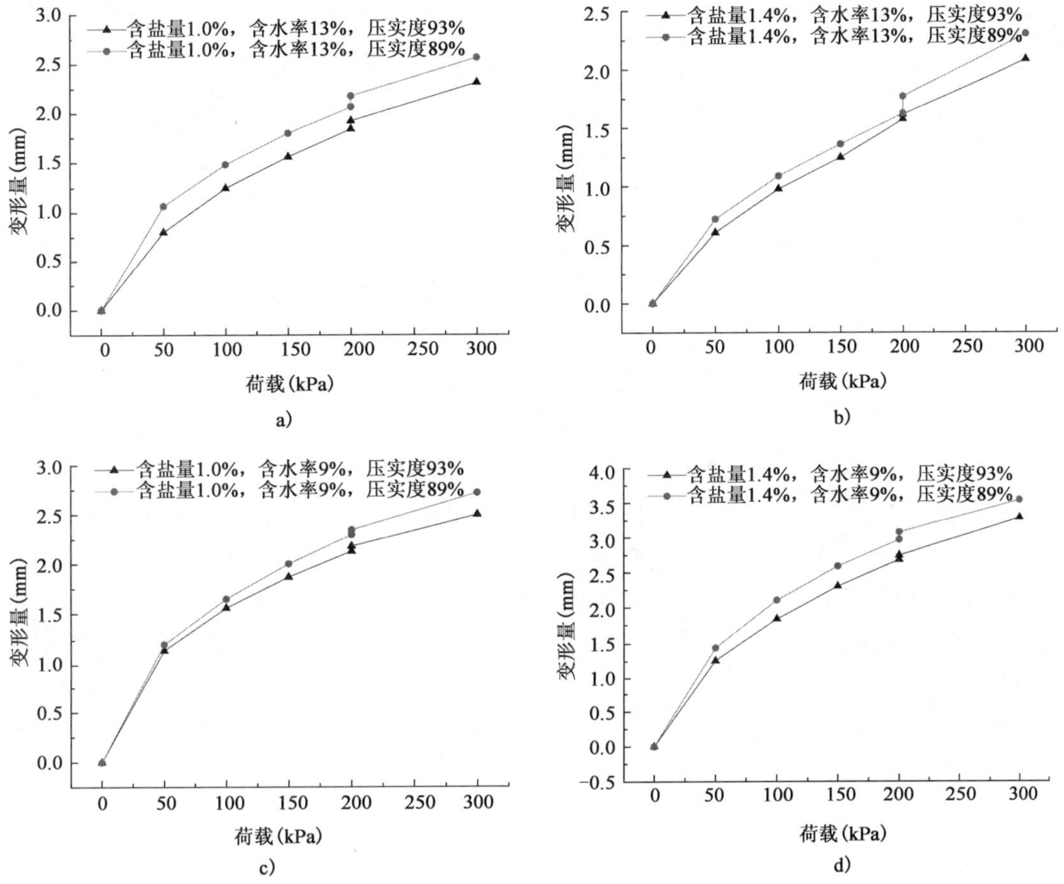

图 5-9 压实度不同时的溶陷变形对比曲线

从图 5-9 中可以看出,当含盐量和含水率相同时,压实度为 89% 的试样所产生的总变形量大于压实度为 93% 的试样,并且,所产生的溶陷变形量也满足这种关系。

其中,图 5-9a) 压实度为 93%、89% 试样的溶陷系数分别为 0.123%、0.155%;图 5-9b) 中,压实度为 93%、89% 试样的溶陷系数分别为 0.125%、0.207%;图 5-9c) 中,压实度为 93%、89% 试样的溶陷系数分别为 0.072%、0.073%;图 5-9d) 中,压实度为 93%、89% 试样的溶陷系数分别为 0.088%、0.152%。因此,压实度越大的盐渍土试样所产生的溶陷量越小。

5.3.3 细粒土质砂硫酸盐渍土溶陷试验结果分析

按照试验安排对人工配制的细粒土质砂盐渍土展开溶陷试验,根据试验数据结果进行如下分析。

首先,当压实度为 93% 时,考虑不同含盐量硫酸盐渍土的溶陷系数随初始含水率变化的关系,绘制曲线如图 5-10 所示。

从图 5-10 中可以看出,当细粒土质砂硫酸盐渍土的含盐量一定且压实度为 93% 时,随着土体中初始含水率的增加,盐渍土的溶陷系数逐渐减小,且含盐量高的盐渍土试样所产生的溶陷量较大。

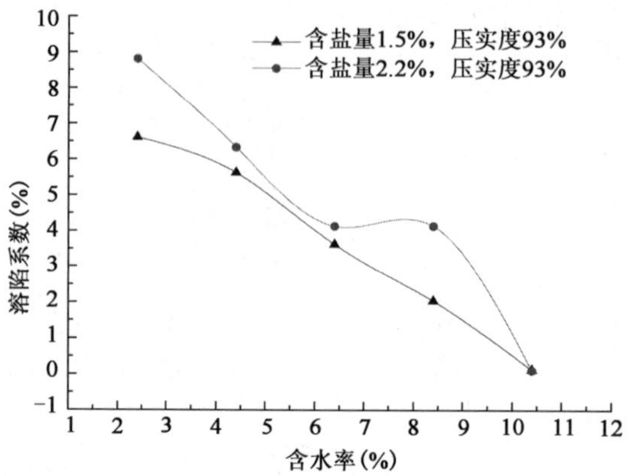

图 5-10　溶陷系数与含水率的关系曲线

这是因为当初始含水率较低时,盐渍土体中的易溶盐盐分没有完全溶解,直至加载到200kPa 压力稳定并不断加水后,土体中盐分才逐渐溶于水中并被水流带走,土中孔隙增大。与此同时,土体骨架逐渐被软化,当不足以承受上覆荷载时,促使土颗粒产生相对滑动,重新排列,直至土体内新的连接强度足以平衡外力,土体形成新的结构,而外在表现则为盐渍土发生较大的溶陷变形。

当含水率为最佳含水率 8.4% ,压实度为 93% 时,细粒土质砂硫酸盐渍土的含盐量与溶陷系数的关系曲线如图 5-11 所示。

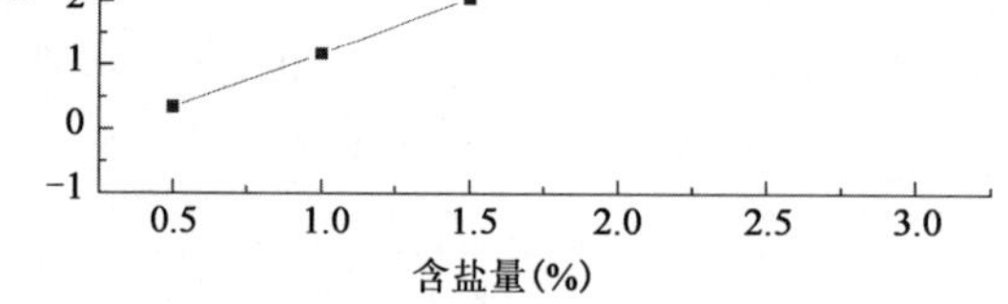

图 5-11　溶陷系数与含盐量的关系曲线

从图 5-11 中可知,当细粒土质砂硫酸盐渍土处于最佳含水率 8.4% ,压实度为 93% 时,盐渍土土样的溶陷系数随着含盐量的增加而增大。当含盐量在 0.5% 到 2.0% 的范围内时,溶陷系数增长速率较慢,当含盐量大于 2.0% 时,盐渍土的溶陷系数以较大速率增长。从图中也可以发现,对于细粒土质砂硫酸盐渍土而言,当含盐量超过 0.8% ,其溶陷系数就已经接近 1% 。

当含盐量和含水率相同时,压实度对照曲线如图 5-12 所示。

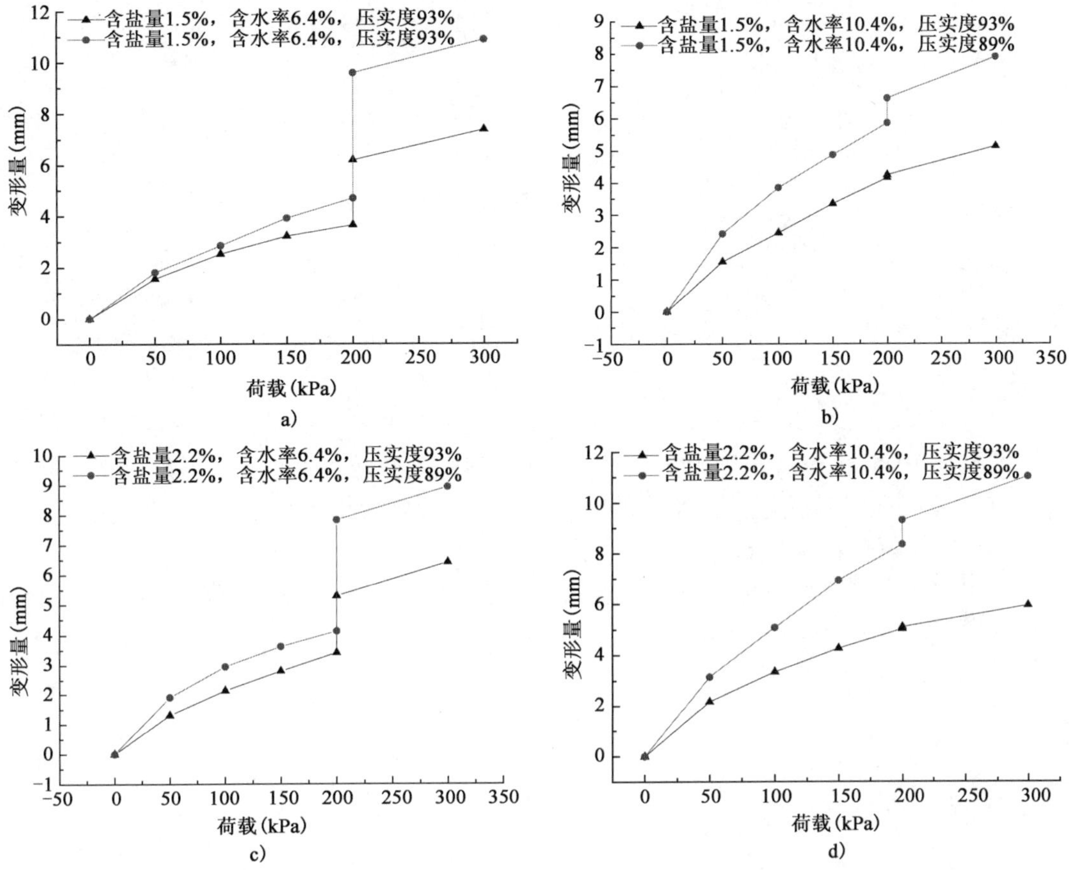

图 5-12　压实度不同时的溶陷变形对比曲线

从图 5-12 中可以看出，当含盐量和含水率相同时，压实度为 89% 的试样所产生的总变形量大于压实度为 93% 的试样，且当 200kPa 稳定加载后，随着不断的渗水，压实度为 89% 的试样所产生的溶陷量明显大于压实度为 93% 的。

其原因是：当压实度较小时，土体颗粒间的结构相对较为疏松，在各级荷载的不断加载过程中，土体颗粒逐渐变得密实，故产生一定的变形量。当荷载达到 200kPa 并且稳定后，随着水分的不断渗入土体，土体骨架逐渐被软化，其内部的易溶盐也被随之溶解流出，这样就造成土体内出现较大的孔隙，致使土样不能承受上覆荷载的压力，从而产生较大的溶陷变形。

其中，图 5-12a）压实度为 93%、89% 试样的溶陷系数分别为 3.629%、6.982%；图 5-12b）中，压实度为 93%、89% 试样的溶陷系数分别为 0.125%、1.086%；图 5-12c）中，压实度为 93%、89% 试样的溶陷系数分别为 2.711%、5.323%；图 5-12d）中，压实度为 93%、89% 试样的溶陷系数分别为 0.105%、1.359%。因此，压实度越大的盐渍土试样所产生的溶陷量越小。

5.3.4　细粒土质砂亚硫酸盐渍土溶陷试验结果分析

当压实度为 93% 时，考虑不同含盐量盐渍土的溶陷系数随初始含水率变化的关系，如图 5-13所示。

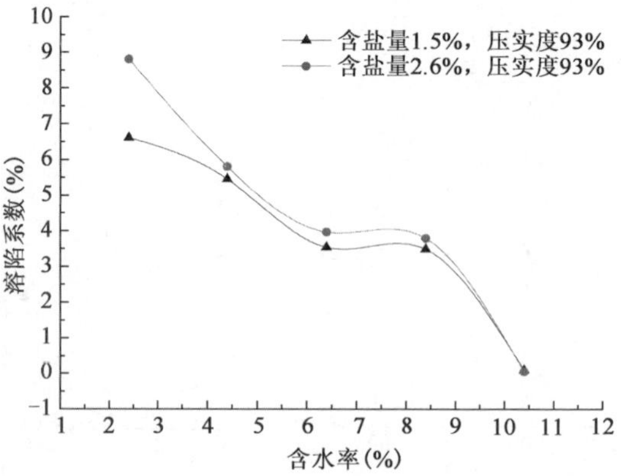

图 5-13　溶陷系数与含水率的关系曲线

从图 5-13 中可知,细粒土质砂亚硫酸盐渍土的溶陷系数随着含水率的增加呈现逐渐递减的趋势,且在最佳含水率附近溶陷系数的变化幅度较小。当含水率和压实度相同时,含盐量高的试样的溶陷系数较含盐量低试样的大。

当含水率为最佳含水率 8.4% ,压实度为 93% 时,细粒土质砂亚硫酸盐渍土的含盐量与溶陷系数的关系曲线如图 5-14 所示。

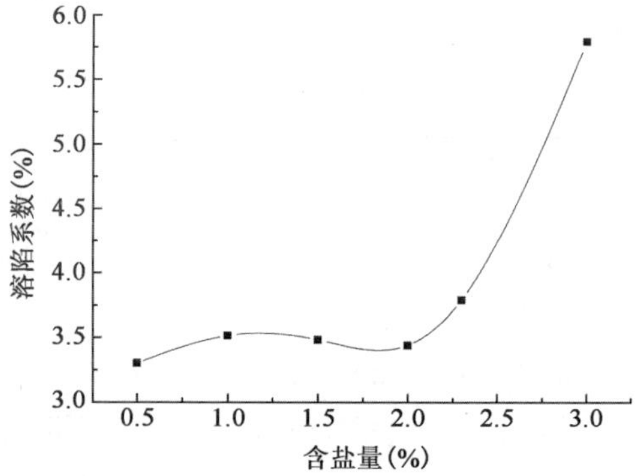

图 5-14　溶陷系数与含盐量的关系曲线

从图 5-14 中可以看出,处于最佳含水率状态下的细粒土质砂亚硫酸盐渍土的溶陷系数随着含盐量的增加先缓慢增加,当含盐量超过 2.0% 后,溶陷系数以较快速率增长。

当含盐量和含水率相同时,压实度对照曲线如图 5-15 所示。

从图 5-15 中同样可以看出,当含盐量和含水率相同时,压实度为 89% 的试样所产生的总变形量大于压实度为 93% 的试样,且当 200kPa 稳定加载后,随着不断的渗水,压实度为 89% 的试样所产生的溶陷量明显大于压实度为 93% 的。

其中,图 5-15a) 压实度为 93% 、89% 试样的溶陷系数分别为 3.536% 、8.066% ;图 5-15b) 中,压实度为 93% 、89% 试样的溶陷系数分别为 0.104% 、1.482% ;图 5-15c) 中,压实度为 93% 、89% 试样的溶陷系数分别为 3.970% 、4.643% ;图 5-15d) 中,压实度为 93% 、89% 试样的溶陷系数分别为 0.064% 、1.055% 。因此,压实度越大的盐渍土试样所产生的溶陷量越小。

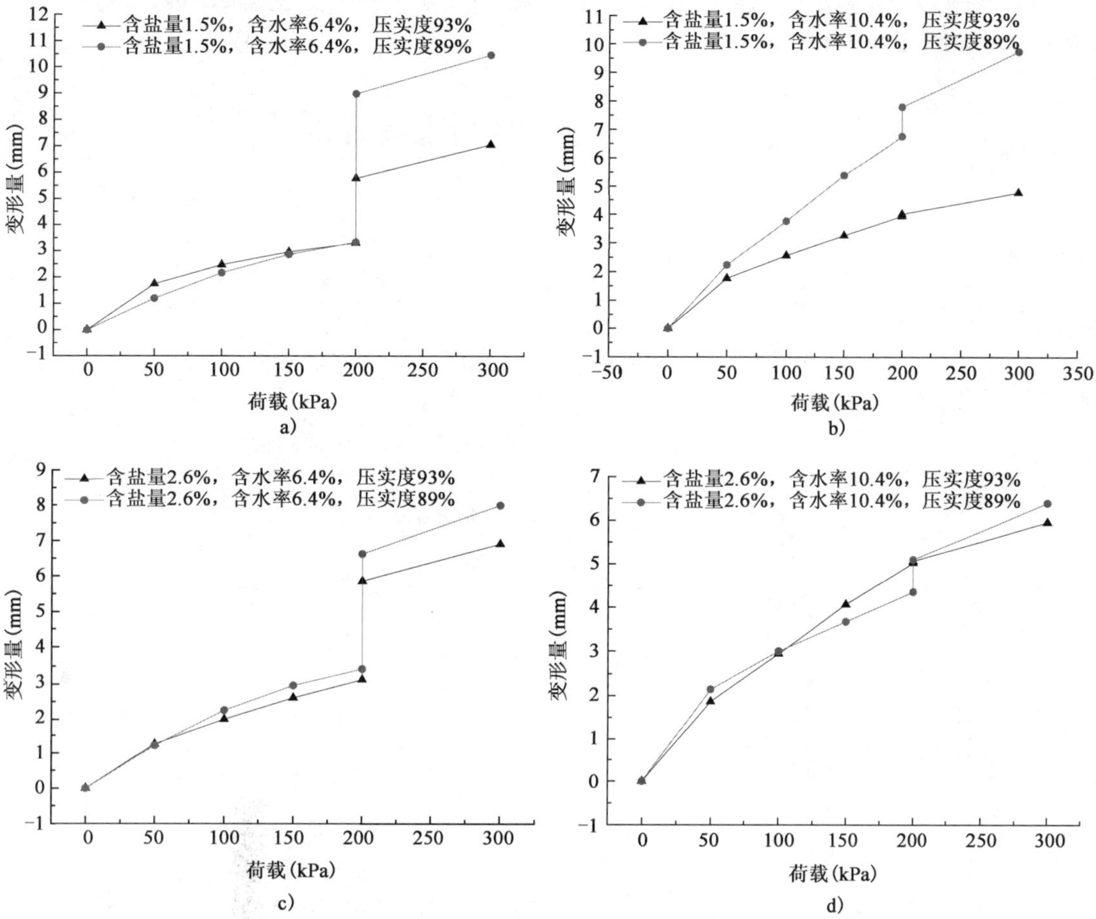

图 5-15　压实度不同时的溶陷变形对比曲线

5.3.5　细粒土质砾硫酸盐渍土溶陷试验结果分析

按照试验安排对人工配制的细粒土质砾硫酸盐渍土展开溶陷试验，具体试验安排见表 5-3，并根据试验结果数据进行如下分析。

首先，当压实度为 93% 时，考虑不同含盐量盐渍土的溶陷系数随初始含水率变化的关系，如图 5-16 所示。

从图 5-16 中可以看出，当细粒土质砾硫酸盐渍土的含盐量一定且压实度为 93% 时，随着土体中初始含水率的增加，盐渍土的溶陷系数总体上呈现逐渐减小的趋势；当含水率超过 9% 时，溶陷系数又出现增大的趋势，且土中的含盐量较大时，曲线更为平滑。

其理由是当初始含水率较低时，盐渍土体中的易溶盐盐分没有完全溶解，直至加载到 200kPa 压力稳定并不断加水后，土体中盐分才逐渐溶于水中并被水流带走，土中孔隙增大。与此同时，土体骨架逐渐被软化，当其强度不足以承受上覆荷载时，促使土颗粒产生相对滑动、重新排列，致使土体形成能够平衡外力的新的结构，而外在表现则为盐渍土发生较大的溶陷变形。

当含水率为最佳含水率6.4%、压实度为93%时,细粒土质砾硫酸盐渍土的含盐量与溶陷系数的关系曲线如图5-17所示。

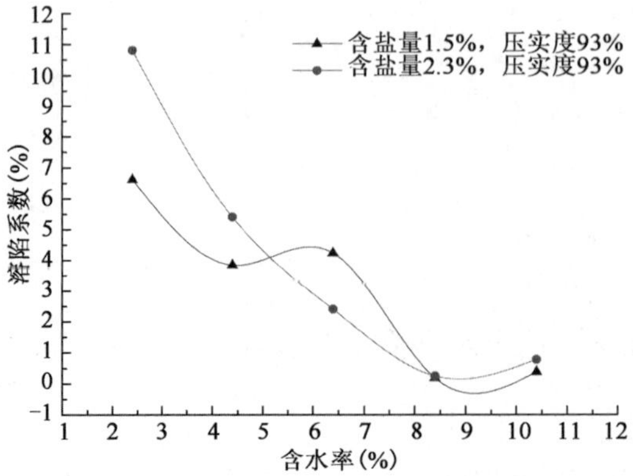

图5-16　溶陷系数与含水率的关系曲线

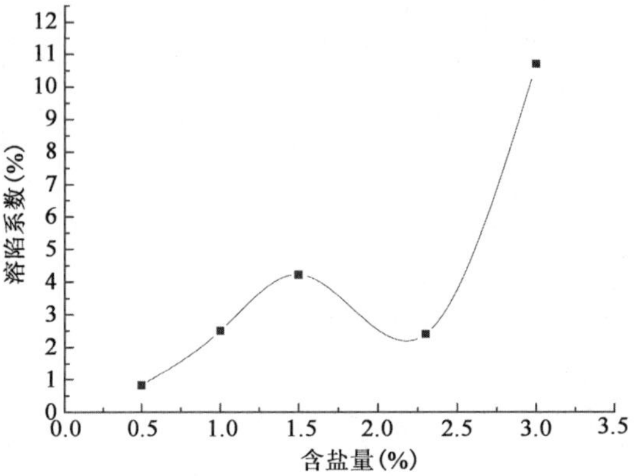

图5-17　溶陷系数与含盐量的关系曲线

从图5-17中可知,当细粒土质砾硫酸盐渍土处于最佳含水率6.4%,压实度为93%时,随着含盐量的增加,盐渍土土样的溶陷系数出现先增大后减小再增大的变化趋势。当含盐量在0.5%到1.5%的范围内时,溶陷系数增加较慢,当含盐量大于2.3%时,盐渍土的溶陷系数以较大速率增长。而且整个试验范围内,细粒土质砾硫酸盐渍土溶陷系数均大于1%,溶陷变形量不容忽视。

与含细粒土砂盐渍土、细粒土质砂盐渍土相比,处于最佳含水率和压实度93%的细粒土质砾盐渍土的溶陷系数随含盐量变化的曲线中在含盐量为1.5%～2.3%范围内出现了明显的下降。

这可能是由土体中不同粒径的颗粒尺寸效应所引起的。在溶陷系数下降的曲线段中,细粒土质砾中存在部分盐分并以晶体形式存在,与土颗粒紧密结合,正好填充了土中的孔隙,使盐渍土体非常密实,这直接导致水分不易将土中的盐分溶解,故在浸水并加载的条件下,即使易溶盐含量较高,也不会发生较大的溶陷变形。然而,随着含盐量的继续增大,土体中的盐分晶体更加突出,虽然能填充土中的孔隙,但是盐分晶体过多而在土中形成盐层或聚集,当在浸水并加载后，盐分还是很快溶解淋滤，致使盐渍土体中出现更大的孔隙，从而发生较大的溶陷变形。

当含盐量和含水率相同时，根据试验数据结果绘制的压实度对照曲线如图 5-18 所示。

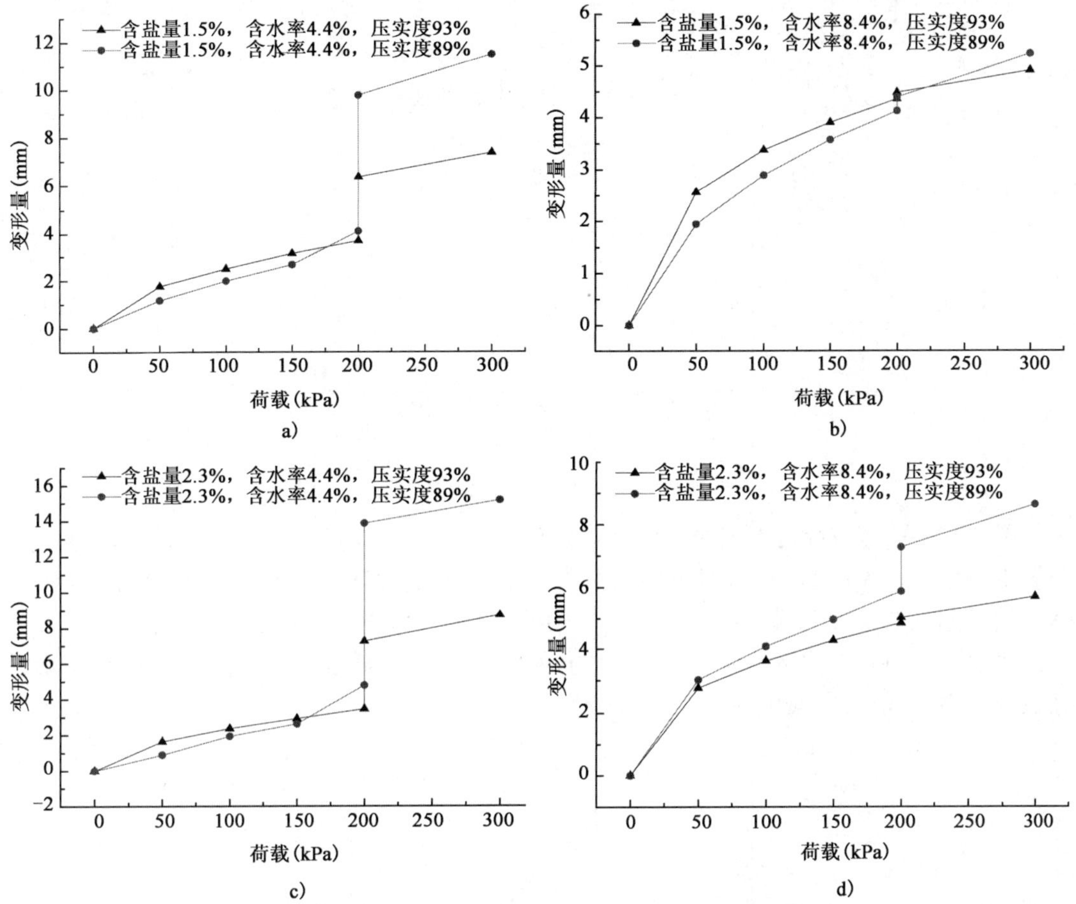

图 5-18　压实度不同时的溶陷变形对比曲线

从图 5-18 中同样可以看出，当含盐量和含水率相同时，压实度为 89% 的试样所产生的总变形量大于压实度为 93% 的试样所产生的总变形量，且当 200kPa 稳定加载后，随着不断的渗水，压实度为 89% 的试样所产生的溶陷量明显大于压实度为 93% 的试样。

这是由于当压实度较小时，土体颗粒间的结构相对较为疏松，在各级荷载的不断加载过程中，土体颗粒逐渐变得密实，故产生较大的变形量。当荷载达到 200kPa 并且稳定后，随着水分的不断渗入土体，土体骨架逐渐被软化，其内部的易溶盐也被随之溶解流出，这样就造成土体内出现较大的孔隙，致使土样不能承受上覆荷载的压力，从而产生较大的溶陷变形。

其中，图 5-18a) 压实度为 93%、89% 试样的溶陷系数分别为 3.841%、8.163%；图 5-18b) 中，压实度为 93%、89% 试样的溶陷系数分别为 0.179%、0.370%；图 5-18c) 中，压实度为 93%、89% 试样的溶陷系数分别为 5.411%、12.975%；图 5-18d) 中，压实度为 93%、89% 试样的溶陷系数分别为 0.241%、2.025%。可见，压实度越大的盐渍土试样所产生的溶陷量越小。

5.3.6 细粒土质砾亚硫酸盐渍土溶陷试验结果分析

首先,当压实度为93%时,考虑不同含盐量亚硫酸盐渍土的溶陷系数随初始含水率变化的关系,如图5-19所示。

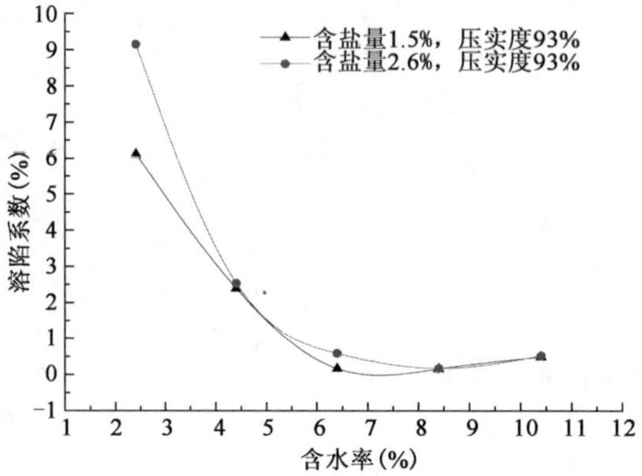

图5-19 溶陷系数与含水率的关系曲线

从图5-19中可以看出,当细粒土质砾亚硫酸盐渍土的含盐量一定且压实度为93%时,随着土体中初始含水率的增加,盐渍土的溶陷系数总体上呈现逐渐减小的趋势;当含水率超过9%时,其溶陷系数又出现增大的趋势。且土中的含盐量较大时,曲线更为平滑。

当含水率为最佳含水率6.4%、压实度为93%时,细粒土质砾亚硫酸盐渍土的含盐量与溶陷系数的关系曲线如图5-20所示。

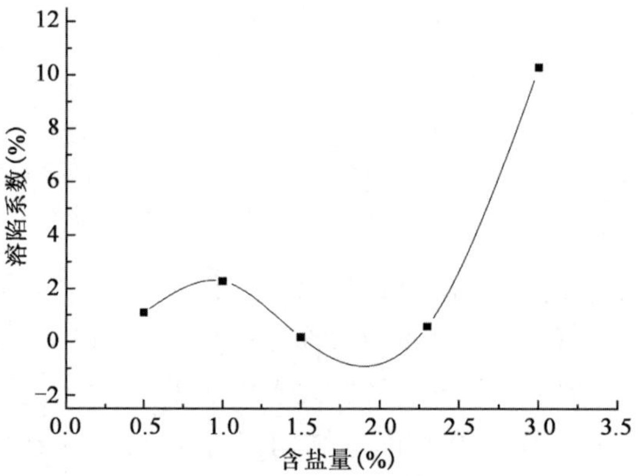

图5-20 溶陷系数与含盐量的关系曲线

从图5-20中可知,当细粒土质砾亚硫酸盐渍土处于最佳含水率6.4%,压实度为93%时,随着含盐量的增加,盐渍土土样的溶陷系数出现先增大后减小再增大的变化趋势。当含盐量在0.5%~1.0%的范围内时,溶陷系数增加较慢,当含盐量大于2.0%时,盐渍土的溶陷系数以较大速率增长。曲线出现下降的原因与细粒土质砾硫酸盐渍土的相同,此处不再赘述。

当含盐量和含水率相同时,压实度对照曲线如图5-21所示。

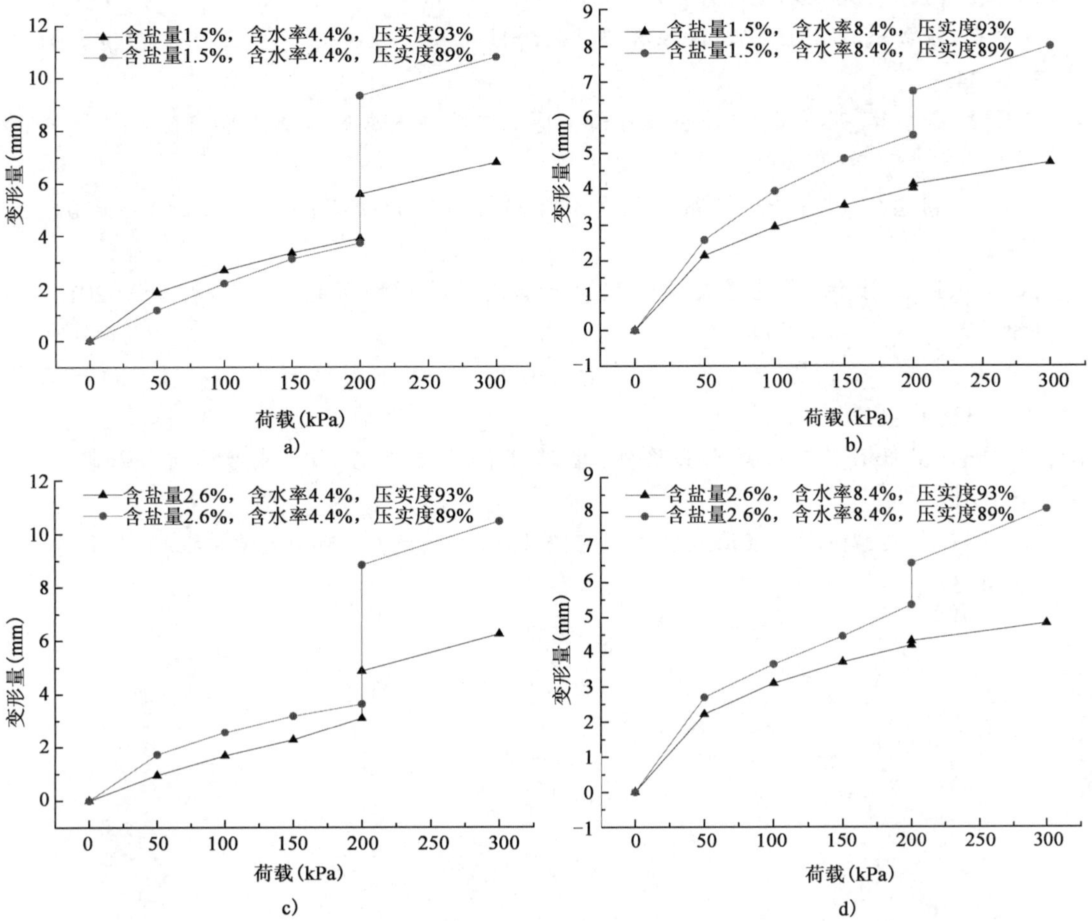

图 5-21　压实度不同时的溶陷变形对比曲线

从图 5-21 中同样可以看出，当含盐量和含水率相同时，压实度为 89% 的试样所产生的总变形量大于压实度为 93% 的试样，且当 200kPa 稳定加载后，随着不断渗水，压实度为 89% 的试样所产生的溶陷量明显大于压实度为 93% 的。

其中，图 5-21a) 压实度为 93%、89% 试样的溶陷系数分别为 2.396%、7.996%；图 5-21b) 中，压实度为 93%、89% 试样的溶陷系数分别为 0.161%、1.769%；图 5-21c) 中，压实度为 93%、89% 试样的溶陷系数分别为 2.541%、7.452%；图 5-21d) 中，压实度为 93%、89% 试样的溶陷系数分别为 0.179%、1.704%。可见，压实度越大的盐渍土试样所产生的溶陷量越小。

本章参考文献

[1] 徐攸在. 确定盐渍土溶陷性的简便方法[J]. 工程勘察，1997(1):21-22.
[2] 华遵孟，沈秋武. 西北内陆盆地粗颗粒盐渍土研究[J]. 工程勘察，2001(1):28-31.
[3] 张洪萍. 新疆 S201 线克榆公路盐渍土工程特性的试验研究[D]. 西安：长安大学，2005.
[4] 黄晓波，周立新，何淑军，等. 浸水预溶强夯法处理盐渍土地基试验研究[J]. 岩土力学，

2006,27(11):2080-2084.

[5] 耿鹤良,杨成斌.盐渍土化学潜蚀溶陷过程阶段化模型分析[J].岩土力学,2009,30(2):232-234.

[6] 杨晓华,张志萍,张莎莎.高速公路盐渍土地基溶陷特性离心模型试验[J].长安大学学报(自然科学版),2010,30(2).

[7] 程东幸,刘志伟,张希宏.粗颗粒盐渍土溶陷特性试验研究[J].工程勘察,2010(12):27-31.

[8] 张琦,顾强康,张俐.含盐量对硫酸盐渍土溶陷性的影响研究[J].路基工程,2010(6):152-154.

[9] 冯忠居,乌延玲,成超,等.板块状盐渍土的盐溶和盐胀特性研究[J].岩土工程学报,2010,32(9):1439-1442.

[10] 那姝姝.罗布泊强氯盐渍土溶陷性、盐-冻胀性试验研究[D].乌鲁木齐:新疆农业大学,2012.

[11] 魏进,杜秦文,冯成祥.滨海氯盐渍土溶陷及盐胀特性[J].长安大学学报(自然科学版),2014,34(4):13-19.

第6章 冻融循环条件下粗颗粒盐渍土路基变形特征

6.1 概　　述

粗颗粒土具有压实性能好、透水性能强、填筑密度大、抗剪强度高、沉陷变形小、承载力高、地震荷载作用下不易产生液化等工程特性,是高速铁路路基、建筑物地基和公路路堤等工程良好的建筑材料。当季节变换、昼夜温差较大时,环境温度变化会导致盐渍土路基产生盐胀、融陷等工程病害,路基的强度将会受到影响,路面铺筑材料会出现下沉裂缝,影响行车安全。

盐渍土的三相体与非盐渍土不同,固相中除含有土颗粒外还含有不稳定的结晶盐,固相与液相会随着外界条件的变化而相互转化,该特性对公路工程会产生极大的危害。盐渍土的颗粒组成、颗粒形状及颗粒间的相互排列,盐渍土颗粒表面特性、颗粒之间的胶结状况及盐晶体结晶状态等构成了盐渍土体的基本结构,它是决定盐渍土地区路基工程安全最基本的因素。

本章针对甘肃河西走廊地区嘉安一级公路沿线的粗颗粒盐渍土、新疆奎克高速公路沿线粗颗粒盐渍土及伊朗库姆地区高速铁路粗颗粒盐渍土路基填料开展冻融循环工况下的盐胀-融(溶)陷试验,分析天然粗颗粒盐渍土的工程特性。

6.2 甘肃河西走廊地区粗颗粒盐渍土路基填料盐胀-融(溶)陷特征

盐胀是西北盐渍土地区公路路基破坏的主要元凶。研究盐渍土的盐胀特征,特别是模拟实际工况下压实路基及在自然气候环境影响下压实路基的盐胀特征,可以给该类土的承载力、变形特性及室内外试验的研究结果提供可靠的依据。本节采用河西走廊地区典型天然粗颗粒盐渍土进行大尺寸模型模拟试验,对经多次冻融循环后的压实土体进行冻融循环盐胀试验研究,为该盐渍土地区路基病害的防治提供理论参考。

6.2.1 试样基本工程性质

试验土样取自甘肃省河西走廊地区嘉峪关至安西段一级公路沿线的某天然料场的典型粗颗粒盐渍土。根据《公路土工试验规程》(JTG E40—2007)进行易溶盐含量、筛分和击实试验,试样基本参数见表6-1、表6-2。该盐渍土属于粗砂,最佳含水率及最大干密度为6.8%和2.38g/cm^3。根据《公路工程技术标准》(JTG B01—2014)取压实度93%,即在有机玻璃筒中在最佳含水率的条件下,土体击实后的干密度等于最大干密度的93%。

试样易溶盐各离子含量表　　表 6-1

各离子含量(%)							盐渍土类别
CO_3^{2-}	HCO_3^-	Cl^-	SO_4^{2-}	Ca^{2+}	Mg^{2+}	$K^+ + Na^+$	
0.0045	0.0187	0.1237	0.2561	0.5883	0.0270	1.8281	亚硫酸盐渍土

粗颗粒试样筛分结果　　表 6-2

粒径(mm)	<0.074	0.074 ~ 0.25	0.25 ~ 0.5	0.5 ~ 1	1 ~ 2	2 ~ 5	5 ~ 10	10 ~ 20	20 ~ 40	土类
含量(%)	5.22	18.23	17.38	12.59	6.91	13.22	13.33	10.49	2.63	粗砂

6.2.2 试验方案设计

采用室内大尺寸模型试验,分析天然粗颗粒盐渍土盐胀冻融特性,模拟自然界冬季气温的降低及来年初春的升温过程,试样上端温度控制在 -20℃,底端控制在 +5℃,以实现气温降低时土壤温度从上部向下部逐渐变化的现象;降温过程持续 24h 后,关闭低温恒温槽让温度自然回升以模拟来年土壤温度逐渐上升的现象,此过程也维持 24h,即 48h 为一冻融循环周期,共经 9 个冻融周期。为了使试样的边界条件与自然条件下相似,达到竖向一维冻融效果,试筒周围安装保温膜,以防止土样与周边环境的温度交换,保证试样在降温过程中同一水平面的温度一致。将养生好的土料在 25℃条件下,分 12 次装入有侧向变形限制的高 60cm,内径 15cm 的有机玻璃试筒中,击实至所需密度,养生 24h 后进行冻融试验。每间隔 12cm 插有温度传感器监控不同土层温度,基本上覆荷载由特制冷媒的重量模拟,试验装置如图 6-1 所示。分别经历 3、5、7、9 个冻融循环后,利用扫描电镜对土体微观结构进行分析,并对 7 次冻融循环周期后的水盐迁移规律进行分析。

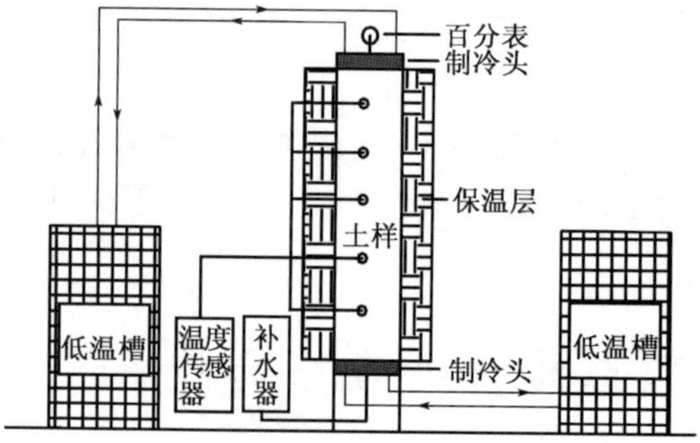

图 6-1　试验装置示意图

6.2.3 冻融循环结果及分析

根据上述试验方案设计和装置,进行粗颗粒盐渍土冻融试验,可得土柱各层温度分布曲线和各周期盐渍土盐胀过程曲线,如图 6-2a)、b)所示。

由图 6-2a)可以看出,甘肃河西走廊地区的粗颗粒盐渍土在试验的降温阶段,土柱体由上而下逐渐形成温度梯度;在升温过程中,各土层温度逐渐回升,土柱体底端温度滞后,呈抛物线形变化规律。第 1 层与第 2 层因为距离制冷端较近温度降低较明显,也是盐胀产生的主要区域。第 3 ~ 5 层因为离制冷端较远,温度变化较弱,呈抛物线形。第 1 层温度主要在 -8 ~ 10℃之间变化;第 2 层主要在 1.5 ~ 10℃之间变化;第 3 层主要在 4.5 ~ 9℃之间变化;第 4 层、第 5 层主要在 5 ~ 10℃之间变化。

从图 6-2b)中可以看出,在第 1 冻融循环周期中,粗颗粒盐渍土在降温初期盐胀量增长缓慢但基本平稳,温度降低一段时间后土柱体开始下陷。一方面是由于当温度降低到一定程度时,盐渍土盐胀就基本平稳不再增长;另一方面是由于粗颗粒土体本身孔隙率就比较大,盐渍土的部分结晶盐胀被孔隙吸收,部分盐胀力破坏了盐渍土土体结构。当温度自然回升时,粗颗粒盐渍土表现出其特有的盐胀特性,温度自然回升初期盐胀量有继续增长的趋势,因为在顶端温度保持 -20℃较长一段时间后,土柱体温度已降低到其盐胀增长活跃温度以下,加之土柱体下部温度也降低,致使土柱体下部大量盐结晶膨胀,而且前期温度降低过程中部分盐胀填充了部分孔隙,盐胀量有所增加。前 7 个冻融循环周期中,盐胀量总体表现出较好的累加性,自然升温后期盐胀趋势表现出较好的回归性。

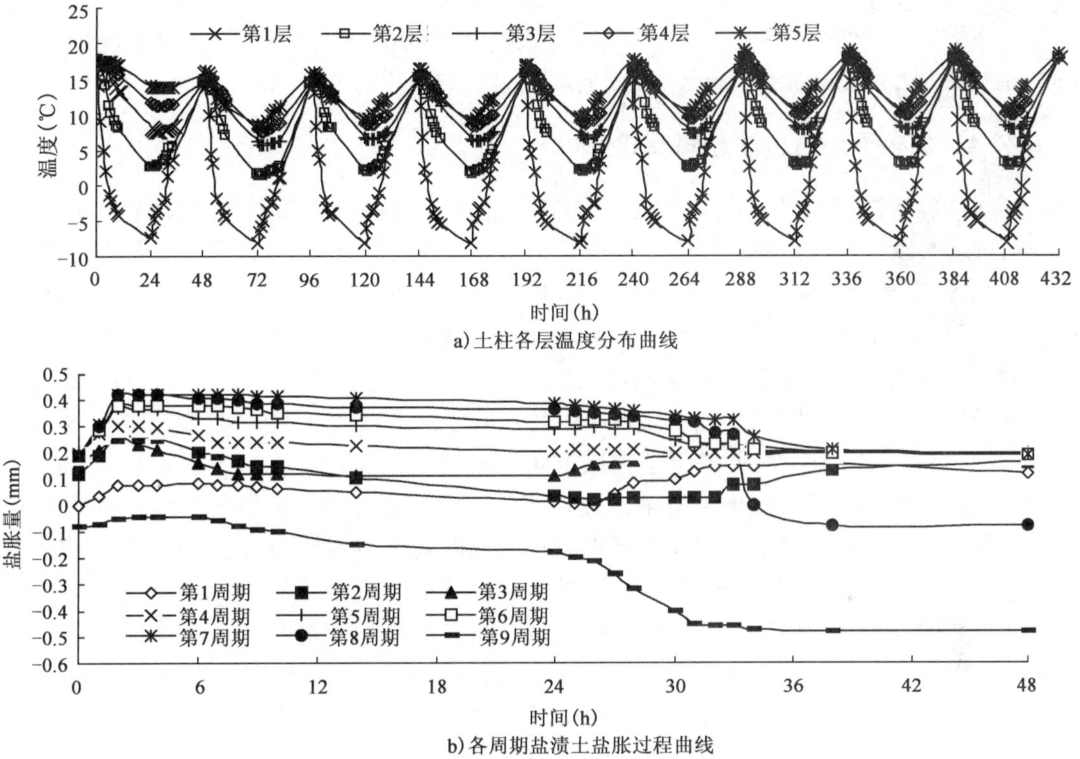

图 6-2　冻融循环盐渍土过程曲线

第 8 冻融循环周期中,在降温阶段盐胀趋势基本和前几个冻融循环周期一致,盐胀累加性不明显,在升温阶段,土体出现塌陷现象。第 9 冻融循环周期在前一周期塌陷的基础上土体下陷量继续增大。其机制主要是由于经多次冻融循环以后,硫酸盐吸水结晶产生较大的盐胀力,促使土颗粒间距增大,土粒之间发生错动,土体体积产生膨胀,并破坏了土体原有结构。当自然升温时盐晶体重复释放结晶水,土粒组成的骨架因失去盐晶体而形成孔隙,土颗粒间的相互作用如摩擦力及黏结力也已随着部分大颗粒骨架的破坏而减弱,细小土颗粒在自重力的作用下回落填充于大颗粒之间,整个土体结构塌陷,粗颗粒盐渍土最终表现出溶陷量大于盐胀量。

甘肃河西走廊地区的天然粗颗粒盐渍土在历经 9 次冻融循环后的盐胀变化率与冻融周期的关系曲线如图 6-3 所示。从图 6-3 可以看出,甘肃河西走廊地区粗颗粒盐渍土的盐胀变化率随着冻融循环周期次数的增加先缓慢增大后迅速减小,最终表现出溶陷量大于盐胀量。该

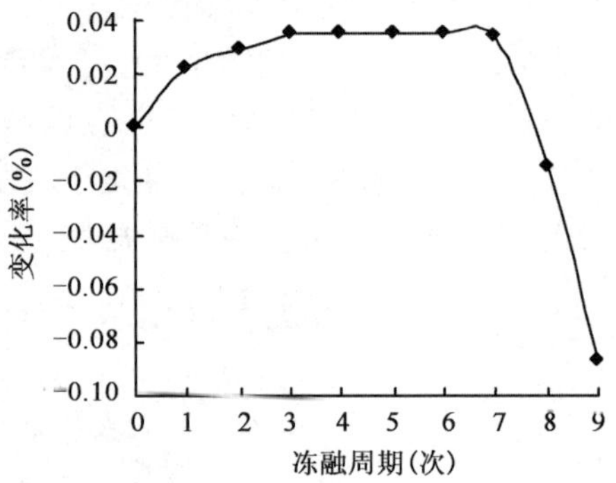

图 6-3 粗颗粒土盐胀变化率与冻融周期的关系曲线

地区的盐渍土盐胀变化率与冻融循环周期的回归方程为：

$$y = -0.0002x^4 + 0.0029x^3 - 0.0151x^2 + 0.0356x - 0.0004 \tag{6-1}$$

$R^2 = 0.9916$

其中，y 为盐渍土的盐胀变化率（%）；x 为冻融循环周期次数（次）；R 为相关系数。

通过多次相似的大比尺试验验证，以上回归方程与试验结果的拟合程度较好，并对 9 次冻融循环后的结果具有指导意义。

6.2.4 冻融循环后水盐迁移模式分析

通过模拟自然界冬季气温降低及来年初春升温过程的多次冻融循环试验，将土柱分为 5 段，分别对这 5 段土样进行易溶盐含量分析。从图 6-4 中可以看出，土体中水分分布是按照由下到上含水率逐渐增大而最冷端下层有突起的规律分布的，呈现反“S”形。土体中 SO_4^{2-} 及 Cl^- 是按照由下到上离子含量逐渐增大越靠冷端离子含量越多的规律分布的，分别呈现“C”形和反“S”形。这种现象产生的主要原因可以理解为：一是因为土温较低处的水汽弹性较小，土骨架的吸附力和冰的结晶力较大，土体水膜中的水分子活动性能低，也就是说沿着朝冷源方向上存在着各种分子力的梯度，并决定了在该方向上水的液相迁移。当土体达到盐分结晶析出所需温度时，由于盐分析出使土中溶液浓度降低，由暖端到冷端间就存在土体溶液的浓度梯度，促使各离子向冷端扩散。而且在冷端内离子的跳跃速度较慢，相反在暖端的离子较活跃。根据 Einstein-Brown 公式，在相同时间内，微粒平均位移的平方与绝对温度值成正比。所以从暖端走向冷端的离子数目多于反向迁移的离子数目，其结果使冷端含盐量增大。二是因为在单向冻结过程中，水分是分别以气态和液态的方式迁移，而离子则会以吸附、扩散和对流方式迁移，所以试验后各主要离子的分布和水分的迁移，总量并没有直接对应关系。单向冻结条件下，水分、SO_4^{2-} 及 Cl^- 均向冷端迁移。

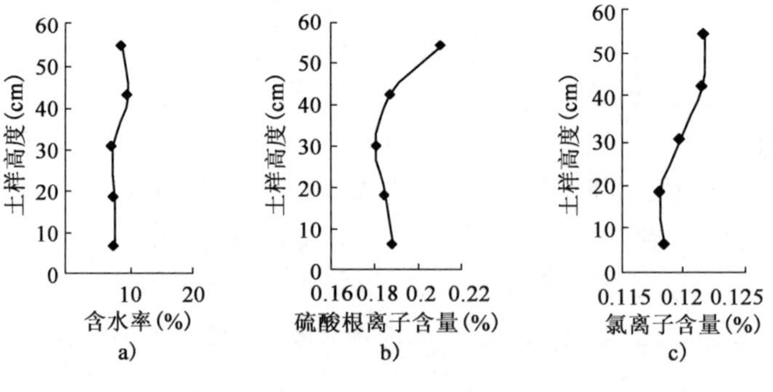

图 6-4 含水率与各离子含量的剖面曲线

从含水率分布剖面图中可以看出，顶端含水率小于下端含水率。其主要原因是因为在快速冻结过程中，水分来不及迁移。Cl^- 在土柱体的分布情况是：在底端向上一层中离子含量最少,其并未出现在土柱体底端。因为在水汽迁移的过程中,依然有大量氯离子滞留在液态水中。

6.3　新疆奎克高速公路粗颗粒盐渍土路基填料盐胀-融(溶)陷特征

西北地区分布着大量的粗颗粒土,其通常是路堤填料的首选材料。但是,由于西北地区气候干燥少雨、气温变化大、寒暑悬殊、蒸发量大,且矿化度极高,使其形成了大面积的粗颗粒盐渍土。而盐渍土中的易溶盐会随着环境条件的改变而产生相态的变化,对路堤结构造成破坏,影响道路的正常使用。盐渍土的工程特性使得这些地区路堤填料的选择受到了限制,如果放弃当地土料,而选择从外地运输填料势必增加工程的修筑费用,并且西部地区面积广阔,经济相对落后,就地取材可以节约大量的工程建设资金。本节依托新疆奎屯至克拉玛依高速公路工程,采用沿线某料场的粗颗粒盐渍土作为试验材料,分别进行了多次冻融循环盐胀-融(溶)陷❶特性试验、有(无)上覆荷载单次降温盐胀试验及大型溶陷试验,分别研究了该粗颗粒盐渍土的盐胀-溶陷特性和盐胀规律。

6.3.1　土样基本工程性质

土样取自新疆奎屯至克拉玛依高速公路某砂砾料场,根据《公路土工试验规程》(JTG E40—2007)对土样进行了颗粒分析试验、击实试验和易溶盐含量试验,其土样试验结果见表 6-3和表 6-4。土样的最大干密度为 2.27g/cm^3,最佳含水率为 6.34%。为了全面掌握土样中的易溶盐含量,其化学成分分析共分为两种方法:第一种测试方法按照规范规定,土试样过1mm 筛进行化学成分分析;第二种测试方法为过 5mm 筛,取样 300g 进行化学成分分析,其他测试程序与规范一致。

试样筛分结果表　　表 6-3

粒径(mm)	<0.074	0.074 ~ 0.25	0.25 ~ 0.5	0.5 ~ 1	1 ~ 2	2 ~ 5	5 ~ 10	10 ~ 20	20 ~ 40	土类
含量(%)	3.2	10	16.2	12.2	6.6	14.8	27.3	6.4	3.3	级配良好砾/GW

试样易溶盐及各离子含量表　　表 6-4

试验方法	含量(%)					
	CO_3^{2-}	HCO_3^-	Cl^-	SO_4^{2-}	易溶盐含量	盐渍土类别
规范法	0	0.18000	0.09321	0.21073	0.84615	亚硫酸盐渍土
5mm 筛法	0	0.1623	0.0674	0.1974	0.4519	亚硫酸盐渍土

由《公路土工试验规程》(JTG E40—2007)可知,规范法测得该土样为中盐渍土,5mm 筛法测得该土样为弱盐渍土。而根据《公路路基设计规范》(JTG D30—2004)的规定,规范法测得该土样为弱盐渍土,5mm 筛法测得该土样易溶盐含量小于 0.5%,小于《公路路基设计规范》

❶ 粗颗粒盐渍土路基填料涉及冻融循环等情况时,具有盐胀-融(溶)陷特征,为叙述简炼,在节名以外,正文大部分均表述为盐胀-溶陷特征。

(JTG D30—2004)中粗颗粒盐渍土对应的弱盐渍土的最低含盐量标准。由于奎克高速公路施工工期紧迫,该粗颗粒盐渍土是否能用作路堤上部路床部分的填料亟待解决。因此,本章针对该粗颗粒亚硫酸盐渍土作为上部路堤填料的可用性,开展了进一步的工程试验验证。

6.3.2 路用粗颗粒盐渍土的盐胀-溶陷特性试验

1)试验设计及实施程序

已有研究结果表明,粗颗粒亚硫酸盐渍土在冻融循环过程中的盐胀溶陷特性对路基质量的影响较大,其中,土、水、盐、温、力是影响盐渍土盐胀特性的主要因素。由于该土样中的土、盐已确定,试验重点研究水、力和温度的变化对试样盐胀特性的影响。为了分析该土样在不同含水率条件下的盐胀-溶陷特性规律及上覆荷载对该土样盐胀量的影响程度,并为后续大尺寸路堤模型试验提供技术参考,本次工程特性试验开展的研究项目有:①冻融循环条件下,不同含水率(4.5%、6.34%和7%)的粗颗粒盐渍土的盐胀特性试验;②有(无)上覆荷载条件下,粗颗粒盐渍土的单次降温盐胀特性试验;③粗颗粒盐渍土的大型溶陷特性试验。

冻融循环条件下粗颗粒盐渍土的盐胀特性试验,其模拟季节交替引起温度变化而导致的盐渍土盐胀溶陷特性。试验过程中,土样上端温度控制在-20℃,底端维持在+5℃,以实现温度降低时土壤温度从上向下逐渐降低的现象,降温过程持续24h后,关闭低温恒温槽让温度自然回升以模拟土壤温度逐渐上升的现象,此过程也维持24h,即48h为一循环周期,共7个周期;有(无)上覆荷载单次降温盐胀试验,其上覆荷载为50kPa(模拟路堤上覆路面材料的荷重),试验过程为(土柱体顶端温度/土柱体底端温度)25℃/25℃→5℃/5℃→0℃/5℃→-5℃/0℃→-10℃/0℃→-15℃/-5℃→-20℃/-5℃,每单次降温历时12h,共84h。

其中,试验仪器采用室内大尺寸有侧向变形限制的有机玻璃试筒,试筒高60cm,内径15cm,试验进行过程中试筒周围附着保温膜,使其达到竖向一维试验效果。为减小侧壁摩阻力,试筒内壁均匀涂抹凡士林。在25 ℃环境下,将养生好的盐渍土分次装入试筒中,击实至要求密度(压实度为96%),养生24h后开始试验,基本上覆荷载由特制制冷头的重量模拟。

常规溶陷试验中,土样粒径小于2mm,本试验土样为级配良好的砾类土,若按规范方法过筛进行溶陷试验,则无法真实反映土样的溶陷特性。为此专门设计了适用于粗颗粒土的溶陷仪器,以探讨粗颗粒土的溶陷特性。溶陷试验仪主要由数据采集系统、加压系统和粗颗粒土样盛放容器三部分组成,如图6-5所示。其中,为避免颗粒效应问题,盛土容器的直径为28cm有机玻璃筒,上、下面布设滤纸和自制透水板可自由排水,其径高比参考常规试验中环刀的标准为3.99,土样压实度为96%。加压系统为万能试验机,可以由输入计算机程序进行自动控制。

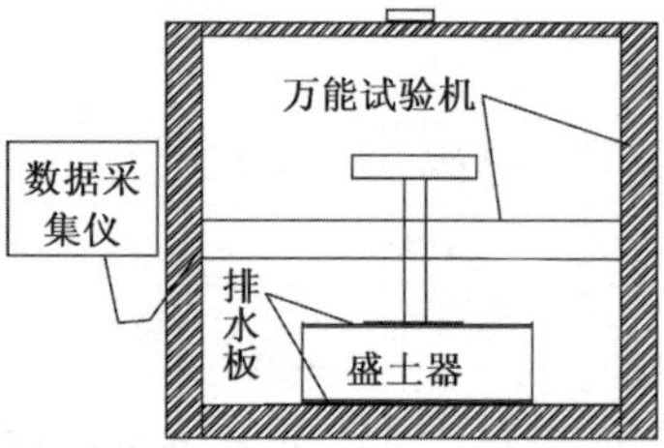

图6-5 溶陷试验装置示意图

2)多次冻融循环下粗颗粒盐渍土的盐胀特性

图6-6~图6-8分别为含水率4.5%、6.34%和7%的粗颗粒盐渍土冻融循环盐胀变化趋势图。

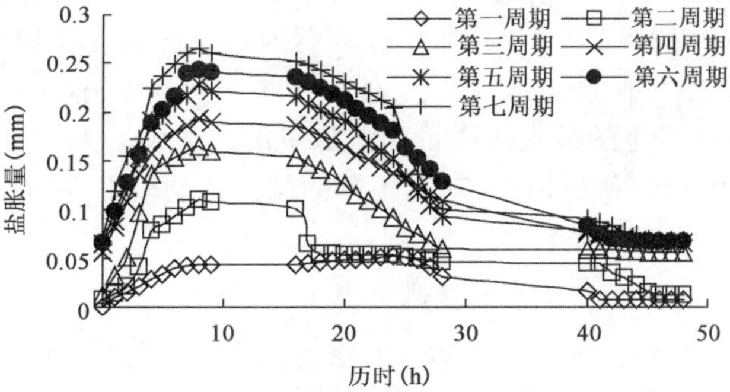

图 6-6　含水率 4.5% 的粗颗粒盐渍土盐胀曲线

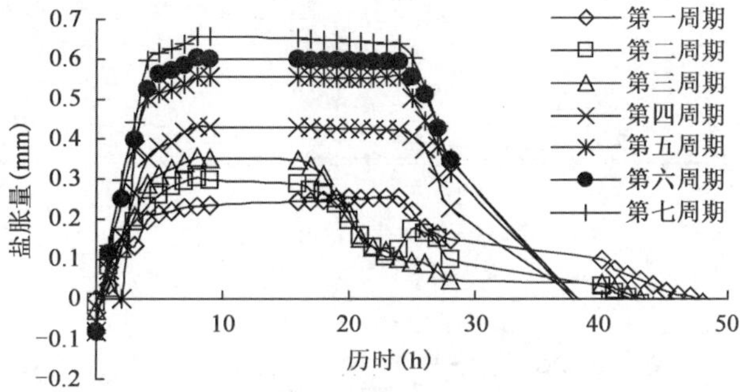

图 6-7　含水率 6.34% 的粗颗粒盐渍土盐胀曲线

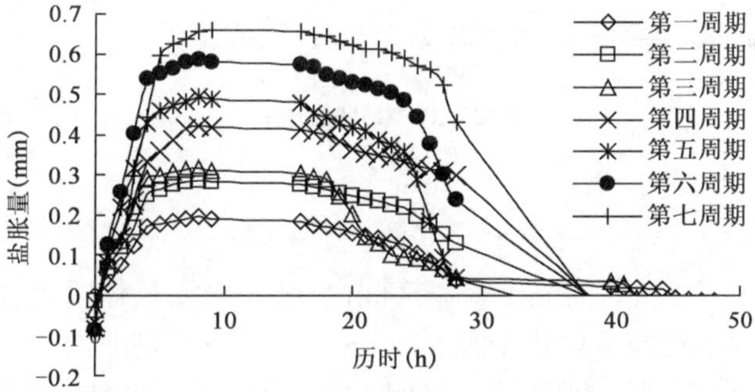

图 6-8　含水率 7% 的粗颗粒盐渍土盐胀曲线

从图 6-6 ~ 图 6-8 可以看出,不同含水率条件下,粗颗粒盐渍土的盐胀量变化趋势是基本相似的,7 个冻融循环周期内,降温过程产生的盐胀量具有累加性,升温过程中粗颗粒盐渍土的变形量有趋于一致的特性。随着含水率的增加,粗颗粒盐渍土产生的盐胀量逐渐增大,溶陷量也逐渐增大,溶陷累加性也逐渐增强。

因为在降温过程中,土体中的水不仅促使了易溶盐的结晶膨胀,产生结晶盐,而且在负温环境下多余的水分也产生了冻胀,产生冰晶体,其中一部分结晶体被土体孔隙吸收,另一部分使得含水率较高的粗颗粒土产生较大的结构架空;在升温过程中,结晶盐和冰晶体同时释放水分,土体的胶结结构破坏,架空体塌陷,使得含水率较高的粗颗粒土的溶陷特性较明显。

含水率为4.5%的粗颗粒盐渍土产生的盐胀量及溶陷量较小。但是当土样含水率较低时,土体的击实性较差,在实际施工过程中,土体小于最佳含水率,很难达到要求的压实度,并且在最佳含水率时,土体产生的最大盐胀量和溶陷量的差值仅占土体高度的0.12%,最大盐胀率和溶陷率分别为0.11%和0.01%,对于土体的结构影响较小,所以最佳含水率是该粗颗粒盐渍土作为路堤填料的首选含水率。

3)上覆荷载条件下粗颗粒盐渍土的盐胀特性

图6-9为土样含水率为6.34%的有(无)上覆荷载的单次降温盐胀曲线图。

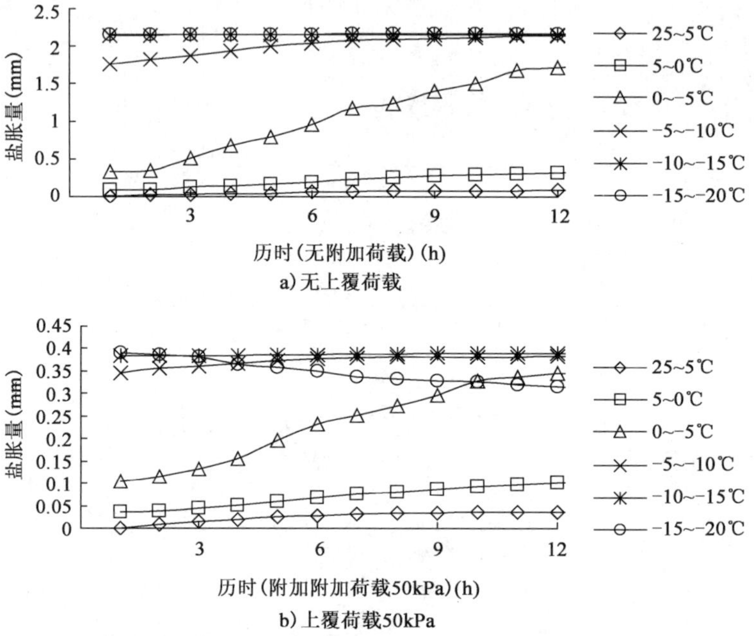

图6-9　含水率6.34%粗颗粒盐渍土单次降温盐胀曲线

图6-9a)与图6-9b)中,在其前三个降温区间内,盐胀量增长较明显,后期盐胀量增长较趋缓。该土样的盐胀增长活跃期主要集中在5~-5℃,在-5℃温度内,两种试验土体的盐胀量基本都完成了总量的80%以上。其区别为在降温过程中,有上覆荷载的粗颗粒盐渍土处于上覆荷载压力及盐渍土结晶膨胀力的双重作用力之下,波动上胀。50kPa的附加压力下,土柱体首先破坏下陷,且50kPa的荷载对于这种粗颗粒亚硫酸盐渍土的盐胀量抑制可以达到85%以上。

4)粗颗粒盐渍土的溶陷特性

图6-10为粗颗粒盐渍土的溶陷特性试验曲线。

由试验数据可以得到该粗颗粒盐渍土的溶陷系数为1.443%,根据新疆公路学会编写的《盐渍土地区公路设计与施工指南》可知,高速公路和一级公路地基溶陷系数的标准为小于1.5%。由于该粗颗粒盐渍土为级配良好的砾类土,压实度较高,土体结构比较密实。在水的作用下,易溶盐随水流失对土体结构的破坏作用较小。

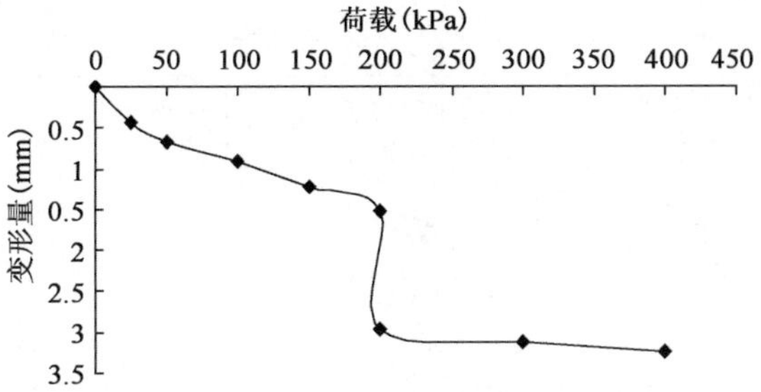

图 6-10　粗颗粒盐渍土的溶陷特性试验曲线

6.4　伊朗库姆地区粗颗粒盐渍土路基填料盐胀-融(溶)陷特征

库姆至伊斯法罕段是德伊高铁重要的一部分,该段高速铁路线下部分主要是路基,且大部分路基填料采用的是粗颗粒盐渍土。在季节交替气温周期性变化过程中,盐渍土中的盐分随着气温的降低、升高,反复结晶、溶解,致使盐渍土地区路基出现盐胀、溶陷等病害,盐胀、溶陷引起的隆起、沉降会给高速铁路造成严重病害,影响行车安全及舒适度。本节从库伊段盐渍土路段选取 9 个典型标段,取土样开展室内试验,通过室内盐胀试验、室内溶陷试验,分析典型路基段填料的盐胀、溶陷特性,通过室内冻融循环试验,分析经过多次冻融循环后路基的盐胀溶陷变形量,以及路基内部不同位置处的温度和易溶盐含量的变化规律,为处治盐渍土路基提供理论依据。

6.4.1　室内盐胀试验

盐胀是指盐渍土(主要是硫酸盐)因温度及含水率等外界因素变化而产生的体积变化,进而引起路基变形,对工程建筑造成一定的影响。所以掌握盐渍土的盐胀特性是非常重要的,本次试验经过一次降温过程,计算得到的土样盐胀率,通过盐胀率来分析路基盐胀特性。

1)试验方案设计

(1)试验目的

采用室内盐胀试验测试各个典型标段盐渍土的盐胀率,以分析各标段盐渍土的基本盐胀特性。

(2)土样制备

试验土样均是取自库伊段路基,共 9 个标段的土样,分别是 K7 +920、K38 +370、K75 +600、K87 +950、K121 +150、K133 +500、K165 +260、K196 +900、K214 +900。由于路基修建完成后,放置时间较长,当地气候比较干燥,土样含水率与试验得到的最佳含水率相差较大,需添加一定的蒸馏水,使土样的含水率与最佳含水率相近。故首先测定土样的原始含水率,然后由最佳含水率计算得到所添加的蒸馏水的量，搅拌均匀后，装入密封袋中密封24h，如图6-11所示。试验选用的9个标段路基填料的易溶盐含量、最大干密度、最佳含水率及路基压实度见表6-5。

盐胀试验各标段土体参数 表6-5

标 段	TDS(%)	最大干密度(g/cm³)	最佳含水率(%)	压 实 度
K7+920	1.334	2.24	6.0	0.968
K38+370	0.830	2.23	6.2	0.963
K75+600	1.292	2.28	5.9	0.949
K87+950	1.852	2.22	5.7	0.918
K121+150	1.020	2.28	6.1	0.961
K133+550	0.742	2.24	6.4	0.974
K165+260	0.903	2.24	6.7	0.996
K196+900	0.8733	2.22	6.2	0.969
K214+900	0.739	2.24	5.9	0.973

(3)击实

本次试验采用的是高度为13cm、直径为15cm的铁筒作为试验容器。由现场检测得到取土位置处的压实度，按照该压实度将土样分三次击入试验筒中，然后覆盖一层保鲜膜，放置12h，如图6-12所示。

图6-11 闷料

图6-12 击实

(4)试验温度设置

将试样容器放置于低温箱中，如图6-13所示，土样上部不加荷载，架好百分表，开启低温箱，开展盐胀试验，如图6-14所示。

试验从25℃开始降温，采用单次降温，依次是25℃、20℃、15℃、10℃、5℃、0℃、-5℃、-10℃、-15℃，每级降温历时1h，每次降温完成后，记录百分表读数，再进行下一级降温，当温度降到-15℃时，持续保持该温度6h，每小时均需记录百分表读数，因此每一组试样试验时间为14h。

(5)盐胀量和盐胀率确定依据

盐胀量由百分表测量数据计算得到，盐胀率=(盐胀量值/试样原始高度)×100%。

图 6-13　低温箱内部放置

图 6-14　降温试验

2) 试验结果及分析

盐渍土路基段填料均为砾类土，填料中粗颗粒含量比较多，细颗粒含量相对较少，土体中大孔隙比较多。试验降温过程中盐渍土中硫酸盐吸水结晶体积发生膨胀，不仅部分填充了粗颗粒土之间的孔隙，而且还能够破坏土体的结构，使土颗粒重新排列，细小颗粒落入大孔隙，故试验过程中土体体积变化差异性较大。

本次试验降温过程中，土体上部均未施加荷载，每个标段土样的盐胀量随时间的变化关系如图 6-15 所示，土样盐胀率见表 6-6。其中，K7 + 920、K87 + 950 标段的土样在整个降温过程中出现了明显的下沉即体缩现象，K38 + 370、K75 + 600、K121 + 150 标段的土样出现轻微体缩现象，K133 + 500 和 K165 + 260 土样则发生了明显的盐胀，K196 + 900 和 K214 + 900 盐胀变形不明显（表 6-6）。

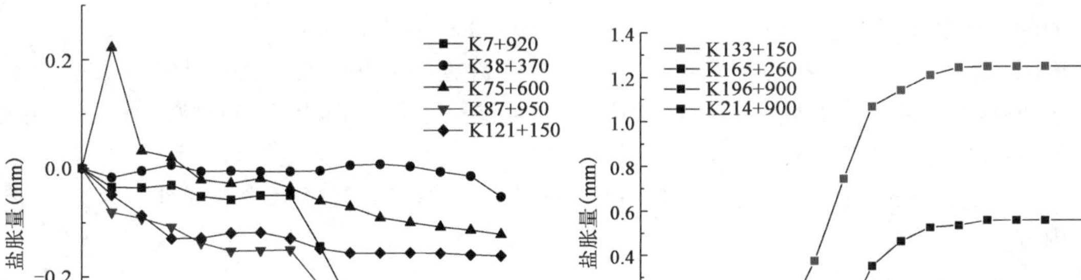

图 6-15　各标段土样盐胀量随时间的变化曲线

各标段土样盐胀率表　　表 6-6

标　段	盐胀率(%)	标　段	盐胀率(%)
K7 +920	-0.31	K133 +500	0.96
K38 +370	-0.04	K165 +260	0.43
K75 +600	-0.11	K196 +900	0.12
K87 +950	-0.25	K214 +900	0.10
K121 +150	-0.13		

盐渍土中硫酸根离子的含量是影响盐胀率的关键影响因素,本次试验 9 个标段路基填料中,K133 +500、K165 +260 标段的硫酸根离子含量最大,分别为 0.942% 和 0.848%。温度降低时,这两个标段土体中硫酸盐结晶数量比较多,盐结晶体积增加量部分填充大孔隙,土体颗粒重新排列后,小颗粒回落到大孔隙中,但盐结晶体体积增加量大于小颗粒回落量,因而发生了明显的盐胀现象。低温箱温度达到了 -5℃,盐胀变形增加速度最大,而其他标段路基填料中硫酸根离子含量相对较少,温度降低后,由于硫酸盐结晶数量少,盐结晶体积增加,使土体结构破坏,小颗粒回落在大孔隙中,因此不会发生盐胀,甚至会发生一定的体缩现象。K7 +920 和 K87 +950 体缩现象最明显,且温度达到了 -5℃,体缩量开始变得比较明显。

本次试验选用的路基填料中盐胀率最大为 0.96%,试验过程中土体上部没有施加荷载,路基修筑完成后,上部还需要铺设轨道板等设施,这些设施会对路基结构施加一定的荷载,能一定程度上抑制盐胀的发生。综合考虑当地的气候条件和施工速度,当地干燥炎热,降雨非常少,且施工速度较慢,路基压实完成后,路基内的水分能够蒸发一部分,使路基含水率比最佳含水率小,在一定程度上也可以抑制盐胀的发生。

6.4.2　室内溶陷试验

盐渍土的溶陷是指盐渍土浸水后易溶盐溶解或侵蚀而产生变形的特性,能够破坏土体原始结构,产生沉陷变形从而造成对建筑物的损坏。现有的溶陷试验规范都是针对细粒土开展的,库伊段路基填料大部分是粗颗粒盐渍土,不能按照细粒土的试验方法进行试验,所以设计了适用于库伊段粗颗粒盐渍土的试验方案,使得到的试验结果更加符合实际情况。

溶陷试验装置如图 5-1 所示,试验仪器介绍见 5.2.2 节相关内容。

溶陷试验的总压力应根据建筑场地地基承受的自重压力和附加压力的大小来定,一般不宜小于 200kPa。借鉴该项规定,本书利用室内溶陷试验进行盐渍土溶陷系数的计算时,浸水稳定加载压力确定为 200kPa。

为了避免试样对照的不确定性,本次试验采用单线法进行,具体试验步骤可参考 5.2.3 节相关内容。

1)试验方案设计

(1)试验目的

采用室内溶陷试验方法测试各标段盐渍土的溶陷率,以分析各标段盐渍土的基本溶陷特性。

(2)土样制备

试验的土样均是取自德伊高铁库伊段路基现场,共 9 个标段的土样,分别是 K7 +920、K38 +370、K75 +600、K87 +950、K121 +150、K133 +500、K165 +260、K196 +900、K214 +900。

在土样中添加一定的蒸馏水，使土样的含水率与最佳含水率相近。搅拌均匀后，装入密封袋中密封24h。试验选用最佳含水率、压实度均是通过现场测得，其具体数值见表6-5。

(3)击实

每个标段的土样按照现场测得的压实度，分三次击入试样筒中，如图6-16所示。在击好土样的有机玻璃筒上面放置排水钢板，使荷载能够均匀作用在试样上，如图6-17所示。在有机玻璃筒外侧加铁箍，避免试样在受力后发生侧向变形，如图6-18所示。

图6-16　击实

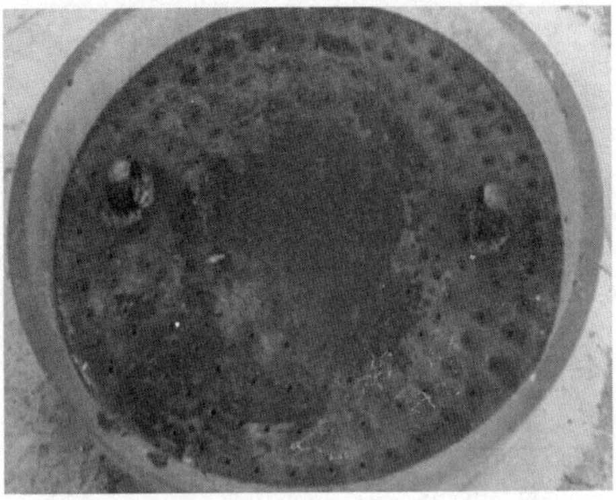

图6-17　放置排水钢板

(4)试验设置

本次试验采用单线法进行。通过万能试验机施加荷载，试验装置如图6-19所示，荷载施加先后顺序为0、50kPa、100kPa、150kPa、200kPa、300kPa，200kPa加载稳定1h后，加水浸湿3d，使试样中的易溶盐均能被水充分溶解带走。每一级加载稳定后从万能试验机控制台得到试样的变形量。

图6-18　加侧向铁箍

图6-19　加载试验

(5)确定溶陷系数

溶陷量由万能试验机控制台得到，溶陷系数＝(200kPa浸水稳定后变形量－200kPa加载稳定后变形量)/试样原始高度。

2)试验结果及分析

本次试验过程按照最不利工况设置，即试验过程中持续加水直至试样中的易溶盐充分被水溶解带走为止,试验过程中各标段土样的溶陷曲线如图 6-20 所示,土样的溶陷系数见表 6-7。

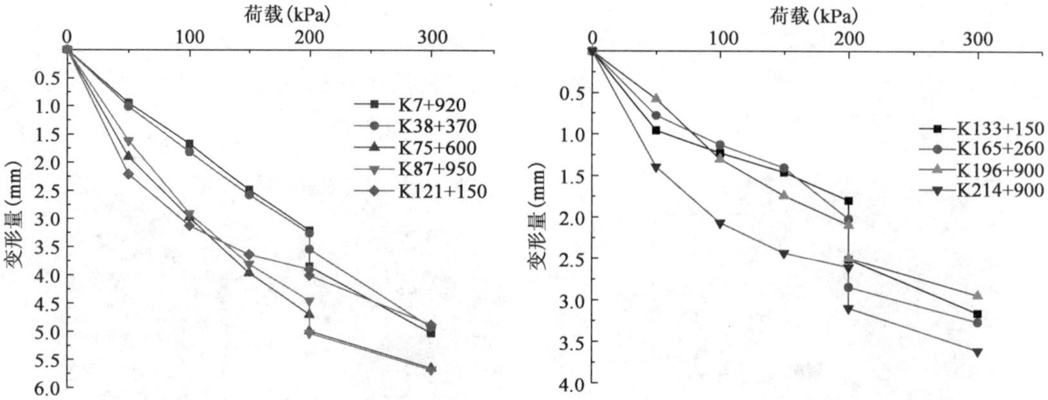

图 6-20　各标段溶陷曲线图

各标段土样的溶陷系数　　表 6-7

标　　段	溶 陷 系 数	标　　段	溶 陷 系 数
K7 +920	0.011	K133 +500	0.010
K38 +370	0.005	K165 +260	0.012
K75 +600	0.005	K196 +900	0.006
K87 +950	0.010	K214 +900	0.007
K121 +150	0.002		

K7 +920、K87 +950、K133 +500 以及 K165 +260 这 4 个标段土样的溶陷系数大于或等于 0.01,属于溶陷性盐渍土,其最大溶陷系数为 0.012,土样溶陷性均为轻微。其余 5 个标段的盐渍土溶陷系数均小于 0.01,溶陷现象不明显。

由于该工程处于干旱地区,且地下水水位较低,因此不会发生潜蚀变形,所以路基土体发生的溶陷变形只有浸水溶陷。该工程路基填料为粗颗粒盐渍土,土体中粗颗粒含量较大,在一定的压实功作用下,颗粒之间相互接触,形成土体骨架,因此路基填料骨架结构明显,试验过程中当土体浸水后,易溶盐逐渐溶解并被带走,但盐结晶对路基填料土体结构影响不明显,不能明显破坏土体的骨架结构,因此溶陷变形量不大。

6.4.3　冻融循环试验

为了使试验更加符合实际情况,掌握季节交替过程中盐渍土路基的盐胀溶陷特性。选取了 K7 +920 和 K87 +950 这两个典型断面土样开展冻融循环试验,模拟自然界冬季气温降低及初春升温这一冻融循环过程对粗颗粒盐渍土路基的影响。通过分析路基内部各部位温度、易溶盐含量、氯离子及硫酸根离子的变化规律,揭示在冻融循环过程中路基的盐胀、溶陷特性。

1)试验方案设计

(1)试验目的

本项试验为室内大尺寸模型试验,选取 K7 +920、K87 +950 标段粗颗粒盐渍土路基填料模拟季节交替冻融循环过程对粗颗粒盐渍土性能的影响，并分析该路基在冻融循环过程中路基的盐胀、溶陷特性。

(2)配料

选取指定标段的土样开展冻融循环试验，按照最佳含水率配制试验用土，并装入密封袋中闷料 24h 以上。

(3)击实

击实前在筒内侧涂一层凡士林，试验筒选用有机玻璃筒直径为 30cm，筒高 75cm。分层击实，每层土厚度为 2.5cm，使试验土样压实度与现场检测数据一致。每隔一定高度埋设温度探头，来测量对应土层的温度。

(4)温度控制

试验温度通过顶板来控制，单向降温，单向升温，通过低温恒温槽实现温度的升降。

降温过程：试验从 25℃开始，降温过程为：25℃→20℃→15℃→10℃→5℃→0℃→－5℃→－10℃→－15℃，每级降温后稳定 1.5h，每次降温过程历时共 12h，温度达到－15℃时恒温维持 36h，故一次降温过程共计 48h。

升温过程：降温完成后温度在－15℃，升温时从－15℃开始，升温过程为：－15℃→－10℃→－5℃→0℃→5℃→10℃→15℃→20℃→25℃，每级升温后稳定 1.5h，每次升温过程历时共 12h，温度达到 25℃时恒温维持 36h。故一次升温过程共计 48h。

本次试验一个冻融循环周期是 96h。试验是在无上覆荷载的情况下(制冷头基础荷载0.7kPa)进行的，试验过程共进行了 7 个周期的冻融循环，试验过程及装置如图 6-21 所示。

2)试验过程及结果分析

(1)K7＋920 试验过程及结果

①试验方案及过程

由于库伊段只完成了 70% 的路基修建，还有部分路基并未施工，设计单位铁二院[1]，针对当地的实际条件，设计了适用于库姆至伊斯法罕段新建路基的构筑新方法，即为无砟轨道粗颗粒盐渍土路堤结构及其构筑方法，它包括设置在盐渍土地基上方的基底隔断层，在基底隔断层上方从下至上依次铺设路堤本体、基床底层下结构层、基床底层上结构层、基床隔断层、基床表层，反压护道设置于路堤两侧边坡坡脚外。其首次应用粗颗粒盐渍土填筑高速铁路无砟轨道路堤，基床底层采用了不同含盐量指标控制的上、下结构层进行设计，以基底、基床双隔断层作为防护措施，避免了路堤次生盐害；该构筑方法思路明确，解决了盐渍土区域无砟轨道路堤缺乏优质填料的问题，填补了无砟轨道粗颗粒盐渍土路堤构筑的技术空白，但是新方法并没有实际工程参考，因此在试验室选取 K7＋920 的土样，模拟新方法修建的路基形式，在经历冻融循环之后，观测土样内部各观测点处温度的变化情况，以及试样盐胀、溶陷量，并测量经历多次冻融循环之后，各结构层中易溶盐含量以及氯离子、硫酸根离子的含量，分析其变化规律，揭示双隔断层的作用。

---

[1] 铁二院，即中国中铁二院集团有限责任公司，以下类同。

a)拌料　b)闷料　c)涂完凡士林的试验筒

d)击实完成　e)试验装置　f)降温过程

图 6-21　冻融循环试验过程

同时,铁二院设计的无砟轨道粗颗粒盐渍土路基构筑方法中,路堤本体采用最大粒径不大于7.5cm 的粗颗粒盐渍土进行填筑,所用的粗颗粒盐渍土与施工用水的含盐量总和不大于1.5%。基床底层下结构层由最大粒径不大于6cm 的粗颗粒盐渍土进行填筑,所用的粗颗粒盐渍土与施工用水的含盐量总和不大于1.5%。基床底层上结构层由最大粒径不大于6cm 的粗颗粒盐渍土进行填筑,所用的粗颗粒盐渍土与施工用水的含盐量总和不大于0.3%。基底隔断层包括从下至上依次铺设的碎石层、中粗砂层、复合土工膜及中粗砂层;基床隔断层包括从下至上依次设置的中粗砂层、复合土工膜及中粗砂层。基床底层下结构层、基床底层上结构层与基床隔断层的厚度总和为2.3m,基床底层上结构层与基床隔断层的厚度总和不得小于1.0m。基床表层采用不含盐天然卵石或砂砾石并掺3%(质量比)水泥进行填筑,厚度为0.4m。

选用 K7 +920 处的盐渍土在试验室模拟该路基结构形式,选用的路基结构尺寸和试验模型尺寸见表6-8,其中路堤、基床底层上下结构层分层击实,每层厚度2.5cm,以确保压实度。基床表层选用不含盐的砂砾石并掺加3%(质量比)水泥进行填筑。击实完毕后,放置12h,进行冻融循环试验。

K7 +920 试验模型尺寸与路基结构尺寸(cm)　表 6-8

	路堤本体	基床底层下机构层	基床底层上结构层	基床表层	基床隔断层
原型	200	120	110	40	15
试验模型	27.5	17.5	15	6	2.1

冻融过程对土样温度和变形进行监测。其中在路堤本体上中下部位置各布置一个温度监测点,基床底层上、下结构层的顶部和底部位置各设置一个温度监测点,基床表层中间位置设置一个温度监测点,温度监测位置如图 6-22 所示,通过顶部的制冷头部位的百分表观测土样的变形情况。

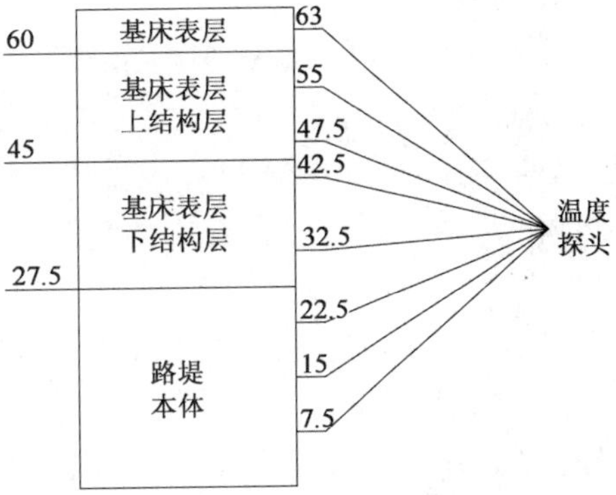

图 6-22　K7 +920 冻融循环试验温度监测示意图(单位:cm)

冻融循环试验完成后,在路堤本体、基床底层下结构层、基床底层上结构层、基床表层不同位置分别取样,对土样含水率、易溶盐总含量、氯离子和硫酸根离子进行测试,分析其变化规律,分析路基在冻融循环作用下的盐胀、溶陷特性,并评估该无砟轨道粗颗粒盐渍土路基构筑新方法的适用性,分析基底隔断层以及基床隔断层的作用。

②冻融循环过程盐胀变化分析

本次试验一个冻融周期为 96h,在经历了 7 个周期的冻融循环总共 672h 后,土样的盐胀量随时间的变化如图 6-23 所示,每个周期的变化趋势如图 6-24 所示。土样在前三个周期完成后体积变化不大,从第四个周期开始逐渐增大,第六、第七周期变化趋势基本一致,最终趋于稳定,因此试验总共进行 7 个周期的冻融循环试验,试验过程中盐胀量呈现出一定的累加性,其中累计的最大盐胀量是0. 623mm,变形量最大的是第三周期为 0. 257mm。降温过程中,土样中水结冰及硫酸盐吸水结晶均能使土体体积增大,第一、第三、第四周期在升温过程中,土体不能

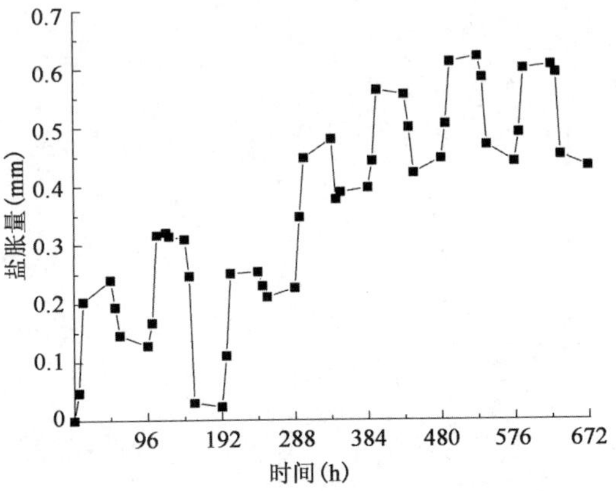

图 6-23　K7 +920 冻融循环过程中盐胀量变化曲线

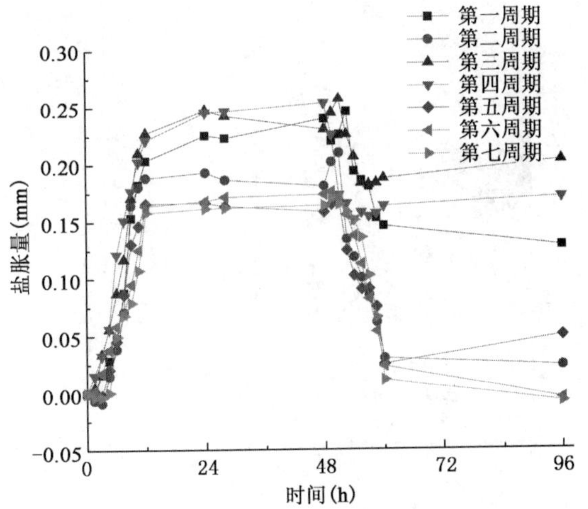

图 6-24　K7 +920 冻融循环过程中每个周期盐胀量变化曲线

恢复到降温前的状态,体积增加量大于回缩量,第二周期升温过程发生了明显的体缩现象,从第五周期开始,升温过程中土样均能恢复到降温前的状态,故整个试验完成后土样体积先增大,后保持稳定。第二周期在降温过程中,顶部制冷端附近温度降到零下,土体中水分结冰硫酸盐吸水结晶,使基床底层上结构层中的水分向顶部迁移,土体结构发生破坏,小颗粒回落到大孔隙中,土体呈架空状态,在升温过程中,冰颗粒逐渐融化,使得上部土体发生坍塌,故发生了明显的体缩现象。

本次试验土样在经过多次冻融循环后的盐胀量不大,累积的最大盐胀量为0.623mm,主要由于制冷头下面是高度为6cm基床表层,以及高度为15cm的基床底层上结构层,基床表层是不含盐的砂砾石并掺3%(质量比)水泥,基床底层上结构层易溶盐含量为0.3%,当制冷头温度降低至-15℃时,易溶盐含量为1.334%的基床底层下结构层的温度并没有达到起胀温度。

③冻融循环过程温度变化分析

土样中各观测位置点处的温度变化如图6-25所示,由于高度42.5cm之下的土体距制冷头距离远,升、降温过程中,温度变化范围不明显,因此在图中没有展示,土样高度为63cm处温度探头监测的温度变化范围最大,在每个周期降温过程中,均能降到-10℃左右,其中第二周期温度最低达到了-14.2℃。

④含水率变化分析

由于基床表层采用的是砂砾石并掺有一定量的水泥,基床表层下部设计了基床隔断层,试验完成后,测试其含水率及易溶盐,均没有发生变化,故下面分析不包含基床表层部分。

试验前土样的含水率均为6.7%,7个周期冻融循环试验结束后,土样各部位的含水率如图6-26所示,试验完成后土样底部含水率最大,顶部接近制冷头部位的含水率明显增大。降温过程中,土样顶部的硫酸盐吸水形成结晶体,液态水逐渐结冰,使得水分逐渐向顶部迁移,顶部土体含水率高于试验开始时的含水率;而本次试验温度影响范围有限,土样中液态水在重力作用下,逐渐向土样底部迁移,故土样底部含水率比试验前高。

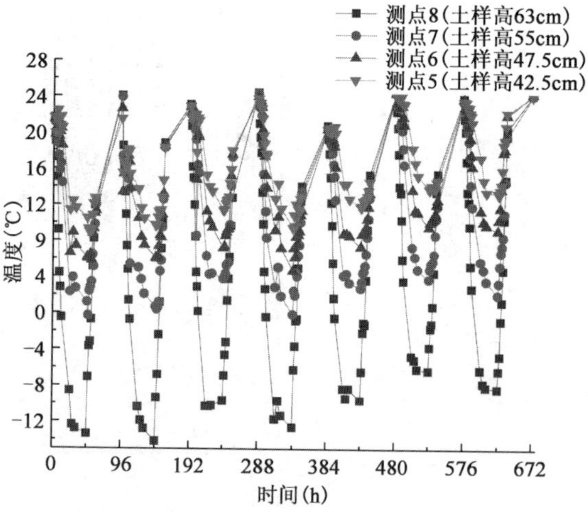

图6-25 K7+920冻融循环过程中温度变化曲线

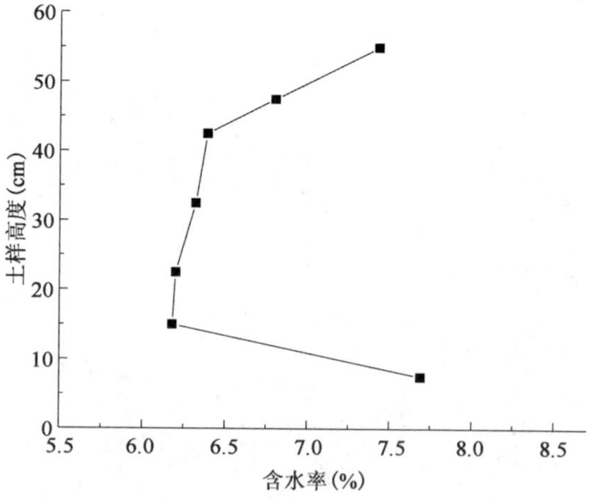

图6-26 K7+920冻融循环后含水率变化曲线

⑤易溶盐总含量变化分析

土样试验前与试验后的易溶盐含量变化如图 6-27所示，基床底层上结构层易溶盐含量增大，基床底层下结构层以及路堤本体中易溶盐含量变化不明显。由于试验过程中水分携带一定量的离子向顶部迁移，使得顶部含水率增大，当温度升高时，盐结晶析出，使顶部土体盐溶液溶度降低，也能促使离子向顶部迁移，因此土样顶部易溶盐含量增加。

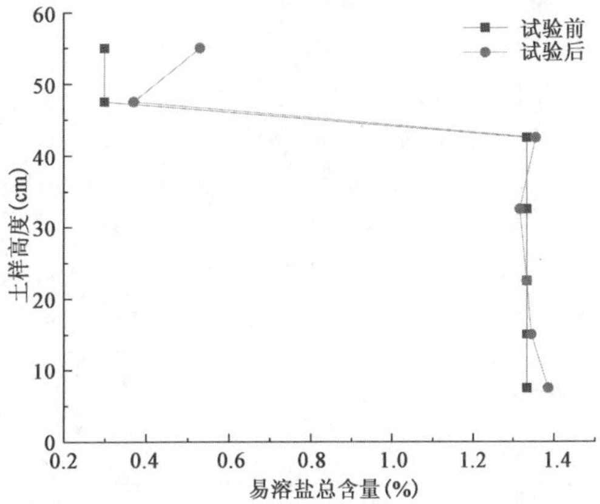

图 6-27 K7 +920 冻融循环后易溶盐总含量变化曲线

⑥氯离子、硫酸根离子含量变化分析

试验前与试验完成后氯离子含量变化如图 6-28 所示，各部位氯离子含量变化明显，土体顶部以及底部氯离子含量明显增加。

试验前与试验完成后硫酸根离子含量变化如图 6-29 所示，土体顶部硫酸根离子含量变化不明显，土体底部硫酸根离子含量减少，土体中间部分土样硫酸根离子含量增加。

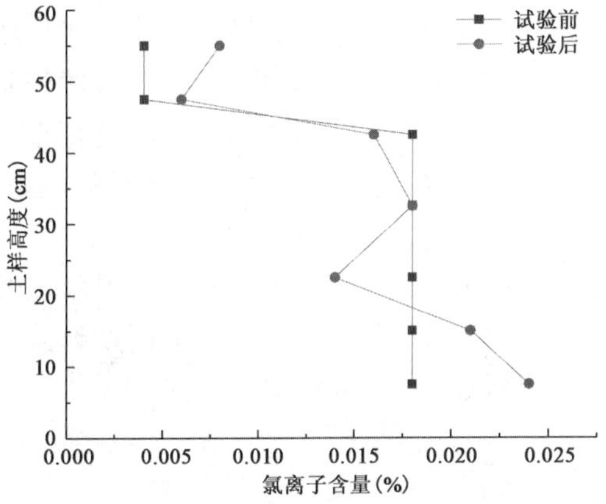

图 6-28 K7 +920 冻融循环后氯离子含量变化曲线

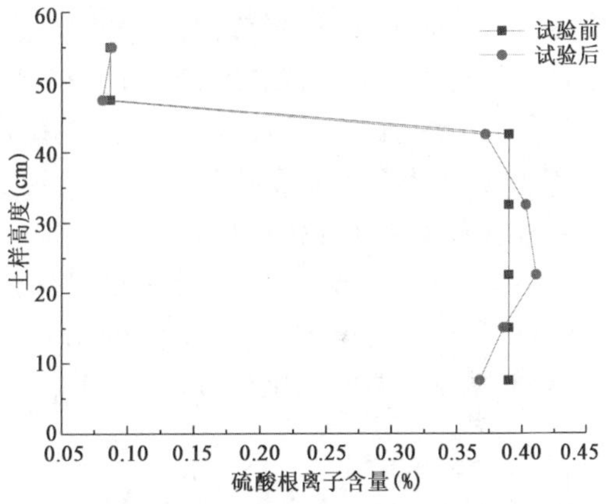

图 6-29 K7 +920 冻融循环后硫酸根离子含量变化曲线

本次试验是单向降温单向升温的，液态水分可以携带部分离子迁移，水分的迁移会形成浓度差，促使离子迁移，但水分迁移和离子迁移并不是同步进行的，因此不同部位的离子含量发生变化。由于顶部受温度升降的影响，顶部位置离子含量会增加。基床表层含水率及易溶盐含量没有发生变化，是由于在基床表层下部设置了基床隔断层，阻隔了水分以及易溶盐的迁移，使得水分和易溶盐均不能迁移到基床表层，隔断层效果明显。

(2) K87 +950 试验结果分析

①冻融循环盐胀量变化分析

K87 +950 断面路基已经修建完成，原路基并没有设置隔断层，试验时将土样直接分层击入试验筒中，土样高度是 75cm，在经历了 7 个周期的冻融循环总共 672h 后，得到盐胀量随时间变化曲线如图 6-30 所示，每个周期的盐胀量变化如图 6-31 所示。土样经历了多次冻融循环后，体积总体上减少了，每个周期变形量先逐渐增大，后趋于稳定。

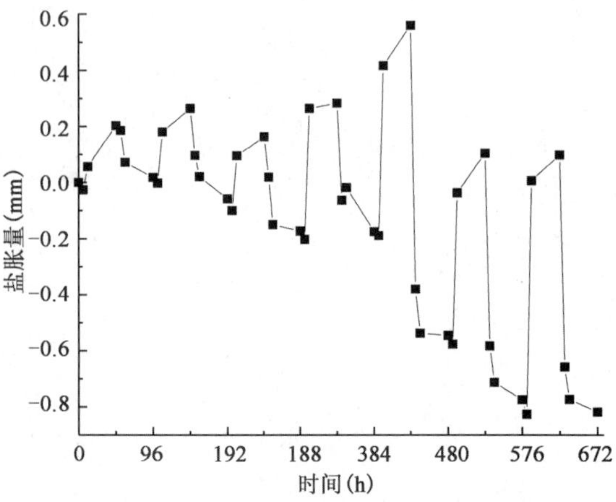

图 6-30　K87 + 950 冻融循环过程中盐胀量变化曲线

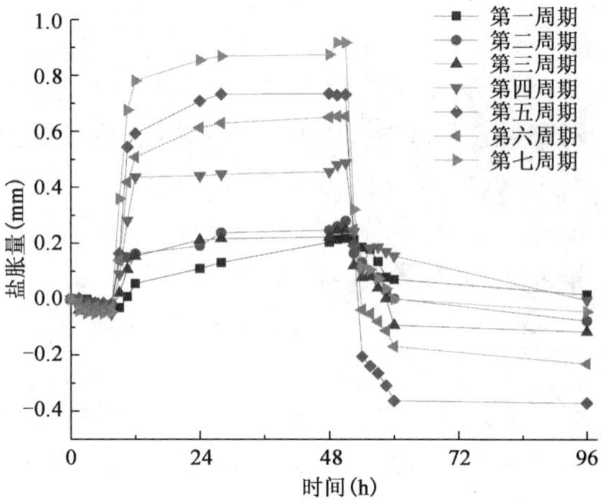

图 6-31　K87 + 950 冻融循环过程中每个周期盐胀量变化曲线

本段路基压实度为 0.918，压实度较低，土体不密实，空隙较大较多。在冻融循环开始阶段，硫酸盐吸水结晶，体积增大，细小颗粒回落填充大空隙，土体盐胀不明显。当温度升高时，盐结晶失去结晶水，冰逐渐融化，土体骨架被破坏，被破坏的土体开始下陷，体积减小。经历了 4 次冻融循环后，土体骨架结构破坏严重，升温过程中结晶盐释放出水分子，水分迁移使得顶部位置含水率特别大，可以溶解部分土颗粒胶结而形成的骨架结构，破坏胶结结构，使得部分土体失稳塌陷，土颗粒重新排列，产生溶陷，使得该盐渍土最终出现溶陷量大于盐胀量的现象。

②冻融循环温度变化分析

土样中每隔 10cm 设置温度探头来观测试验过程中的温度，温度测点处土体的温度变化如图 6-32 所示，由于土样 40cm 以下部分温度变化不明显，在图中没有展示，每个周期升降温过程中，土样顶部温度变化范围最大，其中第二周期温度最低降到了 -11℃。

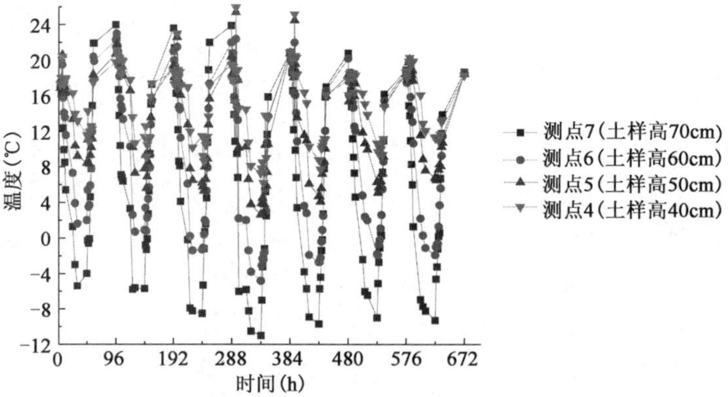

图 6-32　K87 + 950 冻融循环过程中温度变化曲线

③含水率变化分析

试验前土样的含水率为 7.1%，土样经历 7 个周期的冻融循环后含水率变化如图 6-33 所示，冻融循环后土样顶部接近制冷头部位的含水率明显增加，底部含水率减少，但相邻部位没有明显差异。

④冻融循环后易溶盐含量变化分析

试验前土样易溶盐含量为 1.016%，土样经历 7 个周期的冻融循环后易溶盐总含量变化如图 6-34 所示，其中土样顶部和中间部位易溶盐含量减少，试验过程中离子的迁移方式有多种，所以试验后易溶盐含量及主要离子的含量分布和水分迁移没有直接对应关系。

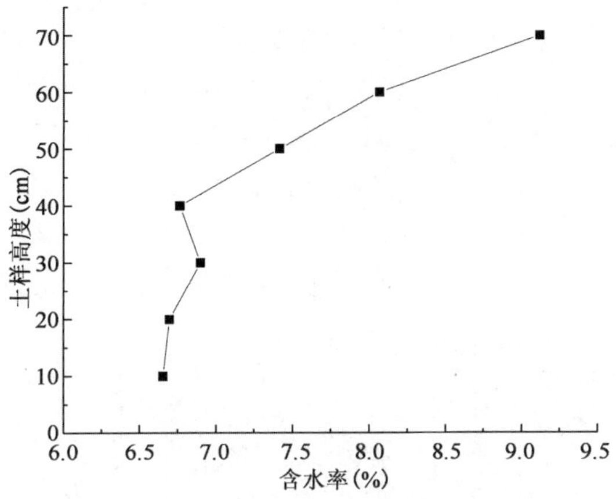

图 6-33　K87 +950 冻融循环后含水率变化曲线

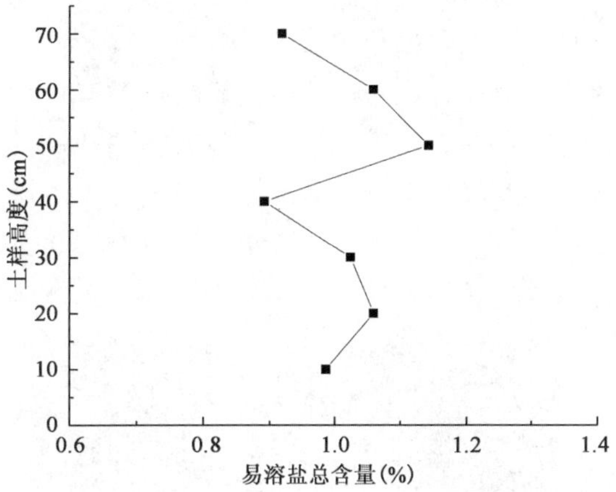

图 6-34　K87 +950 冻融循环后易溶盐总量变化曲线

⑤冻融循环后氯离子和硫酸根离子含量变化分析

土样经历 7 个周期的冻融循环后氯离子含量变化如图 6-35 所示，其中顶部位置的氯离子含量明显减少，其他位置氯离子含量变化不明显。

土样经历 7 个周期的冻融循环后硫酸根离子含量变化如图 6-36 所示，土样顶部和底部位置处的硫酸根离子含量都减少，中间位置的硫酸根离子含量没有变化。

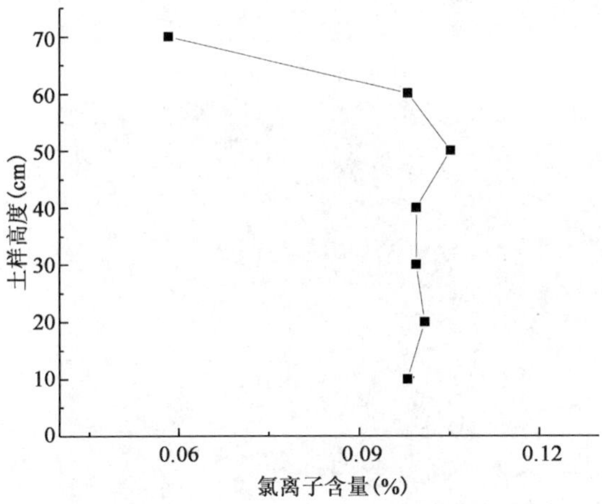

图 6-35　K87 +950 冻融循环后氯离子含量变化曲线

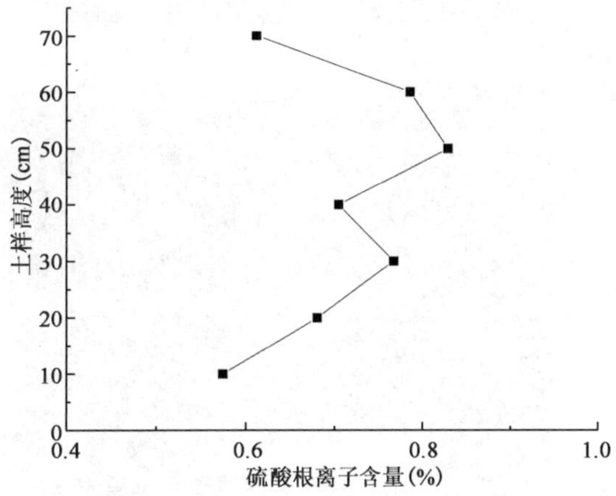

图 6-36　K87 +950 冻融循环后硫酸根离子含量变化曲线

在实际工程中，应该重视该段路基的溶陷危害，并采用适当的措施，例如设置反压护道或者采取垂直防渗措施。

对比分析 K7 +920 和 K87 +950 这两个标段土样顶部接近制冷头处土体含水率和易溶盐

含量的变化情况可以看出，K7 +920 设置的基床隔断层，能有效地阻隔基床底层水分和盐分的迁移，保证基床表层不受盐的侵蚀，对防止发生盐胀、溶陷危害均起到了很好的作用。

6.5 冻融循环条件下盐渍土微观结构特征

在所有研究土体结构的技术中，电子显微分析技术是唯一能直接、真实地揭示土体中土颗粒尺度、形态、颗粒间相互关系及原位矿物成分和化学成分的分析测试方法。为揭示盐渍土经多次冻融循环试验后土体结构特征，对粗颗粒盐渍土分别进行不同次数冻融循环周期后的扫描电镜分析。在冻融循环试验后，分别取出有机玻璃筒上、中、下 3 层土样作为试样进行烘干，并应用临界点干燥法对土样中的水进行蒸发处理，尽量减少土体组构的变化。

甘肃河西走廊地区粗颗粒盐渍土未经冻融的土体直接按最大干密度 ×0.93 的标准试样，对其进行扫描电镜分析，放大 100 倍见图 6-37a）。可以看出，修筑道路直接对地基进行压实后

a)未冻融(100)　　b)3周期(100Top)

c)5周期(100Top)　　d)7周期(100Top)

图　6-37

e)9周期(100Top)

f)3周期(2000Top)

g)7周期(2000Top)

h)9周期(50Top)

i)7周期(50Middle)

j)9周期(50Lower)

图 6-37　土体微观结构

注:分图名双括号中的数字代表放大的倍数,Top 是指路基模型土柱体的上部,Middle 是指路基模型土柱体的中部,Lower 是指路基模型土柱体的下部。

的粗颗粒盐渍土体微观结构主要呈现出微小粒集合成集粒包裹于大颗粒周围，土体结构较密实。粗颗粒盐渍土经冻融循环3周期后扫描见图6-37b)，粗颗粒之间的孔隙开始增大，部分大颗粒间由微小颗粒胶结连接。冻融5周期见图6-37c)，颗粒之间的孔隙继续扩大，由微小颗粒集合成基粒的包裹作用开始减弱。冻融7周期见图6-37d)，大颗粒间距继续扩大，土体结构破坏，部分大颗粒直接镶嵌接触，部分微小颗粒由盐类胶结充填于大孔隙之间。冻融9周期见图6-37e)，随着大颗粒间距进一步扩大，土体结构进一步破坏，大颗粒骨架被架空破坏，自然升温以后随着结晶体释放结晶水，结晶水溶化盐胶结，细小颗粒回落填充于大颗粒之间，大颗粒在前期被扩大的孔隙部分被细小颗粒回填，部分孔隙塌落破坏。

图6-37f)、g)分别为粗颗粒盐渍土经3、7次冻融循环后放大2000倍的土粒与盐晶体的微观图像。可以看出，经3、7次冻融循环以后粗颗粒盐渍土结构疏松、架空孔隙，盐类晶体接触－胶结，镶嵌胶结于大颗粒之间，部分大颗粒骨架间由盐晶体胶结连接，呈现点接触式。图6-37h)～j)分别为经9次冻融循环以后土柱体自上而下一维土体放大50倍的微观结构图。可见土柱体在经多次冻融循环后的结构变化，土柱体呈现大颗粒中填充小颗粒，随着冻融循环次数的增加，小颗粒在重力作用下通过大颗粒孔隙下落，表现出颗粒成层现象。其主要原因是在单向冻结条件下，土颗粒位移具有热筛效应和对流迁移的特点。冻结时温度就犹如一把由热(温度)引起的振动筛，把粗颗粒留在筛上、细粒排于筛下，造成冻结过程中土粒垂向位移的现象，此现象为热筛效应。同时，土体冻结过程中，会出现水分向冷端面迁移现象，当迁移水流达到一定流速，则土中微粒应被水分裹挟一起运动，由此产生的颗粒迁移为对流迁移。冻融循环条件下的粗颗粒土盐渍土在单向降温后，由于土体大颗粒和水中含有易溶盐对溶液浓度的影响，迁移水流流速较慢，并且自然升温时温度变化较慢，热筛效应比较明显。

6.6 冻融循环对盐渍土路基填料的强度影响

西北地区有大量的盐渍土分布，当环境温度改变时，这些地区的公路将会产生盐胀、翻浆及溶陷等病害。盐分可降低路面强度、减弱封层作用，导致路面破坏。对于冻融循环后细粒盐渍土的强度规律研究，由于其土粒较小，可以通过冻融试验后，直接利用环刀取样在常规剪切仪上进行强度特性研究。而粗颗粒盐渍土由于其颗粒较大，常规环刀取样必然会导致试验结果的不准确。所以采用常规方法很难得到准确的粗颗粒盐渍土经冻融循环后的强度参数。本节以嘉峪关至安西一级公路工程中粗颗粒盐渍土的试验段项目为工程依托，采用大型粗颗粒土冻融循环剪切试验装置，针对当地天然粗颗粒盐渍土进行了冻融循环和强度试验，为粗颗粒盐渍土地区修筑公路提供技术参考。

6.6.1 试验土料的基本工程性质

盐分作为盐渍土的组成部分，在土体中起到胶结或填充土粒的作用，其会因温度的改变而产生盐胀，进而对路基的稳定性产生影响。

甘肃河西走廊地区嘉峪关至安西一级公路沿线分布有大量的粗颗粒盐渍土。为了研究该地区粗颗粒盐渍土地基在多次冻融循环后的强度特性，进而分析天然粗颗粒盐渍土在经过多次冻融循环后的强度变化特点，从嘉峪关至安西一级公路沿线某天然料场取典型粗颗粒盐渍土作为试验土样，并依据《公路土工试验规程》(JTJ 051—1993)进行了室内易溶盐含量试验、颗分试验及击实试验，其基本参数见表 6-9 和表 6-10。该土样属于粗砂，最佳含水率及最大干密度分别为 6.8% 和 2.38g/cm³。

试样易溶盐含量及各离子含量表　　表 6-9

各离子含量(%)								盐渍土类别
CO_3^{2-}	HCO_3^-	Cl^-	SO_4^{2-}	Ca^{2+}	Mg^{2+}	$K^+ + Na^+$	易溶盐含量	
0.0045	0.0187	0.1237	0.2561	0.5883	0.0270	1.8281	2.8463	氯化物硫酸盐渍土

粗颗粒土试样颗分组成表　　表 6-10

粒径(mm)	<0.074	0.25~0.074	0.5~0.25	1~0.5	2~1	5~2	10~5	20~10	40~20
含量(%)	5.22	18.23	17.38	12.59	6.91	13.22	13.33	10.49	2.63

6.6.2　冻融循环条件下粗颗粒盐渍土的大型剪切试验

剪切试验实物如图 6-38 所示。

试验目的是测试采用粗颗粒盐渍土填筑的下路堤在经过多次冻融循环以后的强度。根据《公路路基设计规范》(JTG D30—2004)取土试样的压实度为 93%，即在最佳含水率的条件下，试筒中土体击实后的干密度等于最大干密度的 93%。试筒连接好以后，将养生好的土样按标准分层击入试筒中，放置冷媒，按试验实施程序逐步完成。冻融循环试验结束以后，进行粗颗粒土的强度试验。

剪切试验主要分为未冻融剪切和冻融剪切两类。冻融循环试验分别经历 3、5 和 9 个冻融周期，每一个冻融周期都作平行四组试验。在做强度试验时，分别施加不同的竖向压力，上层剪切试筒施加的竖向力大小分别为 150kPa、350kPa、550kPa 和 750kPa，下层剪切试筒施加的竖向力大小分别为 150 + σkPa、350 + σkPa、550 + σkPa 和 750 + σkPa(σ 为上部两层试筒施加在下层试筒上的压力)，剪切速率不大于 0.8mm/min，当水平荷载读数不再增加或剪切变形急骤增加时，即认为试件被剪损。若没有上述两种情况出现，应控制剪切变形达到试样直径的 1/15 ~ 1/10，即可以停止试验。应控制试样在 5 ~ 10min 内达到剪切破坏。

图 6-38　剪切试验实物图

6.6.3　试验结果分析

图 6-39 为粗颗粒盐渍土经过 9 次冻融循环试验的盐胀量变化趋势图。

多次冻融循环之后，降温阶段的盐胀趋势基本和前几次冻融循环周期一致，盐胀累加性不明显，在升温阶段，土体出现溶陷现象。

根据粗颗粒盐渍土多次冻融循环盐胀微观机理分析可知，随着冻融次数的增加，粗颗粒土结构逐渐疏松，孔隙增大，结构架空。粗颗粒盐渍土体结构的改变影响了其盐胀和溶陷的表现。9次冻融循环试验之后,粗颗粒土骨架破坏,重力施力下细小颗粒回落,土柱体表现出自上而下的热筛效应。

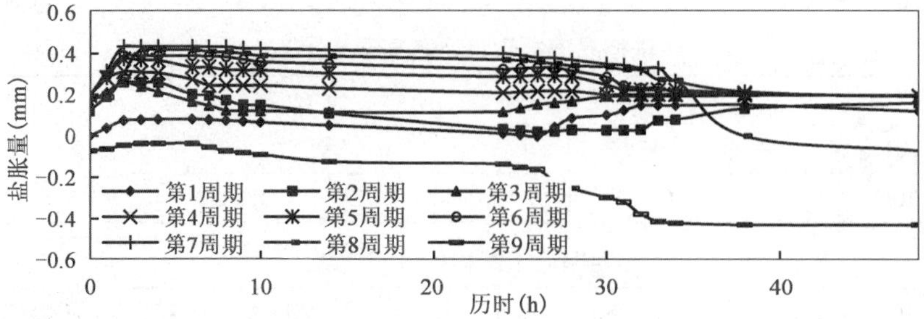

图6-39 冻融循环盐渍土过程曲线

粗颗粒盐渍土经多次冻融循环后的强度试验汇总结果见表6-11。

粗颗粒盐渍土剪切试验结果 表6-11

冻融次数	深度			
	15cm		35cm	
	黏聚力(kPa)	内摩擦角(°)	黏聚力(kPa)	内摩擦角(°)
0	17.56	49.94	17.56	49.94
3	17.91	48.13	15.76	48.06
5	18.16	49.70	13.98	46.89
9	21.73	50.31	13.76	49.11

从以上剪切试验结果可以看出,靠近冷端的天然粗颗粒盐渍土的黏聚力随着冻融循环次数的增加稍有增大,内摩擦角随冻融次数的增多先逐渐减小后又有增大;靠近底端的天然粗颗粒盐渍土的黏聚力和内摩擦角均随着冻融循环次数的增加而减小,9次冻融循环试验后内摩擦角稍有增大。经多次冻融循环试验后,粗颗粒盐渍土的强度变化量基本不大,即嘉峪关至安西一级公路盐渍土试验段的下路基中的粗颗粒盐渍土填料在经过多次冻融循环之后的强度变化量不大。

随着冻融循环次数的逐渐增加,粗颗粒盐渍土逐渐由盐胀体变为溶陷,即土体结构逐渐由"体胀"变为"体缩"。粗颗粒盐渍土结构体本身孔隙率就较大,冻融初期盐渍土有部分结晶盐被其孔隙吸收,有部分盐胀力破坏其土体结构。当自然升温时粗颗粒盐渍土的盐晶体重复释放结晶水,土粒骨架因失去了盐晶体而形成空隙,颗粒间胶结作用减弱,土颗粒间的摩擦力和黏结力也随着部分大颗粒骨架的破坏而减弱,在自重力作用下细小土颗粒回落填充于大颗粒之间,整个土体结构塌陷,土粒密实度增大。粗颗粒盐渍土的体变量总体较小。

根据粗颗粒盐渍土的水、盐迁移规律可知,随着冻融循环次数的逐渐增大,粗颗粒盐渍土土柱体上水分及盐分的分布呈现不完全对应的关系,水分在土柱体中分布的差异较小,氯离子和硫酸根离子均为靠近冷端离子含量多于暖端的离子含量。由于盐分对盐渍土体的强度具有一定的胶结作用,而水分在粗颗粒盐渍土体中向冷端迁移的量较小,所以表现出靠近冷端的盐渍土体强度比下端的土体强度大。

本章参考文献

[1] 徐攸在. 盐渍土地基[M]. 北京：中国建筑工业出版社,1993.

[2] 包卫星,杨晓华,谢永利. 典型天然盐渍土多次冻融循环盐胀试验研究[C]//《中国公路》杂志社会议论文集,2010.

[3] 包卫星,谢永利,杨晓华. 天然盐渍土冻融循环时水盐迁移规律及强度变化试验研究[J]. 工程地质学报,2006,14(03)：380-385.

[4] JAMES K,MITCHELL. 岩土工程土性分析原理[M]. 南京：南京工学院出版社,1985.

[5] 徐学祖. 土体冻胀和盐胀机理[M]. 北京：科学出版社,1995.

[6] 罗炳芳,潘菊英. 粗颗粒土易溶盐含盐量测定方法的研究[J]. 公路,2005,11(11)：192-193.

[7] 包卫星,李志农,罗炳芳. 公路工程粗颗粒盐渍土易溶盐试验方法研究[J]. 岩土工程学报,2010,32(5)：792-797.

[8] 中华人民共和国行业标准. JTG D30—2004　公路路基设计规范[S]. 北京：人民交通出版社,2004.

[9] 张莎莎,谢永利,杨晓华,等. 典型天然粗颗粒盐渍土盐胀微观机制分析[J]. 岩土力学,2010,31(1)：123-127.

[10] 新疆公路学会. 盐渍土地区公路设计与施工指南[M]. 北京:人民交通出版社,2006:35-36.

[11] 刘伟. 粗颗粒硫酸及亚硫酸盐渍土用于路基填料的评判指标研究[D]. 西安:长安大学,2016.

[12] 陈炜韬,王鹰,王明年,等. 冻融循环对盐渍土黏聚力影响的试验研究[J]. 岩土力学,2007(11)：2343-2347.

[13] 王春雷,姜崇喜,谢强,等. 析晶过程中盐渍土的微观结构变化[J]. 西南交通大学学报,2007(01):66-69.

[14] 王银梅,谌文武,韩文峰,等. SH 固沙机理的微观探讨[J]. 岩土力学,2005(04)：650-654.

[15] 张莎莎,杨晓华,张秋美. 天然粗颗粒盐渍土大型路堤模型试验研究[J]. 岩土工程学报,2012(05):842-847.

[16] 金好乾. 伊朗库姆至伊斯法罕段既有高速铁路路基变形特性试验研究. [D]. 西安:长安大学,2018.

[17] 张莎莎,杨晓华. 冻融循环大型粗颗粒盐渍土剪切试验装置设计及工程应用[J]. 长安大学学报(自然科学版),2012(03):11-16.

第7章　粗颗粒盐渍土地区路基填料适用性指标评判

7.1　概　　述

由于我国西北大部分地区气候干燥、温差大等多种特殊的气候条件，致使形成了大面积的粗颗粒盐渍土。同时，我国公路和铁路建设的不断发展，又使得许多已建和在建的公路和铁路不得不从其上通过。而路基作为路面的基础，承载着从路面传来的各种荷载，可见，路基的好坏在某种程度上决定着整条线路是否能正常使用，决定着整条公路或者铁路使用寿命的长短，所以这就对路基填料的选取提出了较高的要求。

盐渍土用作路基填料时，与一般土相比，除了要满足强度和变形的要求，因其盐分的存在，还应考虑以下几个方面的问题：

(1)盐胀性。当温度低于32.4℃时，盐渍土中的盐分(主要是硫酸钠)随着温度的降低，其在水中的溶解度逐渐减小，并结晶析出，结晶形成的芒硝体积为原无水硫酸钠的3.1倍，从而造成土体的膨胀。当温度升高，原析出的结晶再次溶解，体积缩小，如此不断的往复，造成路基路面的破坏。

(2)溶陷性。由于降雨或者其他外界水分的渗入，土体中的盐分逐渐溶解，原来由其占有的空间变成空隙，一旦土体结构不足以承受自身重力或外加荷载，便发生溶陷。

(3)融陷性。对于粗颗粒盐渍土而言，天然粗颗粒盐渍土进行的多次冻融循环盐胀试验表明，天然粗颗粒盐渍土在季节交替和昼夜温差变化的多次冻融循环时具有明显的体缩现象。这是因为粗颗粒盐渍土中存在不稳定的点接触或胶结接触，其中孔隙较大，降温使盐渍土发生盐胀与冻胀，在填充粗颗粒间孔隙的同时，也破坏了土体的结构。当温度升高后，结晶盐释放的水与冰融化的水将土体中起骨架作用的结晶盐胶结溶解，土中又出现较大的孔隙，在自重或上覆荷载的作用下，土体失稳沉陷，致使体积缩小。

(4)腐蚀性。盐渍土中的盐分会对地下的各种建筑设施产生严重的腐蚀，降低其耐久性和正常使用年限。就盐渍土的腐蚀性而言，易溶盐造成的影响最大，中、难溶盐的影响依次减小。

由于盐渍土腐蚀性的强弱取决因素较多，且腐蚀的对象主要是埋设在其中的基础和其他地下设施，并非是盐渍土土体本身结构的变化，这与盐胀性和溶陷性的作用机理完全不同，因此本章中不考虑腐蚀性的影响。

因此，为了能够更加合理地进行路基填料的选取，本章从影响粗颗粒盐渍土盐胀和溶陷两大工程特性的因素出发，基于前几章的研究内容，对用于路基填料的粗颗粒硫酸盐渍土和亚硫酸盐渍土的评判指标进行分析研究。

7.2　影响粗颗粒盐渍土用于路基填料的因素及相应指标选取

粗颗粒盐渍土作为路基填料的可用性是根据盐渍土工程分类等级的不同进行判别的。目前,对盐渍土工程分类的方法有按盐渍土的粒度成分、盐的性质、盐的溶解度、含盐量等方面进行的。但是,这些分类方法均是以一种因素为标准开展的,且并不统一,所以必然会对盐渍土用于路基填料的适用范围造成一定的影响。

就粗颗粒盐渍土而言,在《公路路基设计规范》(JTG D30—2015)中,按盐渍化程度进行盐渍土分类时,就仅考虑盐渍土的含盐量,以通过1mm筛孔土的平均含盐量来确定,并最终给出粗颗粒盐渍土分类所对应的含盐量界限值,见表7-1。

粗颗粒盐渍土按盐渍化程度分类　　表7-1

盐渍土名称	粗颗粒土通过1mm筛孔土的平均含盐量(以质量百分比计)	
	氯盐渍土及亚氯盐渍土	硫酸盐渍土及亚硫酸盐渍土
弱盐渍土	2.0~5.0	0.5~1.5
中盐渍土	5.0~8.0	1.5~3.0
强盐渍土	8.0~10.0	3.0~6.0
过盐渍土	>10.0	>6.0

之前,已对粗颗粒盐渍土易溶盐试验的测试方法进行讨论,其主要关注的是粗颗粒土的过筛粒径。结果表明,易于测试且较为合理的粗颗粒盐渍土的过筛粒径取5mm,因此,本章所开展的论述均以过5mm筛孔的粗颗粒盐渍土为前提。

由于盐渍土地区公路工程发生的盐胀、翻浆、溶陷等主要病害都是由盐渍土盐胀性和溶陷性所引起的,所以,粗颗粒盐渍土作为路基填料的评判指标是其盐胀和溶陷两大特性,即以控制路基稳定性的盐胀和溶陷变形量为标准,逐个考虑影响这两大特征的5个因素对粗颗粒盐渍土用于公路路基填料的影响。

(1)温度对评判指标的影响

温度对盐渍土的影响,主要体现为土中易溶盐相态的变化,即土中盐类的溶解度随着温度的升高或降低而相应的增大或减小,从而导致土中的盐分在液态与固态间相互转化。例如,硫酸盐渍土中的主要盐分为硫酸钠,根据硫酸钠的溶解度和温度的关系曲线可知,若是含水率和含盐量等因素满足土体膨胀的要求,那么温度就是促进硫酸盐渍土产生体积膨胀的决定性因素。

(2)盐渍土含盐量及其类型对评判指标的影响

含盐量是盐渍土盐胀变形的重要前提,对于硫酸及亚硫酸盐渍土而言,盐胀是由于土体中的硫酸钠随着温度降低而结晶析出、体积膨胀的结果。当路基填料的含水率、压实度以及路堤断面等其他因素基本相同时,土体中硫酸钠的含量即为其盐胀程度的重要影响因素。

硫酸及亚硫酸盐渍土的溶陷系数随着含盐量的变化而变化。盐渍土在浸水初期,由于土中的盐分刚开始溶解,因此土体的溶陷敏感程度较低,随着时间的推移,浸入的水流不断加快盐分的溶解,致使土体的溶陷敏感程度变高,而浸水后期,溶陷敏感性又随着盐分的减少而变低。试验表明,粗颗粒盐渍土在含盐量较大的情况下,随着浸水过程的不断重复,有可能发生较大程度的溶陷变形。

(3)盐渍土初始含水率对评判指标的影响

硫酸盐渍土盐胀机理的实质是土中硫酸钠的吸水结晶膨胀,即土中无水或过饱和的硫酸钠通过吸收10个水分子变成芒硝结晶,此时,体积增大,硬度降低。若硫酸盐渍土中没有多余的水分,即使温度合适,也不会发生盐胀,所以,水是硫酸盐渍土产生盐胀的必要条件。对于硫酸盐渍土来说,在一定范围内,随着其含水率增加,外界温度降低会造成盐渍土盐胀率的增大,当其含水率达到最佳含水率时,盐胀率基本接近最大,若含水率继续增加,其盐胀率则有所减小。

硫酸盐渍土与亚硫酸盐渍土的溶陷系数会随着初始含水率的增大而出现不同程度的降低。当含水率过高时,在200kPa的压力下,即使没有水分浸入,也会因压力的存在而有部分水分从试样下部渗出。

(4)压实度对评判指标的影响

盐渍土的压实度通过影响其初始干密度来影响其盐胀率和溶陷系数的。压实度越大,土颗粒间的胶结力也越大,间隙则越小;在一定范围内,当其他条件相同时,随着压实度的增加,粗颗粒盐渍土单次降温盐胀试验所得盐胀率逐渐减小,当其大于某一值时,盐胀率将继续增大。但根据多因素交互作用下的盐胀试验结果拟合所得的二次回归方程中压实度这一因素并不显著。对于溶陷试验而言,压实度的增大将导致粗颗粒盐渍土中孔隙通道的减少,随着水分从上向下的不断浸入,在浸入时间相同的条件下,盐渍土的溶陷系数会有所减小。

(5)上覆荷载对评判指标的影响

从盐胀试验可以看出,上覆荷载对粗颗粒盐渍土的盐胀是有一定影响的,在一定程度上,上覆荷载的存在会抑制盐渍土土体的盐胀。同样,当盐渍土中有水分渗入时,上覆荷载作为一种外加荷载,会促进盐渍土体的溶陷变形。可见,上覆荷载对于路基变形的影响是非常重要的,但是该因素作为外界对路基的一种影响,对路基填料本身的指标评判影响相对较小。

综上所述,盐渍土的水热稳定性是其粒度成分、含盐特征、含水率、压实度、上覆荷载以及温度等因素的综合反映,而盐渍土又通过盐胀和溶(融)陷将其水热稳定性体现在路基变形上。可见,盐渍土的盐胀和溶(融)陷特性是评判盐渍土用于路基填料的重要指标。通过对决定其工程性质的温度、粒度成分、含盐特征、含水率、压实度及上覆荷载等主要因素的综合考虑,并将它们的内在联系加以分析,才能做到本质和现象的统一,从而得到更加合理的路基填料评判指标影响因素的界限值。

7.3 粗颗粒盐渍土用于路基填料的指标界限值

由于粗颗粒盐渍土地区的盐胀和溶陷是导致各种公路路基、路面发生病害的基础,通过前几章对粗颗粒盐渍土盐胀和溶陷试验的研究分析,可以分别确定含细粒土砂、细粒土质砂以及细粒土质砾硫酸盐渍土和亚硫酸盐渍土在不同条件下的盐胀率和溶陷系数的关系曲线,以此可对粗颗粒盐渍土用于路基填料的指标界限值展开进一步的分析。

7.3.1　公路路面综合破坏值的确定

为了合理地确定粗颗粒盐渍土用于路基填料的指标界限值，首先对水泥混凝土路面和沥青混凝土路面两种不同公路路面类型的变形要求进行分析。

在《公路养护质量检查评定标准》(JTJ 075—1994)中，对于沥青路面沉陷的定义为路面、路基有竖向变形，路面下凹，深度 3cm 以上。对于水泥混凝土路面沉陷的定义为路面连续数块板下沉，低于相邻路面板平面(或设计高程)的，深度在 3cm 以上的，同样，拱起破坏也是以 3cm 为分界线。

在《公路沥青路面养护技术规范》(JTJ 073.2—2001)中，对于沥青路面的破损类型——沉陷、车辙、波浪、拥包，轻重两种破坏级别的分级指标均为深度 2.5cm，以 m^2 为计量单位。

在《公路技术状况评定标准》(JTG H20—2007)中，对于沥青路面的沉陷及波浪拥包程度的分级同样以 25mm 为分界线，损坏按面积计算。

综合分析现有规范和标准中的规定，并结合实际工程经验，从偏安全的角度出发，本章在计算粗颗粒盐渍土用于路基填料的指标界限值时，取路面变形量 2.5cm/m^2 作为路面综合破坏值。

由于盐渍土用作路基填料时，将与路基的稳定性有着密切的关系，所以路基不同层位所用填料应分别进行控制。路床部位受外界及路面的影响较大，故对路基 0 ~ 0.8m 范围内填料的选取应更为严格，为了保证路面结构的稳定，根据《盐渍土地区公路设计与施工指南》中的规定，高等级公路的路基盐胀率不应大于 1%，同时，以盐渍土溶陷率 1.5% 作为公路路基溶陷性要求。然而路面以下大于 0.8m 的路基部分较路床部位的敏感程度低，且低温对路基盐胀的影响随深度加深而减少，加之路面荷载及路床对路基下部的盐胀具有一定的抑制作用，所以盐渍土用作路面以下大于 0.8m 范围的路基填料时可适当放宽。在计算时，结合本节分析，取变形量 2.5cm/m^2 作为相应的综合破坏值。

7.3.2　含细粒土砂(亚)硫酸盐渍土指标界限值分析

通过多因素交互作用下粗颗粒盐渍土的室内盐胀试验分析，拟合得到了含细粒土砂硫酸盐渍土和亚硫酸盐渍土的含盐量、含水率、压实度、上覆荷载与盐胀率之间关系的二次回归方程。

为了研究含细粒土砂含盐量与盐胀率的对应关系，利用试验所得二次回归方程，根据目前对盐渍土盐胀的研究表明，粗颗粒盐渍土的盐胀率随初始含水率的增大呈先增大后减小的趋势，在最佳含水率附近，土体的盐胀率达到最大值，结合各因素对盐胀的影响程度，取含水率为最佳含水率，压实度为 93%，上覆荷载为 0kPa，进行如下分析。

以最佳含水率为 11% 的含细粒土砂硫酸盐渍土为例，若其盐胀率为 1%，则对应的含盐量(即硫酸钠的含量)为 0.04%；若其盐胀率为 3%，则对应的含盐量为 1.4%；若其盐胀率为 6%，则对应的含盐量为 3.45%。然而，对于含细粒土砂亚硫酸盐渍土，试验过程中，含盐量在 0.5% ~2.61%，含水率在 8.8% ~13.2%，其盐胀率均小于 1.561%，见表 7-2。

含细粒土砂盐渍土试验含盐量与盐胀率的对应关系表(%)　　表 7-2

土　类	含盐量			
	0.04	0.38	1.40	3.45
	盐胀率			
硫酸盐渍土	1	1.5	3	6
亚硫酸盐渍土	均小于 1.561			

根据室内大型溶陷试验可知,含细粒土砂硫酸盐渍土含盐量在 0.5% ~3%,含水率在 5% ~13%,即使其达到盐胀破坏含盐量,但其溶陷系数仍不足 1%。同样,对于含细粒土砂亚硫酸盐渍土,含盐量在 0.5% ~2%,含水率在 5% ~13%,其溶陷系数也小于 1%。

可见,对于含细粒土砂而言,不论是硫酸盐渍土,还是亚硫酸盐渍土,当其处于最佳含水率附近,并击实到一定压实度时,含盐量即使较高也不一定会发生较大的溶陷,而由含盐量所影响的盐胀才是控制其是否能够用作路基填料的主要控制因素。

为了使所得指标界限值更具代表性,本章从工程实际出发,结合影响盐渍土路基变形的多个因素及其对盐胀影响的主次作用,出于偏安全考虑,同样取压实度为 93%、最佳含水率、上覆荷载为 0kPa。以不同的标准对路基不同层位可用的盐渍土填料进行分析,即在 0 ~0.8m 范围内取盐胀率界限为 1%,溶陷率界限为 1.5%;0.8m 以下的部分则取综合破坏值 2.5cm·m^{-2}。计算时,以粗颗粒盐渍土的盐胀率为基础,将起胀含盐量和容许含盐量一同进行考虑,同时结合粗颗粒盐渍土由溶陷性所得的溶陷系数及粗颗粒盐渍土特有的融陷性,计算粗颗粒盐渍土用于路基填料的含盐量界限值。结合路基不同层位取盐渍土路基填料使用的分界点分别为 0.8m、1.5m、2.0m。

具体计算步骤为:首先,对于路面以下 0 ~0.8m 范围内的路基部分,分别以盐胀率 1% 和溶陷率 1.5% 作为分界值,而对于 0.8m 以下的路基部分,是将路面综合破坏值乘以 100% 除以相应计算高度等于该含盐量下的盐胀率或溶陷率(溶陷系数)的破坏分界值;其次,根据不同分界值和单因素及多因素盐胀试验所得的盐渍土盐胀率随含盐量变化试验结果即可推算得出相应的含盐量,同时,将这一分界值与对应粗颗粒盐渍土的溶陷曲线进行对照,也可得出溶陷试验下的含盐量;最后,将通过盐胀和溶陷两方面得到的界限值进行比较并合理取值,即为粗颗粒盐渍土用于该路基计算高度内填料的最终的含盐量界限值,计算结果见表 7-3。

含细粒土砂盐渍土用作不同层位路基填料的含盐量界限值　　表 7-3

土　类	路基不同高度所用填料的界限含盐量			起胀含盐量
	0 ~0.8m	0.8 ~1.5m	1.5 ~2.0m	
硫酸盐渍土	0.5%	1.8%	2.3%	0.5%
亚硫酸盐渍土	1.4%	1.5%	3.0%	0.5%

7.3.3　含细粒土质砂(亚)硫酸盐渍土指标界限值分析

同样,为了研究细粒土质砂含盐量与盐胀率的对应关系,利用试验所得二次回归方程,取压实度为 93%,含水率为最佳含水率,上覆荷载为 0kPa,进行如下分析。

对于细粒土质砂硫酸盐渍土而言,当其最佳含水率为 8.4%,若其盐胀率为 1%,则对应的含盐量(即硫酸钠的含量)为1.23%;若其盐胀率为3%,则对应的含盐量为2.58%;若其盐胀率为6%,则对应的含盐量为4.61%。然而,对于细粒土质砂亚硫酸盐渍土,若其盐胀率为1%,则对应的含盐量(即 $Cl^-/SO_4^{2-}=0.5$)为1.73%;若其盐胀率为3%,则对应的含盐量为4.20%;若其盐胀率为6%,则对应的含盐量为7.91%,见表7-4。

细粒土质砂盐渍土试验含盐量与盐胀率的对应关系表(%) 表7-4

土类	盐胀率			
	1	1.5	3	6
	含盐量			
硫酸盐渍土	1.23	1.57	2.58	4.61
亚硫酸盐渍土	1.73	2.35	4.20	7.91

根据细粒土质砂的溶陷试验分析可知,在试验范围内,其硫酸盐渍土含盐量在0.5%~3%,含水率在4.4%~10.4%,盐渍土试样的溶陷系数基本均超过1%。在最佳含水率8.4%,压实度93%的条件下,当含盐量大于1.2%时,其溶陷系数大于1.5%。同样,对于细粒土质砂亚硫酸盐渍土而言,在试验范围内,其盐渍土试样的溶陷系数也都较大,当最佳含水率8.4%,压实度93%的条件下,当含盐量大于0.5%时,其溶陷系数大于1.5%。

与含细粒土砂盐渍土相同,从工程实际出发,出于偏安全考虑,同样取压实度93%、最佳含水率、上覆荷载0kPa,结合粗颗粒盐渍土的盐胀性和溶陷性,计算粗颗粒盐渍土用于不同层位路基填料的含盐量界限值,具体计算标准如前文所述,此处不赘述,计算结果见表7-5。

细粒土质砂盐渍土用作不同层位路基填料的含盐量界限值 表7-5

土类	路基不同高度所用填料的界限含盐量			起胀含盐量
	0~0.8m	0.8~1.5m	1.5~2.0m	
硫酸盐渍土	1.2%	2.2%	2.5%	0.3%
亚硫酸盐渍土	0.5%	2.2%	2.8%	0.5%

7.3.4 含细粒土质砾(亚)硫酸盐渍土指标界限值分析

根据多因素交互作用下盐胀试验所得二次回归方程,研究细粒土质砾含盐量与盐胀率的对应关系,取压实度为93%,含水率为最佳含水率,上覆荷载为0kPa,进行如下分析。

例如,细粒土质砾硫酸盐渍土的最佳含水率为6.4%,当含盐量(即硫酸钠的含量)较低时,就会产生较大的盐胀量,若其盐胀率为3%,则对应的含盐量为4.87%;若其盐胀率为6%,则对应的含盐量为12.32%。然而,对于细粒土质砾亚硫酸盐渍土,若其盐胀率为1%,则对应的含盐量为2.19%;若其盐胀率为3%,则对应的含盐量为9.83%;若其盐胀率为6%,则对应的含盐量为21.29%。见表7-6。

细粒土质砂盐渍土试验含盐量与盐胀率的对应关系表(%) 表7-6

土类	盐胀率			
	1	1.5	3	6
	含盐量			
硫酸盐渍土	0	1.15	4.87	12.32
亚硫酸盐渍土	2.19	4.1	9.83	21.29

根据细粒土质砾溶陷试验分析，在试验范围内，其硫酸盐渍土含盐量在0.5% ~3%，含水率在2.4% ~10.4%，盐渍土试样的溶陷系数都比较大。在最佳含水率6.4%，压实度93%的条件下，当含盐量大于1.0%时，其溶陷系数大于1.5%。同样，对于细粒土质砾亚硫酸盐渍土而言，在试验范围内，其盐渍土试样的溶陷系数也都较大，当最佳含水率6.4%，压实度93%的条件下，当含盐量大于0.6%时，其溶陷系数大于1.5%。

根据本章对水泥混凝土路面和沥青混凝土路面变形要求分析所得的公路路基不同层位的计算标准，取压实度93%、最佳含水率、无上覆荷载，全面考虑粗颗粒盐渍土的盐胀性、融陷性和溶陷性，分别计算出粗颗粒盐渍土用于路基填料的含盐量界限值。经计算可得如表7-7所示结果。

细粒土质砾盐渍土用于不同层位路基填料的含盐量界限值 表7-7

土类	不同高度路基所用填料的界限含盐量			起胀含盐量
	0 ~0.8m	0.8 ~1.5m	1.5 ~2.0m	
硫酸盐渍土	0.3%	2.1%	2.6%	0.3%
亚硫酸盐渍土	0.6%	2.5%	2.7%	0.5%

综上所述，通过分析多个因素对含细粒土砂、细粒土质砂、细粒土质砾硫酸及亚硫酸盐渍土的盐胀性、溶陷性及融陷性的影响程度，结合现有规范和标准，从工程实际及足够安全储备出发，多因素综合考虑，按照土类划分、初始压实度93%、最佳含水率、无上覆荷载的条件下，提出了在路基不同层位处，粗颗粒盐渍土用作其填料的含盐量评判界限值，见表7-8。

粗颗粒盐渍土用于不同层位路基填料的含盐量界限值 表7-8

土类		路基不同高度所用填料的界限含盐量		
		0 ~0.8m	0.8 ~1.5m	1.5 ~2.0m
含细粒土砂	硫酸盐渍土	0.5%	1.8%	2.3%
	亚硫酸盐渍土	1.4%	1.5%	3.0%
细粒土质砂	硫酸盐渍土	1.2%	2.2%	2.5%
	亚硫酸盐渍土	0.5%	2.2%	2.8%
细粒土质砾	硫酸盐渍土	0.3%	2.1%	2.6%
	亚硫酸盐渍土	0.6%	2.5%	2.7%

7.4 大型路堤模型试验对粗颗粒盐渍土用于路基填料指标界限值的验证

为了验证上述试验所得粗颗粒盐渍土用于路基填料的含盐量界限值的合理性和可靠度，本实例主要采用由取自新疆奎克高速公路沿线某段盐渍土试样开展的大型路堤模型冻融循环试验结果进行分析。

7.4.1 大型路堤模型试验简介

试验中，首先对所用土样进行了颗粒分析、击实试验以及易溶盐含量试验；然后采用该土样进行实际路堤高度和坡度比的大型路堤模型试验。其中，路基模型顶面的长、宽、高分别为

3.6m、0.8m、0.8m，如图 7-1 所示。模型按实际工程情况分层填筑，每层 0.1m，共 8 层，压实度 96%，含水率取最佳含水率，按重型击实标准控制压实厚度，路堤表面不铺设路面材料，即无上覆荷载。

路堤模型处于由制冷机和加热器组成的环境中。为了监测路堤所发生的盐胀和溶陷最大变形量，在路堤表面 A、B、C、D 处各布设 4 个位移传感器，如图 7-1 所示，同时，在路堤内部两个错开的断面 1－1（路堤左半幅）和断面 2－2（路堤右半幅）处布设温度传感器，其中，图 7-1 仅给出断面 2－2 处的温度传感器布设情况，与断面 1－1 处布设相同。

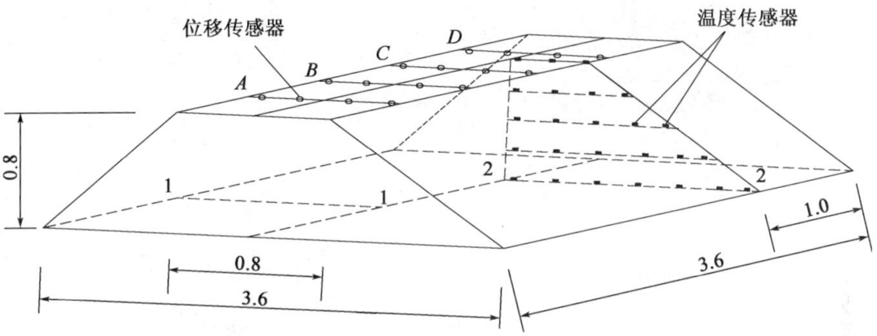

图 7-1　试验路堤模型（尺寸单位：m）

待各种试验条件准备就绪，便开展大型路堤模型冻融循环盐胀试验。试验过程中，温度最低降至－15℃，降温历时 225h，升温历时 50h，共 3 个周期。

7.4.2　试验结果分析

根据温度传感器测试结果显示，路堤内部温度变化分布状况可以反映实际工程，随着环境温度的改变，模型路堤上层温度变化大而下层变化小，同一层中，路堤中心与路堤边侧的温度差都随着路堤层位的上升逐渐减小，并且在降温过程中，整个路堤处于其粗颗粒盐渍土的盐胀敏感温度区间。可见，该试验路基所产生的盐胀变形量具有一定的参考性。

根据位移传感器监测结果表明，经过多次冻融循环后，路堤中部产生的最大盐胀量比路肩的最大盐胀量大，路堤表面盐胀的最大值是 3.51mm，且盐胀率为 0.44%，路堤表面不同点之间的最大变形差值为 2.6mm。

通过颗粒分析试验和易溶盐含量试验可知，该粗颗粒盐渍土属于砾类亚硫酸盐渍土，过不同筛孔条件下盐渍土的含盐量情况见表 7-9。

试验结果对照表　　表 7-9

测试含盐量			路堤模型试验结果	
过 1mm 筛	过 5mm 筛	不过筛	最大盐胀率	最大变形量
0.85%	0.56%	0.45%	0.44%	3.51mm

从表 7-9 中可以看出，若以《公路路基设计规范》（JTG D30—2004）为标准，根据过 1mm 筛或过 5mm 筛的易溶盐含量可判定其为弱盐渍土，而根据不过筛的含盐量则判定为非盐渍土：若以《公路土工试验规程》（JTG E40—2007）为标准，根据过 1mm 筛的易溶盐含量可判定其为中盐渍土，而根据过 5mm 筛或不过筛的含盐量则判定为弱盐渍土。但是，路堤模型试验结果

显示其用于路基填料时最大盐胀率为0.44%，小于《盐渍土地区公路设计与施工指南》中要求的1%，该盐渍土可用于路基填料。

根据粗颗粒盐渍土用于不同高度路基填料的含盐量界限值(表7-10)可得，当路基高度为0.8m时，砾砂亚硫酸盐渍土用作路基填料的含盐量界限值为0.6%，大于该高度时盐渍土按过5mm筛所测试的含盐量0.56%，所以，该粗颗粒盐渍土可以被有效利用，这与大型路堤模型试验结果相吻合。因此，表7-10可为粗颗粒盐渍土是否用作路基填料提供一定的参考。

粗颗粒(亚)硫酸盐渍土填筑不同路基层位的含盐量界限值　　表7-10

土类		路基不同高度所用填料的含盐界限量		
		0~0.8m	0.8~1.5m	1.5~2.0m
细砂(含细粒土砂)	硫酸盐渍土	0.5%	1.8%	2.3%
	亚硫酸盐渍土	1.4%	1.5%	3.0%
粉砂(含粒土质砂)	硫酸盐渍土	1.2%	2.2%	2.5%
	亚硫酸盐渍土	0.5%	2.2%	2.8%
砾砂(细粒土质砾)	硫酸盐渍土	0.3%	2.1%	2.6%
	亚硫酸盐渍土	0.6%	2.5%	2.7%

7.5 高速铁路无砟轨道粗颗粒盐渍土路基填料指标初判

为了提出针对德伊高铁无砟轨道粗颗粒盐渍土路基控制指标，本节首先总结了已有盐渍土路基控制指标，然后基于上述研究对已有粗颗粒盐渍土路基控制指标进行补充和修正，并提出了德伊高铁无砟轨道粗颗粒盐渍土路基控制指标。

7.5.1 目前已有的盐渍土路基控制指标总结

1)粗颗粒盐渍土用作路基填料含盐量控制指标总结

本书通过试验分析了6种粗颗粒硫酸和亚硫酸盐渍土在单次降温条件下的盐胀规律，并提出了粗颗粒(亚)硫酸盐渍土填筑不同路基层位的含盐量控制指标(表7-10)。

《公路路基设计规范》(JTG D30—2015)规定了盐渍土用作路基填料的可用性(区分了细粒盐渍土和粗颗粒盐渍土)。盐渍土填筑路基时，填料的可用性应根据公路等级、填筑部位、土质类型以及当地气候、水文地质条件等按表7-11确定。

盐渍土用作路基填料的可用性表　　表7-11

土类	盐类	盐渍化程度	高速公路、一级公路			二级公路			三、四级公路	
			路床	上路堤	下路堤	路床	上路堤	下路堤	路床	上路堤
细粒土	氯盐渍土	弱盐渍土	×	○	○	○	○	○	○	○
		中盐渍土	×	×	○	×	△[2]	○	×	○
		强盐渍土	×	×	×	×	×	△[3]	×	△[3]
		过盐渍土	×	×	×	×	×	△[3]	×	×

续上表

土类	盐类	盐渍化程度	高速公路、一级公路			二级公路			三、四级公路	
			路床	上路堤	下路堤	路床	上路堤	下路堤	路床	上路堤
细粒土	硫酸盐渍土	弱盐渍土	×	×	○	×	○	○	△[2]	○
		中盐渍土	×	×	×	×	×	○	×	△[2]
		强盐渍土	×	×	×	×	×	×	×	×
		过盐渍土	×	×	×	×	×	×	×	×
粗颗粒土	氯盐渍土	弱盐渍土	△[1]	○	○	○	○	○	○	○
		中盐渍土	×	△[1]△[2]	○	△[1]	○	○	○	○
		强盐渍土	×	×	○	×	△[3]	○	×	○
		过盐渍土	×	×	×	×	×	△[3]	×	△[3]
	硫酸盐渍土	弱盐渍土	△[1]△[2]	○	○	△[1]	○	○	○	○
		中盐渍土	×	×	○	×	○	○	△[1]	○
		强盐渍土	×	×	×	×	×	△[1]	×	△[3]
		过盐渍土	×	×	×	×	×	×	×	×

注：1. 表中○-可用，×-不可用。
2. △[1]-除细粒土质砂(砾)以外的粗颗粒土可用。
3. △[2]-地表无长期积水、地下水位在 3m 以下的路段可用。
4. △[3]-过干旱地区经论证可用。

《铁路特殊路基设计规范》(TB 10035—2006)只规定了路基工程对土层容许易溶盐含量的要求。

2)粗颗粒盐渍土路基隔断层埋深控制指标总结

《公路路基设计规范》(JTG D30—2015)对隔断层设置作了 3 条简单规定：①隔断层的设置层位应高出地表或地表长期积水水位 0.2m 以上，并满足最大冻深的要求。高速公路、一级公路新建路基隔断层宜设置在路床之下。②隔断层的路拱横坡不应小于 2%，最大横坡不应超过 5%。③隔断层材料可采用透水性好的砾(碎)石、复合防渗土工布。砾石(碎石)隔断层厚度宜为 0.3～0.5m，最大粒径应小于 50mm，粉黏粒含量应小于 5%。杨仲全提出了确定盐渍土路基隔断层埋深的 3 种经验公式：盐胀有效深度法、冻土深度法、根据盐胀力与上覆荷载确定隔断层深度。

7.5.2　高铁无砟轨道粗颗粒盐渍土路基控制指标的修正和补充

1)含盐量控制指标修正

目前测定含盐量主要有 2 种方法：过 1mm 筛和过 5mm 筛法，本节所提到的含盐量均指以过 5mm 筛法的测定结果。根据铁二院陈伟志等关于粗颗粒盐渍土路基无砟轨道的设计分析，本节取盐胀量 4mm 作为高铁无砟轨道粗颗粒盐渍土路基容许盐胀量。据《盐渍土地区公路设计与施工指南》，路基深度 0～160cm 的盐胀量占总盐胀量的 85% 左右。所以，一般情况下三、四级公路的盐胀深度取 160cm，一级公路和高速公路的盐胀深度取 200cm。为了安全起见，本章中高铁无砟轨道的盐胀深度取200cm。

随着深度的增加,低温影响衰减和上覆荷载对盐胀的综合影响愈发显著,其影响效果详见表7-12。

路基不同深度盐胀量占总盐胀量的百分数　　表7-12

编　号	路基深度(cm)				
	0~40	0~80	0~120	0~160	0~200
1	33.33%	56.67%	76.67%	88.33%	96.67%
2	42.44%	61.90%	76.19%	90.48%	92.06%
3	42.86%	64.29%	65.18%	74.11%	81.25%
平均值	40.21%	61.00%	72.68%	84.31%	90.00%

路基不同深度段盐胀量占总盐胀量的百分比见表7-13。

路基不同深度段盐胀量占总盐胀量的百分比　　表7-13

	路基深度段(cm)				
	0~40	40~80	80~120	120~160	160~200
平均值(%)	40.21	20.79	11.68	8.93	5.69

根据表7-13,本节假定:深度0~40cm,充分盐胀;深度40~80cm,单次盐胀率抑制50%;深度80~200cm,单次盐胀率抑制75%。因为以上假定基于《盐渍土地区公路设计与施工指南》对新疆路基工程案例的总结,同时新疆气候基本可以代表粗颗粒盐渍土分布的区域气候特点,且其最低气温(约-20℃)几乎低于其他粗颗粒盐渍土区域。所以此假定同样适用于其他地区粗颗粒盐渍土地区的高铁项目。本节计算只针对一般情况下路基,不考虑极端寒冷和极端高地下水水位的路基。如需应用到特殊条件下的盐渍土路基,应具体情况具体分析。

基床表层和基床底层上结构层填筑非盐渍土,不会产生盐胀,所以产生盐胀的主要部位为基础底层下结构层(深度1.4~2.7m)。德伊高铁项目盐渍土路基界限盐胀率见表7-14。

德伊高铁盐渍土路基界限盐胀率　　表7-14

深度(cm)	位　置	界限盐胀率(%)
140~200	基床底层下结构层	0.67

据上述关于温度、上覆荷载对盐胀综合影响的假定和本书上述研究结论(盐胀累积性),高铁盐渍土路基界限盐胀率应修正为表7-15。

高铁盐渍土路基界限盐胀率　　表7-15

深度(cm)	位　置	盐胀率(%)
140~200	基床底层下结构层	0.89

所以,据表7-15和单次盐胀试验结果可得到高铁项目粗颗粒盐渍土路基界限含盐量(表7-16)。

高铁盐渍土路基界限含盐量　　表7-16

盐类	土类	路基深度段(cm)		
		0～40	40～140	140～270
		基床表层	基床底层上结构层	基床底层下结构层
亚硫酸盐渍土	细砂	0	0.3%	1.19%
	粉砂	0	0.3%	2.34%
	砾砂	0	0.3%	2.30%
硫酸盐渍土	细砂	0	0.3%	0.79%
	粉砂	0	0.3%	1.55%
	砾砂	0	0.3%	2.00%

注：此亚硫酸盐渍土，盐分为氯化钠和硫酸钠 $c(Cl^-)/c(SO_4^{2-})=0.5$。氯盐渍土的含盐量在论证的情况下可以适当扩大使用范围。

2）隔断层理论埋深规定补充

已有盐渍土路基隔断层设置规定过于简单，故在假定隔断层上覆荷载与下填土盐胀力相等处为隔断层理论埋深的基础上对粗颗粒盐渍土路基隔断层设置补充以下几条建议：

（1）填料含盐量相差较大的分界面处，应视具体情况设置隔断层。如路床与上路堤分界面、基床表层与基床底层上结构层分界面等。

（2）隔断层埋深不宜设置过深。一般情况下，因为粗颗粒盐渍土盐胀力不大于50kPa，所以粗颗粒盐渍土路基隔断层埋深不宜超过2.5m。

3）填料颗粒级配规定补充

为避免粗颗粒盐渍土路基出现"体缩"，本节对粗颗粒盐渍土用作路基填料的颗粒级配作如下建议：$d_{10}=0.075\text{mm}$，$d_{30}=0.075\text{mm}$，$d_{50}=0.25\sim0.075\text{mm}$，$d_{60}=0.5\sim0.25\text{mm}$ 应适当提高压实度。

7.5.3　讨论

本章对上述研究加以总结运用，提出了高铁无砟轨道粗颗粒盐渍土路基控制指标。主要研究结论分为以下几个方面：

（1）基于粗颗粒盐渍土单次盐胀试验结果，综合考虑荷载、温度和盐胀累积性等因素，提出了德伊高铁无砟轨道粗颗粒盐渍土路基含盐量控制表（表7-16），以期为其他类似工程提供参考。

（2）通过对已有试验数据和本章研究结果的归纳分析，提出了粗颗粒盐渍土路基填料颗粒级配初步建议：$d_{10}=0.075\text{mm}$，$d_{30}=0.075\text{mm}$，$d_{50}=0.25\sim0.075\text{mm}$，$d_{60}=0.5\sim0.25\text{mm}$ 应适当提高路基压实度来避免"体缩"。

（3）通过理论分析和数值模拟分析（详见本书第9章相关内容）对粗颗粒盐渍土路基隔断层设置提出了补充建议：填料含盐量相差比较大的分界面处，宜设置隔断层。粗颗粒盐渍土路基的隔断层不宜设置过深。一般情况下，粗颗粒盐渍土路基隔断层埋深宜为1.5～3m（基床底层下结构层或路堤）。

本章参考文献

[1] 张莎莎,杨晓华,戴志仁. 天然粗颗粒盐渍土多次冻融循环盐胀试验[J]. 中国公路学报,2009,22(4):28-32.

[2] 中华人民共和国行业标准. JTJ 075—1994 公路养护质量检查评定标准[S]. 北京:人民交通出版社,1994.

[3] 中华人民共和国行业标准. JTJ 073.2—2001 公路沥青路面养护技术规范[S]. 北京:人民交通出版社,2001.

[4] 中华人民共和国行业标准. JTG H20—2007 公路技术状况评定标准[S]. 北京:人民交通出版社,2007.

[5] 中华人民共和国行业标准. JTG D40—2011 公路水泥混凝土路面设计规范[S]. 北京:人民交通出版社,2011.

[6] 包卫星. 内陆盐渍土工程性质与公路工程分类研究[D]. 西安:长安大学,2009.

[7] 张莎莎,杨晓华,王龙. 单因素对粗颗粒盐渍土的盐胀规律影响效果研究[J]. 水利学报,2015,6(1):129-134.

[8] 张莎莎,王永威,杨晓华. 砾类亚硫酸盐渍土盐胀率的简化预测模型[J]. 中国公路学报,2015,11(11):1-7.

[9] 杨仲全. 盐渍土地区路基隔断层设置研究[J]. 中国水运月刊,2012,12(11):218-220.

[10] 陈伟志,李安洪,李楚根,等. 无砟轨道粗颗粒盐渍土路基设计方法[J]. 水文地质工程地质,2017,44(6).

[11] 刘伟. 粗颗粒硫酸及亚硫酸盐渍土用于路基填料的评判指标研究[D]. 西安:长安大学,2016.

[12] 张林. 德伊高铁无砟轨道粗颗粒盐渍土路基控制指标研究[D]. 西安:长安大学,2018.

[13] 黄立度,席元伟,李俊超. 硫酸盐渍土道路盐胀病害的基本特征及其防治[J]. 中国公路学报,1997(2):39-47.

第 8 章　粗颗粒硫酸盐渍土改良

8.1　概　　述

本书前 7 章论述了粗颗粒硫酸盐渍土可否用于路基填料，以及相应的路基填料可用性指标。对于有些地区依然存在大量的高含盐量粗颗粒硫酸盐渍土如何利用的问题，将在本章节具体论述。为了使高含盐量粗颗粒硫酸盐渍土能满足路基填料的使用条件，基于中国及伊朗地区主要产生的工业废渣和原料来源，本章采用石灰、粉煤灰和火山灰等无机改良材料，以改良高含盐量的粗颗粒硫酸盐渍土。首先准确认识粗颗粒硫酸盐渍土基本工程性质并确定改良试验的方案；然后，通过盐胀试验、溶陷试验和无侧限抗压强度试验研究无机改良剂对粗颗粒硫酸盐渍土的抵抗盐胀变形能力、溶陷特性和饱和无侧限抗压强度的影响，同时提出满足路基变形和强度要求的改良剂掺量。

8.2　粗颗粒硫酸盐渍土基本工程性质及改良剂的选择

8.2.1　试验用硫酸盐渍土基本工程性质

为了使盐渍土试验材料更具代表性，便于试验研究，减少不确定因素对试验结果的影响，配制典型级配的土质砾砂。由于细粒土对粗颗粒硫酸盐渍土的盐胀具有较强的促进作用，所以细粒土取土质砾砂极限值 50%，各粒径取值见表 8-1。细粒土选用西安周边的黄土，经过两遍洗盐，洗掉易溶盐和漂浮的有机物，经洗盐处理后，晾晒、粉碎，再过 2mm 筛，烘干后备用，图 8-1为细粒土制备过程。根据《铁路路基设计规范》(TB 10001—2016)，该砾类土为不均匀土，不均匀系数 C_u 大于 6，曲率系数 C_c 小于 1，为砂类土。

a)洗盐　　b)晾晒　　c)粉碎

图 8-1　细粒土制备过程

土质砾砂配土方案　　表 8-1

粒径(mm)	d＜0.075	0.075≤d＜0.25	0.25≤d＜0.5	0.5≤d＜1	1≤d＜2	2≤d＜5	5≤d＜10	10≤d＜15
含量(%)	50	2.5	2.5	10	5	5	10	15

为保证改良效果的适用性,改良试验选用的土质砾砂硫酸盐渍土含盐量2%,采用向土质砾砂中加无水硫酸钠的方式配制硫酸盐渍土,经重型击实试验可得土体的最佳含水率为8.3%,最大干密度为2.13g/cm^3。

8.2.2　改良材料的基本性质

改良材料选取石灰(Lime)、粉煤灰(Fly Ash)和火山灰(Volcanic Ash)三种无机材料。其中石灰和粉煤灰是两种常用的筑路材料。为了充分了解改良材料的性质,对改良材料进行元素组成和微观形态进行试验分析。

1)改良材料元素组成

粉煤灰和火山灰中含有Si、Al、Fe、Ca和Mg等元素,这些元素在材料中以复杂的化合物的形式存在,在分析元素组成时,以其氧化物形式表示,并且这些氧化物含量占总质量的80%以上,是改良材料的有效成分。试验利用长安大学地球科学与资源学院试验室的X射线荧光光谱仪(XRF),采用半定量检测分析方法确定元素含量,测试结果为根据元素与其氧化物之间的关系,确定氧化物含量。图8-2是粉煤灰和火山灰成分测定。粉煤灰和火山灰的有效成分及其含量见表8-2。检测试验结果可以看出,铁硅铝氧化物和钙镁氧化物含量在粉煤灰中超过了80%,在火山灰中超过90%。

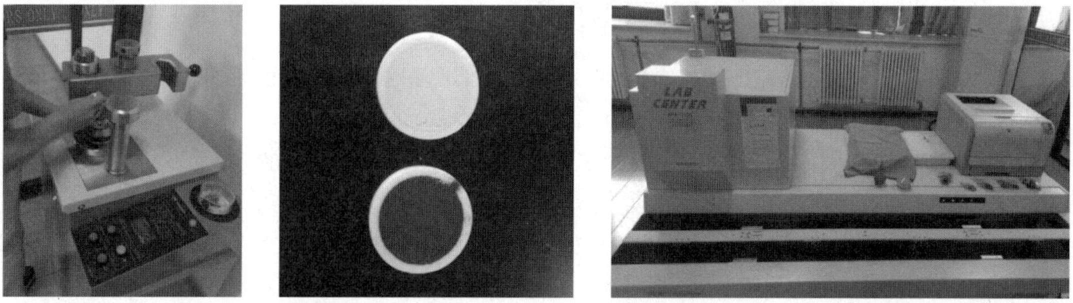

图8-2　粉煤灰和火山灰成分测定

粉煤灰和火山灰化学成分及其含量(%)　　表 8-2

成分	SiO_2	Al_2O_3	Fe_2O_3	CaO	MgO	总计
粉煤灰	49.0	15.3	8.3	7.5	2.6	82.7
火山灰	50.6	18.4	10.9	7.4	4.0	91.3

2)改良材料微观形态

改良材料的微观表面特征对改良效果有一定的影响。本次微观结构试验采用长安大学材料学院场发射扫描电子显微镜,获取不同倍数下石灰、粉煤灰和磨细火山灰的SEM图像,见图8-3～图8-5。

图 8-3　石灰在 20k 放大倍数(左)和 50k 放大倍数(右)下的形态

图 8-4　粉煤灰在 20k 放大倍数(左)和 50k 放大倍数(右)下的形态

图 8-5　磨细火山灰在 2k 放大倍数(左)和 5k 放大倍数(右)下的形态

图 8-3 ~ 图 8-5 显示三种改良材料有不同的微观结构和颗粒尺寸。整体来看,三种改良材料的颗粒尺寸由大到小依次为火山灰、粉煤灰、石灰,碎屑物由多到少依次为粉煤灰、火山灰、石灰,圆度排序由好到差依次为石灰、粉煤灰、火山灰。从图 8-3 中可以发现,石灰在微观形态

下多为松散的细小球形和椭球形颗粒，单个颗粒直径不到 1μm，比表面积大，球形颗粒聚集在一起，形成较大的块状颗粒，表面圆滑。从图 8-4 可以看出，粉煤灰在微观形态下多为块状颗粒的碎屑，棱角不明显，并且在块状颗粒表面包裹有开口的层状结构，粉煤灰颗粒聚集在一起时，颗粒间的层状结构相互排斥，密度较小，但层状结构也使粉煤灰有较强的吸水性。从图 8-5可以看出，火山灰在微观形态下多为棱角分明的块状颗粒，表面平坦，颗粒具有方向性，在一个方向有明显分层，颗粒尺寸较粉煤灰大，最大尺寸在 100μm 左右，较小的碎屑团聚，很少附着在块状颗粒上。通过对比改良材料和改良前后盐渍土的微观颗粒形态，排除改良材料对分析结果的判断，发现改良前后微观结构的变化。

8.2.3　改良材料掺量配比方案

采用石灰、石灰 + 粉煤灰、石灰 + 火山灰这三种改良材料对配制的土质砾砂硫酸盐渍土进行改良，改良剂掺量确定为：石灰掺量从 5%（石灰比盐渍土）开始，按 2% 的含量递增，选择掺量为 5%、7%、9%、11% 和 13%。在采用石灰与粉煤灰、石灰 + 火山灰时，改良剂中石灰与粉煤灰（或火山灰）的质量比为 1∶2，并且二者总含量从 7% 开始增长，按 2% ~4% 的含量递增，选择掺量为 7%、9%、11%、15% 和 19%，共设计三种改良配比方案，每种改良剂配比方案 5 个水平，共 15 种情况，研究改良后盐胀率和无侧限抗压强度的变化趋势，确定适用于路基填料的改良剂掺量。

8.3　粗颗粒硫酸盐渍土改良效果分析

8.3.1　概述

粗颗粒硫酸盐渍土用于高速铁路路基填料会遇到三个难题，一是因其盐胀造成的隆起变形，二是由于溶陷性造成的路基沉陷，三是由于雨水侵袭而造成填料强度损失。本节通过试验对改良盐渍土的盐胀特性，溶陷特性和强度特性等作改良效果分析，并提出满足高速路基变形和强度要求的改良剂掺量。

8.3.2　改良盐渍土的击实特性

盐渍土的含水率和压实度对盐胀和溶陷变形有直接影响，因此，在进行盐胀试验和溶陷试验前，必须得到不同改良剂掺量情况下盐渍土的最佳含水率和最大干密度。根据改良剂掺量配比方案，配制硫酸钠含量 2%，石灰掺量分别为 5%、7%、9%、11% 和 13%，石灰 + 粉煤灰掺量和石灰 + 火山灰掺量分别为 7%、9%、11%、15% 和 19% 的土质砾砂盐渍土，按照《铁路工程土工试验规程》（TB 10102—2010）中击实试验的要求，进行击实试验。每种改良剂掺量做两组平行试验，共配制 150 个土样，进行 30 组击实试验，表 8-3 为不同配比情况下的击实试验结果。从表 8-3 中可以看出，随着改良剂掺量的增加，最佳含水率逐渐增大且变化明显，而最大干密度变化逐渐减小，趋势不明显。

改良土最佳含水率与最大干密度　　表 8-3

改良剂类型	编号	击实结果	
		最佳含水率(%)	最大干密度(g/cm^3)
石灰(Lime)	L5	11.0	2.01
	L7	11.7	2.01
	L9	12.0	2.00
	L11	12.5	2.00
	L13	12.9	1.99
石灰(Lime)+粉煤灰(Fly Ash)	LF7	10.1	2.07
	LF9	10.5	2.06
	LF11	11.0	2.06
	LF15	12.3	2.05
	LF19	12.6	2.04
石灰(Lime)+火山灰(Volcanic Ash)	LV7	10.9	2.08
	LV9	11.2	2.08
	LV11	11.2	2.07
	LV15	11.6	2.06
	LV19	12.1	2.05

8.3.3　改良盐渍土的盐胀试验

1)硫酸盐渍土盐胀变形的影响因素

硫酸盐渍土最突出的工程地质问题是,当土中的硫酸钠含量超过一定数量时,在低温条件下吸水结晶,体积膨胀,导致土体结构破坏,强度降低,造成冬季鼓胀,夏季下沉,鼓胀高度一般数十毫米,严重者百余毫米,威胁行车安全,给路基养护维修带来困难。国内外学者进行了大量的研究,认为含盐量、含水率、温度、土的压实度和上覆荷载等是影响硫酸盐渍土盐胀变形的主要因素(徐攸在,1993)。

(1)含盐量

盐分是引起盐渍土发生盐胀的根本原因,盐分类别和含量则决定了盐胀变形及其变化规律,控制盐胀发生、发展、稳定的整个过程,对土体的盐胀起着决定性作用。

(2)含水率

从无水或过饱和的硫酸钠结晶盐胀的机理可以看出,硫酸钠的结晶必须吸收 10 个水分子,因此,水是硫酸盐渍土膨胀的必要条件。在温度降低时,盐渍土中的硫酸钠结晶析出,变成十水硫酸钠(芒硝),所需要的水分约为自身质量的 1.27 倍,比重由原来的 2.68 下降到 1.48,体积变为原来的 3 倍多,反应方程式见式(8-1)。

$$Na_2SO_4 + 10H_2O = Na_2SO_4 \cdot 10H_2O \tag{8-1}$$

无水硫酸钠的分子量是 142,十水硫酸钠的分子量是 180,由此可计算出硫酸钠结晶所需要水的比率为：

$$\frac{10H_2O}{Na_2SO_4}=\frac{180}{142}=1.27 \tag{8-2}$$

盐渍土盐胀率随含水率的变化规律经大量试验研究，结论主要分为三类：

①存在界限含水率，在含水率小于界限含水率时，盐胀率随含水率的增大而增大；当含水率大于界限含水率时，盐胀率随含水率的增大而减小。

②盐胀率随含水率的增大而增大。

③盐胀率随含水率的增大而减小。

(3)温度

如果含盐量、含水率等具备使土产生盐胀的条件，则温度是促使硫酸盐渍土盐胀的决定性因素。硫酸钠在水中的溶解度随温度的变化趋势见图8-6。从图中可以看出，硫酸钠在32.4℃时，溶解度达到峰值，高于或低于32.4℃，溶解度都将降低。盐渍土盐胀量随温度的降低而增加，不同含盐量的试样起始盐胀温度稍有差异外，盐胀随温度变化曲线的趋势基本一致。一般在正温15℃左右开始有盐胀反应，至－6℃时，盐胀量基本趋于稳定，并且在－6～0℃的范围内，无土体影响的情况下，硫酸钠结晶盐胀变化的速率最大，一般完成总盐胀的90%以上。

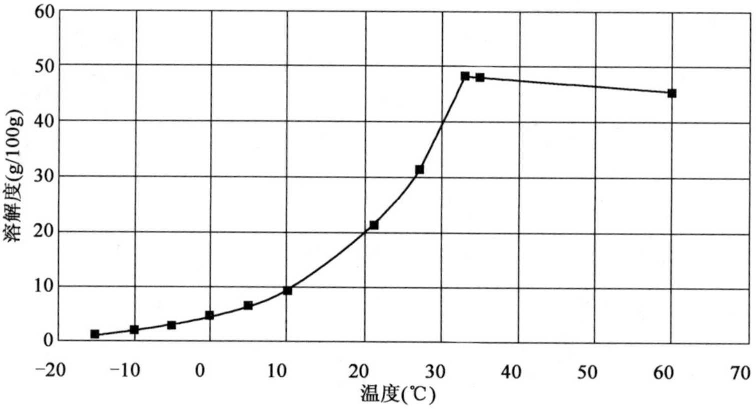

图8-6　硫酸钠在水中的溶解度曲线

(4)干密度

密度是土体的基本性质指标之一，它直接影响着土体的孔隙特征和结构状态，对土体的工程特性有着较大影响，不同密度土体的盐胀变形特性也有所不同。一方面，土体密实度越大，则土体内的大孔隙数量和孔隙总体积都将减少，这种变化趋势降低了孔隙对结晶盐分的吸收率，一定程度上增大了土体的盐胀变形量；另一方面，密实度增大能够增强土体的结构强度，使土体具有更强的抵抗膨胀变形的能力，因而能在一定程度上抑制盐胀。因此，干密度通过一正一负两种作用影响着土体的盐胀变形，在不同阶段起主导作用的因素有所不同。

(5)上覆荷载

上覆荷载是影响盐胀率的重要因素之一，上覆荷载对盐胀的抑制作用反映在以下两个方面。

①上覆荷载增大了土颗粒之间的挤压力，使土颗粒难以产生位移，从而对盐胀产生强烈的抑制作用。

②土体外部荷载的增加，增大了土颗粒间的接触应力，降低了土体的冻结点，影响土中水分的相态转移。在外荷载的作用下，减少了水盐向冷端的迁移量，即影响水盐迁移的抽吸力，引起土体内水盐重分布。

2）高速铁路路基填料容许盐胀率的确定

《高速铁路设计规范》（TB 10621—2014）中对路基工后变形有如下要求。对于无砟轨道，一般地段工后变形不宜超过 15mm；有砟轨道要求较低，在设行车速度 250km/h 时，对一般地段工后变形控制在 100mm，设计行车速度为 300km/h 或 350km/h 时，一般地段工后变形控制标准为 50mm。在高速铁路相关规范中，暂时没有对容许盐胀率做出相关规定，但是可以根据变形要求，按以下方法确定。

（1）《铁路特殊路基设计规范》（TB 10035—2006）对季节性冻土的冻胀做出了分级，当冻胀率≥1% 时为冻胀土，需要采取相关措施。对于盐渍土盐胀特性，参考冻土的相关规定，采用容许盐胀率为 1%。

（2）参考公路相关规范。在《盐渍土地区公路设计与施工指南》规定，当采用盐渍土作为路基填料时，高速公路和一级公路的破坏盐胀率为 1%。

（3）路基盐胀率由盐胀深度和盐胀变形量，按式（8-3）计算确定。

$$\eta = \frac{\sum_{i=1}^{n} \Delta_i}{\sum_{i=1}^{n} h_i} \tag{8-3}$$

式中：η——路基盐胀率；

$\sum_{i=1}^{n} \Delta_i$——路基填筑后，每层盐胀变形量的总和；

$\sum_{i=1}^{n} h_i$——产生盐胀变形的路基填筑高度，即盐胀深度。

由此，路基容许盐胀率的计算方法如下。

$$\eta_{容} = \frac{\Delta_{容}}{\sum_{i=1}^{n} h_i} \tag{8-4}$$

式中：$\eta_{容}$——容许盐胀率；

$\Delta_{容}$——路基容许变形量；

$\sum_{i=1}^{n} h_i$——盐胀深度。

有学者对盐胀深度做过大量研究。徐攸在（1993）以青海格尔木附近硫酸盐渍土为例，指出在地面 6m 以下时，地温变化才不足以引起硫酸盐渍土膨胀，确定盐渍土盐胀深度时要结合当地地温变化；新疆交通科学研究院的黄立度等（1997）通过大量现场实地观测，发现路基在 1m 内的盐胀量占总盐胀量的 65%，由此计算出无砟轨道和有砟轨道的容许盐胀率，具体见表 8-4。

不同轨道类型下高速铁路路基容许盐胀率　　表 8-4

轨道类型	容许工后变形(mm)	容许盐胀率(%)
无砟轨道	15	0.98
有砟轨道	50	1.95

综合以上三种方法,确定高速铁路路基的容许盐胀率为1%。

3)盐胀试验方案

盐胀试验方案参考《盐渍土地区公路设计与施工指南》中测盐胀率的室内试验方法,研究粗颗粒硫酸盐渍土和粗颗粒改良硫酸盐渍土在荷载为零时的盐胀率变化特征,并以此为基础,提出满足高速铁路路基变形容许量要求的改良剂掺量。

本次盐胀试验利用自主设计的试验箱,该试验箱由两台低温恒温槽和一个低温试验箱组成。试验箱内温度由低温恒温槽控制,盛放试验用土的容器为钢制试筒,试筒内径15cm、高12cm,配有轻质筒盖,如图8-7所示。试验分为制备试验土样和设置降温过程两个步骤。

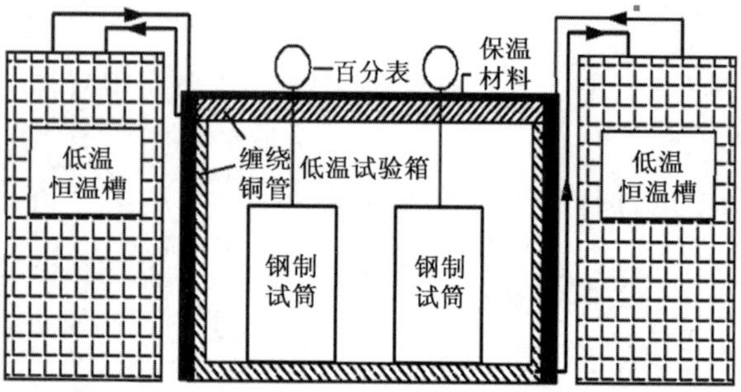

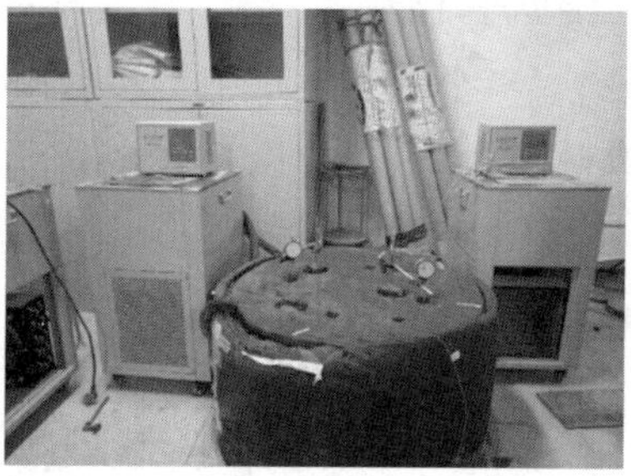

图 8-7　低温恒温槽降温装置

(1)制备试验土样

按照级配要求,配制土质砾砂,然后掺加无水硫酸钠和改良材料。由于水分是盐渍土产生盐胀的必要条件,为使试验结果准确,在素土、无水硫酸钠和改良材料混合均匀后,加入高于最佳含水率1%的水。然后把土样放置在25℃左右环境温度中,养生24h以上,使盐分和水分均匀分布,制得试验用土。将上述试验用土,按照95%的压实度,分三层均匀击入钢制试筒后,放入试验箱内。

(2)设置试验降温过程

盐胀试验的降温范围由学者们的盐胀研究成果和依托工程所在地的气候条件决定。根据研究经验,在降温过程中,盐渍土的盐胀反应一般在15℃左右开始产生,-6℃左右开始稳定,因此盐胀试验温度的上限设置为20℃。本书试验温度的确定,参考正在修建的德黑兰—库姆—伊斯法高铁工程所在地的气候资料,粗颗粒盐渍土所在的干涸盐湖位于该项目德黑兰—库姆段,位于伊朗库姆城市东北方向约30km处。库姆城市属亚热带干旱、半干旱气候,其特点是干热季节长,可持续7个月。该区域多年平均气温18.1℃,7月气温最高,极端最高气温46℃,1月气温最低,极端最低气温-12.6℃,最大月平均气温25.9℃,最小月平均气温10.2℃。根据气象资料,设置盐胀试验温度的下限为-10℃。

试验开始时,设置低温恒温槽温度为20℃,并保持12h,使低温试验箱内的土体在恒温

20℃下充分稳定，记录百分表初始读数。同时调节两台低温恒温槽温度，使低温试验箱内温度逐级降低。控制低温恒温槽降温速率为 10℃/90min，并在 –20℃维持 6.5h，并在每级降温结束后，记录盐胀量和低温试验箱内温度。冷冻液从低温恒温槽流到试验箱盖板和周围，在箱内形成一个密闭的降温空间，由于冷冻液在流动过程中与周围空气产生热交换，试验箱内气体实时监测温度高于低温恒温槽温度，并且制冷温度越低，冷冻液与周围空气产生的热交换越多，最终平衡状态时，试验箱温度达到 –10℃。

以击实结果为基础，按照上述过程制备土样后进行盐胀试验。为减小试验误差，保证试验结果的可靠性，每种掺量水平的改良土做 4 个平行土样，进行了 16 组试验，64 个盐胀土样。

4）改良盐渍土盐胀试验结果分析

根据掺加不同改良剂后的盐胀试验结果，可得表 8-5。

改良盐渍土盐胀率与温度变化的关系表　　表 8-5

改良剂类型	编号	总盐胀率（%）	完成盐胀率百分比（%）				盐胀率 1% 对应的温度（℃）
			–2℃	–7℃	–9℃	–10℃（初始）	
不掺加改良剂	L0	2.20	57	83	94	98	0.5
石灰	L5	1.63	41	77	94	96	–4.8
	L7	1.46	22	67	91	94	–7.2
	L9	1.21	4	46	90	94	–8.7
	L11	0.97	4	60	90	94	—
	L13	0.96	–5	41	92	90	—
石灰 + 粉煤灰	LF7	1.66	35	69	90	93	–5.8
	LF9	1.60	26	68	91	95	–6.3
	LF11	1.16	13	66	91	94	–8.6
	LF15	0.94	–3	46	86	90	—
	LF19	0.53	–7	31	83	88	—
石灰 + 火山灰	LV7	1.50	30	68	91	94	–6.8
	LV9	1.19	28	70	92	94	–8.3
	LV11	1.12	25	64	91	97	–8.8
	LV15	0.94	0	49	88	92	—
	LV19	0.58	–7	22	72	82	—

从表 8-5 中可以看出，改良盐渍土在降温区间达到 –9℃时，盐胀率增长迅速，此区间完成了大部分盐胀量。随着改良剂掺量的增加，盐胀增长较快的温度区间，即温度敏感区间逐渐降低，表明增大改良剂掺量，更能抵抗较低温度的盐胀变形。当石灰掺量从 5% 增长到 13% 时，–7℃完成的盐胀百分比从 77% 降低到 41%，–9℃均完成 90% 以上。当石灰 + 粉煤灰掺量从 7% 增长到 19% 时，–7℃完成的盐胀百分比从 69% 降低到 31%，–9℃均完成 80% 以上，当石灰 + 火山灰掺量从 7% 增长到 19% 时，–7℃完成的盐胀百分比从 68% 降低到 22%，–9℃均完成 70% 以上。当温度低于 –9℃时，盐胀变化缓慢，各改良盐渍土在温度达到 –10℃时，各掺量的改良盐渍土的盐胀量几乎均达到最终盐胀量的 90% 以上。

根据观测数据计算出盐胀率达到1%时的温度，可以为不同气温条件下的硫酸盐渍土地区高铁路基填料改良提供参考，在采用无机改良剂改善硫酸盐渍土的盐胀变形时，应结合当地气候条件考虑，在温度较高地区可以适当减少改良剂掺量，温度较低时，适当增加改良剂掺量。

8.3.4 改良盐渍土的溶陷试验

1)硫酸盐渍土溶陷性评价

粗颗粒硫酸盐渍土作为路基填料时，在受到雨水冲刷，地下水侵袭时，由于土中易溶盐的流失，改变土体内部结构，在自重压力或附加压力下，会产生溶陷变形。溶陷变形的大小也决定着盐渍土的适用性，因此，和盐胀变形一样，溶陷变形也是硫酸盐渍土用于路基填料重要指标。盐渍土的溶陷程度用溶陷系数 δ 表示，铁路相关规范还未对盐渍土溶陷性做出评价，溶陷性盐渍土在高速铁路路基填料的可用性也没有相关说明。在《盐渍土地区建筑技术规范》(GB/T 50942—2014)根据溶陷系数的大小，将盐渍土的溶陷程度分为下列三类。

(1)当 $0.01 < \delta \leq 0.03$ 时，溶陷性轻微；

(2)当 $0.03 < \delta \leq 0.05$ 时，溶陷性中等；

(3)当 $\delta \geq 0.05$ 时，溶陷性强。

本书通过对掺加改良剂的粗颗粒硫酸盐渍土进行盐胀研究，并根据容许盐胀率来确定满足高速铁路路基盐胀变形的改良剂掺量，在此基础上，选择合理的改良剂掺量，进行硫酸盐渍土的溶陷变形试验。

2)溶陷试验方案

溶陷试验有现场浸水荷载试验法和室内压缩试验法。现场浸水荷载试验法适用于各种土质的盐渍土地基，特别适用于碎(砾)石类或无法取得规整的原状土时。当盐渍土为可以取得规整形状的细粒土时，包括黏质盐渍土和粉质盐渍土，可以采用室内压缩试验法测定溶陷率。课题组(张莎莎、杨晓华等，2012)提出在进行粗颗粒盐渍土溶陷研究时，当无法进行现场试验，常规室内压缩试验的仪器又不能满足要求时，应在规范规定的室内试验的基础上，考虑粗颗粒间的尺寸效应，设计改进试验仪器，使溶陷试验其能反映粗颗粒盐渍土的溶陷特性。试验仪器包括土样盛放容器，加压系统和数据采集系统三部分组成，见图8-8。土样盛放容器为内

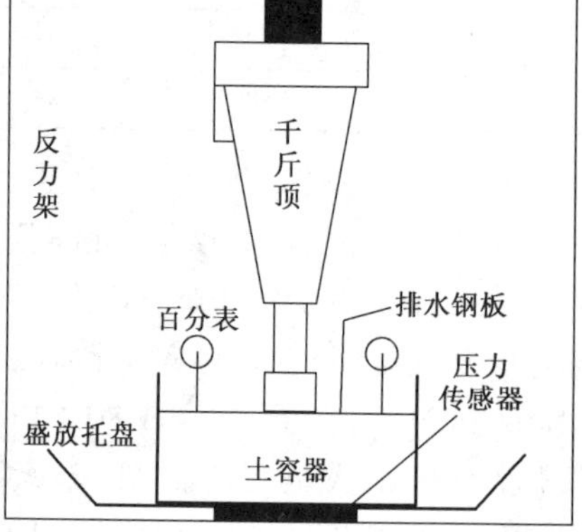

图8-8 溶陷装置示意图与实物图

径 28cm、高 12cm 的有机玻璃筒。容器的上下面可自由排水，为使加压后，土样表面均匀受力，在上表面加有排水钢板，在玻璃筒侧向固定铁箍，减小侧向变形的影响。

本次溶陷试验是为了研究掺加满足路基盐胀变形要求时的改良剂后，盐渍土溶陷率的变化，设置 2 组平行的溶陷试验，每组包括 4 个土样，分别是硫酸钠含量 2% 的土质砾砂盐渍土、石灰掺量 11% 的改良盐渍土、石灰 + 粉煤灰掺量 15% 的改良盐渍土和石灰 + 火山灰掺量 15% 的改良盐渍土。按最佳含水率配制土样后，闷料养生 24h，然后控制压实度为 95%，把土样击进盛土容器，放置好试验仪器后，确定加入淡水质量后，按照溶陷试验方法，进行溶陷试验。

(1) 确定淡水加入量。

在进行浸滤时，加入淡水模拟降雨。根据库姆气象资料，采用极端工况模拟，试件表面积为 615.4cm^2，计算得到应加入淡水质量 2.5kg。

(2) 溶陷试验步骤。

根据《土工试验方法标准》(GB/T 50123—1999)，压缩试验分为单线法和双线法两种。单线法应按照常规压缩试验步骤进行，包括准备加荷、加荷、浸水加荷和绘图计算 4 个步骤，具体过程如下。

①准备加荷。将装好土的盛土容器放在反力架上，利用千斤顶加压，预加 1kPa 的荷载，使土样和表面钢板紧密接触后，去掉预压荷载，装置百分表。

②加荷。从 0 开始，每 50kPa 为一级荷载，以试样每小时不超过 0.01mm 为压缩稳定标准，试样稳定后，施加下一级荷载。

③浸水加荷。当荷载加到 200kPa，待试样稳定后，加 2.5kg 淡水使试样浸水溶滤，读取试样变形量直至稳定。稳定后加荷至终止压力 300kPa，直至稳定。

④绘图计算。根据记录数据，以压力为横坐标，变形量为纵坐标，绘制溶陷试验曲线。

盐渍土的溶陷系数按式(5-1)计算。

双线法是采用两个相同的盐渍土样，一个土样不加水逐级做压缩试验，另一个土样在浸水溶滤条件下逐级做压缩试验。此时溶陷系数即为在荷载 200kPa 且变形稳定时，两土样高度差与土样原始高度的比值。采用单线法和双线法都能得到粗颗粒盐渍土的溶陷系数，为节约试验时间，本次试验采用单线法进行试验，同时采用溶陷率的表达形式描述土体溶陷特性，溶陷率为溶陷系数×100%。

3) 改良盐渍土溶陷试验结果分析

土质砾砂盐渍土、石灰掺量 11% 的改良盐渍土、石灰 + 粉煤灰掺量 15% 的改良盐渍土和石灰 + 火山灰掺量 15% 的改良盐渍土的溶陷试验结果见表 8-6。

改良前后盐渍土溶陷系数　　表 8-6

配比方案	L0	L11	LF15	LT15
溶陷率(%)	0.74	0.21	0.23	0.30

从表 8-6 可以看出，土质砾砂硫酸盐渍土在最佳含水率、压实度 95% 的情况下，溶陷率小于 1%，而其盐胀率超过 2%，相比盐胀变形，溶陷对路基的变形影响较小。在掺加满足容许盐胀率要求的改良剂掺量后，溶陷率明显下降，下降幅度超过 60%。其原因为，硫酸盐渍土在最

佳含水率时,部分易溶盐以结晶形式存在,200kPa 加载稳定后加水淋滤,土中的部分易溶盐溶解后被水流带走,土中出现孔隙,发生溶陷变形。加入改良剂后,由于改良剂与盐渍土的物理化学作用,土中易溶盐含量减少,在加水淋滤时,随水流失的盐分减小,由此产生的孔隙也变少,溶陷变形减小。

8.3.5 改良盐渍土的抗压强度试验

1)高速铁路路基填料无侧限抗压强度要求

无侧限抗压强度是指土试样在无侧向压力条件下,抵抗轴向压力的极限强度,常用 q_u 表示。无侧限抗压强度试验实际上是三轴压缩试验的一种特殊情况,即在侧向压力为 0 的三轴试验,又称为单轴试验。试验时,在不加侧向压力的情况下,对圆柱试样施加轴向压力,直至试样破坏,破坏时的轴向压力即为无侧限抗压强度。表 8-7 为《高速铁路路基施工工程技术规程》(Q/CR 9603—2015)和《高速铁路设计规范》(TB 10621—2014)对基床底层及基床以下路基填料(化学改良土)的无侧限抗压强度的要求。

化学改良土无侧限抗压强度要求　　表 8-7

路基部位	基床底层	基床以下
7d 饱和无侧限抗压强度(MPa)	≥0.35(0.55)	≥0.25

注:表中括号内为寒冷地区化学改良土考虑冻融循环所需的强度值,气象资料表明,依托工程所在地为夏热冬暖地区,因此,不考虑冻融循环效应。

从表中可以看出,高速铁路路基对填料的早期强度要求较高。本节研究石灰、石灰 + 粉煤灰和石灰 + 火山灰改良后的硫酸盐渍土的无侧限抗压强度变化特性,为选择合适的改良剂掺量提供依据。

2)无侧限抗压强度试验方案

本次试验按照《铁路工程土工试验规程》(TB 10102—2010)中无侧限抗压强度试验方法进行,具体试验方法如下。

(1)配制土样。在准备土样时,将砾类盐渍土与改良剂混合均匀,测定混合料的风干含水率。粗颗粒土试件尺寸为 ϕ100mm × 100mm,每次称取 3 个试件的试料。所需风干化学改良土试料质量由式(8-5)计算。

$$m_g = m_{dg}(1 + 0.01w_g) \tag{8-5}$$

式中:m_g——风干化学改良土试料质量(g);

w_g——化学改良土试料的风干含水率(%);

m_{dg}——化学改良土试料质量(g)。

(2)闷料制样。将称好重的改良土按最佳含水率加水,拌匀浸润,闷料时间不少于 24h。闷料完成后,采用静力压实法,按照击实试验测得的最大干密度和试模体积,采用 95% 的压实度进行制样,待土料全部压入筒后,维持压力 1min 后,用千斤顶和反力架脱模。

(3)试件养生。将脱模后的试样用塑料薄膜包裹后,放入恒温恒湿箱内养生,养生温度控制在 20 ± 2℃,相对湿度控制在 95%。

(4)抗压试验。在养生期的最后一天,将试件浸水 24h,水面高出试件约 2.5cm,用柔软的抹布吸去试件表面的水分，然后用万能试验机进行抗压试验，试验过程见图8-9。试验时，使试件的变形等速增加，并保持速率1mm/min，记录试件破坏时的最大压力。

图8-9　无侧限抗压强度试验过程

（5）计算无侧限抗压强度。试件的无侧限抗压强度按式（8-6）计算。

$$q_u = \frac{P}{A} \tag{8-6}$$

式中：q_u——无侧限抗压强度（MPa），小于2.0MPa计算至0.01MPa，大于2.0MPa计算至0.1MPa；

P——试件破坏时最大荷载（N）；

A——试件面积（mm^2）。

3）无侧限抗压强度试验结果分析

通过试验可知，改良盐渍土的无侧限抗压强度随改良剂的掺量增长而增长。在石灰掺量5%、石灰+粉煤灰和石灰+火山灰掺量9%时，饱水后，已经有了强度。在石灰掺量11%、石灰+粉煤灰掺量15%和石灰+火山灰掺量15%时，改良盐渍土的7d饱和无侧限抗压强度分别达到0.35MPa、0.36MPa和0.38MPa，因此，在改良土质砾砂硫酸盐渍土时，采用L11、LF15和LV15改良材料掺量，均能满足高速铁路基床底层化学改良土填料的强度要求。从三种改良材料掺量来看，以石灰掺量11%为标准，采用10%的粉煤灰和火山灰替代6%的石灰，均能在养护7d时达到相同的改良效果。

同时，课题组还对满足填料要求的化学改良土进行了14d、28d饱和无侧限抗压强度试验，通过试验结果可知，化学改良土无侧限抗压强度随龄期增长而增长。石灰改良土、石灰粉煤灰改良土和石灰火山灰改良土在28d时的饱和无侧限抗压强度分别是0.53MPa、0.69MPa和0.87MPa，养护7d仅完成养护28d强度的66%、52%和44%，这是由于盐渍土与改良材料发生复杂的物理化学变化，这些物理化学变化是随着时间缓慢发生的。因此也说明，《高速铁路设计规范》（TB 10621—2014）对化学改良土路基填料强度的要求，可能考虑了工期的要求，趋于保守。

结合盐胀试验、溶陷试验和无侧限抗压强度试验，改良含盐量2%的土质砾砂时，采用石灰掺量11%以上，石灰+粉煤灰或石灰+火山灰掺量15%以上改良，均可使之满足高速铁路路基变形和强度的要求。

8.4 无机改良剂改良硫酸盐渍土的机理

8.4.1 概述

石灰、粉煤灰和火山灰等无机改良剂对硫酸盐渍土的抵抗盐胀变形能力和饱和无侧限抗压强度的影响在第二节和第三节进行了试验研究，本节对改良机理进行总结。

8.4.2 无机结合料改良硫酸盐渍土原理

1）*石灰改良盐渍土原理*

在盐渍土中加入石灰，会产生一系列物理化学反应，主要包括生成微溶盐硫酸钙、离子交换作用、氢氧化钙的结晶反应、火山灰作用和氢氧化钙的碳酸化作用。

（1）生成石膏结晶

当盐渍土中含有SO_4^{2-}较多，土中硫酸根离子与石灰水解出的钙离子发生反应，生成硫酸钙，硫酸钙微溶于水，具有良好的强度，能减少盐渍土中游离硫酸根离子含量，减小盐渍土盐胀变形和溶陷变形。

$$Ca^{2+} + SO_4^{2-} + 2H_2O = CaSO_4 \cdot 2H_2O \tag{8-7}$$

（2）离子交换作用

石灰在水中部分离解产生的Ca^{2+}、Mg^{2+}等高价阳离子，吸附能力强，会把黏土胶体颗粒反离子层中一价的Na^+和K^+置换出来。离子交换反应使黏土胶体发生集聚，迅速凝结，这个过程是形成改良盐渍土初期强度的主要原因。

（3）氢氧化钙的结晶反应

土中的氢氧化钙受土中的水、矿物成分及孔隙气体的影响，绝大部分不会产生离解，而是会吸收水分形成含水晶格。氢氧化钙的结晶反应会使生成的晶体相互连接，土颗粒也由于胶结力的作用凝聚成一个整体，从而改善盐渍土的强度，水稳定性也得到提高。

（4）火山灰作用

石灰中氢氧化钙离解出的OH^-，给土体提供了碱性环境。盐渍土中硅铝矿物在水的作用下，与氢氧化钙发生反应，生成水化硅酸钙（CSH）和水化铝酸钙（CAH）。

$$Ca(OH)_2 + SiO_2 + nH_2O \longrightarrow xCaO \cdot SiO_2 \cdot yH_2O \tag{8-8}$$

$$Ca(OH)_2 + Al_2O_3 + nH_2O \longrightarrow xCaO \cdot Al_2O_3 \cdot yH_2O \tag{8-9}$$

水化硅酸钙和水化铝酸钙为凝胶体，显微结构是纤维状，具有很高强度的空间网络结构，包裹于盐渍土颗粒表面，填充于颗粒间空隙中，提高了盐渍土的强度。

（5）氢氧化钙的碳酸化作用

石灰改良土中的氢氧化钙与空气中的二氧化碳反应生成碳酸钙，碳酸钙不溶于水，在碳酸钙的胶结作用下，土体的强度和水稳定性得到提高，并且由于氢氧化钙的碳酸化反应是个相当长的过程，对改良土后期强度的增长有着主要贡献。

2)石灰+粉煤灰(或火山灰)改良原理

在加入粉煤灰和火山灰后,由于其成分更为复杂,土体中会发生更复杂的物理化学反应,这些反应以火山灰反应为主,还会反应生成钙矾石结晶、石膏结晶和碳硫硅钙石结晶。

(1)火山灰作用

粉煤灰和火山灰多为玻璃体(非晶体)结构,表层具有 Si—O—Al 网络组成的双层保护层,结构致密,性质稳定,因而其潜在活性很难被激发出来。粉煤灰和火山灰均不溶于水,活性成分主要为SiO_2、Al_2O_3以及Fe_2O_3。在存在 Ca^{2+} 的情况下,pH≥13.15 时活性矿物析出,这是一个可逆反应,方程式如下。

$$—Si—O—Si— \xrightarrow{OH^-} —Si—O— + Si—OH \tag{8-10}$$

$$—Si—O— + OH^- \xrightarrow{OH^-} O—Si—OH \tag{8-11}$$

在 Ca^{2+}或 Na^+作用下

$$—Si—O— + Ca^{2+} \longrightarrow —Si—O—Ca— \tag{8-12}$$

$$—Si—O—Ca— + OH^- \longrightarrow —Si—O—Ca—OH \tag{8-13}$$

并且

$$—Si—O—Ca—OH + —O—Si—OH \longrightarrow —Si—O—Si— + Ca(OH)_2 \tag{8-14}$$

粉煤灰水化时提供活性的 SiO_2、Al_2O_3或者活性的[SiO_4](硅氧四面体)、[AlO_4](铝氧四面体)等低聚物,水化生成 C-S-H(水化硅酸钙)和 C—A—H(水化铝酸钙)。

(2)生成钙矾石结晶(化学式:$3CaO \cdot Al_2O_3 \cdot 3CaSO_4 \cdot 32H_2O$,结构式$Ca_6[Al(OH)_6]_2 \cdot 24H_2O \cdot [(SO_4)_3 \cdot 2H_2O]$)

SO_4^{2-}与 $Ca(OH)_2$作用生成硫酸钙,硫酸钙再与固态水化铝酸钙反应生成三硫型水化铝酸钙($3CaO \cdot Al_2O_3 \cdot 3CaSO_4 \cdot 32H_2O$,又称为钙矾石),以$Na_2SO_4$为例其反应方程式为:

$$Na_2SO_4 \cdot H_2O + Ca(OH)_2 = CaSO_4 \cdot 2H_2O(\text{石膏}) + 2NaOH + 8H_2O \tag{8-15}$$

$$\begin{aligned} &3(CaSO_4 \cdot 2H_2O) + 4CaO \cdot Al_2O_3 \cdot 13H_2O(\text{水化铝酸钙}) + 13H_2O \\ &= 3CaO \cdot Al_2O_3 \cdot 3CaSO_4 \cdot 32H_2O(\text{钙矾石}) + Ca(OH)_2 \end{aligned} \tag{8-16}$$

(3)生成石膏结晶

盐渍土中的SO_4^{2-}在活性的三氧化二铝和氢氧化钙作用下,不仅会有钙矾石生成,而且还会有石膏结晶析出,这与石灰和盐渍土作用相同。

(4)生成碳硫硅钙石结晶(硅灰石膏,化学式为$CaCO_3 \cdot CaSiO_3 \cdot CaSO_4 \cdot 15H_2O$,结构式为$Ca_6[Si(OH)_6]_2 \cdot 24H_2O \cdot [(SO_4)_2 \cdot (CO_3)_2]$)

现在认为有两种途径形成碳硫硅钙石,一种是钙矾石转换,另一种是溶液反应。这两种反应机理在硫酸盐渍土中可能共存。

①钙矾石转换

当钙矾石$Ca_6[Al(OH)_6]_2 \cdot 24H_2O \cdot [(SO_4)_3 \cdot 2H_2O]$中的 Al^{3+}被 CSH(水化硅酸钙)凝胶中的 Si^{4+}取代、钙矾石中的[$(SO_4)_3 \cdot 2H_2O$]被[$(SO_4)_2 \cdot (CO_3)_2$]取代,便形成碳硫硅钙石。而被取代的 Al^{3+}将重新释放入土体中,导致形成新的钙矾石,这些新形成的钙矾石继而又重复以上过程转变成碳硫硅钙石。只要土体中有足够的 Si^{4+}和[$(SO_4)_3 \cdot 2H_2O$],钙矾石向碳硫硅钙石的转变将不断进行。

②溶液反应

碳硫硅钙石是盐渍土孔液中的SO_4^{2-}、$CaCO_3$、Si^{4+}等通过反应形成的。只要体系中有CO_3^{2-}和SO_4^{2-}存在,且 pH 从 13 降至 10.5 时,将形成碳硫硅钙石。

$$3CaO \cdot 2SiO_2 \cdot 3H_2O + 2(CaSO_4 \cdot 2H_2O) + CaCO_3 + 24H_2O$$
$$= Ca_6[Si(OH)_6]_2(CO_3)_2(SO_4)_2 \cdot 24H_2O + Ca(OH)_2 \tag{8-17}$$

$$3CaO \cdot 2SiO_2 \cdot 3H_2O + Ca_6[Al(OH)_6]_2[(CO_3)_2(SO_4)_2] \cdot 24H_2O + 2CaCO_3 + 4H_2O$$
$$= Ca_6[Si(OH)_6]_2(CO_3)_2(SO_4)_2 \cdot 24H_2O + 2Al(OH)_3 + CaSO_4 \cdot 2H_2O + 4Ca(OH)_2 \tag{8-18}$$

硫酸根离子在氢氧化钙作用下,与水化产物水化铝酸钙生成钙矾石、硅灰石膏,硫酸根离子含量较多时会有石膏生成,这些途径减少了盐渍土中硫酸根离子的含量,因此能有效抑制盐胀,并且生成物强度很高,也能有效提高盐渍土的强度。

8.4.3 粗颗粒盐渍土改良前后微观结构

为了观察掺加改良剂后,粗颗粒盐渍土粗颗粒的形态变化和粗颗粒间接触方式的变化,采用电镜扫描观察粗颗粒土在 1000 倍率下的形态。由于砾类土中含有较大粒径的砾石,对其进行倍数较大的微观扫描时,会导致扫描图片仅呈现砾石颗粒表层形态,而无法观察到土体之间的连接特点,为研究粗颗粒盐渍土的改良机理和微观特点,本试验在配制改良盐渍土时,用等质量的砂(粒径在 0.075 ~2mm)代替砾石,然后加水制件,闷料养生 28d 后,观察改良剂对粗颗粒盐渍土微观结构的影响。图 8-10 ~ 图 8-13 是粗颗粒盐渍土在电镜下的形态。

图 8-10　粗颗粒盐渍土(1000 倍率,28d)

图 8-11　石灰改良粗颗粒土(1000 倍率,28d)

从 1000 倍率下的扫描图片可以看出,粗颗粒盐渍土改良前后均为粒状体系结构,接触方式均为胶结联结。土中的盐分充当胶结剂,把土中的微碎屑和细粒土中的黏土颗粒胶结在一起,形成凝聚体,包裹覆盖在粗颗粒表面。在未掺加改良剂时,凝聚体形成的包膜使颗粒表面难以辨认,并且由于硫酸钠的结晶作用,凝聚体多呈现片状结构,粗颗粒分布于凝聚体中。由于硫酸钠的胶结作用,形成了粗颗粒盐渍土的不饱和抗压强度。掺加改良材料后,片状结构明显减少,粗颗粒在 1000 倍率下相较于未加改良材料时容易辨认,颗粒的团聚作用明显。改良材料与细粒土中的成分发生物理化学作用，凝聚体的化学成分发生变化，胶结物质由硫酸钠变为硫酸钙、碳酸钙等物质，这些物质在水的侵袭下难以溶解或不溶解，粗颗粒接触作用增强，增强了盐渍土的饱和抗压强度。

图 8-12　石灰 + 粉煤灰改良粗颗粒土(1000 倍率，28d)

图 8-13　石灰 + 火山灰改良粗颗粒土(1000 倍率，28d)

本章参考文献

[1] 中华人民共和国行业标准. TB 10001—2016　铁路路基设计规范[S]. 北京：中国铁道出版社，2017.

[2] 中华人民共和国行业标准. TB 10621—2014　高速铁路设计规范[S]. 北京：中国铁道出版社，2015.

[3] 中华人民共和国行业标准. TB 10102—2010　铁路工程土工试验规程[S]. 北京：中国铁道出版社，2010.

[4] 徐攸在，等. 盐渍土地基[M]. 北京：中国建筑工业出版社，1993.

[5] 中华人民共和国行业标准. TB 10035—2018　铁路特殊路基设计规范[S]. 北京：中国铁道出版社，2018.

[6] 新疆公路学会，盐渍土地区公路设计与施工指南[M]. 北京：人民交通出版社，2006.

[7] 黄立度，席元伟，李俊超. 硫酸盐渍土道路盐胀病害的基本特征及其防治[J]. 中国公路学报，1997(02)：39-47.

[8] 中华人民共和国国家标准. GB/T 50942—2014　盐渍土地区建筑技术规范[S]. 北京：中国计划出版社，2014.

[9] 张莎莎，杨晓华，张秋美. 天然粗颗粒盐渍土大型路堤模型试验研究[J]. 岩土工程学报，2012，34(05)：842-847.

[10] 中华人民共和国行业标准. GB/T 50123—1999　土工试验方法标准[M]. 北京：中国计划出版社，1999.

[11] 中华人民共和国行业标准. Q/CR 9602—2015　高速铁路路基工程施工技术规程[M]. 北京：中国铁道出版社，2015.

第9章　粗颗粒盐渍土路基水盐迁移特征

9.1　概　　述

盐渍土最主要的工程危害是盐胀与溶陷,而当土体发生盐胀和溶陷时,土体内部均会引起或发生水盐迁移,水盐迁移的过程和结果亦会对路基结构和稳定性产生影响,所以研究其水盐迁移特征是确定粗颗粒盐渍土路基结构形式非常重要的内容。

盐渍土路基在填筑完毕后,其水盐会在路基垂直和水平方向上发生迁移,并符合一定的迁移规律。为了解决盐渍土地区的路基病害问题,节约经济投入,完善公路和铁路交通基础建设,并为盐渍土路基病害研究提供基础理论支撑,十分有必要对盐渍土路基中水盐迁移规律进行研究。

本章将对3种配制粗颗粒盐渍土开展重型击实试验和室内大型冻融循环试验,通过对试验数据的对比分析,得到3种配制粗颗粒盐渍土的水盐迁移特性;并借助有限元数值模拟软件COMSOL建立盐渍土路基水-热-盐三场全耦合有限元模型,同时通过室内试验数据验证其可靠性。

9.2　典型粗颗粒盐渍土路基水盐迁移特点

不同种类的盐渍土具有不同的水盐迁移特性。根据《公路土工试验规程》(JTG E40—2007),粗颗粒土可分为:砾、含细粒土砾、细粒土质砾、砂、含细粒土砂、细粒土质砂。根据《铁路路基施工规范》(TB 10202—2002),粗颗粒土可分为:圆砾石、角砾土、砾砂、粗砂、中砂、细砂、粉砂。为了研究采用不同粗颗粒填料的盐渍土路基的水盐迁移特性,选取3种粗颗粒土,展开重型击实试验,并在相应的最佳含水率、破坏含盐量(本节采用单次盐胀率1%对应的含盐量)、无上覆荷载条件下开展粗颗粒盐渍土室内大比尺冻融循环试验(每组2个,对照分析)。

9.2.1　试样性质

因为本章中所用的3种配制粗颗粒土存在公路工程和铁路工程中的叫法不一致的现象,所以为了名词的统一性,本章统一采用铁路工程中的叫法:砾砂(对应细粒土质砾)、粉砂(对应细粒土质砂)、细砂(对应含细粒土砂)。

据调查研究,粗颗粒土中的细颗粒含量越多,其盐胀率越大。所以为了便于研究含盐量控制指标,本章试验中配制粗颗粒土中的细颗粒均按照分类土的极限值进行添加。细砂中细颗粒的含量取15%,粉砂和砾砂中细颗粒的含量均取50%。本章试验中配制粗颗粒土中的粗颗粒由过筛后的粗颗粒按一定比例组成,细颗粒由碾碎过0.5mm筛的西安黄土组成。西安黄土和粗颗粒均经过洗盐处理，以保证土中的盐分不会对试验结果造成影响。

1）砾砂土样

（1）土样配制方案

砾砂土样的具体配制方案见表 9-1。

砾砂配制方案　　表 9-1

粒径（mm）	<0.075	0.075～0.25	0.25～0.5	0.5～1	1～2	2～5	5～10	10～20	20～40
质量（%）	50	2.5	2.5	10	5	5	10	10	5

（2）素土样击实特性

根据《铁路工程土工试验规程》（TB 10102—2010）进行重型击实试验，试验结果表明该土样的最佳含水率为 8.5%，最大干密度为 2.17 g/cm^3。

2）粉砂土样

（1）土样配制方案

粉砂土样的具体配制方案见表 9-2。

粉砂配制方案　　表 9-2

粒径（mm）	<0.075	0.075～0.25	0.25～0.5	0.5～1	1～2
质量（%）	50	10	15	15	10

（2）素土样击实特性

根据《铁路工程土工试验规程》（TB 10102—2010）进行重型击实试验，试验结果表明该土样的最佳含水率为 8.8%，最大干密度为 2.13 g/cm^3。

3）细砂土样

（1）土样配制方案

细砂土样的具体配制方案见表 9-3。

细砂配制方案　　表 9-3

粒径（mm）	<0.075	0.075～0.25	0.25～0.5	0.5～1	1～2
质量（%）	15	15	30	30	10

（2）素土样击实特性

根据《铁路工程土工试验规程》（TB 10102—2010）进行重型击实试验，试验结果表明该土样的最佳含水率为 8.6%，最大干密度为 2.01 g/cm^3。

9.2.2　试验方案

本章以伊朗境内的德（黑兰）伊（斯法罕）高速铁路（以下简称“德伊高铁”）无砟轨道粗颗粒盐渍土路基控制指标研究为依托。因为基床表层和基床底层上结构层靠近地表，受大气温度影响比较大，且高铁无砟轨道上覆荷载比较小，所以在考虑到高铁无砟轨道对变形要求极为严格的情况下，基床表层和基床底层上结构层应填筑非盐渍化优质填料，则填筑粗颗粒盐渍土的部位为基床底层下结构层和路堤。工程上需要重点控制的对象为填筑盐渍土的基床底层下结构层和路堤。

据气象资料(库姆气象站),伊朗多年平均气温18.1℃,极端最高气温46℃(7月),极端最低气温-12.6℃(1月)。据地勘表明,区内盐湖段地下水位埋藏较浅,勘察期间测得DK84+500~DK103+000段地下水水位埋深在0.65~11m。为了研究路堤在不利条件(高地下水水位、无上覆荷载)下的水盐迁移特性,设计了3种配制土的室内大型冻融循环试验。

1)砾砂土样

首先,将配制的砾砂土样按最佳含水率和破坏含盐量2.6%在室温下闷料24h。然后,将其按压实度92%分层击实到内径30cm的有机玻璃试筒,每层3cm,共50层。同时,每隔一定高度[设置高度(单位为cm):145、135、125、115、105、95、80、65、50、35、20]设置温度传感器,以测量土样的温度变化。最后,在有机玻璃试筒周围包裹一层厚厚的保温膜,以隔断试样与周围环境的热量交换。将顶端制冷板放置于土样上部,顶端制冷板上安置百分表来监测土样的变形量。

顶端制冷板荷载为0.7kPa,可忽略其对盐胀的抑制作用。在土样底部采用马氏瓶补充饱和盐水,因为砾类土的毛细水强烈上升高度约为40~90cm(新疆公路学会,2006),所以一个土柱内部不设置土工布,另一个土样在深度-50cm处设置一层土工布,以分析隔断层对砾砂土样水盐迁移和盐胀累积性的影响规律。利用低温恒温槽的外循环冷冻液在顶部制冷板内部持续流动保持恒温,实现对土样温度控制,模拟冬季单向降温和春季自然升温过程。单向降温持续时间为14h,自然升温时间为10h,如此为一个冻融周期,共计7个冻融周期。砾砂室内大型冻融循环试验装置的简化示意图见图9-1,其实物见图9-2。

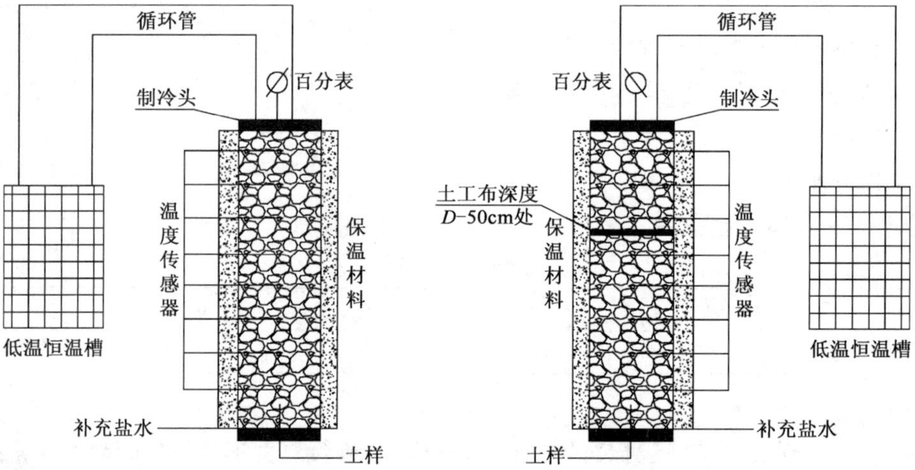

图9-1 砾砂室内大型冻融循环试验装置示意图

冻融循环试验过程中的砾砂土样参数和降温控制条件见表9-4。

冻融循环试验中砾砂土样参数及降温控制条件 表9-4

土类	高度(cm)	初始含水率(%)	初始含盐量(%)	下边界温度(℃)	压实度(%)	上边界温度(℃)
砾砂	150	8.5	2.6	20(室内温度)	92	$T=\begin{cases}-5-15t/2 & (0\leqslant t\leqslant 2\text{h})\\ -20 & (2\text{h}\leqslant t\leqslant 14\text{h})\end{cases}$

注:添加盐分为氯化钠和硫酸钠,$c(\text{Cl}^-)/c(\text{SO}_4^{2-})=0.5$。

图 9-2　砾砂室内大型冻融循环试验装置实物图

2)粉砂土样

首先,将配制的粉砂土样按最佳含水率和破坏含盐率 2.6% 添加水盐后在室温下闷料 24h。然后,将其按压实度 92% 分层击实到有机玻璃试筒(高 160cm、内径 30cm)内,每层 3cm,共 50 层。同时,每隔一定高度[设置高度(单位为 cm):145、135、125、115、105、95、80、65、50、35、20]设置温度传感器,以监测土样的温度变化。最后,在有机玻璃试筒周围包裹一层厚厚的保温膜,以隔断试样与周围环境的热量交换。将顶端制冷板放置土样上部,顶端制冷板上安置百分表来监测土样的变形量。

在土样底部采用马氏瓶补充饱和盐水,因为本节的砾砂和粉砂都添加了 50% 的细颗粒黄土,所以二者的毛细水强烈上升高度相差不大。为了分析隔断层对粉砂土样水盐迁移特性和盐胀累积性的影响,一个土样内部不设置土工布,另一个土样在深度 -25cm 处设置一层土工布。粉砂降温方式与砾砂降温方式相同,不赘述。

冻融循环试验过程中的粉砂土样参数和降温控制条件见表 9-5。

冻融循环试验中粉砂土土样参数及降温控制　　表 9-5

土类	高度 (cm)	初始含水率 (%)	初始含盐量 (%)	下边界温度 (℃)	压实度 (%)	上边界温度 (℃)
粉砂	150	8.8	2.6	20(室内温度)	92	$T=\begin{cases}-5-15t/2 & (0\leqslant t\leqslant 2h)\\ -20 & (2h\leqslant t\leqslant 14h)\end{cases}$

注:添加盐分为氯化钠和硫酸钠,$c(Cl^-)/c(SO_4^{2-})=0.5$。

3)细砂土样

首先,将配制的细砂土样按最佳含水率和破坏含盐率 1.4% 添加水盐后在室温下闷料 24h。然后,将其按压实度 92% 分层击实到有机玻璃试筒,每层 3cm,共 50 层。同时,每隔一定高度[设置高度(单位为 cm):145、135、125、115、105、95、80、65、50、35、20]设置温度传感器,以监测土样温度变化。最后,在有机玻璃试筒周围包裹一层厚厚的保温膜,以隔断试样与周围环境的热量交换。将顶端制冷板放置土样上部,顶端制冷板上安置百分表来监测土样的变形量。

在土样底部采用马氏瓶补充饱和盐水。为了分析隔断层对细砂土样的水盐迁移特性和盐胀累积性的影响,一个土样内部不设置土工布,另一个土样在深度 -15cm 处设置一层土工布来进行对比分析试验结果。细砂土样降温控制条件与上述两种土样一致,不赘述。不同的是设置 9 个冻融周期。设置 9 个冻融周期是为了观察细砂是否会出现"体缩"现象,从而分析"体缩"与颗粒级配之间的关系。

冻融循环试验过程中的细砂土样参数和降温控制添加见表 9-6。

冻融循环试验中细砂土样参数及降温控制　　表 9-6

土类	高度(cm)	初始含水率(%)	初始含盐量(%)	下边界温度(℃)	压实度(%)	上边界温度(℃)
细砂	150	8.6	1.4	20(室内温度)	92	$T=\begin{cases}-5-15t/2 & (0\leqslant t\leqslant 2h)\\ -20 & (2h\leqslant t\leqslant 14h)\end{cases}$

注:添加盐分为氯化钠和硫酸钠,$c(Cl^-)/c(SO_4^{2-})=0.5$。

9.2.3　试验结果及分析

冻融循环完成之后,在监测温度处取 1500g 土样,然后采用 5mm 过筛法进行含水率、硫酸根离子含量及氯离子含量测定试验。

1)砾砂土样

(1)水盐迁移特性

砾砂土样在 7 次冻融循环后的含水率、硫酸钠盐和氯离子分布规律如图 9-3 ~ 图 9-5 所示。

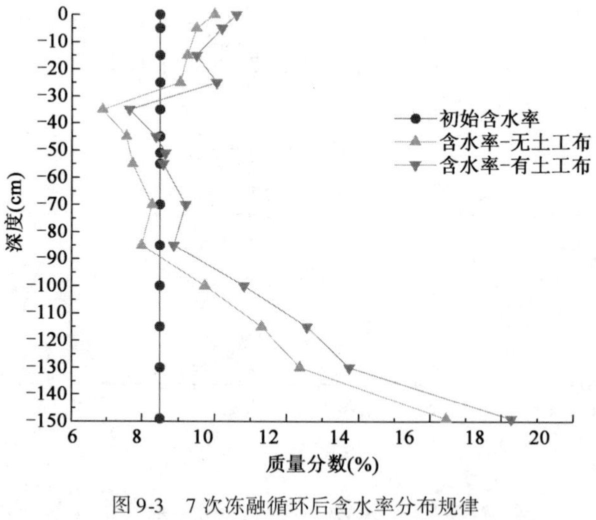

图 9-3　7 次冻融循环后含水率分布规律

从图 9-3 ~ 图 9-5 中可以看出:

①冻融循环完成后,在受低温反复影响的区域,水盐均向冷端发生迁移且迁移程度不可忽视:表层含水率从初始 8.5% 增加到 10%(无土工布)和 10.6%(有土工布);表层硫酸钠含量从初始 2.16% 增加到 3.69%(无土工布)和 3.24%(有土工布)。

②受低温影响，在对流和扩散作用下水盐发生迁移：土样中间部位的水盐含量均低于初始含量。

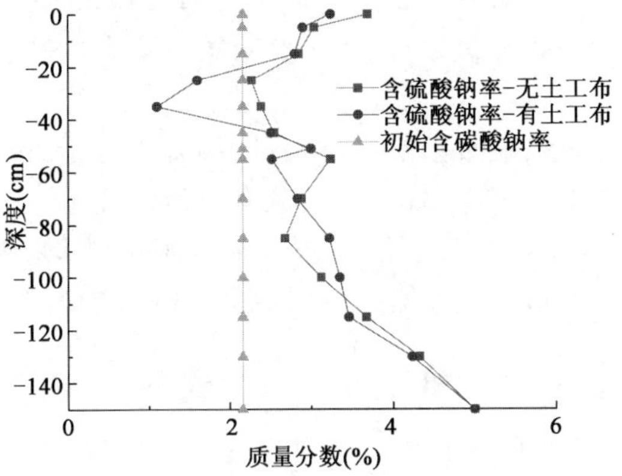

图 9-4　7 次冻融循环后硫酸钠分布规律

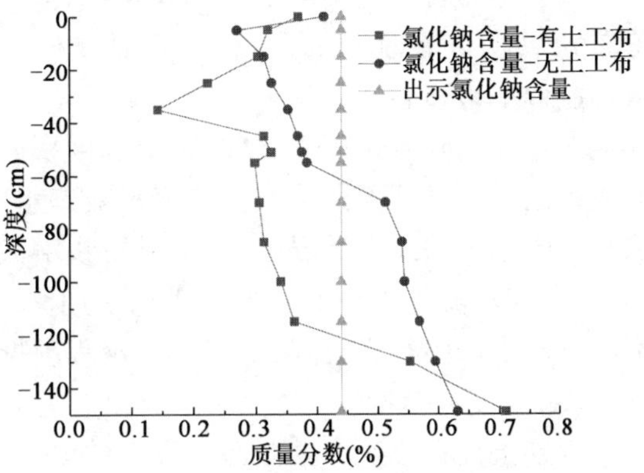

图 9-5　7 次冻融循环后氯离子分布规律

③土样下半部位主要受毛细作用影响：砾砂毛细水强烈上升高度约 85cm；在毛细水强烈上升高度区间，水盐的迁移量远大于受低温影响区域的迁移量。说明在毛细水上升区间，毛细作用对水盐迁移的影响最主要。

④由于土工布的位置为 -50cm，土工布对水盐迁移的影响不是特别明显。土工布隔断了水盐迁移路径，-35cm 处的含盐量（有土工布）因为不能得到下方水盐补充，所以其小于无土工布相应位置的含盐量。

由图 9-5 可以看出，氯化钠与硫酸钠迁移规律大致相同：在毛细水强烈上升高度内，受毛细作用影响最大，迁移量较大。在温度影响强烈范围内，向冷端发生迁移。

（2）盐胀累积特性

砾砂土样在 7 次冻融循环过程中的盐胀量变化规律见图 9-6 和图 9-7。

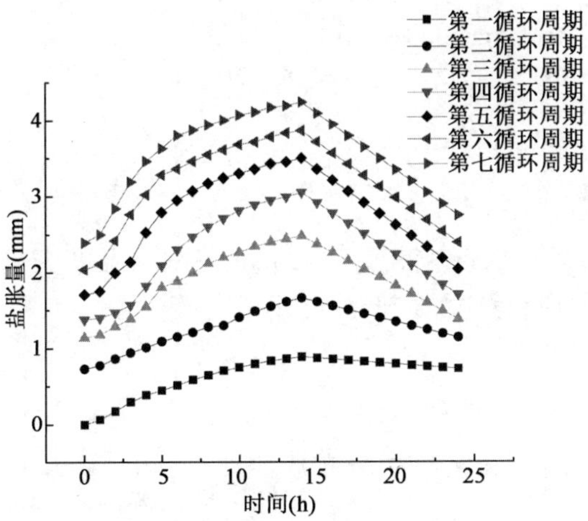

图 9-6　盐胀量随冻融循环次数变化图（有土工布）

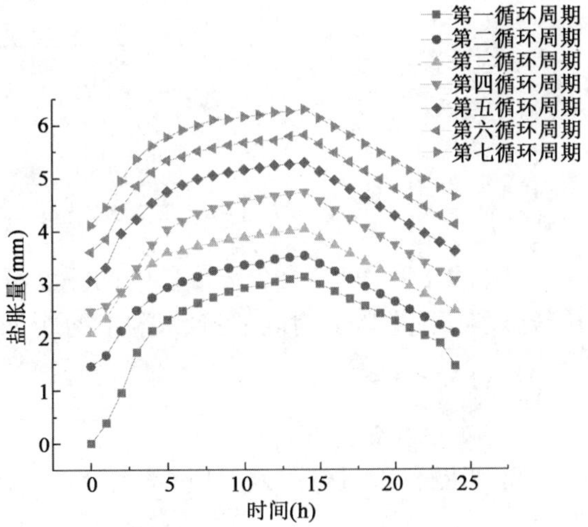

图 9-7　盐胀量随冻融循环次数变化图（无土工布）

由图 9-6 和图 9-7 可以看出：

①两个土样的盐胀量在冻融循环中都出现了累积,且没有发生"体缩":累积最大盐胀量分别为6.29mm(无土工布)和4.24mm(有土工布)。

②土工布在一定程度上起到了抑制盐胀的效果:6.29mm(无土工布)优于4.24mm(有土工布)。每个冻融循环周期,有土工布的土样盐胀量和融陷量较小;土工布对第一周期的盐胀量抑制效果最显著。

③在单向降温过程中,试样顶部温度率先降低,导致硫酸钠溶解度降低,结合水分子析出形成芒硝。试样顶部的硫酸钠浓度和液态水含量均小于试样中部,在扩散和对流作用下液态水和硫酸钠均快速向低温区迁移,进一步增大盐胀量。随着水盐不断迁移,水盐浓度差越来越小,扩散和对流作用越来越弱,盐胀量趋于稳定。土工布在隔断水盐迁移路径后,试样顶部得不到下部水盐的补充,盐胀量受到一定程度抑制。

(3)温度分布特性

砾砂土样在7次冻融循环过程中的温度分布规律见图9-8。

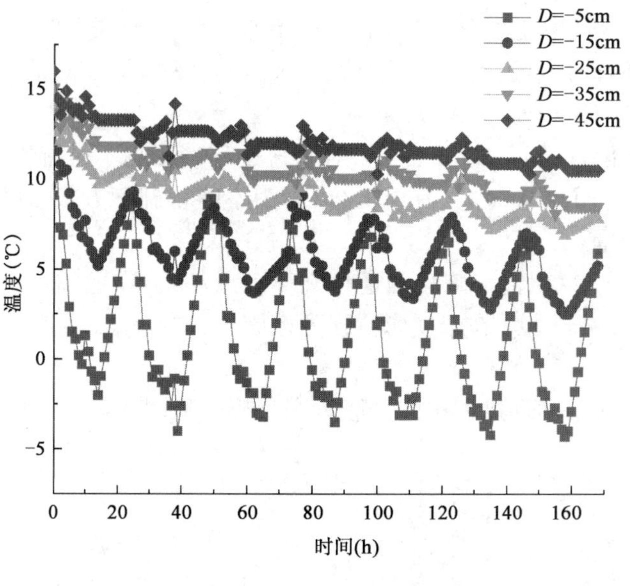

图9-8　土柱各层温度变化图

注:深度-45cm以下土层温度变化很小,基本稳定在20℃附近,并没有在图里面展示。

从图9-8中可以看出,温度影响的深度有限,大约50cm。深度0~25cm范围内温度变化比较强烈。随着降温时间的持续增加,每个冻融循环过程中的最低温度逐渐变低。

2)粉砂土样

(1)水盐迁移特性

粉砂土样在7次冻融循环后的含水率、硫酸根离子和氯离子分布规律如图9-9~图9-11所示。

从图9-9~图9-11中可以看出:

①与砾砂相似,冻融循环完成后,水盐均向冷端发生迁移:表层含水率从初始8.8%增加

到 13.7%（无土工布）和 12.7%（有土工布）；表层硫酸根含量从初始 1.47% 增加到 1.76%（无土工布）和 1.62%（有土工布）；表层氯离子含量从初始 0.26% 增加到 0.355%（无土工布）和0.329%（有土工布）。

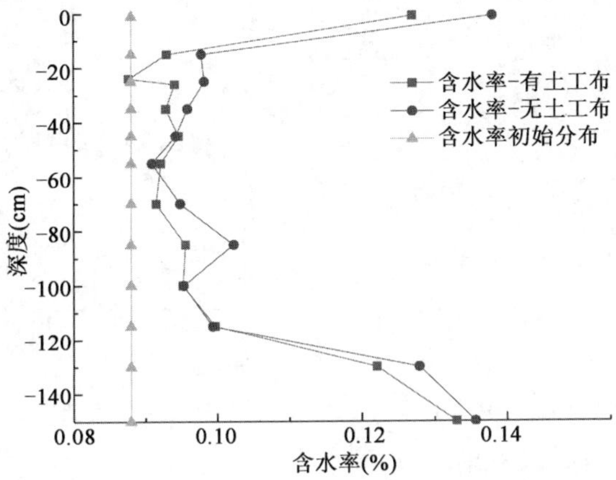

图 9-9　7 次冻融循环后含水率分布规律

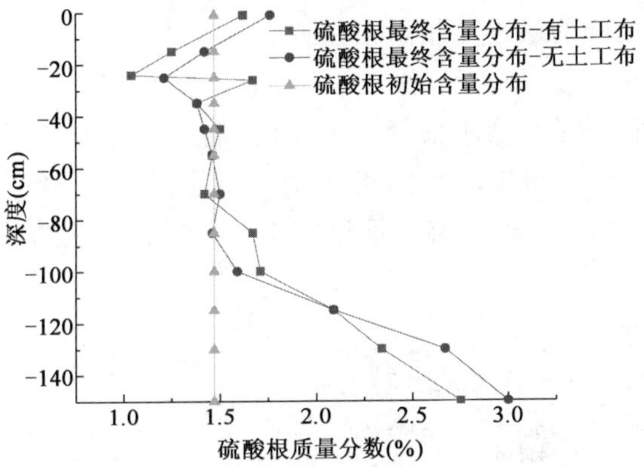

图 9-10　7 次冻融循环后硫酸根分布规律

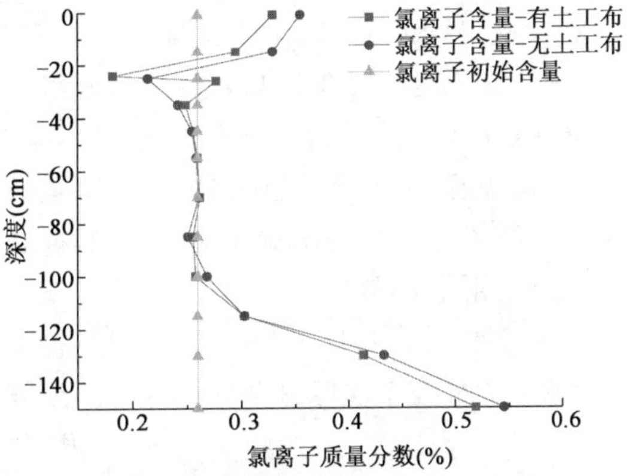

图 9-11　7 次冻融循环后氯离子分布规律

②由于土工布隔断水盐迁移路径，土样中间部位的水盐未能向上部迁移，含量变化不大。

③土样下半部位主要受毛细作用影响：粉砂的毛细水上升高度约 80cm，其余规律与砾砂土样一致，不赘述。

④含盐量依次从小到大排序：土工布上表面的含盐量、无土工布土样相同位置的含盐量、土工布下底面的含盐量、有土工布土样表层水盐含量、无土工布土样表层水盐含量。通过结合土工布位置 -25cm 横向对比发现，土工布对水盐迁移的影响作用十分显著：土工布隔断了水盐迁移路径，水盐向冷端迁移受阻后在土工布下方发生小范围盐分聚集；但土工布上方的水盐却能向冷端自由迁移，从而导致上述水盐分布特点。

（2）盐胀累积特性

粉砂土样在 7 次冻融循环过程中的盐胀量变化规律见图 9-12 和图 9-13。

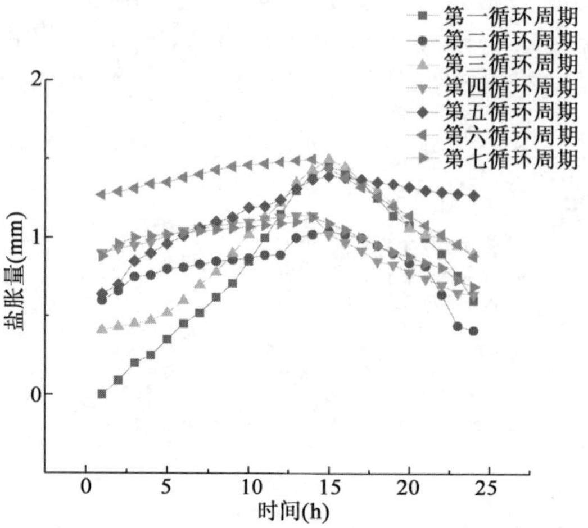

图 9-12 盐胀量随冻融循环次数变化图(有土工布)

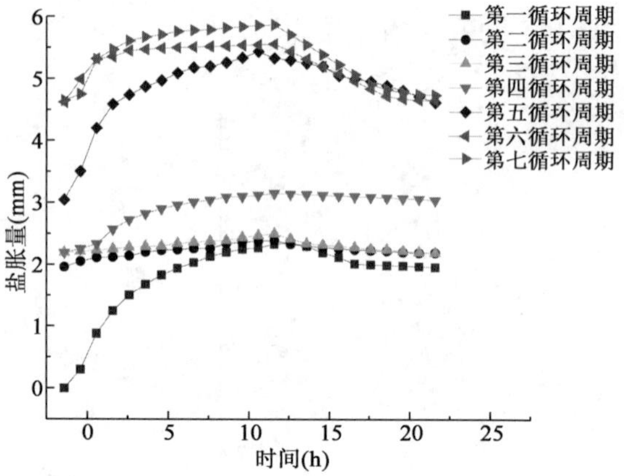

图 9-13 盐胀量随冻融循环次数变化图(无土工布)

从图 9-12 和图 9-13 中可以看出:

①两个土样盐胀量在冻融循环中都出现了累积,且没有发生“体缩”现象:累积最大盐胀量分别为 5.87mm(无土工布)和 1.45mm(有土工布)。由于砾砂和粉砂二者含有 50% 的细颗粒,且含盐量均为 2.6% ,所以,两个无土工布的土样的最终盐胀量很接近。

②土工布起到了抑制盐胀的显著效果:5.87mm(无土工布)优于 1.45mm(有土工布)。

③无土工布土样的第一冻融循环周期的盐胀量仅占总盐胀量较小比例,而有土工布土样的第一冻融循环周期的盐胀量占总盐胀量较大比例。与砾砂土样相比,土工布位于低温剧烈影响区,隔断了盐分向冷端迁移的路径,抑制盐胀的效果更显著。水盐迁移导致盐胀累积的机理与上述相同,不赘述。

(3)温度分布特性

粉砂土样在 7 次冻融循环过程中的温度分布规律如图 9-14 所示。

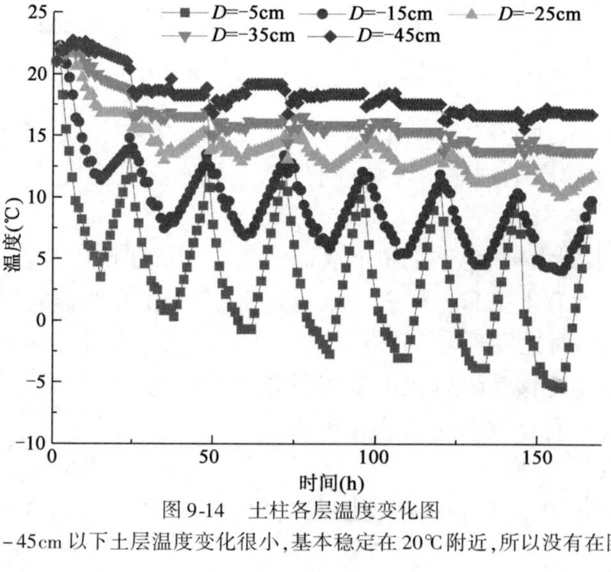

图 9-14 土柱各层温度变化图

注:深度 $D = -45$cm 以下土层温度变化很小,基本稳定在 20℃附近,所以没有在图里面展示。

从图 9-14 中可以看出,粉砂降温曲线与砾砂降温曲线规律相似:温度影响的深度有限,约 50cm。深度 0 ~ −25cm 范围内温度变化比较强烈。随着降温时间的持续增加,每个冻融循环过程中的最低温度逐渐变低。但粉砂前三个冻融循环降温效果弱于砾砂的降温效果,因为砾砂所含粗颗粒比较多,导致其热容偏小。

3) 细砂土样

(1) 水盐迁移特性

细砂土样在 7 次冻融循环后的含水率、硫酸根离子和氯离子分布规律如图 9-15 ~ 图 9-17 所示。

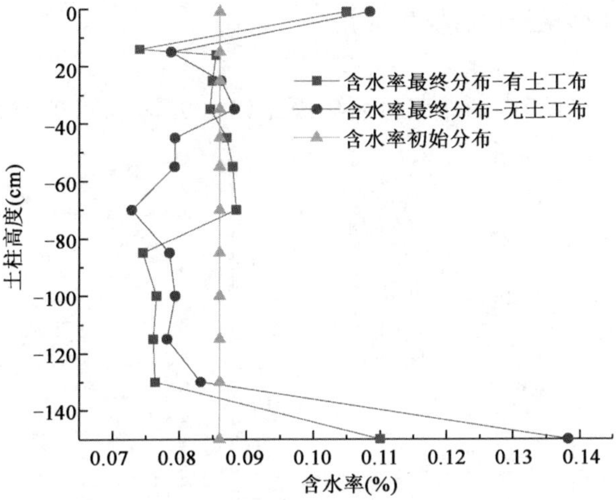

图 9-15　7 次冻融循环后含水率分布规律

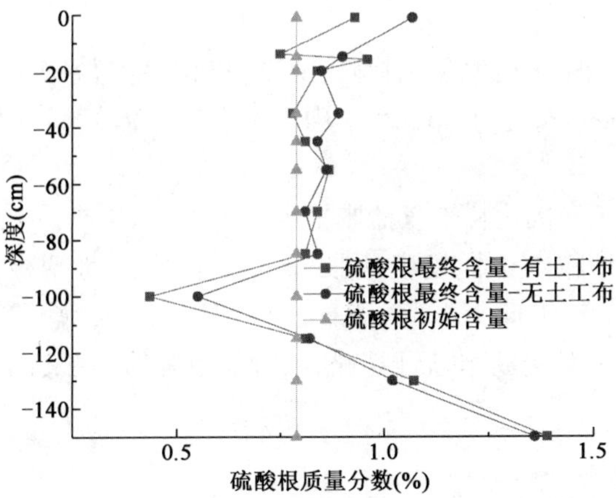

图 9-16　7 次冻融循环后硫酸根分布规律

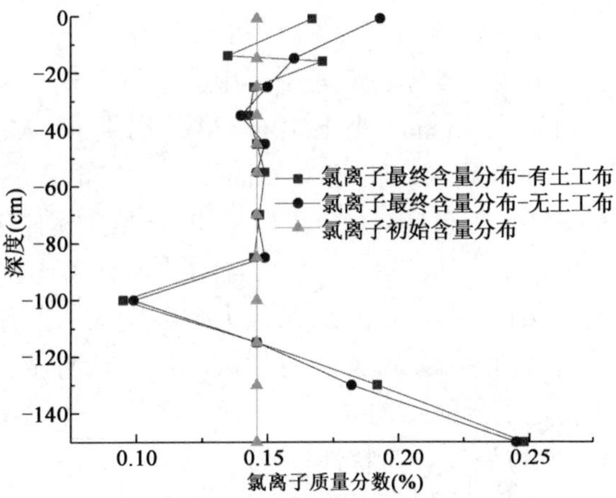

图 9-17　7 次冻融循环后氯离子分布图

从图 9-15 ~ 图 9-17 中可以看出:

①与上述两种土样水盐迁移规律相似,在冻融循环后,水盐均向冷端发生迁移:表层含水

率从初始 8.6% 增加到 10.8%（无土工布）和 10.4%（有土工布）；表层硫酸根含量从初始 0.789% 增加到 1.068%（无土工布）和 0.93%（有土工布）；表层氯离子含量从初始 0.146% 增加到 0.193%（无土工布）和 0.167%（有土工布）。

②由于受土工布隔断水盐迁移路径的影响，土样中间部位的水盐含量变化不大。

③土样下半部位主要受毛细作用影响：细砂的毛细水上升高度约 40cm，其余规律与上述两种土样一致，不赘述。

④含盐量依次从小到大排序：土工布上表面的含盐量、无土工布土样相同位置的含盐量、有土工布土样表层水盐含量、土工布下底面的含盐量、无土工布土样表层水盐含量。通过结合土工布位置 -15cm 横向对比发现，盐分在土工布下方出现了严重的盐分聚集。说明虽然土体结构被破坏，但是水盐迁移规律没有发生变化。

（2）盐胀累积特性

细砂土样在冻融循环过程中的盐胀量变化规律如图 9-18 和图 9-19 所示。

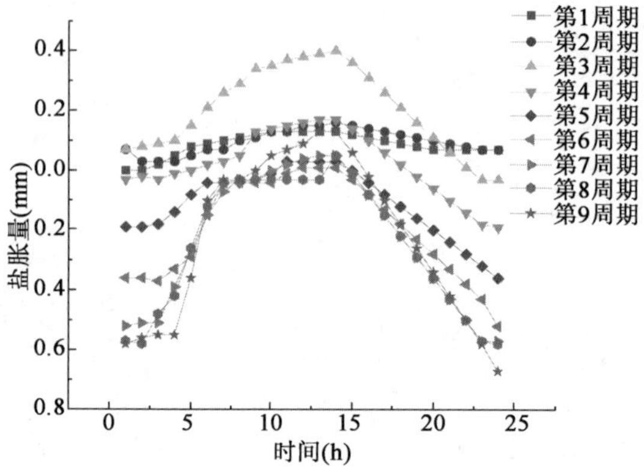

图 9-18 盐胀量随冻融循环次数变化图（有土工布）

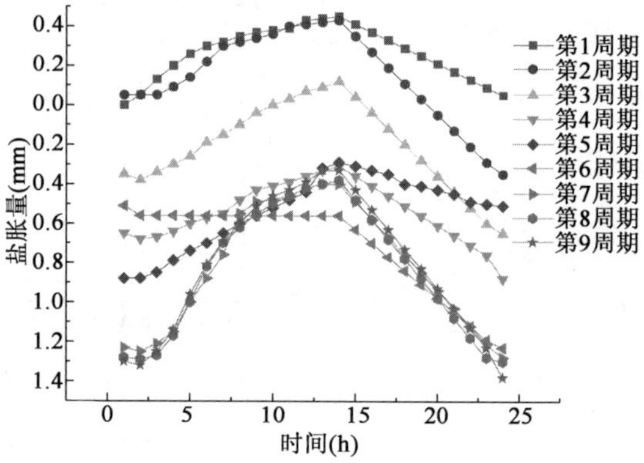

图 9-19 盐胀量随冻融循环次数变化图（无土工布）

从图 9-18 和图 9-19 中可以看出：

①两个土样在冻融循环中盐胀量出现了累积，但也发生了“体缩”现象：累积最大盐胀量分别为 0.45mm（无土工布，第一周期）和 0.4mm（有土工布，第三周期）。最终体缩量为 1.38mm（无土工布）和 0.6mm（有土工布）。

②土工布具有稳定土样土体结构的作用：有土工布的土样不仅盐胀量小，“体缩”量也小。

③土样压实度为 92%，且细砂含有大比例粗颗粒。土样发生盐胀后，试验原有土骨架被破坏，细小颗粒向下迁移，较大颗粒间失去黏结作用，也向下沉陷，土样发生“体缩”。含盐量越高，盐胀力越大，对土骨架破坏作用越明显。土工布隔断水盐迁移路径，抑制了盐胀效果，间接稳定了土体结构。

（3）温度分布特性

细砂土样在冻融循环过程的温度分布规律如图 9-20 所示。

从图 9-20 中可以看出，细砂降温曲线与上述两种土样的降温曲线规律相似：随着降温时间的持续增加，每个冻融循环过程中的最低温度逐渐变低。细砂含有较多的粗颗粒（砂粒），热容较小，导致其降到的最低温度为 -5.4℃，均小于上述两种土样降到的最低温度。

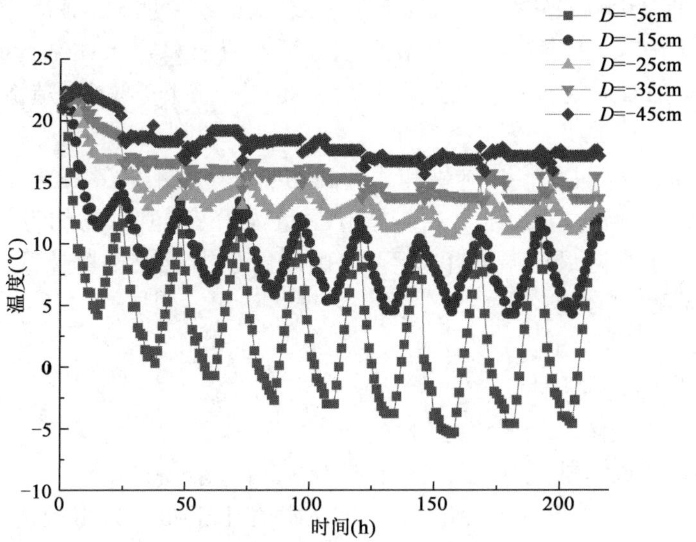

图 9-20　土柱各层温度变化图

注:深度 $D=-45$cm 以下土层温度变化很小,基本稳定在 20℃附近,所以没有在图里面展示。

4)三种土样试验结果的对比分析

3 种土样试验结果对比见表 9-7 和表 9-8。

3 种土样(无土工布)的试验结果　　表 9-7

土样	最低温度(℃)	表层含水率增加率(%)	表层硫酸钠增加率(%)	表层氯化钠增加率(%)	最大累积盐胀量(mm)	毛细水上升高度(cm)
砾砂	-4.3	24.7	67.6	16.1	6.295	85
粉砂	-5.0	55.6	104.1	109.6	5.870	80
细砂	-5.4	25.6	35.4	32.2	0.45	40

3 种土样(有土工布)的试验结果　　表 9-8

土样	最低温度(℃)	表层含水率增加率(%)	表层硫酸钠增加率(%)	表层氯化钠增加率(%)	最大累积盐胀量(mm)	毛细水上升高度(cm)
砾砂	-4.3	17.6	50	6.4	4.240	85
粉砂	-5.0	44.3	87.1	99.6	1.451	80
细砂	-5.4	22.1	17.9	14.4	0.4	40

从表 9-7 中可以看出,3 种土样(无土工布)的水盐迁移幅度:粉砂最大,砾砂次之,细砂最小。细砂在冻融过程中发生了体缩,盐胀量最小。砾砂和粉砂的最大累积盐胀量相差不大,砾砂偏大。

从表 9-8 中可以看出,3 种土样(有土工布)的水盐迁移幅度:粉砂最大,砾砂次之,细砂最小。与无土工布的土样相比,其水盐迁移程度得到一定程度的抑制。3 种土样的盐胀累积量:砾砂最大,粉砂次之,细砂最小。与无土工布的土样相比,其盐胀累积量得到了抑制。由于砾砂土样的土工布位置位于深度 -50cm 处,抑制效果不明显。粉砂的土工布位置位于深度

-25cm处,处于受低温影响强烈范围内,抑制盐胀累积量效果明显。而细砂由于粗颗粒含量过大,在冻融过程中出现了体缩。土工布在一定程度上具有稳定土体结构的作用。细砂的土工布位置位于深度-15cm处,过于靠近表层,盐分在土工布下方聚集,造成较大盐胀力,使得盐胀抑制效果偏差。

综合表9-7和表9-8可以看出,砾砂和粉砂的毛细水相差不大,约85cm。主要是因为两种土样都添加了50%的黄土。因为细砂的细颗粒含量为15%,所以它的毛细水上升高度比较低,约40cm。3种土的所降最低温度相差不大,细砂由于细粒土含量较低,导致其热容较小,所以其所降最低温度偏低。

综合上述各图表可以看出:

(1)水分是盐分迁移的载体。

(2)温度和毛细作用是水盐迁移的动力。

(3)土工布可以隔断水盐迁移的路径,削弱水盐向冷端迁移的程度,但不会使水盐迁移停止。所以水盐均以土工布为界限向冷端发生迁移,并在土工布下方出现盐分聚集现象。土工布隔断水盐迁移路径,抑制水盐向表层迁移的程度,间接抑制盐胀累积,稳定土体结构。

(4)土工布(隔断层)抑制盐胀的效果与其位置密切相关。隔断层设置在受低温影响较大的范围内,其抑制盐胀效果较好。隔断层设置不能仅依靠经验,需建立设计理论。

9.3 粗颗粒盐渍土水盐迁移模拟方法

因为每一组粗颗粒盐渍土室内大型冻融循环试验都耗费大量的人力、物力、财力,不适合大规模进行。所以本节将在9.2节室内大型冻融循环试验的基础上采用有限元数值模拟方法进一步研究粗颗粒盐渍土路基在多次冻融循环下的水盐迁移特性以及隔断层设置形式对水盐迁移的影响。本节首先修正了盐渍土水盐迁移控制方程,然后利用COMSOL数值模拟软件的二次开发功能建立了盐渍土水-热-盐三场全耦合模型。通过9.2节试验数据验证其可靠性后,分析了德伊高铁粗颗粒盐渍土路基隔断层设置对水盐迁移的影响。

9.3.1 粗颗粒盐渍土路基水盐迁移控制方程修正

1)温度场控制微分方程

对于二维水-热-盐耦合问题,根据傅立叶定律,考虑芒硝结晶相变放热的影响,将水冰相变和芒硝结晶相变潜热作为热源处理,盐渍土热传导微分方程修正为公式(9-1)。

$$\rho C(\theta)\frac{\partial T}{\partial t}=\lambda(\theta)\nabla^2 T+L_c\rho_c\frac{\partial\theta_c}{\partial t}+L_m\rho_i\frac{\partial\theta_i}{\partial t} \tag{9-1}$$

其中,ρ为土体密度(kg/m^3);$C(\theta)$为土体热容[J/(kg·K)];T为土体温度(K);t为时间(s);$\lambda(\theta)$为土体导热系数[W/(m·K)];∇为微分算子,对于二维问题为$\left[\frac{\partial}{\partial x},\frac{\partial}{\partial y}\right]$;$L_c$为芒硝结晶析出潜热,取210J/g;$\rho_c$为芒硝的密度,取1.46g/cm^3;$L_m$为冰水相变潜热,取334.5J/g;$\rho_i$为冰的密度,取918kg/m^3;$\theta_i$为体积含冰率;$\theta_c$为体积含芒硝率。

2)水分场控制微分方程

负温的盐渍土中始终存在着液态水(万旭升,2015),其迁移变化遵循达西定律。根据Richard方程,并考虑孔隙冰对液态水迁移的阻滞作用(田亚护,2002)和水冰相变及芒硝结晶相变降低土中液态水含量的作用,非饱和盐渍土路基中的液态水迁移微分方程修正为公式(9-2)。

$$\frac{\partial\theta_u}{\partial t}+\left(\frac{\rho_i}{\rho_w}\frac{\partial\theta_i}{\partial t}+\frac{\rho_c M_{180}}{\rho_w M_{mx}}\frac{\partial\theta_c}{\partial t}\right)=\nabla[D(\theta_u)\nabla\theta_u+k_g(\theta_u)] \tag{9-2}$$

其中,θ_u为土体的体积含水率;$k_g(\theta_u)=\frac{\partial k}{\partial z}$为重力加速度方向的非饱和土体渗透系数(m/s);$D(\theta_u)=\frac{k(\theta_u)}{c(\theta_u)}\cdot I$为水的扩散率;$k(\theta_u)$为非饱和土的渗透系数(m/s);$c(\theta_u)$为比水容量(1/m),由滞水模型确定(王福利,1991);I为阻抗因子(Cary J W,1972),表示冰对液态水迁移的阻滞作用,由$I=10^{-10\theta_I}$计算;M_{180}为10H_2O的摩尔分子质量,取180g/mol;M_{mx}为芒硝的摩尔分子质量,取322g/mol。

注意:盐渍土含水量由冰、液态水、芒硝结晶水三部分构成。θ_u为土中液态水的体积含量,ρ_w为水的密度,考虑到冰、芒硝和水的密度不同,土的体积含水率定义为$\theta=\theta_u+\frac{\rho_I}{\rho_w}\theta_i+\theta_c\frac{\rho_c M_{180}}{\rho_w M_{mx}}$。

3)盐分场控制微分方程

张效先(1988)指出,如果不考虑溶质和多孔介质的物理化学反应及溶质本身的物理化学变化,溶质运移规律可用水的动力弥散方程表示。所以在一般情况下,溶质和水溶剂的浓度梯度方向相反,扩散方向也相反(陈崇希,1996)。但是在降温过程中,硫酸钠结晶生成芒硝不仅降低了液态水的含量,同时降低了溶质的浓度。所以,二者的扩散迁移方向相同。则盐分迁移控制方程应修正为式(9-3)。

$$\frac{\partial m_{ss}}{\partial t}=\nabla\left[D_{sh}(v,\theta_u)\frac{\partial c}{\partial z}+qc\right] \tag{9-3}$$

其中,m_{ss}为含盐率;$D_{sh}(v,\theta_u)=D_0ae^{b\theta_u}+\lambda|v|$为硫酸钠的扩散系数($m^2/s$);$v(x)=q(x)/\theta_u(x)$为水渗流速度(cm/s);$q$为未相变水的通量(m/s);$c$为盐溶液的浓度。

盐溶液浓度c的确定及表达:在土中盐溶液非饱和状态下,盐溶液的浓度受含盐量影响;在土中盐溶液饱和状态下,盐溶液的浓度受温度(溶解度)影响。所以,在COMSOL软件中如何准确表达盐溶液的浓度对建立盐分控制方程十分关键,故

$$c=\frac{ss-ss_J}{\theta_u}$$

$$ss_J=[ss-\text{rongjiedu}(T)\theta_u]\times[ss>\text{rongjiedu}(T)\theta_u]$$

上式是在COMSOL软件中的书写形式。rongjiedu(T)为硫酸钠溶解度(g/g)拟合函数;ss>rongjiedu(T)θ_u是一个条件函数,表示溶液处于过饱和状态。所以,①当溶液处于非饱和状态,COMSOL默认$ss_J=0$,$c=ss/\theta_u$受含盐量的控制;②当盐溶液处于过饱和状态,$c=$ rongjiedu(T)仅受温度影响。

4)联系方程:水冰相变和芒硝结晶

方程(9-1) ~方程(9-3)中存在5个未知变量:土体温度 T、芒硝含量 θ_c、冰含量 θ_i、液态水含量 θ_u、含盐率 m_{ss}。所以,仍需要建立2个联系方程才能计算出5个未知变量。根据前人研究结果(万旭升,2015)做如下假定:①冻结温度以上只发生盐胀;②冻结温度以下发生冻胀;③冻结温度以下不考虑盐胀作用。

(1)冻结温度以下冰的体积含量与未相变水体积含量的经验关系

徐学祖(1991、2010)根据试验数据得到了冻土中未冻含水量的经验性理论公式:

$$\frac{w_0}{w_u}=\left(\frac{T}{T_f}\right)^B,T<T_f$$

其中,T_f 为土体冻结温度(℃);w_0 为土体的初始含水率(%);w_u 为某个温度下土体未冻水含量(%);B 为常数,可按砂土0.61、粉土0.47、黏土0.56取经验值(白青波,2015)。

为了便于理论模型的建立,提出"冰水比"的概念,表示冻结过程中盐渍土孔隙中冰体积含量与未相变水体积含量之比,记为 B_I。

$$B_I=\frac{\theta_I}{\theta_u}=\begin{cases}1.1\left(\frac{T}{T_f}\right)^B-1 & (T<T_f)\\ 0 & (\text{else})\end{cases}$$

(2)冻结温度以上未相变水含量与芒硝结晶量的关系

假定:当硫酸盐渍土中硫酸钠溶液达到过饱和状态时,温度降低导致土体孔隙盐溶液中的部分硫酸钠将吸水结晶形成芒硝晶体。孔隙盐溶液浓度降低,孔隙中的液态水减少。

根据假定得到芒硝结晶理论公式为:

$$\theta_c=\frac{322\rho_{mx}}{142\rho_s}[\text{ss}-\text{rongjiedu}(T)\theta_u]\times[\text{ss}>\text{rongjiedu}(T)\theta_u]$$

上式是 θ_c 在COMSOL软件中的表达形式。

由已有研究可知,硫酸钠在32.4℃时具有最大的溶解度,低于32.4℃时硫酸钠溶解度随温度降低而急剧降低,且受氯化钠浓度影响较大。根据已有试验数据,发现不同温度下硫酸钠溶解度与氯化钠浓度之间存在良好的二次函数关系,并可表示如下(赵天宇,2015):

$$\text{rongjiedu}(T)=(Ac^2+Bc+M)/100$$

其中,rongjiedu(T)为硫酸钠溶解(g/g);c 为氯化钠浓度(g/100g);

$$A=\ln(1.00668+3.45121^{-4}T)$$

$$B=\frac{1}{0.07524T-3.01617}$$

$$M=4.15739e^{T/13.21877}+0.35218$$

2个联系方程和3个场控制方程构成盐渍土水-热-盐耦合求解方程组。该方程组具有强非线性特点;联系方程表达式概念明确,可以简单表示各个变量之间的关系。

9.3.2 基于COMSOL二次开发的水-热-盐耦合数值模型

COMSOL Multi-physics基于有限元原理,可以求解非线性微分方程组。利用软件中的

PDE 模块进行二次开发,建立盐渍土的水-热-盐耦合数值模型。软件中的偏微分方程自定义界面如图 9-21 所示。

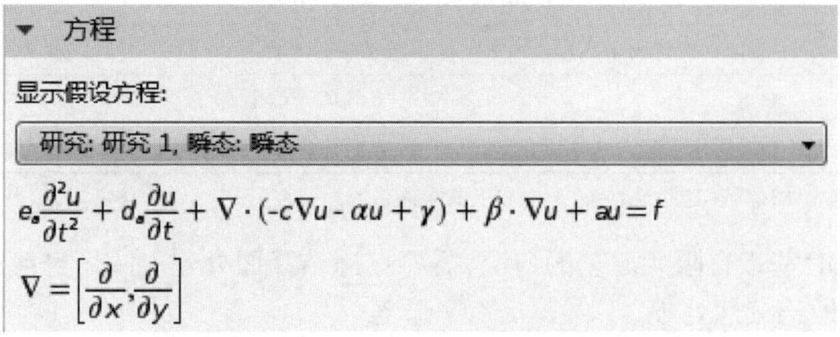

图 9-21　COMSOL 偏微分方程自定义界面

软件中的偏微分方程和边界条件函数表达形式见以下公式:

$$e_a\frac{\partial^2 u}{\partial t^2}+d_a\frac{\partial u}{\partial t}+\nabla\cdot(-c\nabla u-\alpha u+\gamma)+\beta\cdot\nabla u+au=f \quad \text{in } \Omega \tag{9-4}$$

$$n(c\nabla u+au-\gamma)+qu=g-h^T\mu \quad \text{on } \Gamma \tag{9-5}$$

$$u=\gamma \quad \text{on } \Gamma \tag{9-6}$$

其中,Ω 为计算区域;Γ 为计算区域的边界;n 为边界 Γ 的外法线方向;e_a 为质量系数;d_a 为阻滞系数;c 为扩散系数;a 为吸收系数;f 为源项;α 为保守通量对流系数;β 为对流系数;γ 为保守通量源项;q 为边界上的吸收系数;g 为边界上的源项;μ 为拉格朗日乘子;h、γ 为方程系数。式(9-4)为求解域上的方程,式(9-5)为 Neumann 边界条件,式(9-6)为 Dirichlet 边界条件。

将水-热-盐耦合控制微分方程组转换成软件识别的方式。

温度场控制方程:$\rho C(\theta)\frac{\partial T}{\partial t}-\lambda(\theta)\nabla^2 T=L_c\rho_c\frac{\partial\theta_c}{\partial t}+L_m\rho_i\frac{\partial\theta_i}{\partial t}$

水分场控制方程:$\frac{\partial\theta_u}{\partial t}+\left(\frac{\rho_i}{\rho_w}\frac{\partial\theta_i}{\partial t}+\frac{\rho_c M_{180}}{\rho_w M_{mx}}\frac{\partial\theta_c}{\partial t}\right)-\nabla[D(\theta_u)\nabla\theta_u+k_g(\theta_u)]=0$

盐分场控制方程:$\frac{\partial m_{ss}}{\partial t}=\nabla\left[D_{sh}(v,\theta_u)\frac{\partial c}{\partial z}+qc\right]$

在非饱和渗流分析中,选用 Van Genuchten(VG)滞水模型(1980)和 Gardner 渗透系数模型(1958),并将相对饱和度 S 定义为:

$$S=\frac{\theta_u-\theta_r}{\theta_s-\theta_r}$$

其中,θ_r、θ_s 分别代表土的残余含水率和饱和含水率。

综上所述,盐渍土水-热-盐耦合模型所需要的参数汇总于表 9-9 中。

盐渍土水-热-盐耦合模型函数及参数表　　表 9-9

符号	名称	物理意义	公式	参数	文献来源
B_I	冰水比	冰与未相变水的体积之比	$B_I=\frac{\theta_I}{\theta_u}=\begin{cases}1.1\left(\frac{T}{T_f}\right)^B-1 & (T<T_f)\\ 0 & (\text{else})\end{cases}$	T_f、B	白青波(2015)

续上表

符号	名称	物理意义	公式	参数	文献来源
$I(\theta_i)$	阻抗因子	冰对未相变水迁移的阻滞作用	$10^{-10\theta_i}$	θ_i	Taylor(1978)
$k(\theta_u)$	渗透系数	单位水力梯度下流量	$k_s S^l[1-(1-S^{\frac{1}{m}})^m]^2$	k_s;l;m	Gardner(1958)
$D(\theta_u)$	扩散率		$k(\theta_u)/c(\theta_u)\times l$		白青波(2015)
$c(\theta_u)$	比水容量	基质势变化引起含水率变化	$a_0 m/(1-m)S^{\frac{1}{m}}(1-S^{\frac{1}{m}})^m$	a_0;m	VG(1980)

注:a_0、l、m 是根据土体性质确定的参数;k_s 为饱和土的渗透系数。

鉴于 COMSOL 基于有限元原理的情况,需要在冻结锋面处建立一个过渡函数 Heavide(T)对数值模型参数做连续性处理。

$$C=C_f+(C_u-C_f)\times \text{Heavide}(T)$$
$$m=m_f+(m_u-m_f)\times \text{Heavide}(T)$$
$$\text{Heavide}(T)=\begin{cases}0 & T<272.15\text{K}\\ (T-272.15)\times 0.75-\dfrac{(T-272.15)^3}{4}+0.5 & 272.15\text{K}\leqslant T\leqslant 273.15\text{K}\\ 1 & 273.15\text{K}<T\end{cases}$$

其中,C 为土体热容;C_u 为融土热容;C_f 为冻土热容;m 为土体导热系数;m_f 为冻土导热系数;m_u 为融土导热系数。

9.3.3 水-热-盐耦合数值模型验证

为了验证上述水-热-盐耦合数值模型的可靠性,本节通过砾砂室内大型冻融循环试验结果对模型的可靠性进行验证。

模拟砾砂室内大型冻融循环试验所用的模型参数见表 9-10。

砾砂土样渗流模型参数 表 9-10

土样	a_0	m	l	θ_r	θ_s	k_s(m^2/s)	B
砾砂	0.01	0.75	0.5	0.021	0.30	1×10^{-9}	0.61
冻土热容[J/(kg·℃)]	融土热容[J/(kg·℃)]	冻土导热系数[W/(m·K)]	融土导热系数[W/(m·K)]	D_0(cm^2/min)	a	b	λ
850	925	0.936	0.685	0.0013	0.005	10	0.55

数值模拟结果与试验结果的吻合情况见图 9-22 和图 9-23。

根据图 9-22 和图 9-23 可以得出:

(1)数值模拟结果与试验结果吻合良好,能较有效说明水盐迁移规律。盐分迁移规律符合相对较好,水分迁移规律符合相对较差,可能因为部分水分场控制参数取值不合理。

(2)在 7 次冻融循环后,受低温剧烈影响区域(深度 -40cm)的水盐含量均有增加,这是因为温度是水盐迁移的动力。在降温过程中,降温区域硫酸钠盐溶液浓度和液态水含量均降低,在扩散作用和土体基质吸力作用下,未降温区域的硫酸钠溶液向降温区域迁移。升温过程中,土体渗透系数受土体中冰和芒硝的阻滞作用而变小,表层增加的水盐不能完全扩散到下部。周而复始,表层水盐聚集越来越多。

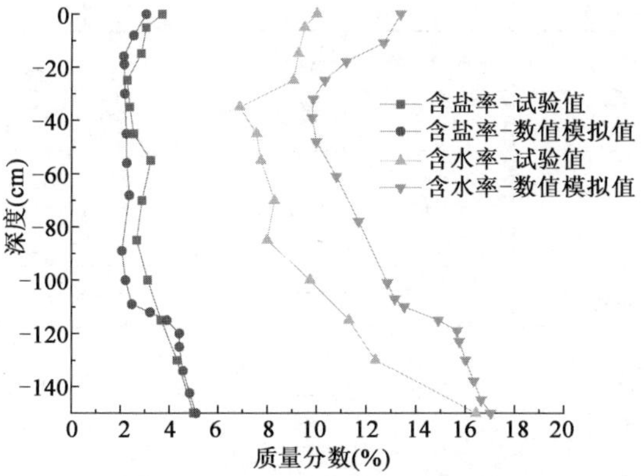

图 9-22　7 次冻融循环后水盐分布规律(无土工布)

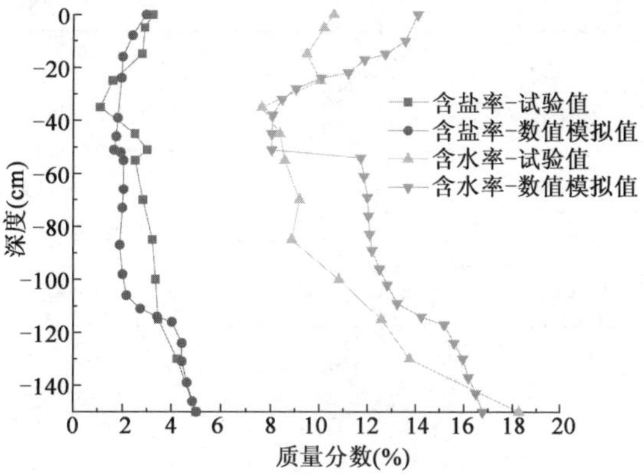

图 9-23　7 次冻融循环后水盐分布规律(有土工布)

(3)铺设土工布的土样表层含盐量增加幅度小于未铺设土工布的增加幅度。说明在土工布隔断水盐迁移的路径后,不能使水盐迁移停止;但是土工布可以有效抑制土工布以上填土水盐迁移程度,从而抑制土工布以上填土的次生盐渍化和盐胀程度。

9.3.4　粗颗粒盐渍土水盐迁移模型工程实例模拟举例

将建立的水-热-盐耦合数值模型应用于分析德伊高铁无砟轨道粗颗粒盐渍土路基水盐迁移规律。分析的工况分为 3 个工况:①粗颗粒盐渍土路基不设置隔断层;②仅在基床表层底部设置一道隔断层(基床隔断层);③在基床表层底部和路堤本体底部各设置一道隔断层(基床隔断层和基底隔断层)。

由于伊朗气候干燥,干旱少雨,所以不考虑降雨作用。粗颗粒盐渍土室内大型冻融循环试验模拟对象为高地下水水位情况下的路堤水盐迁移规律,故本章数值模拟研究内容将模拟对象定为低地下水水位情况下的德伊高铁无砟轨道路基在不同型式隔断层下的水盐迁移规律。

1)几何模型及模型参数

选取德伊高铁无砟轨道标准断面设计参数作为模型参数。基床表层、基床底层上结构层、基床底层下结构层、路堤、地基的相关参数见表 9-11。

路基和地基的初始参数表　　　　表 9-11

部　　位	厚度(m)	初始含水率(%)	初始含盐率(%)
基床表层	0.4	8	0
基床底层上结构层	1	8	0.3
基床底层下结构层	1.3	8	1.5
路堤	3.3	8	1.5
地基	8	8	0.4

土体热参数和非饱和渗流模型参数见表 9-12。计算采用的二维路基模型如图 9-24 所示。

天然土样模型参数　　表 9-12

土样	a_0	m	l	θ_r	θ_s	k_s (m^2/s)	B
天然土样	0.01	0.75	0.5	0.021	0.30	1×10^{-9}	0.61
冻土热容 [J/(kg·℃)]	融土热容 [J/(kg·℃)]	冻土导热系数 [W/(m·K)]	融土导热系数 [W/(m·K)]	D_0 (cm^2/min)	a	b	λ
850	925	0.936	0.685	0.0013	0.005	10	0.55

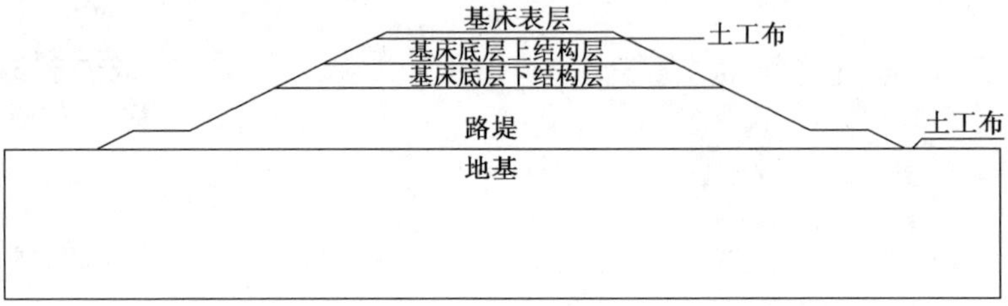

图 9-24　二维路基简化模型

2)边界条件

模型底部边界条件为固定含水率、固定含盐量及固定温度(32.4℃)。上部和边坡热边界条件为温度周期变化函数。高速铁路路基边坡的设计使用年限为 60 年(铁道第三勘察设计院集团有限公司,2014),故共模拟 60 个冻融循环周期。

一个冻融周期:

$$T=\begin{cases}20-t & (0<t\leqslant 40\text{h})\\ -60+t & (40\text{h}<t\leqslant 80\text{h})\end{cases}$$

3)模拟结果及分析

在模型内部设置 18 个监测点,位置分布如图 9-25 所示。通过监测 18 个监测点的盐分变化,分析德伊高铁无砟轨道粗颗粒盐渍土路基隔断层设置形式的合理性。

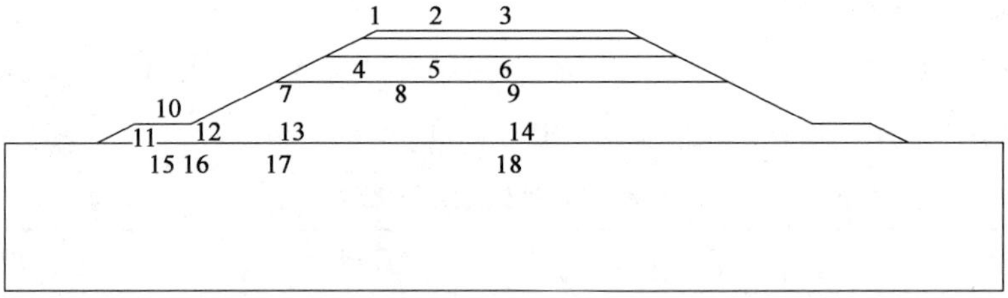

图 9-25　盐分监测点分布图

点 1 ~ 18 处盐分在 3 个工况下的不同变化详见图 9-26。

综合上述各图可以得到以下结论:

(1)盐分迁移分为纵向迁移和横向迁移。土工布只能隔断纵向盐分迁移,并不能阻止横向盐分迁移。因为液态水是盐分迁移的载体,土工布完全隔断了气态水和液态水的纵向迁移,所以盐分不会穿越土工布隔断层发生迁移。

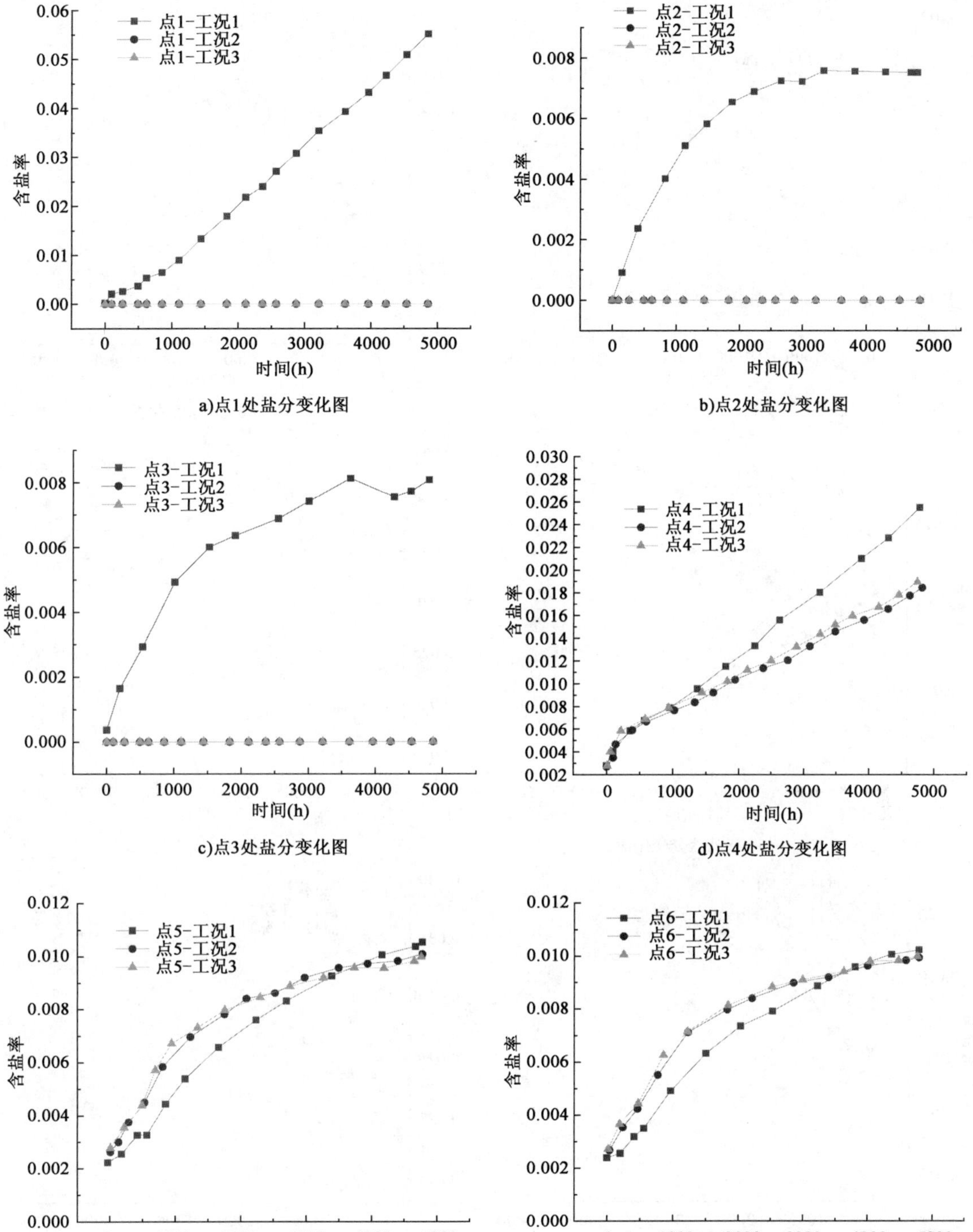

a)点1处盐分变化图　b)点2处盐分变化图

c)点3处盐分变化图　d)点4处盐分变化图

e)点5处盐分变化图　f)点6处盐分变化图

图　9-26

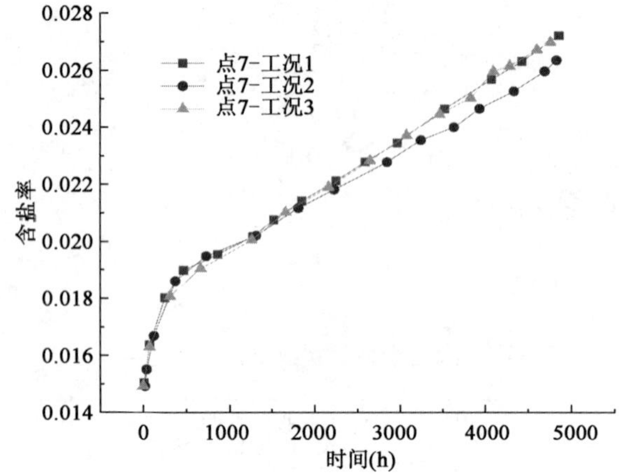

g)点7处盐分变化图

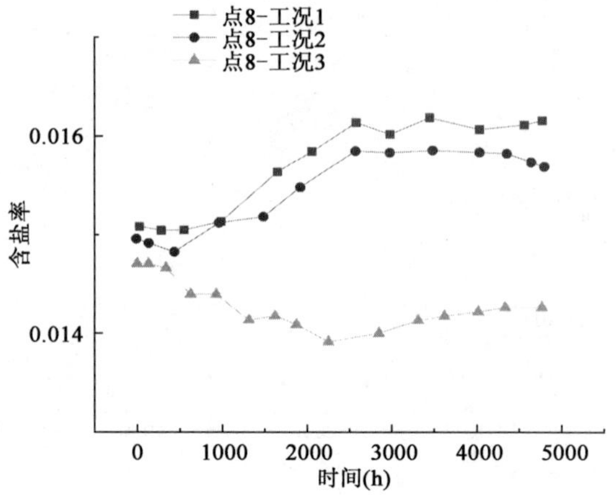

h)点8处盐分变化图

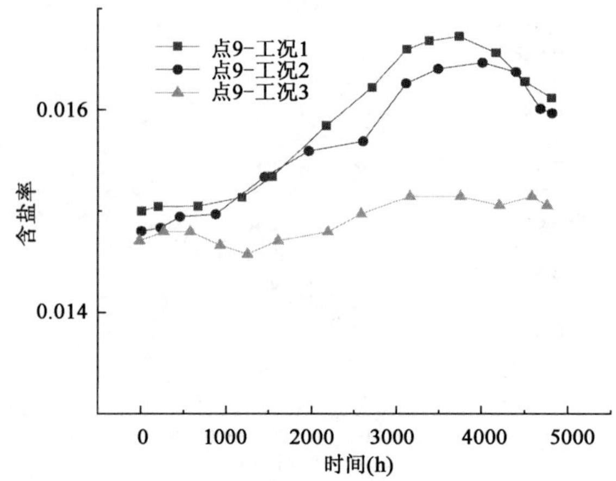

i)点9处盐分变化图

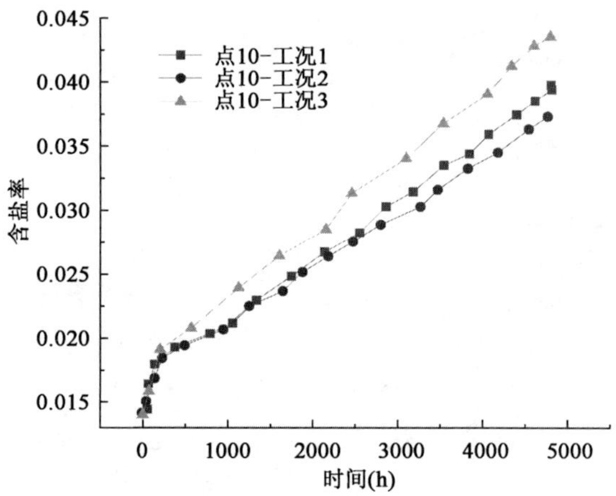

j)点10处盐分变化图

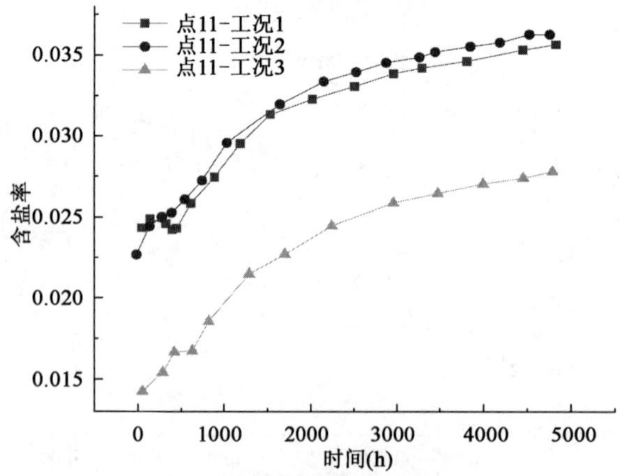

k)点11处盐分变化图

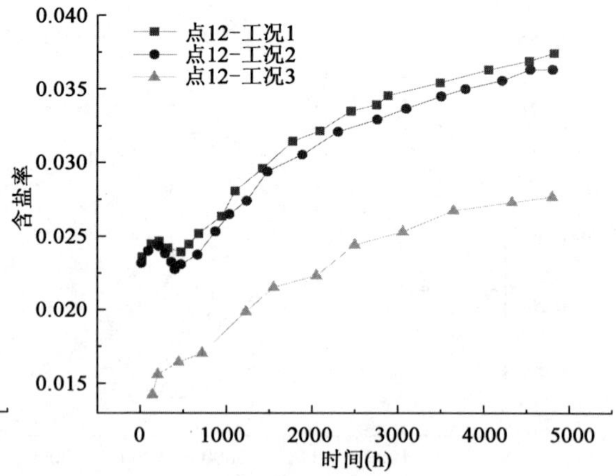

l)点12处盐分变化图

图 9-26

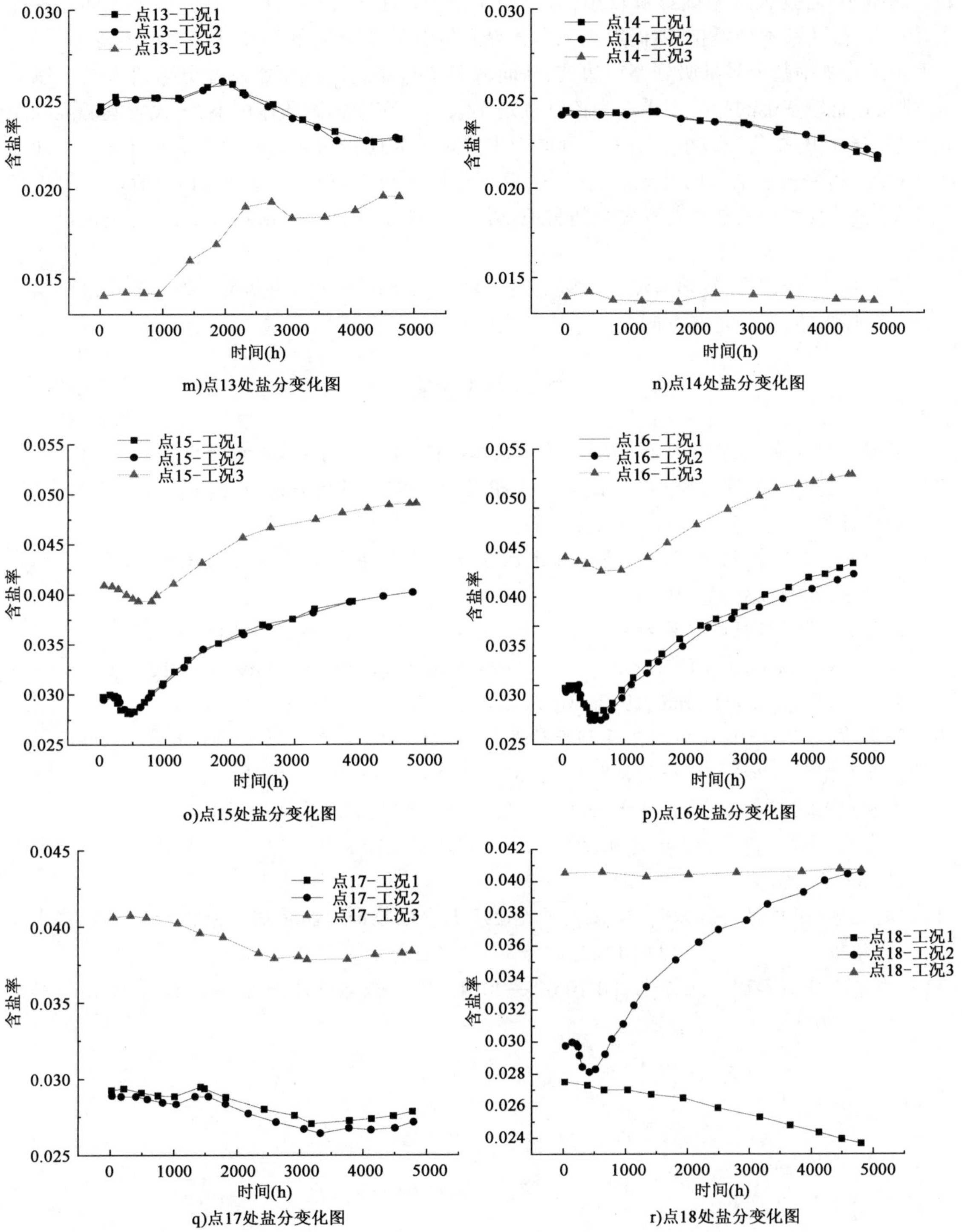

m)点13处盐分变化图　n)点14处盐分变化图

o)点15处盐分变化图　p)点16处盐分变化图

q)点17处盐分变化图　r)点18处盐分变化图

图 9-26　1 ~ 18 处盐分变化图

(2)受大气温度影响越是严重,深度越浅,盐分聚集的程度越是严重。而点 3、6、9、18 均处于路基中心,受大气温度影响较小,盐分变化很小。土工布隔断层只是隔断了纵向迁移路径,但是水盐迁移不会停止,继而以土工布为界限继续发生纵向的水盐迁移。设置隔断层后,其阻止了路基中盐分被抽吸到路堤边坡,从而减弱了盐胀。路堤填土的盐分可以人为控制且是有限的,而地基中的盐分不受人为控制且是无限的。在冻融循环作用下,未设置基底隔断层的点15、16处的盐分先减小后增大。其原因主要是因为迁移的盐分得到地基盐分补充。而点15、16处在得到地基盐分的补充后,在冻融循环作用下可以继续向边坡迁移。所以如果不铺设基底隔断层,路基的盐渍化程度会随着地基盐分向路基迁移而越来越严重,可能造成破坏性盐胀。

综上所述,在过强、较强盐渍土地区的高速铁路无砟轨道盐渍土路基中设置多道隔断层是有效且是必要的,尤其是在不同含盐量填料之间。

本章参考文献

[1] 新疆公路学会. 盐渍土地区公路设计与施工指南[M]. 北京:人民交通出版社,2006.

[2] 万旭升,赖远明,廖孟柯. 硫酸盐渍土未相变含水率与温度关系研究[J]. 岩土工程学报,2015,37(12):2175-2181.

[3] 田亚护,刘建坤,钱征宇,等. 多年冻土区含保温夹层路基温度场的数值模拟[J]. 中国铁道科学,2002,23(2):59-64.

[4] 王福利. 用数值模拟方法研究土壤盐分动态规律[J]. 水利学报,1991(1):1-9.

[5] Cary J W, Mayland H F. Salt and Water Movement in Unsaturated Frozen Soil[J]. Soil Science Society of America Journal,1972,36(4):549-555.

[6] 陈崇希,李国敏. 地下水溶质运移理论及模型[M]. 武汉:武汉地质学院出版社,1996.

[7] 徐学祖. 冻土中水分迁移的试验研究[M]. 北京:科学出版社,1991.

[8] 徐学祖,王家澄,张立新. 冻土物理学[M]. 2版. 北京:科学出版社,2010.

[9] 白青波,李旭,田亚护,等. 冻土水热耦合方程及数值模拟研究[C]//中国土木工程学会会议论文集,2015.

[10] 赵天宇,张虎元,王志硕,等. 含氯硫酸盐渍土中硫酸钠结晶量理论分析研究[J]. 岩土工程学报,2015,37(7):1340-1347.

[11] 中华人民共和国行业标准. TB 10621—2014 高速铁路设计规范[S]. 北京:中国铁道出版社,2015.

第 10 章　粗颗粒盐渍土地区路基设计

10.1　概　　述

前面第 9 章提到过，盐渍土对于公路工程路基和铁路工程路基都有很大的危害。路基是路面的基础，只有确保路基长期稳定，才能防止产生路基、路面病害。盐渍土地区的路基设计应在做好调查研究和勘探试验工作的基础上进行特殊设计，以满足路基强度、稳定性和耐久性等方面的要求。

10.2　粗颗粒盐渍土路基隔断层设置

10.2.1　粗颗粒盐渍土公路路基隔断层设置

隔断法就是在路基某一层位设置一定厚度的隔断层，其根本目的就是为了隔断毛细水的上升，防止水分和盐分进入路基上部，从而避免路基或路面遭受破坏。在第 9 章中，通过试验和数值计算方法分析了粗颗粒盐渍土路基内部水盐迁移的特点，明确了隔断层在粗颗粒盐渍土路基内部设置的必要性，本章将着重讨论隔断层的设置形式和位置。

隔断层类型按采用材料可分为土工布（膜）隔断层、风积砂或河砂隔断层、砾（碎）石隔断层和沥青砂、油毛毡等隔断层。砾石和风积砂属于透水性隔断层，只可隔断毛细水的上升。土工膜、沥青砂、油毛毡属于不透水性隔断层，可隔断下层毛细水和水蒸气上升。隔断层可以为工程带来许多预期的良好效应（翁通，2006），举简例说明如下：

①通过隔断层引起应力扩散作用，使地基土的沉降量得到一定程度的均化；

②隔断层提供排水面，加速地基土固结，使承载力提高；

③隔断层起整体性作用，可使要求的地基粗颗粒料支持层的厚度较少，节约建筑材料；

④地基中有部分软弱区域，或有小范围洞穴，铺隔断层有架桥作用，以掩盖和减弱洞穴或软弱区的影响；

⑤在地下水水位较高的地基中，隔断层可以切断毛细水上升，防止盐碱化，或减弱冻胀；

⑥道路基床中，隔断层是防治翻浆冒泥的有效措施；

⑦隔断层还起一定的保温作用。

隔断层铺设与路线等级使用功能要求有关，目前，盐渍土地区公路工程路基的隔断层设置相对成熟。在高速公路、一级公路以及二级干线公路，为消除盐胀隐患，盐渍土路段的路基内应设置隔断层；一般公路通过地质水文条件差的盐渍土路段路堤内也应考虑设隔断层。

隔断层设在路堤内一定深度处，以隔断向上迁移的水分和盐分，是防止路基盐胀、翻浆等有效的路基处理措施,也是盐渍土地区降低路基高度常用的做法。路线通过中、强盐渍土区,特别是硫酸盐渍土地段,受地下水或毛细水影响的路基,标高受限制的挖方路堑,或改建工程被利用的原有路基含盐量超限等路段,路基设计与处理时应考虑设置隔断层。

隔断层类型的选用,应根据公路等级、材料来源、盐渍化程度和气象、地质、水文等条件结合路线纵坡设计,经过技术经济比选后确定。用砂粒土填筑路堤其厚度大于毛细水上升高度时,也能起隔断毛细水的作用,但如其中粉黏粒含量多,细粒土之间的薄膜水通道会使盐分转移,导致次生盐渍化,渐渐导致隔断失效,因此不推荐用作隔断层。此外,沥青砂隔断层施工较麻烦,抗渗性能较差,一般只在改建工程中修补利用原有沥青路面作为隔断层时采用。一般工程上采用较多的是砾(碎)石及土工合成材料隔断层。

大量工程实践证明,隔断层是盐渍土地区公路防治路基盐胀、翻浆最有效的措施,在新建改建工程中广泛应用。但是对于隔断层的设置,主要有四个问题:一是什么情况下需要设置隔断层;二是选用哪种材料的隔断层;三是隔断层设置的位置;四是隔断层施工时对保护层的设置与压实问题。

1)砾(碎)石隔断层优化设计与施工控制研究

(1)砾(碎)石隔断层作用机理

盐渍土中的毛细水上升能直接引起路基填土的浸湿软化和次生盐渍化,进而使路基填土的强度下降,产生盐胀、冻胀等病害。为防止这些病害的发生,很重要的一项措施就是控制地下水水位,控制毛细水上升高度。

毛细现象产生的物理原因:一方面,水与空气分界面上存在着表面张力,而液体总是力图缩小自身的表面积,以使表面能变得最小;另一方面,毛细管管壁的分子与水分子之间有引力作用,这个引力使与管壁接触的水面向上弯曲,这种现象称湿润现象。表面张力与毛细现象紧密联系在一起,当液体和气体的界面不是平的而是弯的(凹的或者凸的)时,在两者之间就出现压强差,由于表面张力的作用是表面各种力的合力,在平衡时它必须为界面两侧的压强差所抵消。当毛细管的直径较小时,毛细管内水面的弯曲相互连接,形成内凹的弯液面状,这种内凹的弯液面表明管壁和液体是相互吸引的(即可湿润的),如果管壁与液体之间不互相吸引,称不可湿润现象,那么毛细管内液体弯液面的形状是外凸的。

在毛细管内的水柱,由于湿润现象使弯液面凹时,水柱的表面积就增加了,这时由于管壁与水分子之间的吸引力很大,促使管内的水柱升高,从而改变弯液面形状,缩小表面积,降低表面自由能。但当水柱升高改变了弯液面的形状时,管壁与水之间的湿润现象又会使水柱面恢复为内凹的弯液面状。这样周而复始,使毛细管内的水柱上升,直到升高的水柱重力和管壁与水分子间的引力所产生的上举力平衡为止。

毛细水的上升高度和速度与土的粒度有极其密切关系。通常毛细水高度与土粒间的毛细管直径成反比,毛细管直径约等于土粒直径,即土越细毛细水上升越高。当粒径大于0.1mm,土颗粒表面能很低,表面吸附作用几乎没有,很难形成毛细机构;当粒径处于0.05~0.005mm时,土颗粒间的毛细作用比较强烈;但当土颗粒小于0.005mm或更小时,因为颗粒分散性极大,表面性能相当高,土中的水多为土粒强烈束缚,如果这种粒径的含量超过50%,土颗粒间空隙过小,毛细阻力大,从而毛细水迁移比较困难。

土的粒度成分和矿物成分:土的粒度成分对毛细水的上升高度影响最明显,不同直径的粒组具有不同的毛细水上升高度和上升速度,一般细粒组比粗颗粒组上升的高度大,但上升速度慢得多。理论上毛细水上升高度计算公式为:

$$h_c = \frac{2T_s \cos\alpha}{\rho_w g r} \tag{10-1}$$

其中,T_s 为水与空气间的表面张力;α 为接触角;ρ_w 为水的密度;g 为重力加速度;r 为毛细管的半径。

实践中常用的海森(A. Hazen)经验公式为:

$$h_c = \frac{c}{ed_{10}} \tag{10-2}$$

其中,h_c 为毛细水上升高度(m);c 为系数,与土粒形状及表面洁净有关,$c = 1 \times 10^{-5} \sim 5 \times 10^{-5}$($m^2$);$e$ 为土的孔隙比;d_{10}为土的有效粒径(m)。

由于砾(碎)石颗粒有效粒径较大,规定密实度情况下其孔隙比也较大。可见,只要设置足够厚度的砾(碎)石就可以很好地隔断毛细水的上升,而且利于上路堤的雨水下渗。

(2)砾(碎)石隔断层的适用条件

用砾(碎)石作透水性隔断层,其作用主要是隔断毛细水进入路基上层,也可使上部渗水下渗,但所需厚度较大,材料较多,故适用于路基填土高度较高(一般大于 1.8m)且材料运距较近的路段。

(3)砾(碎)石隔断层的设计参数取值分析

①砾(碎)石毛细水上升高度试验

此节试验数据借鉴了交通部西部交通建设科技项目“国道 314 线盐渍化软弱土地基处治方案研究”中针对砾石隔断层毛细水上升方面的试验研究成果,并在其试验结果的基础上总结出工程适用指标。

a. 粗颗粒组毛细水上升高度试验设计

对路基中砾(碎)石隔断层材料进行毛细水上升高度的试验,试验设备见图 10-1,试验选用的材料为天然砾石,试验温度为 20 ~ 30℃。

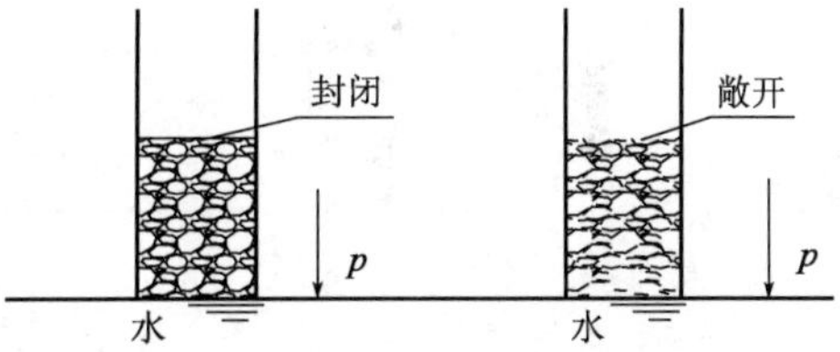

图 10-1　试验设备

试验目的与适用范围:(a)土的毛细水上升高度是水在土孔隙中因毛细管作用而上升的最大高度;(b)试验的目的是测定天然砾石、断级配砾石土在淡水和盐水环境中,封闭(试验顶面封闭)与敞开条件下的毛细水的上升高度,用于估计地下水水位升高时路基被浸湿的可能性和程度;(c)试验采用直接观测法,用于确定粗颗粒组土的毛细水上升高度。

b. 试验设备

(a)毛细水观测容器:采用 2.5cm 角铁制成底边为 30cm × 30cm,高度 120cm 的框架,四周为 5mm 厚有机玻璃,底部有机玻璃钻 5mm 圆孔,间距 2cm 左右,用胶固定;(b)标准筛(圆孔)、天平:称重 5kg,感量 5g;(c)其他:条盆、捣锤、塑料布、细粒土。

c. 试验过程

(a)从风干、松散的砾石中,按照《公路土工试验规程》(JTG E40—2007)用筛分法将天然砾石土样进行颗粒分析试验,依据天然砾石的级配,参配成断级配试料;(b)将测试容器放入条盆中,在容器底部铺一张滤纸后放入测试料,边放边用捣锤振捣,直到装满为止;(c)敞开条件,在测试料顶面不加任何覆盖层;封闭条件,在测试料顶面先铺一层塑料布之后,将细粒土铺埋在塑料布之上;(d)加水,将水位保持在容器底部某一位置;(e)加水24h后开始读数,每天记录一次;(f)读数方法,每次读3~4个数,取平均值,记录盐水毛细水上升高度;(g)配制一定比例的盐水,按(d)、(e)步骤即可;(h)绘制毛细水上升高度 h 与时间 t 的关系曲线,纵坐标为毛细水上升高度、横坐标为时间。试验材料采用粒径为5~20mm的断级配砾石,颗粒组成见表10-1。

天然砾石试验筛分表 表10-1

筛孔直径(mm)		60	40	20	10	5	2	0.5	0.25	0.074
1号	通过率(%)	100	96.7	79.9	61.2	43.4	27.9	10.8	6.4	0.61
2号	通过率(%)	100	100	100	61.9	33.3	5.5	2.0	0.6	0.2

d. 不同级配砾石隔断层毛细水上升高度试验结果

试验分别选用1号和2号材料进行对比试验:1号材料为级配不良砾,毛细水上升高度为56cm(图10-2);2号材料为级配不良砾,毛细水上升高度为13cm(图10-3)。

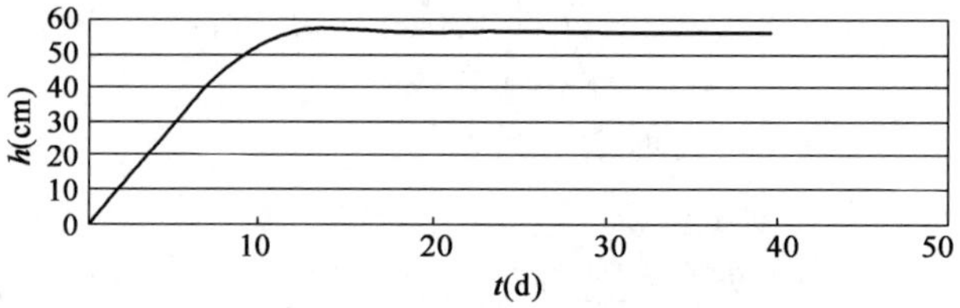

图10-2 1号材料毛细水上升高度

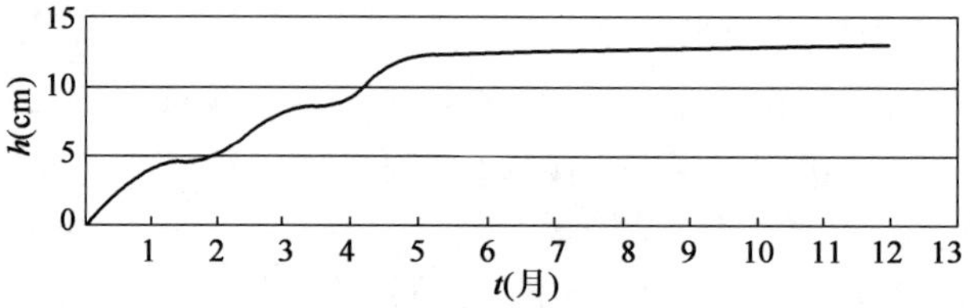

图10-3 2号材料毛细水上升高度

通过1号和2号两种材料的毛细水上升高度对比试验分析可知,同为级配不良砾,粒径5mm的通过率相差不大时,毛细水上升高度相差甚远,说明毛细水上升高度与粒径大于5mm的颗粒含量关系不大,而与2mm以下的颗粒含量关系密切。因此,在选择隔断层材料时应控制2mm以下的颗粒含量。当2mm以下颗粒含量较高时,毛细水上升速度较快,并且较快达到稳定。

e. 覆盖效应对毛细水上升高度的影响

公路在使用过程中,由于表面覆盖沥青混凝土的原因,路基土实际上是处在封闭条件下,砾(碎)石隔断层中毛细水的上升高度与自然条件下有所不同,所以有必要研究在封闭条件下砾(碎)石中毛细水的上升高度与规律,从而确定路基砾(碎)石隔断层的厚度。将容器中试验材料的顶部加盖土工布,再用细粒覆盖并压实。模拟路面结构对路基的封闭条件进行试验。

试验结果表明,该级配砾石在 2d 时间里基本达到最高毛细水上升高度 9cm,8d 基本达到稳定,在封闭后毛细水可继续上升 18cm,13d 基本达到稳定(图 10-4)。

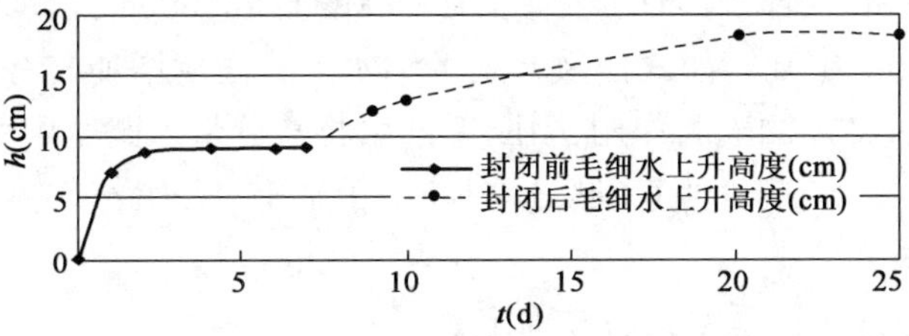

图 10-4　断级配砾石毛细水上升高度图

固体颗粒成分的骨架对土的物理力学性质起着决定性作用,粗颗粒的成分都是原生矿物,形状多单颗粒。依据《公路土工试验规程》(JTG E40—2007)的规定:粗颗粒组中的砾石(角砾)粒径划分区间为 2 ~ 60mm,对于粗颗粒土,由于表面不具有带电性质,因而与四周介质特别是水的相互作用强烈程度相对于细粒土较弱。此外,粗颗粒土(砾石)具有很大的透水性,完全没有黏性和可塑性,不能形成有利的毛细水上升通道,因此,毛细水上升的高度很小。试验结果表明:同一种断级配砾石料,在不封闭和封闭条件下,由于封闭效应,毛细水上升高度出现很大差别,封闭后毛细水上升高度是不封闭高度的 2 倍。

f. 淡水、盐水毛细水上升规律

采用 2 号样品的级配砾石料做试验材料,封闭式和敞开式试验的毛细水上升对比试验结果见图 10-5、图 10-6。

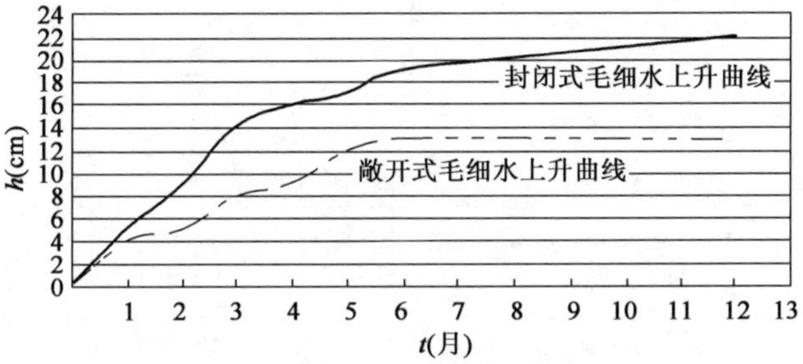

图 10-5　淡水在封闭和敞开条件下毛细水上升对比图

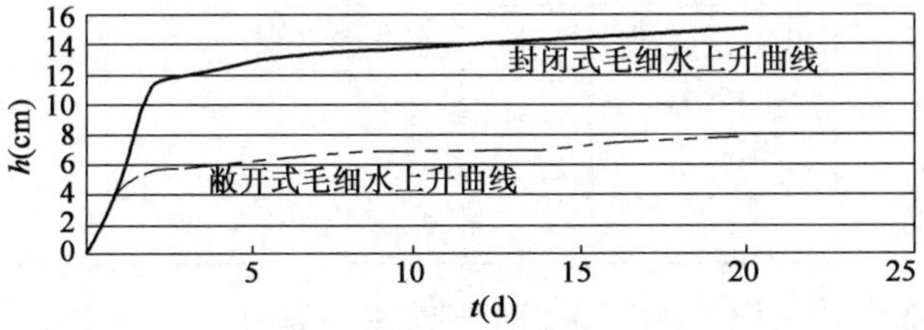

图 10-6　盐水在封闭和敞开下毛细水上升对比图

从表 10-1 可知:材料小于 0.074mm 的粉黏粒含量仅为 0.2%;封闭后级配砾石料的毛细水上升高度为 22cm;敞开后级配砾石料的毛细水上升高度为 13cm;依据图 10-3 和图 10-5 分析可知:封闭式比敞开式的毛细水上升高度增加 70% ~100%。

同样采用2号样品的级配砾石料做试验材料,采用含氯盐为7.4%的水溶液,封闭和敞开试验毛细水上升对比试验结果见图10-6。

结果表明:盐水封闭后级配砾石的毛细水上升高度为14.80cm,盐水敞开后级配砾石的毛细水上升高度为7.90cm,可知封闭式比敞开式毛细水上升高度增加87%。

天然沙砾不但具有良好的隔断作用,阻断毛细水将盐分带入路基中而产生盐渍土病害,而且抗腐蚀性强,自身强度高、造价便宜、储量丰富、便于施工,作为路基中隔断水、盐侵蚀的材料具有很广阔的应用前景。

②砾(碎)石隔断层材料、厚度及层位确定

从以上对比试验结果可以看出,2号断级配砾石隔断层的隔断毛细水上升的效果明显较好,其材料的选择与2mm以下的颗粒含量关系密切。在选择隔断层材料时应控制2mm以下的颗粒含量,小于0.5mm的土含量应不大于5%。从施工压实难易度看,砾石最大粒径最好控制在50mm。

砾(碎)石隔断层,适用于地下水位较高或降水较多的强盐渍土地区新建的二级以上公路。根据毛细水上升高度机理及上述试验结果可以得出,隔断层厚度应控制在30~40cm。在实际工程中,隔断层上下应设反滤层,两侧用砾类土包边,反滤层宜采用具有渗透功能的土工织物,其物理力学性能应符合表10-2,也可采用中、粗砂,含泥量应不大于3%,厚度为10~15cm。

用于隔断层的土工合成材料物理力学性能指标 表10-2

技术指标	单位	渗水性土工织物	复合土工膜(二布一膜)	土工膜	聚乙烯防渗薄膜	聚丙烯淋膜编织物
膜厚	mm		≥0.3	≥0.3	0.18	
总厚	mm	≥2.4				0.34
单位面积质量	g/m^2	≥300	≥600	≥300		≥150
渗透性		透水 O_{95} ≤0.21mm	耐静水压 ≥0.6MPa	耐静水压 ≥0.6MPa	(不透水)	(不透水)
断裂强度	kN/m	≥9.5	≥10	≥12MPa	≥10MPa	11.5纵/9.25横
顶破强度(圆球)	N			≥250	≥50	≥665
CBR顶破强度	kN	≥1.5	≥1.9			
撕裂强度		≥0.24kN(梯形)	≥0.32kN(梯形)	≥40N/mm(梯形)		430N/cm^2
断裂伸长率	%	≥50	≥50	≥300	≥300	15~20
剥离强度	N/cm		>6			
经纬密度	根/100mm					40/40

为保证路床填土质量及稳定性的要求,新建高速公路及一级公路的隔断层位应设在路床之下,同时应满足最大冻深+25cm的要求;二级及二级以下公路,路堤隔断层顶面位置应控制在路肩边缘以下0.8~1.5m处,同时满足冻深要求,并高出地表长期积水位或地面20cm以上;在路基换填与隔断措施综合处理的改建路段,隔断层顶面的位置应在换填下缘或其层间下部;挖方路段隔断层位置应在新铺路面垫层以下至少30cm,或边沟流水水位20cm以上。

(4)砾(碎)石隔断层的施工控制要点

为确保砾(碎)石隔断层的隔断效果,现场施工时应注意以下几点:

①砾(碎)石隔断层材料进场时应进行严格检查,其粒径及反滤层的质量应符合规范规定,实测项目按《公路工程质量检验评定标准　第一册　土建工程》(JTG F80/1—2017)有关规定执行,必须满足设计规定要求。

②由于砾(碎)石隔断层材料级配较均匀,细沙少,不易压实,因此碾压之前用平地机或大型推土机摊铺平整,使表面无明显凹凸之处,再用重型振动压路机碾压。

③砾(碎)石隔断层应按设计厚度先铺设包边砂砾土,再全层一次铺填,路拱横坡不小于2%,用平地机或大型推土机摊铺平整,并用人工配合找平。

④砾(碎)石隔断层不便用土质路基的压实度来判断其密实程度,宜先用履带推土机稳压1~2 遍,再通过 12t 以上的重型振动压路机进行碾压,由路基两侧向中间碾压,纵向轮碾应互相平行,并按试验确定的压实遍数碾压,当压实层顶面稳定、不再有下沉轮迹时,可判断为密实状态。

砾(碎)石隔断层经振动压密后,再铺反滤层(土工织物)及上层填料,一次性碾压。

2)土工合成材料隔断层优化设计与施工控制

(1)土工合成材料隔断层的种类及原理

土工合成材料是一种新型的岩土工程材料。它以人工合成的聚合物,如塑料、化纤、合成橡胶等为原料,制成各种类型的产品,置于土体内部、表面或各层土体之间,发挥加强或保护土体的作用。土工合成材料可以分为土工织物、土工膜、特种土工合成材料和复合型土工材料等类型。土工合成材料主要有 6 种基本功能:过滤、排水、隔离、加筋、防渗及防护功能。

土工合成材料用于盐渍土地区作为隔断层的主要类型有复合土工膜隔断层和土工膜隔断层,这两者都属于土工复合材料。

土工复合材料的基本原理是将不同材料的最好特性组合起来,使特定的某个问题能以最优的方式解决。复合土工膜是以织物为基材,以聚乙烯、聚氯乙烯等土工膜为膜材,经流延、压延、涂刮、辊压等复合工序形成的土工膜-土工织物的组合物。复合土工膜按其布基材可分为:短纤维针刺无纺织物、长丝纺黏针刺无纺织物等;按膜材可分为聚乙烯膜、聚氯乙烯膜、氯化聚乙烯膜等;按结构可分为二布一膜、一布一膜、三布二膜等。目前工程大多采用无纺织物与土工膜复合而成的复合土工膜。复合土工膜中土工织物对膜起保护作用,能提高土工膜的抗拉强度,增大土工膜与其他土工材料摩擦系数。土工膜属于土工格栅型复合材料,由于某些土工膜和土工格栅可用同种材料生产,如高密度聚乙烯,它们可以黏合在一起形成一个不透水的屏障,且其强度和摩擦力都有所提高。用于隔断层的土工合成材料物理力学性能指标见表 10-2 所示。

(2)土工合成材料隔断层的适用条件分析

复合土工膜是由聚合物膜与土工织物加热压合或用胶黏剂黏合而成。膜可以完全隔断水分,土工织物可以保护土工膜,防止膜被接触的碎砾石刺破,防止铺设时被人为或机械损坏,也可以防止运输时的损坏。即使膜发生小的破损,由于土工织物的阻水能力,仍能限制渗流。土工织物又可起到一定的排水层作用,可以排除膜上下的渗流水或孔隙水,防止膜被水和气抬起而失稳,并可提高与土、砂砾等接触面的摩擦系数。另一突出优点是复合土工膜能够承受一定的拉力和伸长变形,可以扩散土体的应力,限制土体侧向位移,对路基有一定的加固和稳定作用。因此,复合土工膜是目前较为理想的隔断层材料。在中、强或过盐渍土地区修建次高级路面以上公路宜采用复合土工膜隔断层。在盐渍土地区二级以上公路上,优先推荐采用二布一膜,一般情况下,可不设上、下保护层。不过,为避免膜上、下积水,横向排水非常重要,除应做好横坡外,铺设在细粒土中的复合土工膜应用渗水性土作上、下排水层。

用土工膜做隔断层,必须设置砂或砂性土的上、下保护层,以防顶破;保护层兼起排水层的作用,故必须严格控制其粉黏粒含量不超过 15%。其适用于强、过强盐渍土地段新建或改建公路。路堤高度不足 1.8m 时,为防止毛细水与气态水上升导致土基上部次生盐渍化的影响,宜用土工膜作不透水的隔断层。改建工程路基高程受限制的路段,宜用土工膜等材料作不透水的隔断层。

用聚乙烯防渗薄膜或聚丙烯淋膜编织布作不透水隔断层效果是好的,曾在新疆二、三级公路上较广泛采用。但这类膜很薄,耐久性能差。聚氯乙烯防渗薄膜作隔断层耐久性能差,易老化,不过,薄膜和淋膜编织布的材料价格低,故可用于三、四级公路。

(3)土工合成材料隔断层的设计参数取值分析

①土工合成材料隔断层受力分析

用作隔断层的土工织物,必须满足两方面的要求:一方面能够阻止两种不同材料的相互侵入;另一方面它必须具备足够的强度。土工织物要承受两种不同材料相互挤压而产生的各种应力,这些应力包括:顶破强度、刺破强度、握持抗拉强度和撕裂强度。

a. 顶破强度分析

如图 10-7 所示为土工织物中两相邻颗粒在上部压力造成织物变形情况。颗粒与织物接触面分别为 AB 与 CD。两粒之间的孔隙为 AD。在该段上,织物受到地基反力。如果平均粒径为 d_{50},平均接触面直径为 d_c,则 AD 段平均值为 $d_{50}-d_c$。地基反力的最大值为地基土的极限承载力 q_u。

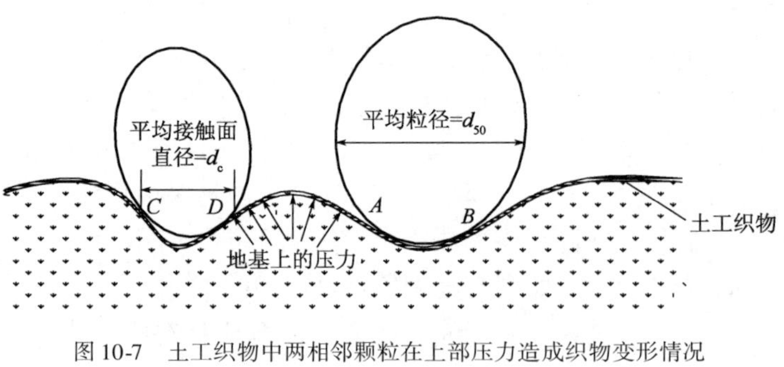

图 10-7　土工织物中两相邻颗粒在上部压力造成织物变形情况

$$q_u = (\pi + 2)c_u + \gamma h \tag{10-3}$$

式中:c_u——地基土的不排水凝聚力(kN/m^2);

γ——粒料的有效重度(kN/m^3);

h——路基(粒料基)厚度(m)。

而 AD 范围内的顶破力 F_g 应为:

$$F_g = \frac{q_u \pi (d_{50} - d_c)^2}{4} \tag{10-4}$$

假设 AD 段织物变形后呈半球形，则球周边单位长度织物中的拉应力 T' 应为：

$$T' = \frac{F_g}{\pi(d_{50} - d_c)} = \frac{1}{4}(d_{50} - d_c)q_u \tag{10-5}$$

与上述条件类似，针对 Mullen 试验，该仪器的孔径为 d_M，顶破压力为 p_M，则可得到相应的单位长度织物的拉力 T_M 为：

$$T_M = \frac{1}{4}d_M \cdot P_M \tag{10-6}$$

如果考虑安全系数为 F_s（至少为 3），应有：

$$T_M = F_s \cdot T' \tag{10-7}$$

则

$$P_M = F_s \cdot \frac{d_{50} - d_c}{d_M} \cdot q_u \tag{10-8}$$

故用于隔离的织物的 Mullen 试验顶破强度 p_M 不得低于按式（10-8）算得的数值。

b. 刺破强度分析

当土工织物下的地基土未进入塑性状态前，地基反力 p 应为地面和通过粒料层传递到土面的压力和粒料层质量之和，一旦达到塑性状态，该压力应等于地基土的极限强度 q_u。在刺破分析时，地基反力 q_R 应采用 q_u 和 p 中较小者（为安全）。对于与织物接触的一颗粒料，它所受向下压力 p 和向上反力 q_R 的差值应为作用于接触点处织物上的穿刺力 F_p。针对图 10-7，该值可由下式求得：

$$F_p = \frac{\pi}{4}(Pd_{50}^2 - q_R d_c^2) \tag{10-9}$$

穿刺力 F_p 系由接触面周边织物的径向拉力所承担。该受力状态类似于刺破试验，如 CBR 刺破试验（其圆柱顶杆直径为 49.6mm）。令两种情况下织物的抗拉强度相等，并有足够的安全系数 F_s（至少为 3），应有：

$$\frac{F_{CBR}}{\pi d_{CBR}} = \frac{F_s F_p}{\pi d_c} \tag{10-10}$$

即

$$F_{CBR} = F_s \cdot F_p \frac{d_{CBR}}{d_c} \tag{10-11}$$

故所用织物的刺破强度 F_{CBR} 不得低于式（10-11）给出的数值。

以上两种强度分析，对于仅受静荷载和织物以上填料层较厚的情况（没有动荷载作用），安全系数 F_s 可以适当降低；相反，若受动荷载或上覆粒料较薄时一般 F_s 不得小于 3。

c. 握持抗拉强度分析

把织物放在粒状材料与基土之间，有时也可能产生较高的拉力。

Giroud 曾提出当地基土较软时，织物被地基土反力 p 顶入粒料的空隙中。粒料的底部压在织物上面，阻止织物沿水平方向移动，在织物内部将产生拉伸力 T_g，这一模型与握持抗拉试验的受力条件相似。根据 Giroud 推导，拉伸力 T_g 可用下式估算：

$$T_g = pb^2 f(\varepsilon) \tag{10-12}$$

式中：T_g——拉伸力（kN）；

p——地基反力（kPa）；

b——孔隙宽度,近似等于粒料的平均直径 d_{50}(m);

$f(\varepsilon)$——织物应变量 ε 的函数;当织物断裂时,ε 值等于织物的延伸率 ε_{gf}。

$f(\varepsilon)$值随应变量 ε 值的不同而变化。根据薄膜受力后弯曲变形的几何关系,从 ε 值求出的相应 $f(\varepsilon)$值,见表 10-3。

与 ε 值对应的 $f(\varepsilon)$ 值 表 10-3

ε(%)	$f(\varepsilon)$	ε(%)	$f(\varepsilon)$	ε(%)	$f(\varepsilon)$	ε(%)	$f(\varepsilon)$
0	∞	10	0.73	40	0.51	120	0.55
2	1.47	15	0.64	45 ~ 70	0.50		
4	1.08	20	0.58	75	0.51		
6	0.90	30	0.53	100	0.53		

织物所需要的握持抗拉强度为:

$$R_g = F_s T_g = F_s p d_{50}^2 f(\varepsilon_{gf}) \tag{10-13}$$

式中:R_g——通过握持抗拉强度试验测得的强度值(kN);

d_{50}——粒径平均直径(m);

ε_{gf}——在握持抗拉试验中织物式样断裂时的延伸率(%);

F_s——安全系数。

织物越坚韧,变性模量越大,延伸率越小,要求的握持抗拉强度越大。

d. 撕裂强度分析

当织物初始平均粒径为 d_i,被穿刺后,粒料尖角插入织物,若荷载继续增加,织物因受径向撕裂力,孔径有可能逐渐扩大至等于粒料粒径 d_{50}。Koerner 根据一系列假设,推导出安全系数为 F_s 时,为抵抗撕裂织物应具有的撕裂强度 T 的计算公式如下:

$$T = F_s \pi d_i d_{50} p s \tag{10-14}$$

式中:p——作用于织物上的压力,建议采用其为上覆填料压力或等于汽车轮胎压力的 0.75 倍;

s——粒料形状系数,颗粒圆钝形时为 0,锐角形时为 1。s 值可以用 $1-s'$表示,其中 s'为颗粒的圆度,各种颗粒的圆度近似可取为:砂 0.8,砾石 0.7,碎石 0.4,带角石块 0.3。

上式计算得到的数值为土工织物在撕裂试验中应具有的强度。

②复合土工膜及土工膜隔断层

复合土工膜隔断层一般常用的可分为二布一膜和一布一膜,其中,二布一膜一般可不设上、下保护层;一布一膜隔断层可只在有膜的一面设保护层;土工膜隔断层应设上、下保护层,其保护层兼排水层的作用。铺设在细粒土中的复合土工膜隔断层必须在膜的上、下各设置排水层。

a. 隔断层的保护层(排水层)材料选择

土工膜隔断层和一布一膜隔断层的保护层(排水层)材料选择要点是:保证土工合成材料受力情况稳定,应该注意大颗粒土粒的形状,剔除棱角尖锐的杂质,保证土工合成材料不会被顶破,因此最好选用排水性能好且光圆的材料(不同土类与毛细水上升高度关系见表 10-4),如砂或含细粒土砂。为保证排水通畅,其粉黏粒含量应小于 15%。

各类土中毛细水上升高度参考(铁道部第一勘察设计院,1988)　　表10-4

名　称	毛细水上升高度(cm)	名　称	毛细水上升高度(cm)
砾	13~15	黏砂土	100~150
粗、中砂	15~35	砂黏土	150~400
细砂	35~100	黏土	400~500

铺设在细粒土内的复合土工膜隔断层,为防止膜的上、下层面积水,应在隔断层上、下设置排水层。排水层材料选择必须适当,否则会使水分聚集形成软夹层,影响路基质量,所以最好选用砂或砂砾土作为排水层,排水层最大粒径应控制在60mm,粉黏粒含量不超过15%。

b.隔断层的保护层(排水层)厚度确定

土工合成材料隔断层的保护层(排水层)厚度选择主要依据两个方面:一方面要有足够的厚度隔离土工合成成材料与路基填料,保证土工合成材料不被路基填料刺破;另一方面要有足够的厚度保证从路面或其他地方渗流到隔断层的水流顺利排出,保证土工合成材料表面没有水滞留。

隔断层如果铺设在粗颗粒土路基内,由于粗颗粒土自行排水能力较好,所以其上、下层的砂或含细粒土砂层,主要作用是保护土工合成材料。根据《公路路基设计规范》(JTG D30—2015)规定,填方路基应优先选用级配较好的砾类土、砂类土等粗颗粒土作为填料,填料最大粒径应小于150mm。砾粒土的粒径范围为2mm $<d\leqslant$60mm,砂粒土的粒径范围为0.075mm $<d\leqslant$2mm。铺设在粗颗粒土中隔断层的保护层厚度,应判断路基填料的平均粒径范围,然后得出多大厚度的砂或含细粒土砂层可以保证土工合成材料的膜不被顶破破坏。根据《公路路基施工技术规范》(JTG F10—2006)规定,最小压实厚度应不小于8cm。由此,可以得出铺设在粗颗粒土中隔断层的保护层厚度取值范围一般为8~11cm。

隔断层如果铺设在细粒土路基内,土工合成材料上、下面各需铺设砂、含细粒土砂或砂砾,其主要作用是排水兼保护层。其厚度选择的主要依据有:一方面要能够形成一定的结构层,从而有足够的通道将积水排出;另一方面要有足够的厚度,防止毛细水上升穿透。由此分析可以得出,铺设在细粒土中的隔断层排水层厚度至少不应小于20cm。

c.土工合成材料隔断层的层位确定

隔断层位置设置不当,往往达不到预定的目的或不经济。其位置应该满足上路堤上层不受下部盐分、水分的影响,以保证路床填土质量及稳定性,同时不致过多增加工程造价和施工难度。

盐渍土地区路基高度应满足路床处于干燥或中湿状态,保证路基的强度和稳定性。为此所采用的不透水的土工合成材料,作为不透水隔断层时,其层位的设置应该保证路床填土质量及稳定性的要求,新建高速公路及一级公路的隔断层位应设在路床之下,同时应满足最大冻深的要求;二级及二级以下公路,路堤隔断层顶面位置应控制在路肩边缘以下0.8~1.5m处,同时满足冻深要求,并高出地表长期积水位或地面20cm以上;在路基换填与隔断措施综合处理的改建路段,隔断层顶面的位置应在换填下缘或其层间下部;挖方路段隔断层位置应在新铺路面垫层以下至少30cm,或边沟流水位20cm以上。

(4)土工合成材料隔断层的施工

①土工织物的展铺

土工织物直接铺设在路基表面或路槽表面,必须先清除路基表面和路槽中有可能损坏织物的凸出物等,然后将土工织物展开铺平,尽可能无褶皱的布置在路基上或路槽内。若需在一个较长的距离内整块展开土工织物,则应将其固定,例如,用混凝土块或石块固定,以防止四周被吹起。在承载力低的地区铺设材料时横向也须固定。

展铺土工织物有三种方法:直接铺放在路基上,布置在有垂直面的路槽内,摊铺于路槽内且用粒料嵌固。

a. 直接铺放

先清除地面植物,然后将土工织物展开,并用木桩标出土工织物相对于道路中心线的边,以保证摊铺位置正确。

b. 在有垂直壁的路槽内铺放

土工织物横越路槽成段展开,无须采取特殊措施,往上折的端部与路槽边成垂直。

c. 摊铺于路槽内用粒料嵌固

土工织物横越路槽成段展开,两端嵌固长度由侧边粒料护道覆盖,然后,土工织物折回护道上,再用第二层基层材料嵌固。

②土工织物的连接方法

织物与织物的连接一般有以下几种方法:

a. 搭接法

将一片土工织物的末端自由地压在另一片的始端上。地基土越松软,要求搭接宽度越大,以防止地基变形时织物位移使搭接有效宽度减小。国内外对搭接宽度无明确规定。对未铺砌道路提出的建议见表10-5;日本规定,当CBR<2时,搭接长度应为织物宽度的25%(用于道路稳定时);还有建议,对于平地面,搭接长度不少于30cm,对不平地面或极坏地面,搭接长度不小于50cm。

土工织物最小搭接宽度 表10-5

基土强度 C_u(kN/m^2)	CBR值(%)	搭接最小宽度(mm)
<28	<1	1500
28~55	1~2	1250
55~90	2~3	1000
>90	>3	750

搭接时应将新铺的一块压在已铺好的织物下面,并且随即沿接缝每隔约1m压上一堆料,防止全面铺料时织物边缘被掀起。搭接法耗费织物较多。

b. 缝接法

用手提缝纫机将两块土工织物缝起来,其搭接量一般小于25cm,比自由搭接省材料。缝接的强度主要由缝纫机、线、缝接方法、缝口间距等因素而定。

目前缝接方法主要由三种,如图10-8所示。各种缝接法缝接强度比较见表10-6。

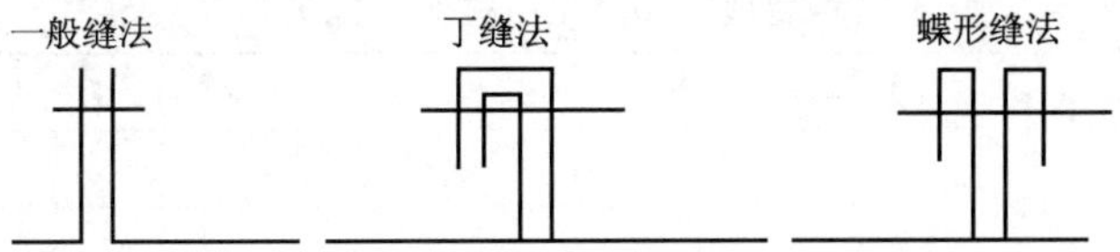

图 10-8　土工织物缝接方式

各种缝接法缝接强度比较　　表 10-6

	原材料	一般缝法	丁缝法	蝶形缝法
握持抗拉强度	1	0.6	0.80.9	0
宽条抗拉强度	1	0.4	0.50.75	0.5

③防止土工织物破坏的施工要求

土工织物作为隔离层时，承受的荷载并不大，对织物的强度要求不高。但在施工中，它们却要承担各种临时性荷载，如重型机械或重型运料汽车等，有可能引起织物的破坏。

为了保证在施工中土工织物能保持完整性，表 10-7 与表 10-8 分别针对路基状况与施工机械、路堤填料与施工机械提出了施工要求，表中施工要求档次的具体指标见表 10-9(《土工合成材料工程应用手册》,2000)。

不同路基状态和施工机械时的施工要求　　表 10-7

路基状态	施工机械接地压力(有 15 ~ 30cm 厚覆盖)		
	低接地压机械 ≤20kPa	中接地压机械 28 ~ 56kPa	高接地压机械 >56kPa
路基表面上的杂物除杂草、木屑外均清理掉，表面凹凸平整度小于 15cm	低	中	高
路基表面上的大树干，树根清理掉，保留中小树干、石块、表面平整度小于 15cm，大的洼地填起来	中	高	超高
作最低限度的准备工作，砍伐树木，砍掉树枝，但留在现场，树根高出地面 15cm 以内，土工织物直接铺设在有树干、树枝、坑穴沟的凹凸不平的地表上，只去掉对铺设织物和填筑路堤有不良影响的树干树根	高	超高	不能施工

注：1. 以上是当第一层填筑厚度为 15 ~ 30cm 时的推荐值。其他厚度时建议采用：当 30 ~ 45cm 时，表中要求降低一级；当 45 ~ 60cm 时，降低两级；大于 60cm 时降低三级。
2. 对会引起沦陷等的特殊施工法，表中要求提高一级。
3. 应注意在软基上填筑层厚度过大，承载力不足的情况。
4. 要求中“高、中、低”具体指标见表 10-9。

不同路堤填料和施工机械时的施工要求　　表 10-8

路堤第一层厚度(cm)	15～30		30～45		45～60	60 以上
路堤材料	接地压力(kPa)					
	低压机械 <28	中等压力机械 28～56	中等压力机械 28～56	高压力机械 >56	高压力机械 >56	高压力机械 >56
细砂到中等砂砾,呈圆形或稍带角的材料	低	中	低	中	低	低
粒径可达第一层厚度的一半,形状带角的粗石料	中	高	中	高	中	低
有小颗粒,但大部分粒径达第一层的一半,粗石料	高	超高	高	超高	高	中

注:1. 采用会引起沦陷等的特殊施工方法时,表中要求提高一级。
2. 应注意在软基上填筑厚度过大,承载力不足的情况。

施工要求档次的具体最低指标(美国 AASHTO-AGC-ARTR 标准①)　　表 10-9

对织物的要求	握持强度(最低值)(kg)	刺破强度②(kg)	顶破强度③(kg)	撕裂强度④(kg)	拉伸强度(宽条试验)⑤(kg)	应变 5% 时割线模量⑥(kg/cm)
超高	121.5	49.5	3020	30.8	53.4	178
高	81.0	33.7	2040	22.5	35.6	125
中	58.5	18.0	1480	18.0	8.9/17.8	53.4/89.0
低	40.2	13.5	1020	13.5	4.5/8.9	17.8/35.6

注:①表中所有值均表示一批材料中的任何一卷平均值都应符合或超过表中值,所有这些都比厂家报告的代表值低 20%。
②改进的 ASTM D-751-68。
③ASTM D-751-68 Mullen 试验。
④ASTM D-1117 在所有方向上都应满足。
⑤、⑥是日本山冈一三补充的要求。

10.2.2 基于粗颗粒盐渍土盐(冻)胀模型的铁路路基隔断层埋深研究

据调查研究,盐渍土路基隔断层上覆土自重会对隔断层下填盐渍土的盐胀起到一定的抑制作用。所以,本书认为:隔断层上覆土自重等于隔断层下填土盐胀力的位置就是隔断层的理论埋深位置。为了研究隔断层的理论埋深,本书(第 9 章)建立了粗颗粒盐渍土盐(冻)胀理论模型。通过已有数据验证其可靠性后,同时依靠所提出的确定盐渍土路基隔断层位置的思路,计算了不同种类填料下的盐渍土路基隔断层的位置。

10.2.2.1 粗颗粒盐渍土盐(冻)胀理论

硫酸钠结晶形成芒硝和液态水结晶成冰都会体积增大,导致土体膨胀。所以,本书理论模型建立思路为:首先,确定盐晶和冰晶成核临界半径(与温度有关);其次,确定未相变水与温度的关系方程;最后,通过上述关系方程计算冰晶和盐晶增大的体积,并通过多孔介质弹性力学模型将其转换为盐胀力和盐胀率。

1) 未相变水含量估算

(1) 盐晶和冰晶形成的临界半径

①盐晶成核的临界半径

考虑到孔径对盐晶体生长的影响和盐晶的均匀成核,假定土壤中的盐晶为球体。基于结晶理论,总体过剩自由能 ΔG 等于表面过剩自由能 ΔG_s 加上体积过剩自由能 ΔG_v。ΔG_s 为正,与 $2r$ 成正比(r 为球半径);在过饱和溶液中,ΔG_v 是负的,与 r^3 成正比(Mullin,2001)。

$$\Delta G = \Delta G_s + \Delta G_V = 4\pi r^2\gamma + \frac{4}{3}\pi r^3\Delta G_v$$

$$\frac{d\Delta G}{dr} = 8\pi r\gamma + 4\pi r^2\Delta G_v = 0$$

$$r_c = \frac{-2\gamma}{\Delta G_v}$$

对于单种溶质而言,ΔG_v 的变化可以由化学势的变化来表示,故:

$$\Delta G_v = -\frac{\Delta\mu}{V_m} = -\frac{RT}{V_m}\ln U_a$$

其中,μ 为化学势;V_m 为盐晶体的摩尔体积;R 是理想气体常数,故:

$$r_c = \frac{2V_m\gamma}{RT\ln U_a}$$

$$U_a = \left(\frac{a_\pm}{a_\pm^*}\right)^v \cdot \left(\frac{a_w}{a_w^*}\right)^{v_0}$$

其中,$a_\pm$ 为给定溶液的平均离子活性;$a_\pm^*$ 为饱和溶液的平均离子活性;v 为每个溶质分子产生的离子数,硫酸钠的 $v=3$;a_w 为水分子的活性;a_w^* 为饱和状态的水分子活性;v_0 为每个芒硝分子可产生 10 个水分子,$v_0=10$。

给定溶液的平均离子活性的确定:

$$a_\pm = c_\pm\gamma_\pm$$

式中:$c_\pm$——离子的平均摩尔数,是溶液浓度的函数;

$\gamma_\pm$——平均离子活性系数。

$\gamma_\pm$ 的确定:

$$\ln\gamma_\pm = |Z_M Z_X| f^\gamma + 2c\frac{|v_M v_X|}{v}B_{MX}^\gamma + 2c^2\frac{(v_M v_X)^{3/2}}{v}C_{MX}^\gamma$$

其中,$f^\gamma = A_\phi\left(\frac{I^{1/2}}{1+bI^{1/2}} + \frac{2}{b}\ln(1+bI^{1/2})\right)$;$C_{MX}^\gamma = \frac{3}{2}C_{MX}^\varphi$;$B_{MX}^\gamma = 2\beta_{MX}^{(0)} + \frac{2\beta_{MX}^{(1)}}{a_1^2 I}[1-(1+a_1 I^{1/2} - 0.5a_1^2 I)\times\exp(-a_1 I^{1/2})] + \frac{2\beta_{MX}^{(2)}}{a_2^2 I}[1-(1+a_2 I^{1/2}-0.5a_2^2 I)\times\exp(-a_2 I^{1/2})]$;MX 为对应的盐的种类;交互参数 $\beta_{MX}^{(0)}$、$\beta_{MX}^{(1)}$、$\beta_{MX}^{(2)}$、C_{MX}^ϕ 对于 MX 类盐是固定的;$b = 1.2\text{kg}^{1/2}\text{mol}^{-1/2}$;$Z_M$、$Z_X$ 为电解质离子的电荷;c 为给定溶液的浓度;a_1、a_2 为测试系数 1.2 和 0.2。

离子强度的确定：

$$I = \frac{1}{2}\sum_i c_i z_i^2$$

其中，z_i 为离子 i 的电荷；c_i 为离子 i 的摩尔浓度；A 为渗透系数的 Debye-Hückel 参数，与温度 T 具有非线性关系。

给定溶液的水分子活性的确定：

$$\ln a_w = -\varphi \frac{M_w}{1000}\sum_i c_i$$

其中，M_w 为水的摩尔质量。

单一电解质的 φ：$\varphi - 1 = |Z_+ Z_-| f^{\varphi} + 2c\frac{v_+ v_-}{v}B_{MX}^{\varphi} + 2c^2\frac{(v_+ v_-)^{3/2}}{v}C_{MX}^{\varphi}$

其中，$f^{\varphi} = -A_{\varphi}\frac{I^{1/2}}{1 + bI^{1/2}}$；$B_{MX}^{\varphi} = \beta_{MX}^{(0)} + \beta_{MX}^{(1)}\exp(-a_1 I^{1/2}) + \beta_{MX}^{(2)}\exp(-a_2 I^{1/2})$

所以，借助以上公式可以得到 r_c 随温度的变化。盐晶成核临界半径 r_c 随温度变化的图见图 10-9。

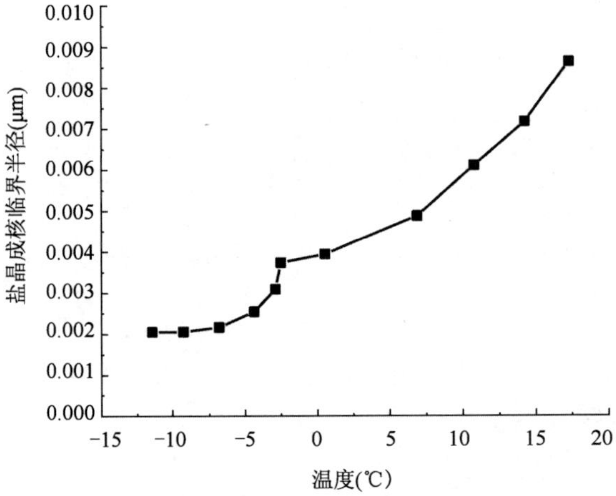

图 10-9　盐晶成核临界半径随温度的变化图(Wan X. S. ,2017)

所以，芒硝结晶的临界半径的范围为 2 ~ 8.5nm(20 ~ −15℃)(Wan X. S. ,2017)。

②冰晶成核的临界半径

在一个大气压下，水冰相变体积会增大 9%。但当压力增大时，纯水的冻结点会降低。在水冰相变过程中，忽略水冰的密度差，在冰液界面上的 Gibbs-Duhem 相平衡关系为：

$$\Delta P = P_i - P_w = \rho_i \Gamma \frac{\Delta T}{T_m} \tag{10-15}$$

其中，$\Delta T = T_m - T_f$；P_i 为冰水界面上的冰压力；P_w 为冰水界面上的水压力；Γ 为水冰相变潜热；T_m 为常压下自由体积水的冻结温度，取 273.15K；T_f 为冻结温度。

同时，水冰界面上的压力差可由 Young – Laplace 方程表示：

$$\Delta P = P_i - P_w = \gamma_{iw}\kappa \tag{10-16}$$

其中，γ_{iw} 为水冰界面自由能；κ 为水冰界面曲率。曲率越大，表示曲线弯曲的程度越大。曲率的倒数为曲率半径。

结合上面两个公式可以得到 Gibbs-Thomson：

$$\Delta T = \frac{\gamma_{iw}\kappa}{\rho_i \Gamma} T_m \tag{10-17}$$

上式为平衡状态下冻结温度与水冰界面曲率的函数关系。

做进一步推导，$T_m - T_f = \frac{\gamma_{iw}\kappa}{\rho_i \Gamma} T_m$

对于多孔介质而言，半径为 r_{fp} 的球形孔隙，曲率为 $\kappa = 2/r_{fp}$。然后，将 $\kappa = 2/r_{fp}$ 代入式(10-17)，则该孔隙对应的冻结温度为：

$$\Delta T_{fp} = \frac{2\gamma_{iw}}{\rho_i \Gamma r_{fp}} T_m \tag{10-18}$$

式(10-18)表明，当冻结温度为 T_{fp} 时，只有半径大于 r_{fp} 的孔隙水才会发生冻结，其余较小的孔隙中的水分会保持液态。

因此，对于多孔介质而言，在低温情况下，随着温度的降低，内部水分的冻结从大孔隙向小孔隙发展（刘泉声，2016）。

当冻结温度为 T_f 时，则 $r_f = \frac{2\gamma_{iw}}{\Delta T \rho_i \Gamma} T_m$。

根据以上公式，可以得到 $r_f = 50\text{nm}$（计算参数取值：$\gamma_{iw} = 30\text{mN/m}$，$T_f = -1℃$）。

（2）未相变水含量估算方程

根据已有文献（Wan X. S.，2017）研究表明，盐溶液的浓度和（初始）过饱和比决定了冻胀、盐胀发生的先后顺序。故应先确定盐溶液浓度对两种相变顺序的影响，然后估算未相变水含量与各个影响因素之间的关系。

①盐溶液浓度对相变顺序的影响

根据已有文献（Wan X. S.，2017）试验结果，作如下假定：(a)盐水比为 0 ~ 1.3/18 的土样，其未相变水的变化只受冰水相变的影响，不受芒硝结晶相变的影响；(b)盐水比不小于 1.3/18 的土样，其未相变水的变化先受芒硝结晶相变影响，然后在冻结温度以下只受冰水相变影响。

②未相变水含量估算

a. 盐结晶质量随过饱和比的变化

盐结晶在多孔介质内发生的初始条件是盐溶液的过饱和比大于盐结晶的初始过饱和比。盐结晶与温度和过饱和比的关系如下（Wan X. S.，2017）：

$$\frac{\mathrm{d}m_s}{\mathrm{d}t} = K_{crystal}(U_a - 1)^n, U_a > U_0$$

其中，m_s 为结晶盐的质量；U_0 为初始过饱和比率；$K_{crystal}$ 为一个随温度降低而降低的参数。

b. 过饱和比

由于本书所用试验降温曲线与 Espinosa R M（2008）研究所得的降温曲线相似，同时根据万旭升（2015）的试验结果可知，不同含盐量的过饱和比变化规律相似。受限于试验条件和为了方便理论推导，引用 Espinosa R M(2008)的研究成果。引用的过饱和比随温度的变化如图 10-10 所示。

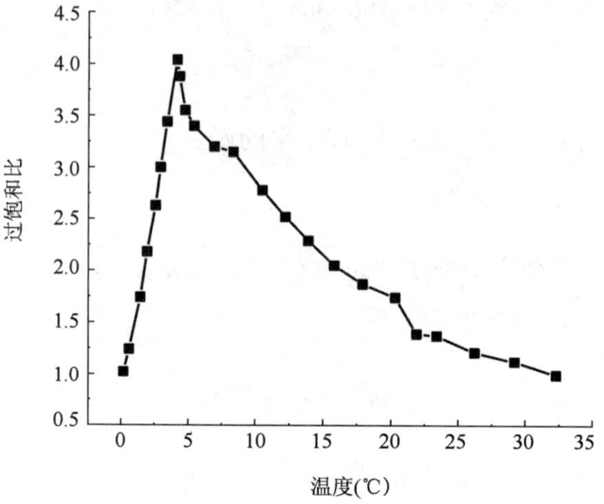

图 10-10 过饱和比随温度变化图

c. 未相变水含量估算

由于芒硝结晶的临界半径的范围为 2 ~ 8.5nm(20 ~ -15℃)，且冰晶形成的临界半径 $r_f = 50\text{nm}$(计算参数取值：$\gamma_{iw} = 30\text{mN/m}$，$T_f = -1℃$)。根据文献(谈云志，2010)中关于压实土的孔隙半径的相关研究，本书认为压实过后的盐渍土的孔隙半径分布范围一般从几纳米到几毫米。所以，本书认为绝大部分的土孔隙半径大于芒硝结晶的临界半径；较大部分的土孔隙半径大于冰晶的临界半径(50nm)。故，本书做如下假定：(a)所有粗颗粒盐渍土的土孔隙不会对盐晶形成造成影响。(b)冻结温度以上盐结晶对土孔隙的填充作用不会影响冻结温度。(c)低浓度盐渍土在冻结温度之上若没有产生芒硝结晶，则忽略冻结温度以下可能产生的芒硝结晶。(d)高浓度盐渍土在冻结温度之上盐胀完成后，冻结温度以下不发生盐胀，只发生冻胀。(e)盐渍土发生冻结后，土中仍有 25% 的未相变水保持液态。

所以在不考虑结晶速率的情况下，根据文献(牛玺荣，2006)结晶盐和未相变水与温度的关系应修正为：

$$m_s = \frac{m - \xi(T) U_a w}{1 - 1.2676\xi(T) U_a}$$

$$\theta_u = \theta_t - 1.2676 m_s$$

其中，m_s 为结晶盐的质量；m 为盐的总质量；$\xi(T)$ 为溶解度函数；U_a 为过饱和比；w 为水的总质量；θ_u 为未相变水的质量。

2)粗颗粒盐渍土盐(冻)胀理论模型

据上述假定，粗颗粒盐渍土盐(冻)胀理论模型应根据土样的盐水比分为 2 种粗颗粒盐渍土盐(冻)胀理论模型，即低浓度盐渍土盐(冻)胀理论模型、高浓度盐渍土盐(冻)胀理论模型。

对于整个土样，不考虑冻融循环过程中土体的损伤，只考虑单次盐胀的情况，认为土体处于弹性状态，可以采用弹性多孔介质力学模型相似的解决方法。首先，基于土孔隙与芒硝、冰体的膨胀耦合关系来求解有效盐胀力；然后，利用体应变等效的思想得到土体中的有效盐

(冻)胀率。

为了得到有效盐冻胀力和盐冻胀应变,根据盐渍土盐(冻)胀现象作如下假定:

①土孔隙都是理想化的球形,每个球形单元包含一个球形孔隙且在土样中均匀分布(图10-11);选择球形单元时,保证 $n = \left(\frac{a}{b}\right)^3$;

②水冰相变和芒硝结晶相变是一个准静态过程,土样各向同性,土样和盐晶、冰晶的变形均为弹性变形,忽略水的压缩性;

③土孔隙内部全部被水充满,且盐全部溶解于水中,不考虑冻结过程中土样内部发生的水盐迁移。

土样孔隙分布和盐(冻)胀模型示意图见图 10-11。

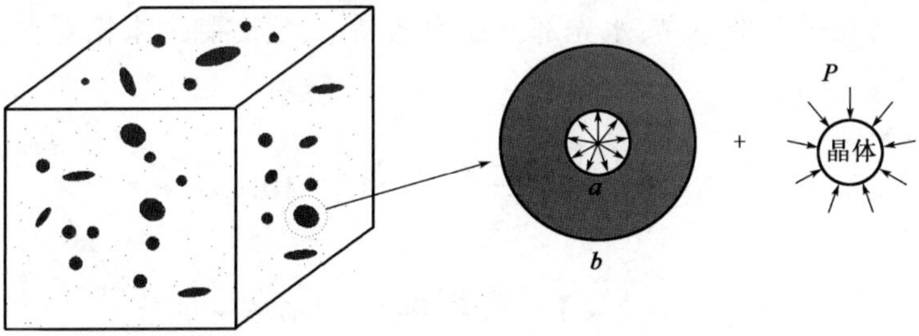

图 10-11　土样孔隙分布和盐(冻)胀模型示意图

(1)低浓度盐渍土盐(冻)胀理论模型

根据上述假定可知,盐水比为$\frac{0\sim1.3}{18}$的土样,其未相变水的变化只受冰水相变的影响,不受芒硝结晶相变的影响。所以,土样孔隙只受到冰水相变的作用,同时需要考虑到实际土样为非饱和土,冰水相变需要先对土孔隙填充,然后才能造成土样冻胀现象。

假定:土孔隙为球形,半径为 r。土样含水率为 w,则一个孔隙体积为 $V = \frac{4}{3}\pi r^3$;水的质量为 $m_w = V\rho_w$。水冰相变方程式为:

$$H_2O(液态) \rightarrow H_2O(冰)$$

$$\Delta V_w = 0.09 \times V_w = 0.09 \times \frac{4}{3}\pi r^3$$

所以,$\Delta V = \Delta V_w = 0.12\pi r^3$。

盐(冻)胀力 P_{ice}(忽略冰的压缩性)修正为(刘泉声,2016):

$$P_{ice} = \frac{[\sqrt[3]{1+0.09}-1] \times [2(1-n)E_m]}{1+2n+v_m(1-4n)}$$

其中,E_m、v_m 分别为土体的抗压强度和泊松比;n 为土体的孔隙率。

所以,降温过程中土的应变修正为(刘泉声,2016):

$$\varepsilon_{ij}^c = \begin{cases} 0 & 冻结温度以上 \\ -\dfrac{(1-2v_{ms})[\sqrt[3]{1+0.09}-1][2(1-n)E_m][n(1-w_u)]}{E_{ms}[1+2n+v_m(1-4n)]}\delta_{ij} & 冻结温度以下 \end{cases}$$

其中，v_{ms}、E_{ms}分别为压实土体的泊松比和抗拉强度；n 为土体的孔隙率；w_u 为未冻结水含量，取0.1。

(2)高浓度盐渍土盐(冻)胀理论模型

根据上述假定可知，盐水比大于$\frac{1.3}{18}$的土样，其未相变水的变化先受芒硝结晶相变影响，然后在冻结温度以下只受冰水相变影响。

假定：土孔隙为球形，半径为 r。土样含水率为 w，含盐率为 s，则孔隙体积 $V = \frac{4}{3}\pi r^3$，水的质量 $m_w = V\rho_w$，盐的质量 $m_s = m_w \frac{s}{w} = \frac{4\pi s\rho_w r^3}{3w}$

根据过饱和比图可知，在接近冻结温度时，过饱和比接近1。所以，根据所作假定，土样的最终状态应该为：盐几乎全部结晶；水先部分成为结晶水，然后剩余未相变水部分成冰，剩余最后一部分保持液态。

芒硝结晶方程式：

$$Na_2SO_4 + 10H_2O \rightarrow Na_2SO_4 \cdot 10H_2O$$

增加的体积：

$$\Delta V_c = 0.2 \times V_{wJ} = \frac{4\pi sr^3}{3w} \times 1.2676 \times 0.2$$

其中，V_{wJ}为结晶水的体积。

水冰相变方程式：

$$H_2O(\text{液态}) \rightarrow H_2O(\text{冰})$$

$$\Delta V_w = 0.09 \times V_w = 0.09 \times \left(\frac{4}{3}\pi r^3 - \frac{4\pi sr^3}{3w} \times 1.2676\right)$$

所以，$\Delta V = \Delta V_w + \Delta V_c = \frac{4}{3}\pi r^3\left(0.09 + 0.139\frac{s}{w}\right)$

其中，ΔV_c 为在不考虑硫酸钠表观摩尔体积的情况下，芒硝自由结晶而增加的体积；ΔV_w 为液态水变为冰之后增加的体积。

为了分析最终的盐胀力状态，建立无数个球形表征单元：在不考虑土样内部水盐迁移以及孔隙间相互影响的条件下，忽略水的压缩性，在相变完成以后，孔隙的体积等于剩余盐溶液的体积与芒硝、冰的体积的和。

$$V_v = V_{mx} + V_i + V_w$$

土孔隙壁在结晶相变压力下会产生变形，从而产生盐(冻)胀变形。土孔隙膨胀位移可由弹性理论计算得到(刘泉声，2016)：

$$u_v = \frac{(1 + v_m)a}{E_m}\left[\frac{b^3 P_{salt-ice}}{2(b^3 - a^3)} + \frac{1 - 2v_m}{1 + 2v_m}\frac{a^3 P_{salt-ice}}{b^3 - a^3}\right]$$

其中，E_m 和 v_m 分别为土体的抗压强度与泊松比。

同时已知 a 和 b 的关系，则：

$$u_v = a\frac{P_{salt-ice}}{E_m}\frac{[1 + v_m + 2(1 - 2v_m)n]}{2(1 - n)}$$

上式为在膨胀力作用下的土孔隙的膨胀位移。

因此,单个孔隙的体积膨胀后为:

$$V_v = \frac{4}{3}\pi (a + u_v)^3$$

为了得到相变结晶后的体积,将结晶分为 2 个阶段:①盐晶和冰晶自由膨胀阶段;②盐晶和冰晶受土体黏聚力的径向压缩变形阶段。

自由膨胀阶段: $V_s = \frac{4}{3}\pi r^3 + \Delta V = \frac{4}{3}\pi r^3 \left[1 + 0.09 + 0.139\frac{s}{w}\right]$

径向压缩变形阶段:芒硝晶体和冰晶在压力作用下的径向变形同样可以由弹性力学得到(忽略在变形阶段 $P_{salt-ice}$ 的变化),有:

$$u_s = -a_s \frac{1-2v_s}{E_s} P_{salt-ice}$$

其中,E_s、v_s 分别为芒硝(冰)的弹性模量和泊松比。

由于水、冰、芒硝的压缩性很低,且其弹性模量远大于土的黏聚力,所以忽略其径向压缩变形,即 $u_s = 0$。

所以,$a_s = a + u_v$。

根据以上公式,可以得到盐(冻)胀力 $P_{salt-ice}$(忽略芒硝、冰的压缩性)为:

$$P_{salt-ice} = \frac{\left[\sqrt[3]{1 + 0.09\frac{s}{w}} - 1\right]\left[E_m 2(1-n)\right]}{1 + 2n + v_m(1-4n)}$$

其中,E_m、v_m 分别为土体的抗压强度和泊松比; n 为土体的孔隙率。

在不忽略芒硝、冰压缩性的情况下,盐(冻)胀力 $P_{salt-ice}$ 为:

$$P_{salt-ice} = \frac{\sqrt[3]{1 + 0.09 + 0.139\frac{s}{w}} - 1}{\frac{1 + 2n + v_m(1-4n)}{2E_m(1-n)} + \frac{1-2v_s}{E_s}\sqrt[3]{1 + 0.09 + 0.139\frac{s}{w}}}$$

其中,E_s、v_s 分别为芒硝(冰)的弹性模量和泊松比。

刘泉声等已经证明了岩石孔隙中的冰压力可以等效为岩石表面的有效拉应力而保持岩石应变不变。在降温过程中,忽略温差导致的收缩变形和未冻盐溶液的影响。借鉴文献(刘泉声,2016)中的思路,盐渍土表面的等效拉应力可以表示为:

$$P_e = -n(1 - w_u)P_{salt-ice}$$

因此,盐渍土中的有效盐(冻)胀力(忽略冰和芒硝的径向压缩变形)可表示为:

$$\sigma_e = P_e = -\frac{\left[\sqrt[3]{1 + 0.09 + 0.139\frac{s}{w}} - 1\right]\left[2(1-n)E_m\right]\left[n(1-w_u)\right]}{1 + 2n + v_m(1-4n)}$$

式中参数意义同上,不赘述。

在降温过程中,由于温差导致的收缩变形非常小,故忽略计算。主要计算冻结温度以上的盐胀变形和冻结温度以下的冻胀变形(忽略微小的盐胀变形)。其中由于相变引起的膨胀变形可以由等效盐(冻)胀力利用一般弹性力学原理得到。所以,盐渍土的盐(冻)胀力(忽略芒硝、冰的压缩性和温差导致的收缩变形)为:

$$\sigma_{ij}^{e}=\begin{cases}\left[\dfrac{\left[\sqrt[3]{1+0.254\dfrac{s}{w}}-1\right][2(1-n)E_{\mathrm{m}}][n(1-w_{\mathrm{u}})]}{1+2n+v_{\mathrm{m}}(1-4n)}\right]\delta_{ij} & \text{冻结温度以上}\\ \left[\dfrac{\left[\sqrt[3]{1+0.09+0.139\dfrac{s}{w}}-1\right][2(1-n)E_{\mathrm{m}}][n(1-w_{\mathrm{u}})]}{1+2n+v_{\mathrm{m}}(1-4n)}\right]\delta_{ij} & \text{冻结温度以下}\end{cases}$$

由芒硝结晶和水冰相变导致的土体膨胀应变可以通过等效膨胀力求得,在等效膨胀力下土体内部的膨胀应变(忽略芒硝和冰的径向压缩变形)为:

$$\varepsilon_{ij}^{c}=\begin{cases}\left[-\dfrac{\left[\sqrt[3]{1+0.254\dfrac{s}{w}}-1\right][2(1-n)E_{\mathrm{m}}][n(1-w_{\mathrm{u}})](1-2v_{\mathrm{ms}})}{[1+2n+v_{\mathrm{m}}(1-4n)]E_{\mathrm{ms}}}\right]\delta_{ij} & \text{冻结温度以上}\\ \left[-\dfrac{\left[\sqrt[3]{1+0.09+0.139\dfrac{s}{w}}-1\right][2(1-n)E_{\mathrm{m}}][n(1-w_{\mathrm{u}})](1-2v_{\mathrm{ms}})}{[1+2n+v_{\mathrm{m}}(1-4n)]E_{\mathrm{ms}}}\right]\delta_{ij} & \text{冻结温度以下}\end{cases}$$

其中,v_{ms}、E_{ms}分别为压实土体的泊松比和抗拉强度。

根据文献(李春光,2007)研究表明,孔隙介质的泊松比是一个相对稳定的物理量,随岩石孔隙率变化不大。所以,压实土样的计算参数列于表10-10。

盐(冻)胀模型计算参数 表10-10

参数	E_{ms}	v_{ms}	E_{m}	v_{m}	n
砾砂	90kPa	0.35	1600kPa	0.35	0.25
粉砂	45kPa	0.35	1500kPa	0.35	0.23
细砂	25kPa	0.35	1700kPa	0.35	0.27

因为上述所做假定大多为理想状态,与实际状态有所差别,所以非饱和盐渍土应用本书盐渍土盐(冻)胀理论模型时需要进行一定程度的修正,但是并不影响利用本模型来分析盐胀力与各单影响因素之间的关系:

①因为σ对含盐率s的导数大于0,所以盐胀力随着含盐率的增加而增大。

②因为σ对含水率w的导数小于0,所以盐胀力随着含水率的增加而减小。这个规律指的是在易溶盐全部溶于水中时。所以,必然存在易溶盐不能全部溶于水的情况:盐胀力随着含水率的增加而增加,所以,必然存在一个最佳含水率使某个盐渍土土样的盐胀率达到最大。这也与文献(王俊臣,2005)的试验数据反映出来的规律一致。

10.2.2.2 粗颗粒盐渍土盐(冻)胀理论模型验证

为了验证上述粗颗粒盐渍土盐(冻)胀理论模型的有效性,故引用3种粗颗粒盐渍土的单次降温盐胀试验结果进行验证。盐(冻)胀模型计算参数经验取值见表10-11。

盐(冻)胀模型计算参数经验取值　　表 10-11

(朱崇辉,2008;张辉,2006;李晓军,2000)

参　数	E_{ms}	v_{ms}	E_m	v_m	n
砾砂	90kPa	0.35	1600kPa	0.35	0.25
粉砂	45kPa	0.35	1500kPa	0.35	0.23
细砂	25kPa	0.35	1700kPa	0.35	0.27

1)砾砂盐渍土单次降温盐胀试验验证

为了方便计算 ΔV,假设土样质量为 10kg,含水 640g。砾砂单次降温盐胀试验试验结果和模型计算数值见表 10-12。

砾砂单次降温盐胀试验验证表　　表 10-12

含盐量(%)	试验盐胀率(%)	ΔV 估算(cm^3)	盐胀力估算(kPa)	盐胀率估算(%)
4.7	2.3	122	21.71	3.53
4.1	2.2	112	20.31	3.07
3.5	2.05	102	18.91	2.60
2.9	1.7	92	17.49	2.13
2.3	1.2	82	16.06	1.65
1.7	0.65	72	14.62	1.17
1.4	0.55	67	13.90	0.93
1.1	0.5	62	13.17	0.69
0.8	0.45	57	12.44	0.44
0.5	0.2	51	11.71	0.20
0.3	0.05	43	11.22	0.04

砾砂试验盐胀率与模型计算盐胀率对比结果如图 10-12 所示。

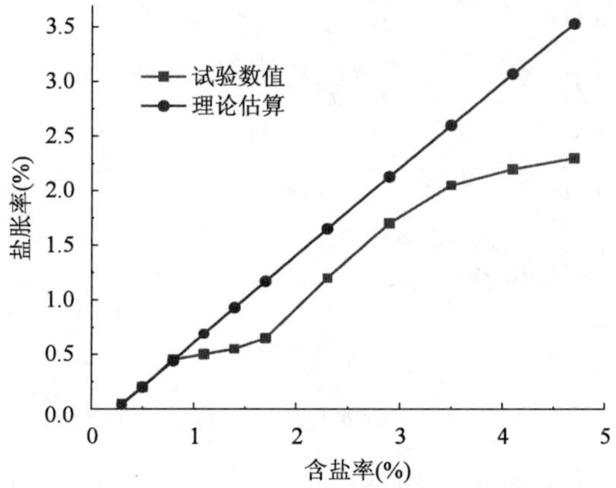

图 10-12　实际盐胀率与理论估算盐胀率对比图

盐(冻)胀理论模型估算的盐胀率与试验盐胀率相差不大,基本可以起到预测估算的作用。预算的砾砂的盐胀力为 11 ~ 22kPa。

2)粉砂盐渍土单次降温盐胀试验验证

假设粉砂土样质量为 10kg、含水 880g。粉砂单次降温盐胀试验结果和模型计算数值见表 10-13。

粉砂单次降温盐胀试验验证表 表 10-13

含盐量(%)	试验盐胀率(%)	ΔV 估算(cm^3)	盐胀力估算(kPa)	盐胀率估算(%)
4.0	7.05	121	27.06	6.74
3.5	5.27	118	25.72	5.85
2.6	2.75	103	23.30	4.23
2.3	1.71	98	22.49	3.69
2.0	0.90	93	21.68	3.15
1.7	0.94	88	20.87	2.61
1.4	0.78	83	20.05	2.06
1.1	0.69	78	19.23	1.52
0.8	0.20	73	18.41	0.97
0.5	0.12	68	17.58	0.42
0.3	0.04	64	17.03	0.05

粉砂试验盐胀率与模型计算盐胀率对比结果见图 10-13。

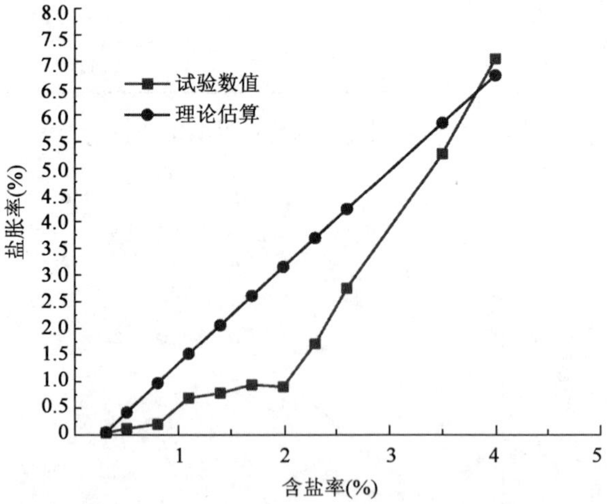

图 10-13 试验盐胀率与理论估算盐胀率对比图

盐(冻)胀理论模型估算的盐胀率与试验盐胀率相差不大,基本可以起到预测估算的作用。预算的粉砂的盐胀力为 17 ~ 27kPa。

3)细砂盐渍土单次降温盐胀试验验证

假设土样质量为 10kg、含水 1100g,细砂单次降温盐胀试验试验结果和模型计算数值见表 10-14。

细砂单次降温盐胀试验验证表　　表 10-14

含盐量(%)	试验盐胀率(%)	ΔV 估算(cm^3)	盐胀力估算(kPa)	盐胀率估算(%)
4.1	5.99	143	16.46	6.55
3.5	5.34	133	15.61	5.53
2.9	4.53	123	14.76	4.52
2.3	3.75	113	13.91	3.49
1.7	2.85	103	13.05	2.47
1.4	2.64	98	12.63	1.95
1.1	2.49	93	12.20	1.44
0.8	1.87	88	11.76	0.92
0.5	1.32	83	11.33	0.40
0.3	0.80	74	11.04	0.05

细砂试验盐胀率与模型计算盐胀率对比结果如图 10-14 所示。

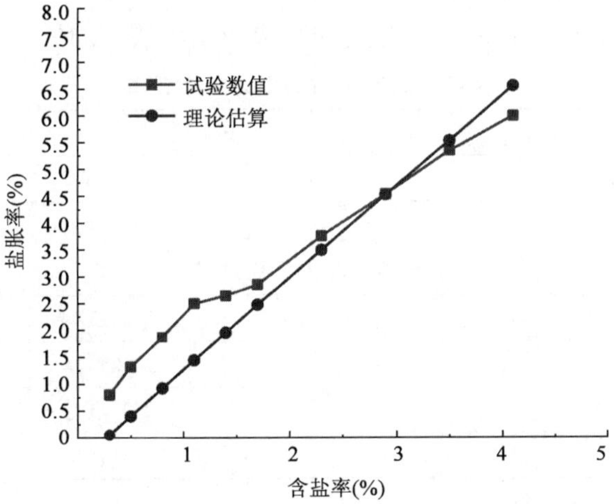

图 10-14　试验盐胀率与理论估算盐胀率对比图

盐(冻)胀理论模型估算的盐胀率与试验盐胀率相差不大,基本可以起到预测估算的作用。预算的细砂的盐胀力为 11 ~ 16kPa。

综上所述,3 种粗颗粒盐渍土的盐胀力范围为 11 ~ 27kPa,与文献(黄建明,2014)里面的试验结果基本一致,说明本盐(冻)胀理论模型具有一定的参考意义。

10.2.2.3　粗颗粒盐渍土路基隔断层理论埋深确定方法

1)粗颗粒盐渍土路基隔断层下填土盐胀力变化规律

据调查研究,盐胀力随影响因素的变化规律是:①含盐量越大,盐胀力越大。②存在一个

"界限含水率"使盐胀力处于最大状态。为了方便研究盐胀力变化,遵循目前的学术观点之一:土样最佳含水率为界限含水率。③温度越低,盐胀力越大。

所以,本书假定:①含盐量越大,盐胀力越大;②土样最佳含水率为界限含水率;③温度降到某温度时,盐(冻)胀瞬间完成,不考虑时间因素。

2)粗颗粒盐渍土路基隔断层上覆荷载分布规律

盐渍土路基隔断层上覆荷载主要分为两部分:上覆土自重和路面及车辆荷载。为了偏安全起见,忽略路面及车辆荷载。上覆土自重与上覆土的高度成正比。上覆土自重变化规律见表 10-15。

上覆土自重变化规律 表 10-15

深度(m)	0	0.05	0.15	0.25	0.35
自重(kPa)	0	0.965	2.895	4.826	6.757

注:取值参考 ρ = 1970kg/m^3。

3)粗颗粒盐渍土路基隔断层埋深确定

因为每个地区的最低气温不同,不同地区的盐渍土最大盐胀力也不同,所以综合考虑最低温度和含盐量影响作用,下面展开对室内试验中土工布位置和德伊高铁无砟轨道路基隔断层位置的计算。

(1)盐渍化砾砂路基隔断层埋深理论确定

砾砂自重变化规律和砾砂盐胀力变化规律见表 10-16、表 10-17。

上覆土为砾砂时的重力变化规律 表 10-16

深度(m)	0	0.05	0.15	0.25	0.35
自重(kPa)	0	1.089	3.269	5.448	7.628

注:取值参考 ρ = 2224kg/m^3。

砾砂盐胀力变化规律 表 10-17

土柱深度(m)	0	0.05	0.15	0.25	0.35
温度分布(℃)	-20	-5	2.5	7	10
对应单次盐胀试验的盐胀率(%)	1.45	0.5	0.25	0.02	0
盐胀力估算(kPa)	16.06	16.06	13	7	0

注:土样为砾砂;含盐率 2.6%(亚硫酸);含水率 6.4%。

根据盐渍化砾砂盐胀力变化规律和路基隔断层上覆荷载分布规律可作图 10-15,并得到盐胀力与上覆荷载相等的点。

由上图确定砾砂室内大型冻融循环试验中土工布的埋深位置 $D = -27$cm。

(2)盐渍化粉砂路基隔断层埋深理论确定

粉砂自重变化规律和粉砂盐胀力变化规律见表 10-18 和表 10-19。

上覆土为粉砂时的自重变化规律 表 10-18

深度(m)	0	0.05	0.15	0.25	0.35
自重(kPa)	0	0.965	2.895	4.826	6.757

注:取值参考 ρ = 1970kg/m^3。

粉砂盐胀力变化规律　　表 10-19

土柱深度(cm)	0	0.05	0.15	0.25	0.35
温度分布(℃)	-20	-5	5	10	14
对应单次盐胀试验的盐胀率(%)	1.45	0.5	0.25	0.03	0
盐胀力估算(kPa)	22.49	22.49	18	5	0

注:土样为粉砂;含盐率 2.6%(亚硫酸);含水率 8.8%。

根据盐渍化粉砂盐胀力变化规律和路基隔断层上覆荷载分布规律可作图 10-16,并得到盐胀力与上覆荷载相等的点。

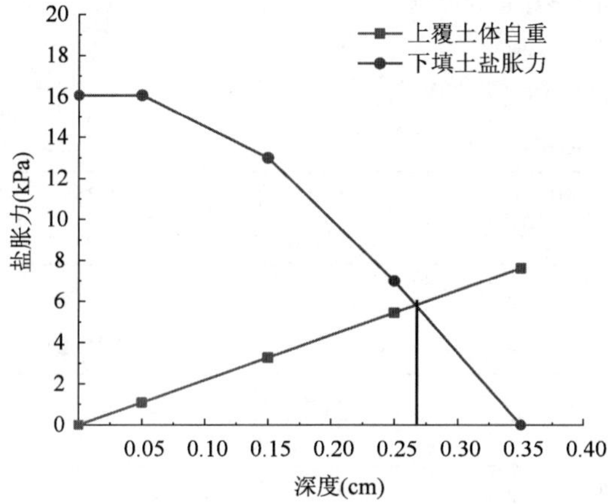

图 10-15　砾砂亚硫酸盐渍土土工布位置确定图

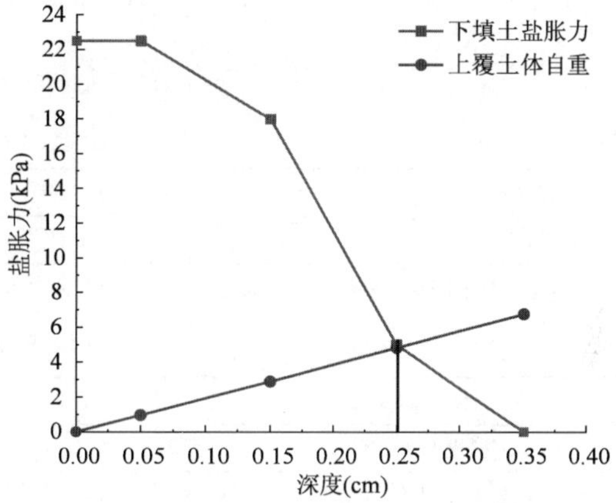

图 10-16　粉砂亚硫酸盐渍土土工布位置确定图

由上图确定粉砂室内大型冻融循环试验中土工布的埋深位置 $D = -25$cm。

(3)盐渍化细砂路基隔断层埋深理论确定

细砂自重变化规律和细砂盐胀力变化规律见表 10-20 和表 10-21。

上覆土为细砂时的自重变化规律　　表 10-20

深度(m)	0	0.05	0.15	0.25	0.35
自重(kPa)	0	1.041	3.123	5.206	7.288

注:取值参考 $\rho = 2125\text{kg/m}^3$。

细砂盐胀力变化规律　　表 10-21

土柱深度(cm)	0	0.05	0.15	0.25	0.35
温度分布(℃)	-20	-5	5	10	15
对应单次盐胀试验的盐胀率(%)	1	0.3	0	0	0
盐胀力估算(kPa)	12.2	12.2	9	4	0

注:土样为细砂;含盐率 1.4%(亚硫酸);含水率 8.6%。

根据盐渍化细砂盐胀力变化规律和路基隔断层上覆荷载分布规律作图 10-17,并得到盐胀力与上覆荷载相等的点。

由上图确定细砂室内大型冻融循环试验中土工布的埋深位置 $D = -23$cm。

(4)德伊高铁无砟轨道粗颗粒盐渍土路基隔断层理论埋深确定

上覆土自重变化规律和下填土盐胀力变化规律见表 10-22 和表 10-23。

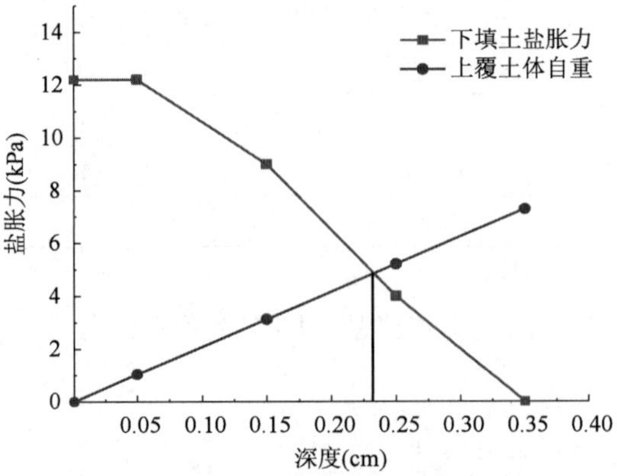

图 10-17 细砂亚硫酸盐渍土土工布位置确定图

上覆土的自重变化规律 表 10-22

深度(m)	0	0.05	0.15	0.25	0.35
自重(kPa)	0	1.041	3.123	5.206	7.288

注:由于不同土样的密度差别不大,所以为了方便计算取固定值 $\rho = 2125\text{kg/m}^3$。

下填土盐胀力变化规律 表 10-23

土柱深度(m)	0	1	2	3	4.5
温度分布(℃)	-15	0	4	8	12
粉砂盐胀力估算(kPa)	22.49	20	15	13	11
砾砂盐胀力估算(kPa)	18	16	12	9	5
细砂盐胀力估算(kPa)	16	14	9	7	5
工程实测盐胀力(kPa)(杨仲全,2012)	200	90	50	10	8
已有试验数据(kPa)(黄建明,2014)	50	25	12.5	8	5

注:1. 温度分布根据温度衰减规律(张玉芝,2015;杨向荣,2013)和当地气象资料确定。

2. 土样为沿线粗颗粒土,含盐率 1.5%,含水率 8.6%。

根据上述的两个表格,制图 10-18,并得到隔断层理论埋深。

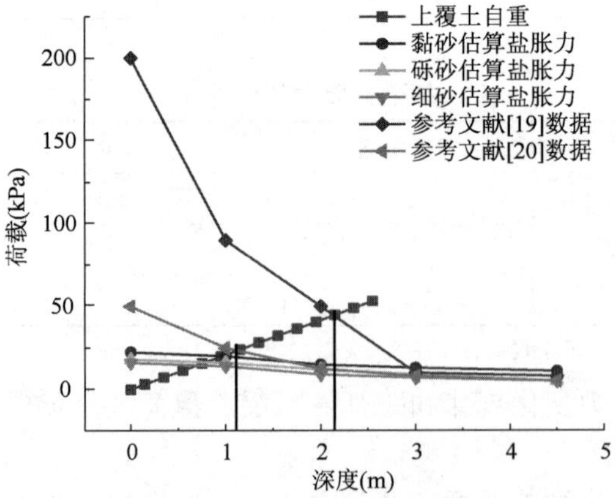

图 10-18 德伊高铁粗颗粒盐渍土路基隔断层理论埋深确定图

注:文献[19](杨仲全,2012)数据为细粒土盐胀力;文献[20](黄建明,2014)数据为砂类土盐胀力。一般情况下,粗颗粒土盐胀力小于 50kPa。

由图 10-18 可知,在粗颗粒土盐胀力不大于 50kPa 的情况下,不同种类粗颗粒盐渍土路基隔断层位置十分接近,约 1.1m。考虑到安全高度(0.3 ~ 0.5m),可将深度 1.6m 作为粗颗粒盐渍土路基隔断层位置(深度 1.6m 位置一般位于基床底层上结构层底面)。

10.3　盐渍土地区公路路基合理横断面结构形式及其数值模拟

10.3.1　盐渍土地段路基合理横断面结构形式

经过前述几节内容的分析,可以初步确定盐渍土地段路基合理横断面形式设计图如下:

1)盐渍土路基经改良以后的合理横断面形式(图 10-19)

为保证路床处于干燥或中湿状态,当隔断层为土工合成材料时,h 应设在路床之下并满足当地最大冻深要求;当隔断层为砾(碎)石时,h 应设在路床之下并满足当地最大冻深 +25cm 的要求,隔断层距地表距离应满足地表长期积水位或地面 20cm 以上。

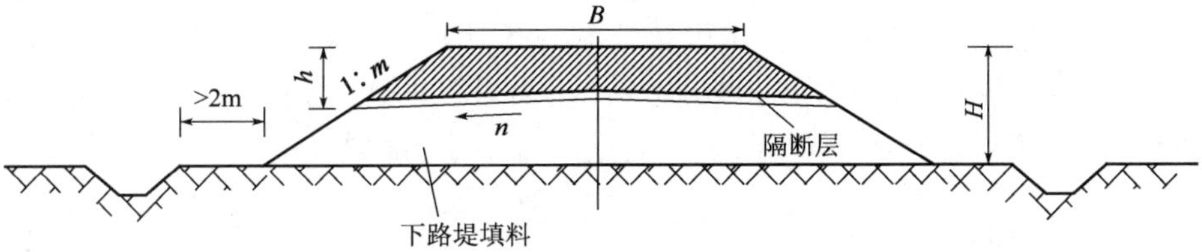

图 10-19　填料为路用可用性指标范围内盐渍土的路基合理横断面

2)盐渍土路基采用粗颗粒盐渍土路用可用性指标时的合理横断面形式(图 10-20)

(1)为保证路床处于干燥或中湿状态,当隔断层为土工合成材料时,h 应设在路床之下并满足当地最大冻深要求;当隔断层为砾(碎)石时,h 应设在路床之下并满足当地最大冻深 +25cm 的要求,隔断层距地表距离应满足地表长期积水位或地面 20cm 以上;

(2)当有长期积水时,应设置护坡道(护坡道距离路堤隔断层应不大于 0.15m)及挡水埝。

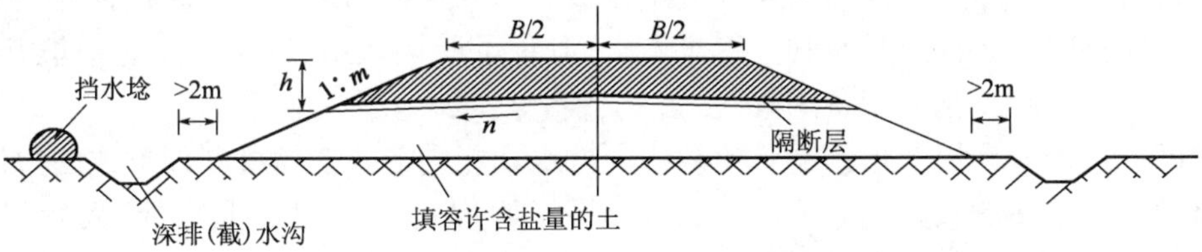

图 10-20　填料为路用可用性指标的合理横断面形式

10.3.2　盐渍土地区边沟合理横断面选择

公路边沟设计的基本原则应遵循《公路排水设计规范》(JTG/T　D33—2012)。

1)常用边沟的基本特点

当前公路排水采用的边沟可分为外露式和隐藏式两大类,外露式常见的形式主要有梯形、矩形、三角形、蝶形和复合型断面,其中梯形、矩形断面在高等级公路边沟形式中应用较为广泛。

(1)外露式边沟

①梯形断面边沟。在路基外侧开挖梯形土沟,其外侧可与护墙等构造物统一用片石等材料进行防护的断面形式。这种断面形式的边沟一般用于短路堑段,且不设盖板。优点是受力好,稳定性强且不易损坏,便于施工;缺点是明沟效应明显,基坑开挖大,对沿线生态破坏较大。

②矩形断面边沟。在路基外侧开挖矩形土沟,采用浆砌片石和片石混凝土加固的断面形式。这种断面形式的边沟适用于降雨量较为充沛、纵坡大而冲刷严重的地区,要求公路沿线石料丰富。优点是施工简单方便,排水效果好;缺点是明沟效应严重,不易于维护清淤。

③三角形断面边沟。在路基外侧开挖三角形土沟,采用浆砌片石等材料防护的断面形式。这种断面形式的边沟适用于干旱少雨地区的各级公路。优点是开挖面小,边坡临空面小,明沟效应小,便于机械化养护、清淤,挖基量小;缺点是断面面积小,排水量小。

④蝶形断面边沟(图10-21)。在路基外侧设弧形浅明沟,采用素混凝土铺面防护的断面形式。这种断面形式的边沟适用于干旱少雨、石料缺乏的地区边沟较短路段。优点是有效消除了明沟效应,有利于行车安全,路容美观,工程量小,对沿线生态破坏小;缺点是排水量小。

⑤组合式断面边沟(图10-22)。在路基外侧开挖梯形或三角形或蝶形土沟,在表面铺设1~2层隔渗层,面层铺设草皮的断面形式。这种断面形式的边沟适用于干旱少雨地区土质路段和旅游道路等。优点是路容景观好;缺点是适用范围小,维护费用高。

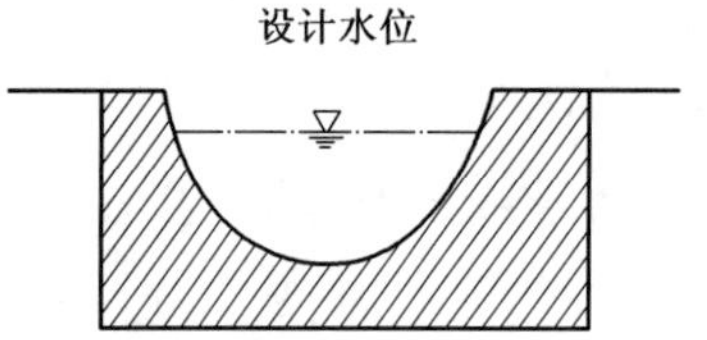

图10-21 蝶形断面边沟

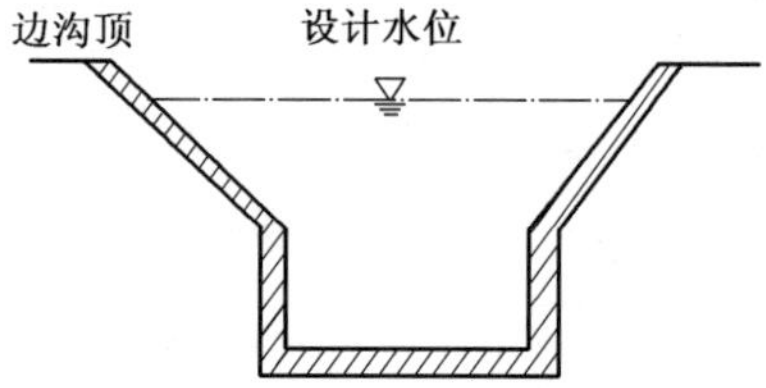

图10-22 组合式断面边沟

(2)隐藏式边沟

①盖板边沟。在矩形边沟上加设混凝土盖板或承载盖板的边沟形式。这种断面形式的边沟适用于长路堑路段。优点是有利于行车安全,避免了明沟效应,减少了路基边坡开挖,路容景观好,便于维护;缺点是工程费用大。

②管网式边沟。利用圆形预制管代替边沟排水功能的形式。这种断面形式的边沟适用于高速公路景观要求高的长路堑地段。优点是克服了明沟效应,利于边坡稳定,路容景观好;缺点是设计、施工复杂,养护工作量大。

③缝隙式边沟(图10-23)。利用缝隙式圆管代替边沟排水功能的形式。这种断面形式的边沟适用于石质路堑地段。优点是埋置浅,路容美观,排水效果好;缺点是养护工作量大,工程造价高。

④渗沟边沟(图10-24)。在边沟基坑底设置纵向渗管,管上铺装透水性材料,顶面呈蝶形,代替边沟排水功能的形式。这种断面形式的边沟适用于干旱少雨地区。优点是避免了明沟效应,路容美观;缺点是养护清扫困难,工程造价略高。

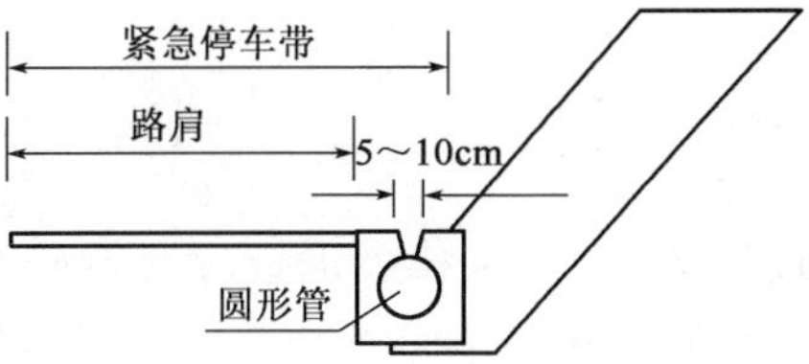

图 10-23　缝隙式边沟

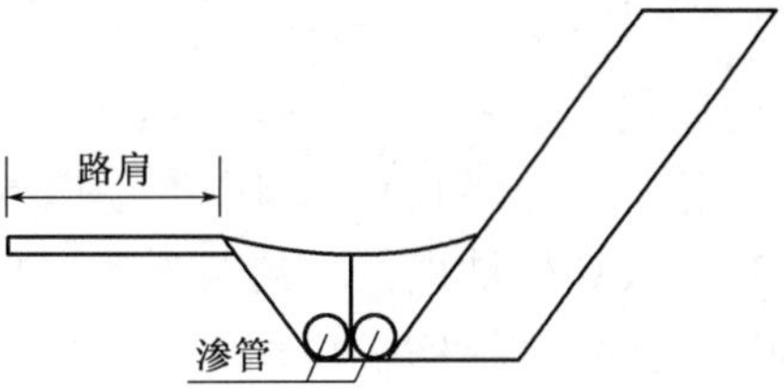

图 10-24　渗沟边沟

2）盐渍土地区边沟形式选择

为保证盐渍土地区路基结构的稳定，边沟合理横断面形式的选择应能使水流畅通，自成体系，不影响路基稳定；应迅速排除降水、积水，防止路基周边地表和路堤次生盐渍化及盐分聚积；并且在地下水水位较浅的盐渍土地区，边沟应设置较深的深度以降低地下水水位。在进行盐渍土地区边沟形式设计时，应依据《公路排水设计规范》（JTG/T D33—2012）的要求并参考上述条件根据工程实际情况合理选择。

盐渍土地区修葺边沟的材料选择，应该注意当地盐渍土在多次冻融循环后的疏松膨胀特点，避免由于土体疏松导致的边沟壁材料剥落，防止壁材剥落后排水下渗。对此类危害，应设置边沟防渗材料，如土工膜等。

10.3.3　盐渍土地段路堤不同横断面结构形式分析

盐渍土地区的公路路基设计应与路线设计结合进行，应认真做好调查研究和勘探试验工作，在此基础上合理确定设计方案，满足路基强度和稳定性、耐久性要求。盐渍土地区公路宜以填方路堤形式通过，当受条件限制采用路堑时，应根据当地水文地质条件适当超挖并回填渗水性土或设置隔断层。做好路基排水设计，做到排水畅通，不致因排水不良使土中盐分发生不利变化。

路基横断面形式应根据公路等级、技术标准、路线纵断面设计与当地土质盐渍化程度、地下水埋深、地表排水条件等情况，结合路基处理措施进行设计。

10.3.3.1　盐渍土地区路堤合理结构形式计算参数的确定

1）土体的本构模型

考虑到土体属于颗粒状材料，此类材料受压屈服强度远远大于受拉屈服强度，不仅静水压力可以引起土体的塑性体积变化，而且侧向应力也有可能引起土体的体积变化，故采用能较为准确描述此类材料的 Drucker-Prager 模型。Drucker-Prager 屈服准则考虑了中主应力和静水压力对屈服与破坏的影响，且其屈服曲面光滑无棱角，有利于塑性应变增量方向的确定和数值计算，且材料参数少，易于试验测定或由莫尔-库仑准则材料常数换算。

MRAC 软件采用相关联流动法则，硬化准则包括各向同性硬化、运动硬化和混合硬化三种，可通过定义应力和塑性应变的关系曲线来指定硬化曲线。在本节分析时采用基于线性 Drucker-Prager 屈服准则，即线性 Mohr-Coulomb 屈服准则的理想弹塑性模型。

2)计算技术

(1)路堤是足够长的,按平面应变问题处理。

(2)路堤的分级加载,采用单元死活技术模拟。

(3)MARC 软件提供的判断收敛性判据主要有检查残差、检查位移和检查应变能三类,此处采用残差检查判定法。

(4)接触面只发生静摩擦作用,不发生动摩擦作用。

(5)边界条件:地基底面为 3 个方向完全约束。

3)计算参数的选择

根据盐渍土道路地质情况调查,选取某处为计算参考点。为使各个工况下的模型有比较性,计算模型高度均为 3.9m,上路堤为 1m,下路堤为 1.8m,隔断层为 0.4m,面层材料高度为 0.7m。其他计算参数按土类不同分为砂砾土、粉黏土和改良盐渍土三大类,根据冻融循环后的强度试验实测结果均取不利情况,见表 10-24 及表 10-25。改良盐渍土强度指标分别取配比编号 F-7 及 C-8 实测值,见表 10-26。由于路堤是对称的,所以只取路堤右侧为计算对象。路堤边坡坡度计算取值分别为 1∶1.3、1∶1.5、1∶1.75 及 1∶2;参考模型如图 10-25 所示。

砂砾填料计算参数 表 10-24

类别	高度(m)	重度(kN/m^3)	压缩模量(MPa)	泊松比	内摩擦角 φ(°)	黏聚力(kPa)
地基	—	19.8	35	0.35	38.3	34
上路堤	1	24.4	50	0.35	49.94/45.23/40.32	15/18.54/26.62
下路堤	1.8	23.8	45	0.35	49.94/43.86/39.38	15/12.43/9.98
面层材料	0.7	24.8	1300	0.3	—	—
隔断层	0.4	19.04	160	0.33	42	11

注:表中摩擦角和黏聚力表示为"无冻融循环/冻融循环三次/冻融循环五次"。

粉黏粒填料计算参数 表 10-25

类别	高度(m)	重度(kN/m^3)	压缩模量(MPa)	泊松比	内摩擦角 φ(°)	黏聚力(kPa)
地基	—	19.8	33.5	0.35	34	23
上路堤	1	20.1	42	0.35	28.8/29.8	4.46/8.401
下路堤	1.8	19.7	35	0.35	27.8/26.6	20.286/42.51
面层材料	0.7	24.8	1300	0.3	—	—
隔断层	0.4	19.04	160	0.33	42	11

注:表中摩擦角和黏聚力表示为"冻融循环七次/冻融循环三次"。

改良盐渍土填料计算参数　　表 10-26

类别	高度(m)	重度(kN/m^3)	压缩模量(MPa)	泊松比	内摩擦角 φ(°)	黏聚力(kPa)
地基	—	19.8	33.5	0.35	34	23
上路堤	1	18.469	905	0.35	33.9	76
下路堤	1.8	18.297	5993	0.35	34.2	44
面层材料	0.7	24.8	1300	0.3	—	—
隔断层	0.4	19.04	160	0.33	42	11

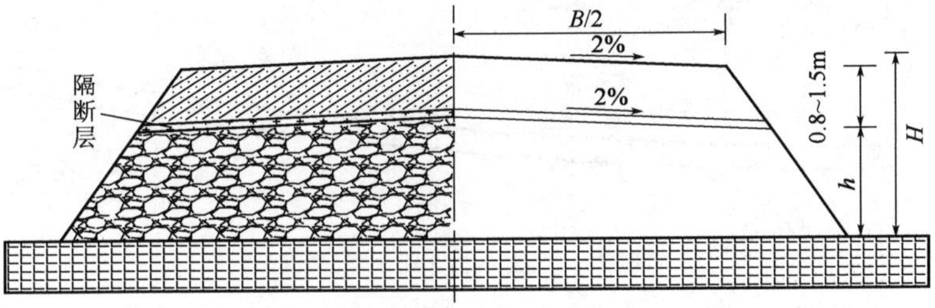

图 10-25　路基横断面图

10.3.3.2　盐渍土地区路堤合理结构形式数值分析

1)路堤填料为砂砾土

(1)不同边坡坡度对粗颗粒土路堤结构的影响

当路堤填料为粉黏土,路堤边坡坡度分别为 1∶1.3、1∶1.5、1∶1.75 及 1∶2 时的路堤竖向变形及侧向变形分别如图 10-26 及图 10-27 所示。

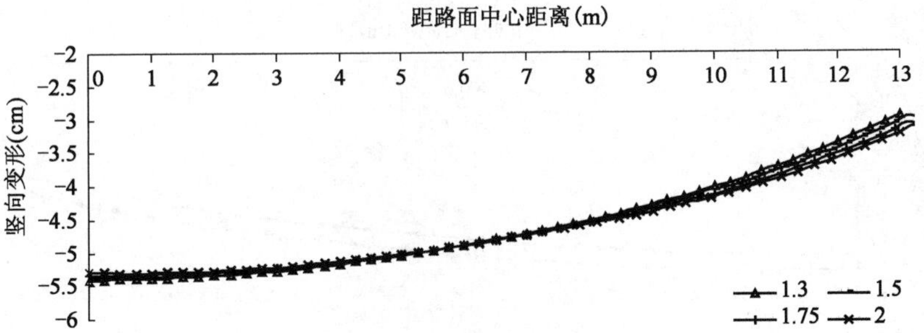

图 10-26　未冻融路堤竖向变形

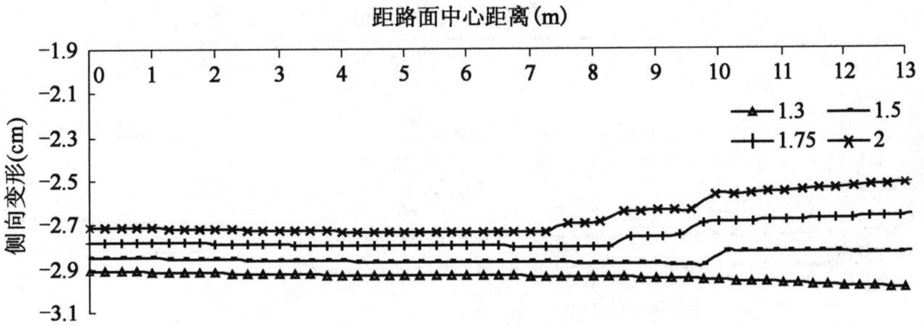

图 10-27　未冻融路堤侧向变形

从图10-26和图10-27可以看出，粗颗粒土在未经冻融时的路面侧向变形和路面竖向变形大小均是随着边坡坡度的增大而减小。虽然坡度1∶1.3和坡度1∶1.5的变形量差值很小，但是当坡度为1∶1.3时在工程实际施工中较难实现，且在此陡坡中盐渍土容易剥离。为安全起见，路堤坡度应不小于1∶1.5。

(2)不同冻融循环次数对路堤结构的影响

图10-28～图10-31分别为路堤边坡度为1∶1.5及1∶1.75时的冻融循环3次和5次即公路在使用3年和5年时路面竖向、横向变形图。

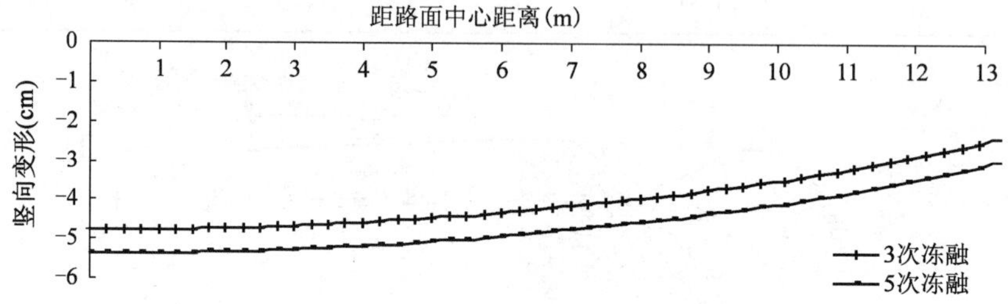

图10-28　坡度1∶1.5路面竖向变形

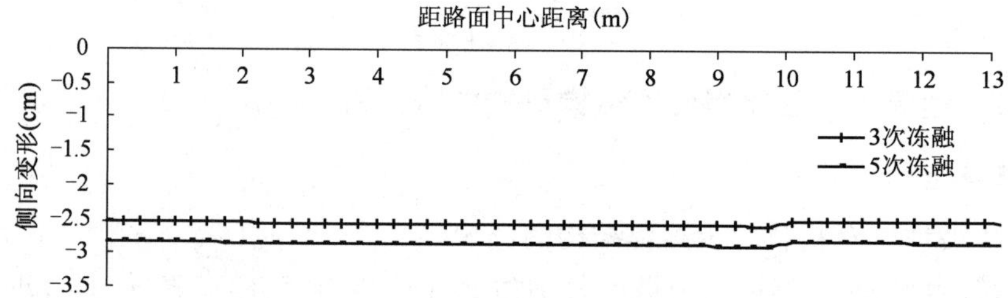

图10-29　坡度1∶1.5路面侧向变形

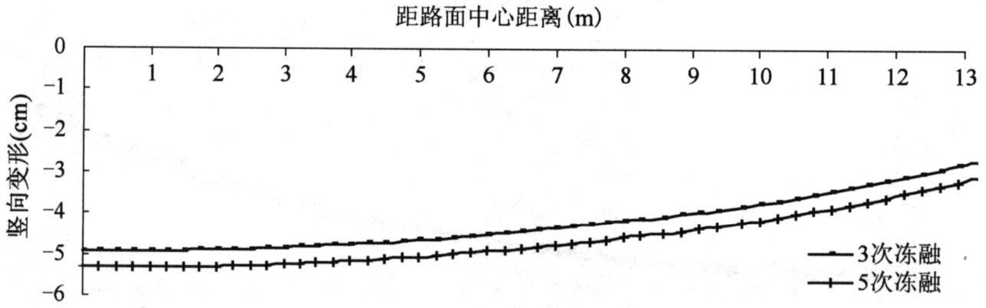

图10-30　坡度1∶1.75路面竖向变形

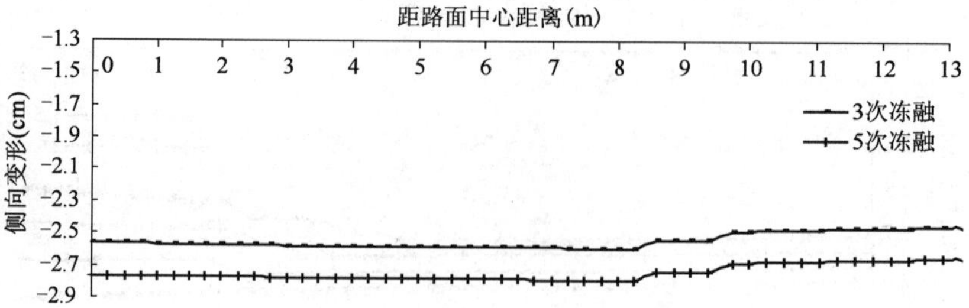

图10-31　坡度1∶1.75路面侧向变形

从图中可以看出,对于相同的边坡坡度而言,3 次冻融循环的路堤变形量小于 5 次冻融循环的路堤变形量,即随着盐渍土冻融循环次数的增多,路堤的变形量随之增大;侧向变形量增大值大于竖向变形量增大值。对于不同的路堤边坡坡度,经过不同的冻融循环次数后 1∶1.5 的变形量增大值大于 1∶2 的变形量增大值。

2)路堤填料为粉黏土

(1)7 次冻融循环以后边坡坡度对路堤结构的影响

当路堤填料为粉黏土,路堤边坡坡度分别为 1∶1.3、1∶1.5、1∶1.75 及 1∶2 时的路堤竖向变形、侧向变形,分别如图 10-32 及图 10-33 所示。

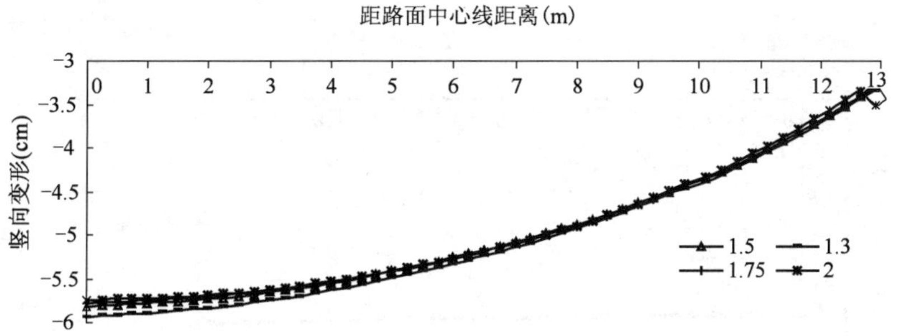

图 10-32　冻融循环 7 次路堤竖向变形

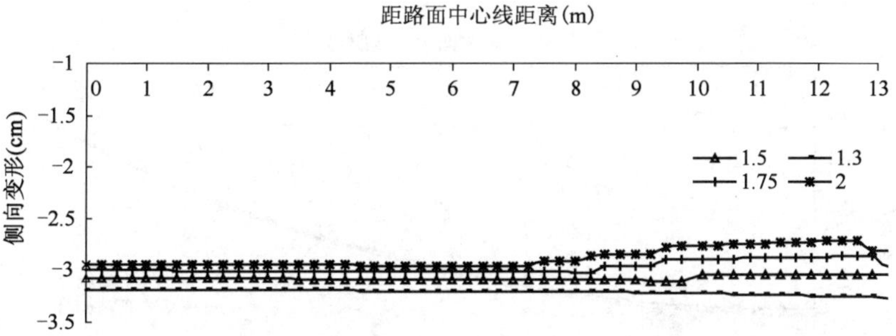

图 10-33　冻融循环 7 次路堤侧向变形

图 10-32 和图 10-33 分别为细粒土路堤填料在经过 7 次冻融循环以后的竖向及侧向变形图。从图中可以看出,无论是路堤竖向变形值还是侧向变形值都是随着路堤边坡坡度比的增大而减缓。路堤竖向变形是路面中心大两边小;侧向变形是坡度 1∶1.3 时随着距路面中心线距离的增大而增大,其余为距路面中心线距离增大而减小。1∶1.3 的边坡坡度所产生的位移量最大,且盐渍土冻融循环后土体疏松膨胀后,由于边坡较陡,坡壁容易剥落;边坡坡度为 1∶1.5 的路堤路面侧向变形值减小;1∶2 的边坡坡度产生的变形量最小,即路堤最稳定。

(2)不同冻融循环次数对路堤结构的影响

图 10-34 ~ 图 10-37 分别为路堤边坡坡度 1∶1.5 及 1∶2 时的冻融循环 3 次和 7 次的路面竖向变形、侧向变形图。

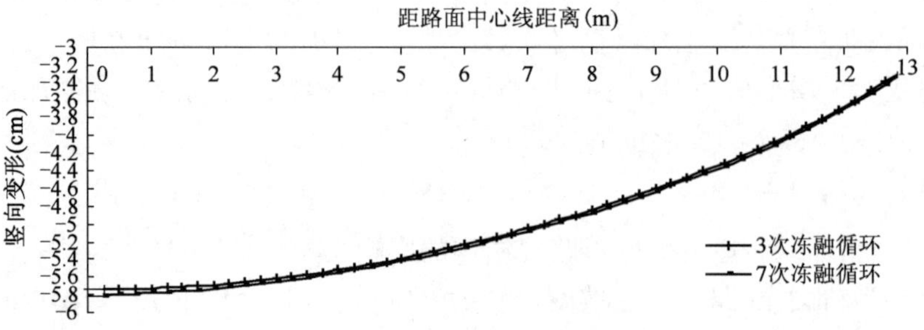

图 10-34　坡度 1∶1.5 路面竖向变形

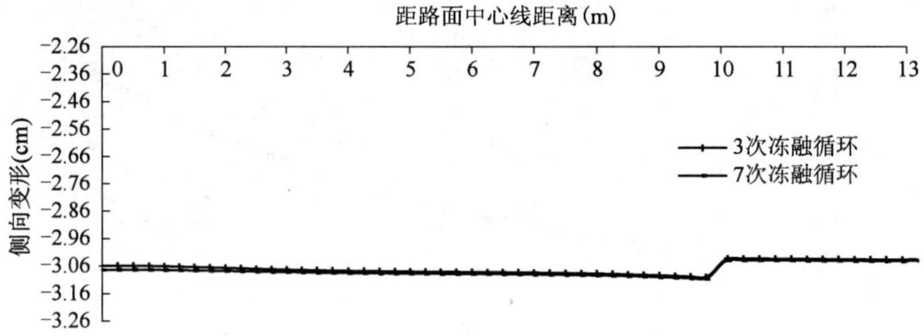

图 10-35　坡度 1∶1.5 路面侧向变形

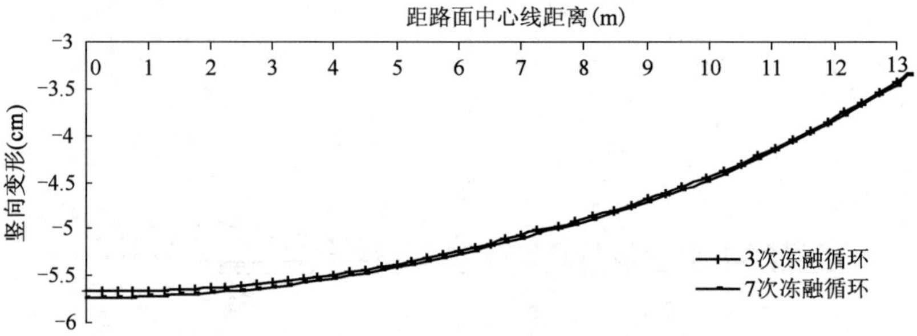

图 10-36　坡度 1∶2 路面竖向变形

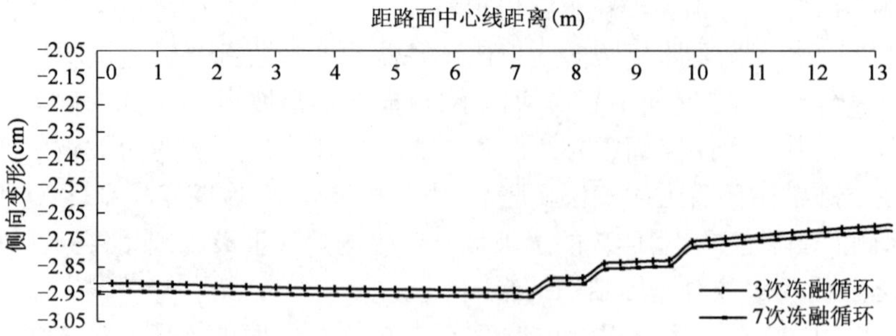

图 10-37　坡度 1∶2 路面侧向变形

从图中可以看出,对于相同的边坡坡度而言,3 次冻融循环的路堤变形量小于 7 次冻融循环的路堤变形量,即随着盐渍土冻融循环次数的增多,路堤的变形量随之增大;侧向变形量增大值大于竖向变形量增大值。对于不同的路堤边坡坡度,经过不同的冻融循环次数后 1∶1.5 的变形量增大值大于 1∶2 的变形量增大值。

从以上分析可见,边坡坡度比为 1∶1.3 时,路堤变形量过大,路堤并不稳定;边坡坡度比为 1∶2 时,路堤稳定,随着边坡坡度比的增大路堤稳定性越高,但是坡度越大路堤占用土地量也越大,所以在没有特殊情况下最大坡度比为 1∶2 即可。冻融循环次数越大路堤变形量也就越大,但在合理的路堤边坡坡度的范围内增大量不大。可以得出,砂砾土和粉黏土作为路堤填料边坡坡度范围分别为 1∶1.75 ~ 1∶1.5、1∶2 ~ 1∶1.5,砂砾土作路堤填料比粉黏土作路堤填料对结构效应稳定。

3)路堤填料为改良土

当路堤填料为改良盐渍土时,路堤边坡坡度分别设为 1∶1.3、1∶1.5 及 1∶1.75 时的路堤竖向变形、侧向变形分别如图 10-38 及图 10-39 所示。

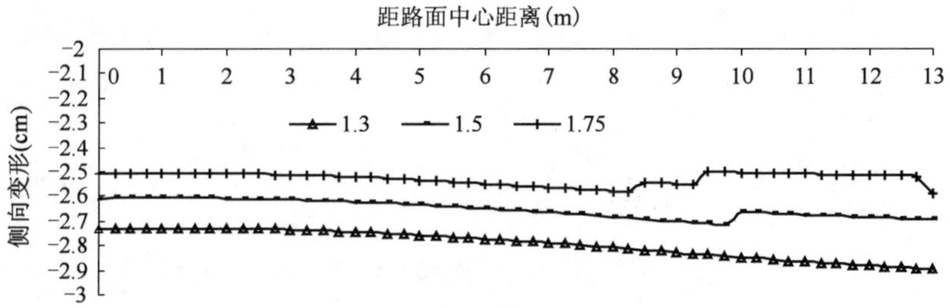

图 10-38　改良盐渍土不同坡度侧向变形

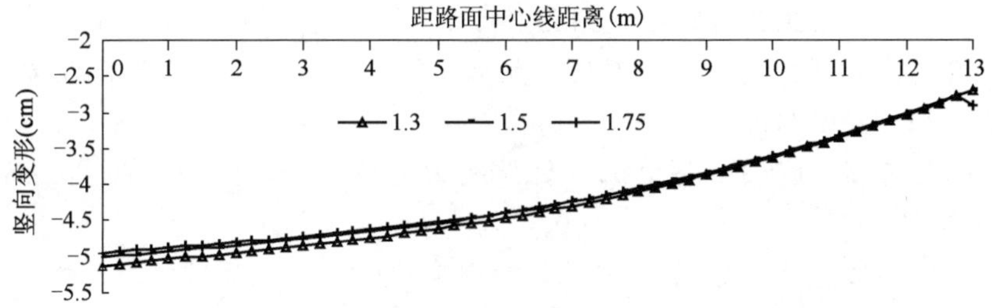

图 10-39　改良盐渍土不同坡度竖向变形

从图中可以看出,改良盐渍土的路面侧向变形和路面竖向变形大小均是随着边坡坡度的增大而减小。从分析中可以看出,坡度 1∶1.3 变形量也很小,但是当坡度为 1∶1.3 时在工程实际施工中较难实现。为安全起见,路堤坡度应不小于 1∶1.5。

以上计算结果表明,用改良盐渍土填筑路基稳定性优于粗颗粒盐渍土填筑路基稳定性,细颗粒盐渍土稳定性最差。

本章参考文献

[1] 翁通. 盐渍土毛细水作用及击实特性研究[D]. 西安:长安大学,2006.

[2] 铁道部第一勘察设计院. 盐渍土地区铁路工程[M]. 北京:中国铁道出版社,1988.
[3]《土工合成材料工程应用手册》编写委员会. 土工合成材料工程应用手册[M]. 北京:中国建筑工业出版社,2000.
[4] Wan X, Hu Q, Liao M. Salt crystallization in cold sulfate saline soil[J]. Cold Regions Science & Technology, 2017, 137:36-47.
[5] 刘泉声,黄诗冰,康永水,等. 低温饱和岩石未冻水含量与冻胀变形模型研究[J]. 岩石力学与工程学报,2016,35(10):2000-2012.
[6] 万旭升,赖远明,廖孟柯. 硫酸盐渍土未相变含水率与温度关系研究[J]. 岩土工程学报,2015,37(12):2175-2181.
[7] Espinosa R M, Franke L, Deckelmann G. Phase changes of salts in porous materials: Crystallization, hydration and deliquescence[J]. Construction & Building Materials, 2008, 22(8): 1758-1773.
[8] 谈云志,孔令伟,郭爱国,等. 压实过程对红黏土的孔隙分布影响研究[J]. 岩土力学,2010,31(5):1427-1430.
[9] Wang D, Liu J, Li X. Numerical Simulation of Coupled Water and Salt Transfer in Soil and a Case Study of the Expansion of Subgrade composed by Saline Soil [J]. Procedia Engineering, 2016, 143:315-322.
[10] 李春光,王水林,郑宏,等. 多孔介质孔隙率与体积模量的关系[J]. 岩土力学,2007,28(2):293-296.
[11] 王俊臣. 新疆水磨河细土平原区硫酸(亚硫酸)盐渍土填土盐胀和冻胀研究[D]. 长春:吉林大学,2005.
[12] 朱崇辉,刘俊民,严宝文,等. 非饱和黏性土的抗拉强度与抗剪强度关系试验研究[J]. 岩石力学与工程学报,2008,27(s2):3453-3458.
[13] 张辉,朱俊高,王俊杰,等. 击实砾质土抗拉强度试验研究[J]. 岩石力学与工程学报,2006,25(S2):4186-4190.
[14] 李晓军,张登良,任钰芳. 路基填土抗拉强度测定的试验研究[J]. 西安公路交通大学学报,2000,20(2):20-22.
[15] 黄建明. 砂类硫酸盐渍土冻-盐胀特性试验研究[D]. 兰州:兰州理工大学,2014.
[16] 杨仲全. 盐渍土地区路基隔断层设置研究[J]. 中国水运月刊,2012,12(11):218-220.
[17] 张玉芝. 深季节性冻土地区高速铁路路基稳定性研究[D]. 北京:北京交通大学,2015.
[18] 杨向荣,刘亚峰,杨鹏,等. 河西砂类盐渍(硫酸盐)土地基中胶结层形成原因初探[J]. 工程地质学报,2013,21(4):534-539.
[19] 杨仲全. 盐渍土地区路基隔断层设置研究[J]. 中国水运月刊,2012,12(11):218-220.
[20] 黄建明. 砂类硫酸盐渍土-盐胀特性试验研究[D]. 兰州:兰州理工大学,2014.

第 11 章　盐渍化软弱土地基处治技术

11.1 概　　述

盐渍化软弱土具有含盐量大、含水率高、深厚软弱土层，同时兼具溶陷、盐胀、腐蚀等工程特性，对途经此区域的高速铁路、高速公路等工程的地基承载力、稳定性和耐久性提出了严苛的挑战。鉴于此，本章分析总结了盐湖段盐渍土地区地基处理的国内外经验，以此为基础，基于典型工况利用离心模型试验对盐渍化软弱土地基处理技术进行研究，同时采用数值模拟技术对处理方法进行验证和分析，研究加固机理；最后，对国内成功的工程经验对盐渍化软弱土地基的处理技术进行介绍。盐渍化软弱土的地基处理过程中，必须考虑盐渍土对混凝土和钢筋的腐蚀危害，而鉴于篇幅原因，本书仅介绍地基处理方法，混凝土和钢筋的防腐蚀措施请参考相关书籍。

11.2 盐渍化软弱土地基的基本特点

盐渍化软弱土地区地质情况比较复杂，道路所通过地区地基土体具有盐渍土和软弱土的双重特性，在对这种地基进行处治时必须同时考虑软土的工程性质和盐渍土的工程性质。盐渍土作为一种特殊土，对于工程具有很多非常典型的危害：溶陷性、盐胀性和腐蚀性。修筑于盐渍土地区的地基往往会产生因温度、水分变化引起的盐胀和溶陷变形，基础构筑物的混凝土及钢筋混凝土的腐蚀破坏等，如果处理不当很容易发生严重的工程质量事故。同时，对于盐湖段的盐渍土具备一般盐渍土的各种特性，存在着易溶盐种类复杂、含盐量大、地下水水位高、深厚软弱土层、腐蚀性的地下水等特殊的地质特征，且由于较大的蒸发量导致水盐迁移作用下的盐分不断在表层积累，相对普通盐渍土处理更加困难。

考虑地基处理技术的相对成熟性，盐渍化软弱土地基处治的基本原则：在已有相对成熟的软土地基处理方法中，根据处理地区盐渍土的特性、参考该地区已出现的主要道路病害及以往的工程处治措施的实际效果，结合盐渍土地基处理方法，选择对盐渍土危害的适应性强、对环境的影响小、技术上可行、经济上合理的安全可靠的处治方案。

11.3 盐渍化软弱土地基处理离心模型试验

离心试验通过土工离心机高速旋转在模型上施加惯性离心力从而增加模型自重，使模型产生的应力场与原型一致，这样就可以用模型表示原型，重现复杂的实际工程问题，例如非饱和土、非线性破坏、地震反应等问题难以用数值模拟进行准确计算，利用离心模型试验就可以得到直观清晰的结果及分析。特别是岩土类材料由于应力相关性、摩擦性、非线性、剪胀性、多相性、各向异性、时间相关性等特殊的性质，它具有巨大的复杂性与一般性，而离心模型满足应力相等、应力状态相同的条件，使得离心模型成为目前岩土力学研究中较为理想有效的方法。但模型对实际物体能否进行准确的模拟关系到模型的受力、变形特性的相似性；同时离心模型试验中的高应力、变重力场的工作环境对各种测试提出了很高的技术要求，物理力学特性的可靠测量是正确评价模型响应的基础。本节基于项目的实际情况进行简化，利用相似理论确定相似模型，在分析了大量前人的试验过程和成果对试验进行设计和优化，尽量减少试验误差，确定合适的相似比，通过大量前期试验对地基土进行配制，从而得到能够准确模拟实际土层的模型地基土，同时选取合适的模型材料、测试手段，设计测试元件布置方案，对加速方案进行严格控制以模拟施工过程，以得到典型断面模型良好的试验结果。

本节以德伊高铁穿越苏尔坦盐湖地区工程为依托开展相关研究。

11.3.1 土工离心模型试验设计原则

11.3.1.1 相似比的确定原则

1）相似理论

模型能否准确地模拟原型，是根据物理量的相似决定的，即原型物理量与模型物理量在方向、大小、分布上均存在确定的比例关系模型：

$$\frac{\text{原型物理量}}{\text{模型物理量}} = \text{相似常数}$$

与原型的相似有物质相似、几何相似、运动学相似、动力学相似四个条件，目前用以解释上述相似条件主要有相似正定理、π 定理和相似逆定理三个相似定理。另外，由物理量的量纲推导相似准数是个重要的方法和手段，特别是对复杂的问题更为有效，本节试验所涉及的相关变量的量纲及相似率见表 11-1。

量纲及相似率　　表 11-1

物理量	符号	量纲	原型	离心模型
模型尺寸	l、h	L	1	$1/n$
密度	ρ	ML^{-3}	1	1
应变	ε	—	1	1
应力	f	$ML^{-1}T^{-2}$	1	1
质量	m	M	1	$1/n^3$
力	F	MLT^{-2}	1	$1/n^2$
土压力	P	—	1	$1/n$
重度	γ	—	1	n
时间（惯性）	t	T	1	$1/n$
时间（渗流固结）	t	T	1	$1/n^2$
沉降	s	L	1	$1/n$

基于表 11-1 通过量纲分析可知抗弯刚度 $EI=1/n^4$，极限弯矩值 $M_u=1/n^4$；抗压刚度 $EA=1/n^2$，极限抗压强度 $f_{um}=f_{up}$。值得一提的是，根据量纲分析，弹性模量的存在使相似条件增加了一个原本不必要的相似准数，需要试验证明应力与弹性模量无关，因此离心模型试验中常常要保证弹性模量的相似，即当研究物产生的应力远远小于物体材料的屈服极限时，物体的变形主要受弹性模量的控制（尺寸相似情况下），在这种情况下，物体产生变形极小，其弹性模量对应力状态的影响就极小。

2）离心试验误差控制

（1）边界效应

在土工模型试验中，由于模型箱侧壁的摩擦阻力，模型的边界约束条件会发生改变，从而导致内力、位移的变化，这就是模型试验的边界效应。Ovesen（1979）试验指出 $B_b/b>2.82$（B_b 为基础边界与模型箱内壁的距离）时可以忽略边界效应；徐光明（1996）通过粗颗粒土重复试验证明 $B_b/b>3$ 时边界约束作用才不明显。因此本文减少边界效应的主要措施有：模型箱的箱壁为航天用铝合金与高强度有机玻璃，两者光滑度非常高；在此基础上，通过对模型箱内壁及有机玻璃内壁涂凡士林润滑，以减小边界效应的误差（张莎莎，2011）；在距离边界 8～12cm（边界效应影响区）内留一段空白区，不设置测量元件。

（2）粒径效应

离心模型由于缩小了构筑物尺寸，但是土体不能相应缩小（多数直接使用原材料），这使得构筑物接触的土颗粒变少，土体不再满足均匀性和连续性假设，这就是“粒径效应”。为减少粒径效应模型宽度应尽可能大，相似比 n 不能太大。由于现场土存在过大粒径，可选用剔除法、等量代替法或相似量级法。剔除法即剔除超粒径颗粒，对于粗颗粒土会改变其性质；等量代替法指的是用允许的最大粒径颗粒等质量的替换超粒径颗粒，这样可以保持原粗、细颗粒含量，但是会改变不均匀系数和曲率系数，试验证明等量代替法比剔除法更精确；相似量级法则是按几何相似原则等比例将粗颗粒土缩小，可以保持不均匀系数和曲率系数不变，但是细粒土含量会有所增加，对渗透性有较大影响（王年香、章为民，2015）。由于本书并不研究渗透性，对于超粒径的砂土采用相似量级法。本书研究的地基土有黏土和砂土，黏土不存在粒径效应；其中砂土为级配不良细砂，夹杂少量大粒径颗粒，因此把大粒径颗粒换算为细颗粒砂，最大粒径均小于 2mm，其粒径效应可以忽略。

（3）离心机系统误差

离心模型试验是通过施加离心加速度提供超重力场，模拟现实重力场，因为试验设备系统的缘故，主要存在以下误差：运动状态误差，指的是模型具有一定高度，而离心机通过旋转惯性力施加额外重力场，这样模型的上部和下部的旋转半径不同，造成加速度不同，而且方向为向心，大小和方向均有一定误差，长安大学离心机有效半径为 2m，最大模型高度为 50cm，最大模型长度为 70cm，最大加速度 200g，则加速度大小误差为 $E_r=4.5\%$，方向误差为 17.5%，可见方向误差不可忽略，为尽量减小该误差值，在埋设测试元件时使得元件在有效范围之内；离心机启动制动误差，由于启动和制动时会产生切向加速度，对试验造成一定影响，长安大学离心机从启动加速到 $10g$ 需时约 158s，由此计算误差 $E_r=0.08\%$，可以忽略不计；模型自身重力误差，模型的重力为竖直向下，而离心机施加的为向心的重力场，两者契合时会产生一定的偏角，

当离心机转速超过 $20g$ 时，偏角≤2.86°，引起的数值误差 E_r 仅有 0.12%。

基于以上分析本研究试验应满足：为使离心力分布均匀，模型高度与有效半径之比 <0.2 或 0.1739；平面应变问题，模型宽度与高度之比要比较大为好，应力水平允许误差在 3% 以内。相似比尺 n 过大使得离心试验过程中的测试元件不能布置的太多，会影响试验效果；而过小则不能使构筑物原型完全放入容积有限的模型箱内。因此在综合考虑尺寸、误差、试验效果等因素下拟定相似比 $n=80$，选取路基断面的一半进行模拟。

11.3.1.2 地基处理方案初步比选原则

盐渍土地区常用的地基处理方法有换填法、预压法、强夯法和强夯置换法、砂石（碎石）桩法、浸水预溶法、盐化法、隔断层法等。然而试验段位于盐湖区，其盐渍土具有易溶盐种类复杂、含盐量大、地下水水位高、深厚软弱土层、腐蚀性的地下水等特殊的地质特征，因此上述方法需要分析其合理性。

对于换填法，可以挖除地表盐壳层具有高溶陷性的含盐团地层，换填含盐量相对较小的级配良好粗颗粒土或非盐渍土，能有效减少沉降量，并消除盐渍土的溶陷、盐胀特性。但是换填深度一般控制在 0.5～3.0m，否则工程经济性差。该区域盐壳层下伏含盐松软土与级配不良砂，局部厚度大于 70m，因此换填法仅适合挖除地表盐壳层，并不适合处理深厚软弱盐渍土。预压法处理深厚软黏土效果较好，但是工期很长，可以作为一种辅助手段进行处理。

由于土体是比较软弱且是含水率较高软塑土，强夯法和强夯置换法使用时有可能会发生橡皮土或夯锤沉陷过大的现象，孔隙水不易及时排出，处理效果不明显，有可能会适得其反。

该区域的地下水含盐量较高，硬度大，将水洒在路基中会明显提高含盐量，含盐量低的水很难获得，因此采用浸水预溶法也势必造价很高，且不能增加深厚软土的承载力；地区冬季潮湿，雨量明显，盐化法适用于常年干燥的地区，因此也不合适于该地区的地基处理。

土体较高的含盐量使得搅拌桩工法、喷射混凝土工法等方法的加固体混入较多盐，对混凝土有强烈的腐蚀作用，降低混凝土的强度和设计使用年限，从而降低上部结构安全性，不利于工程的长期稳定性与耐久性。

根据以上分析，碎石桩和预制混凝土桩是比较合适的地基处理方法。对于砂土液化地层，采用振动沉管碎石桩处理，振动施工可以消除地基土液化性质，并通过置换加固、振动挤密和提供排水通道快速提高地基承载力。预制混凝土桩具有良好的封闭性，可以隔绝外部腐蚀介质的入侵，提高地基的长期稳定性；同时可以穿透深厚软弱土层达到承载力较高的地层，为上部结构提供强有力的承载力；另外，预制混凝土桩在工厂中预制，可以控制质量，使地基处理效果可以得到保证。

在采用预制混凝土桩和碎石桩的同时，也要采取隔断层法、桩网结构、垫层、土工格栅等辅助措施，隔绝水盐迁移，优化桩土应力比，充分发挥复合地基增强体的承载力，同时要采取合适的混凝土防腐措施，例如，使用抗腐蚀混凝土、使用添加剂等改善致密性，从而达到增强地基的强度、稳定性和长期安全性的目的。

11.3.2 离心模型试验设计

伊朗德黑兰—库姆—伊斯法罕高速铁路项目起于伊朗首都德黑兰，经库姆，终于伊斯法罕,线路全长约 405km,速度 300km/h 的标准客运专线,德库段为无砟轨道,库伊段为有砟轨道。苏尔坦盐湖段属德黑兰—库姆—伊斯法罕高速铁路项目德库段,线路起始里程为 DK84 + 500,终止里程为 DK103 + 000,全长 18500m,该段线路设计为路堤,具体如图 11-1 所示,填方高度 3.5 ~ 5m。测区由既有铁路和便道相通,交通方便。新建高铁与既有线平行,垂直距离约 70m,新建高铁施工时应避免对既有路基的影响,同时应加强对既有路基的稳定性监测,避免因施工造成既有路基的破坏。

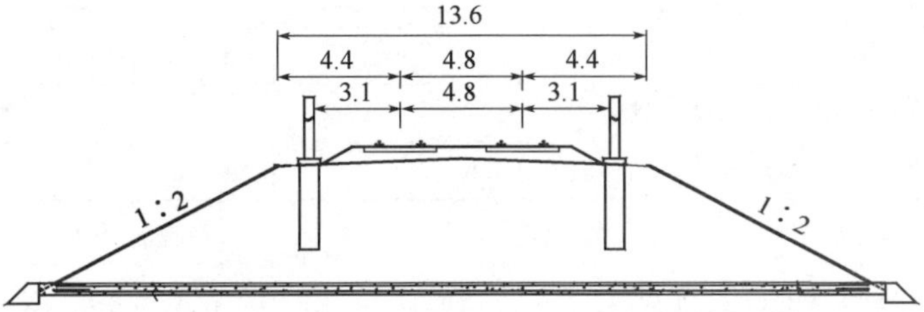

图 11-1　双线有砟轨道路堤盐渍土地段标准横断面(尺寸单位:m)

DK84 + 500 ~ DK90 + 000 段依据地质调绘、工程地质钻探及室内土工试验揭示,测区上覆第四系全新统冲积层(Q^{4al})含黏土级配不良砂、含黏土级配不良砾,湖积层(Q^{m})低液限黏土等;已揭露全新统冲积层(Q^{4al})一般厚度 11 ~ 24m,已揭露湖积层(Q^{m})一般厚度 44 ~ 59m,覆盖层总厚度大于 70m。各地层岩性典型钻孔岩芯照片见图 11-2,其物理力学指标见表 11-2。

a)<2-2>SP-SC

b)<2-3>SP-SC

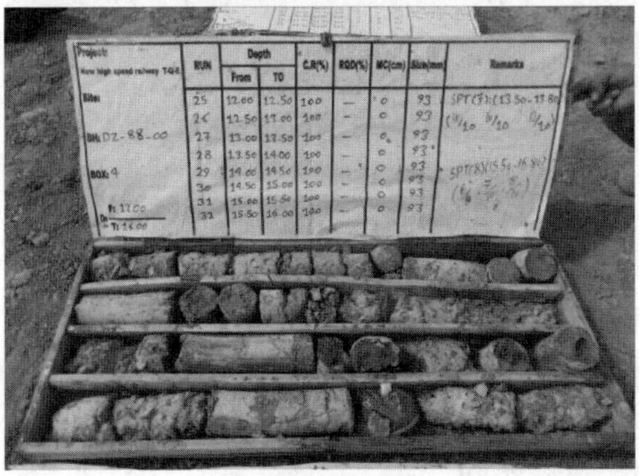

c)<9-1>CL

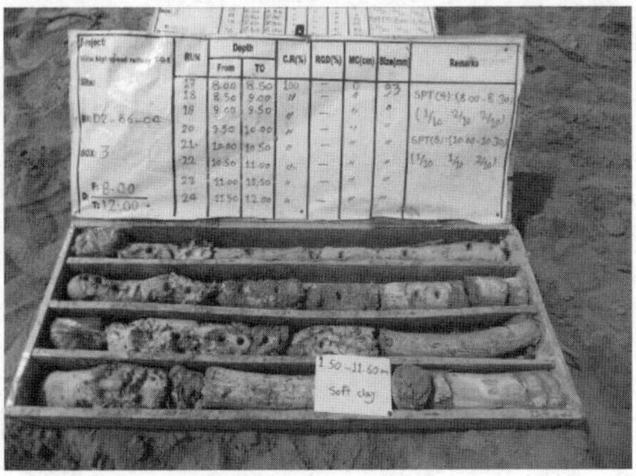

d)<9-2>CL

图 11-2　典型钻孔岩芯

岩土物理力学指标　　表 11-2

岩性代号	岩 土 名 称	地质年代	潮湿或风化程度	天然密度(g/cm^3)	黏聚力 c (kPa)	内摩擦角 φ (°)	基本承载力 σ_0 (kPa)	压缩模量 E_s (MPa)	压缩系数
〈2-2〉	SP-SC(细砂)	Q_4^{al}	稍密	1.9	8	22	170	18	0.08
〈2-3〉	SP-SC(中砂)	Q_4^{al}	稍密	2	5	27	250	34	0.05
〈5-2〉	GP-GC(圆砾土)	Q_4^{al}	中密	2.2	5	40	300	45	0.05
〈9-1〉	CL(低液限黏土)	Q^m	硬塑	1.7	28	23	170	8	0.19
〈9-2〉	CL(低液限黏土)	Q^m	软塑	1.6	13	15	70	3	0.46

地层岩性分述如下：

〈2-2〉SP-SC 含黏土级配不良砂(细砂)(Q^{4al})：土体呈灰黄色、浅黄色，密实度以稍密～中密为主，局部呈松散或密实状，干湿状态在饱和—潮湿之间，接近地表部分为稍湿，砂含量50%～60%，局部砂含量达70%以上，夹薄层黏土、粉土夹层，局部含少量砾石，不均匀，余为粉黏粒。该层存在多层黏土夹层，根据试验数据，一般黏粒含量5%～15%，局部含量大于20%。在测区广泛分布，一般厚2～15m，局部可达25m。

〈2-3〉SP-SC 含黏土级配不良砂(中砂)(Q^{4al})：土体呈灰黄色、浅黄色，密实度以稍密～中密为主，局部呈密实状，干湿状态在饱和－潮湿之间；中砂含量50%～60%，局部地段含量大于60%，细砂含量约10%，余为粉黏粒、粗砂，级配不良为主，部分级配良好。深部埋深一般大于35m，一般厚1～10m，局部可达34m。

〈5-2〉GP-GC 含黏土级配不良砾(圆砾土)(Q^{4al})：土体呈灰褐、灰色，干湿状态为稍湿，密实度呈中密状，稍有胶结，砾石占50%～60%，粒径5～75mm，夹少量的卵石，级配不良；砾石成分以凝灰岩、砂岩、玄武岩为主，呈圆、次圆状，局部含大量石膏晶体，余为砂及粉质黏土充填。主要分布在盐湖边缘，厚度一般2～8m。

〈9-1〉CL 黏土(低液限)(Q^{4m})：土体呈灰褐色、灰黄色、浅黄色，干湿状态为硬塑，局部呈坚硬状，含5%～10%细砂，局部夹薄层粉土、粉细砂夹层，不均匀，韧性中等，干强度高；岩芯晒干后岩芯面见白色盐结晶体；土层广泛分布于测区不同深度范围，一般厚2～13m，局部厚度达37m。

〈9-2〉CL 黏土(低液限)(Q^{4m})：土体呈灰褐色，干湿状态为软塑，局部呈软塑夹薄层硬塑状，属于松软土，局部夹薄层粉土、粉细砂夹层，含5%～10%细砂，韧性低，干强度高；局部孔段缩径严重，岩芯晒干后岩芯面见白色盐结晶体。土层呈带状连续分布于整个测区地表0～20m范围以内，一般厚1～10m，局部厚度达20m；局部呈透镜体状分布于20m以下，最大埋深为28m，20m以下该层一般厚度1～3m。

按地下水赋存条件，测区地下水为第四系孔隙水，以潜水为主，赋存于砂、砾石层中。段落内地下水主要受大气降水、周边环境侧向补给控制，由高往低处流。据勘探表明，DK84+200～DK84+500段内大部分地段地下水水位埋藏较深，勘察期间测得DK84+200～DK84+500段地下水水位埋深2.8～5m。典型断面地质剖面简图如图11-3所示。

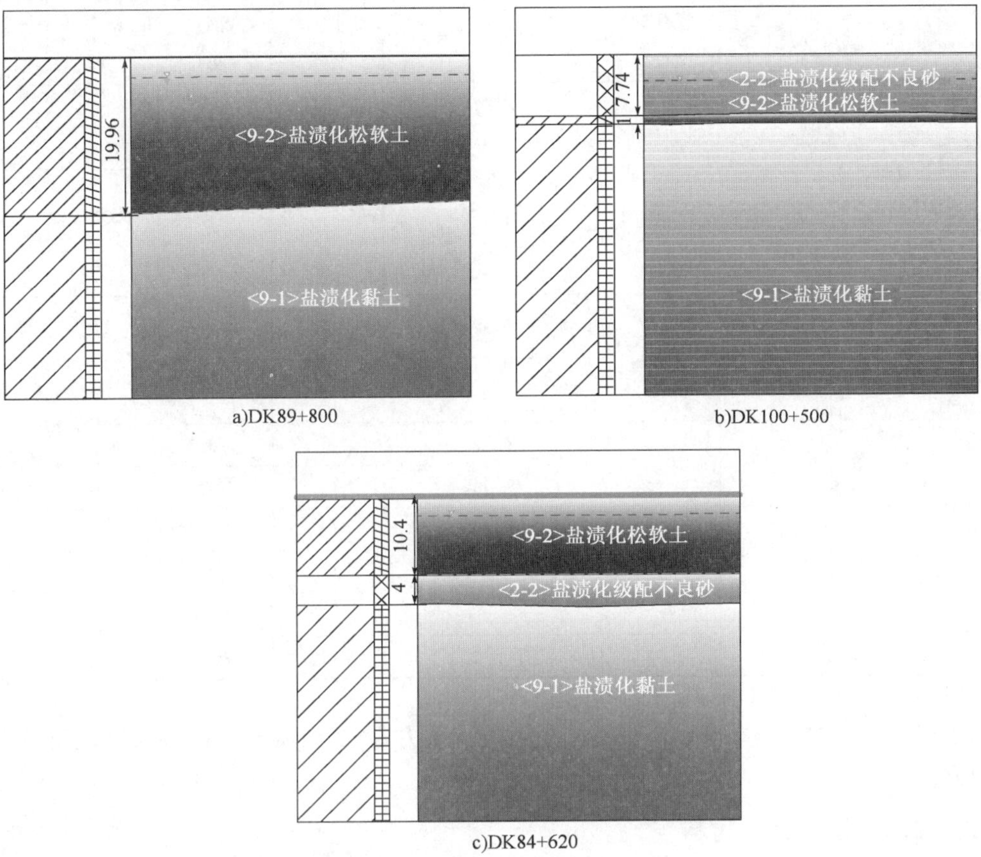

图 11-3 典型断面地质剖面简图(尺寸单位:m)

地下水水位以下 <2-2 > SP-SC 含黏土级配不良砂(细砂)、<2-3 > SP-SC 含黏土级配不良砂(中砂)土层为饱和砂土,根据标准贯入试验法和双桥头静力触探试验法综合判断在 20m 内的饱和砂土, <2-3 >层为非液化土层,部分 <2-2 >层存在液化的可能;测区地表广布第四系覆盖层,厚度大于 70m,未见地质构造行迹,测区地震动峰值加速度为 0.30g,依据实测场地剪切波结果,确定场地类别为Ⅲ类。综合考虑建议采取相应的措施进行处理,该层不宜作为地基基础的持力层。

11.3.2.1 试验方案

在尽可能考虑现场实际情况下,针对盐渍化软弱地基典型工况进行简化:

(1)路基高度 $H = 5$m,路面宽度 $B = 13.6$。

(2)典型断面土层有三种。

(3)根据《高速铁路设计规范》(TB 10621—2014),路基上的轨道及列车荷载换算土柱分布宽度为 2.8m(土的重度 $\gamma = 19$kN/m^3)。

根据规范,基于规范法与设计经验对地基进行初步设计,离心模型试验方案见表 11-3。

离心模型试验方案　　表 11-3

<table>
<tr><th>试验组号</th><th>断面编号</th><th>土层代号</th><th>土层厚度（m）</th><th colspan="2">处 理 方 案</th><th>桩长（m）</th><th>桩截面尺寸（m）</th><th>横距（m）</th><th>纵距（m）</th></tr>
<tr><td>第一组</td><td rowspan="4">断面一
DK89 +800</td><td rowspan="2">〈9-2〉</td><td rowspan="2">20</td><td colspan="2">对照</td><td>—</td><td>—</td><td>—</td><td>—</td></tr>
<tr><td>第二组</td><td colspan="2">预制方桩</td><td>22</td><td>0.45 ×0.45</td><td>2.5</td><td>2.8</td></tr>
<tr><td rowspan="2">第三组</td><td rowspan="2">〈9-1〉</td><td rowspan="2">—</td><td rowspan="2">长短桩</td><td>长桩(方桩)</td><td>22</td><td>0.45 ×0.45</td><td>2.7</td><td>3.2</td></tr>
<tr><td>短桩
(碎石桩)</td><td>10</td><td>ϕ0.45</td><td>2.7</td><td>3.2</td></tr>
<tr><td>第四组</td><td rowspan="2">断面二
DK100 +500</td><td rowspan="2">〈2-2〉
〈9-2〉
〈9-1〉</td><td rowspan="2">7.7
1
—</td><td>对照</td><td>—</td><td>—</td><td>—</td><td colspan="2">—</td></tr>
<tr><td>第五组</td><td>碎石桩</td><td>10</td><td>Φ0.45</td><td>1.2</td><td colspan="2">1.5</td></tr>
<tr><td>第六组</td><td rowspan="5">断面三
DK84 +620</td><td rowspan="2">〈9-2〉</td><td rowspan="2">10.4</td><td colspan="2">对照</td><td>—</td><td>—</td><td>—</td><td>—</td></tr>
<tr><td>第七组</td><td colspan="2">CG 桩</td><td>12</td><td>ϕ0.5</td><td>1.8</td><td>1.8</td></tr>
<tr><td>第八组</td><td>〈2-2〉</td><td>4</td><td colspan="2">预制桩</td><td>12</td><td>0.45 ×0.45</td><td>2.5</td><td>2.5</td></tr>
<tr><td rowspan="2">第九组</td><td rowspan="2">〈9-1〉</td><td rowspan="2">—</td><td colspan="2" rowspan="2">桩板结构</td><td>12</td><td>ϕ1</td><td>5</td><td>5</td></tr>
<tr><td colspan="4">板宽 25.6m,高 1.0m,长 20m</td></tr>
<tr><td>第十组</td><td></td><td></td><td colspan="2">碎石桩</td><td>12</td><td>ϕ0.5</td><td>1.2</td><td>1.2</td></tr>
</table>

注:表中尺寸参数均为实际尺寸,模型尺寸为其 $1/n$。

基于规范法经过计算,该参数下的地基满足承载力要求。为便于计算和试验,桩的布置形式采用方格式。

11.3.2.2 模型试验材料

在离心模型试验研究正式开始之前,应进行多次试运行,通过理论分析和试验结果的对比,充分了解模型土样在设定离心加速度场中的固结特性和固结时间特点,以使试验结果更准确。

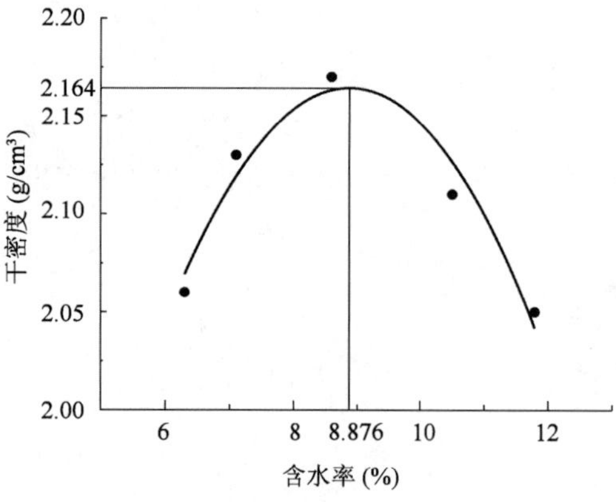

图 11-4　路堤土击实曲线

1)土样制备

(1)路堤填土

由于路堤不是关键的观测目标,因此选取常见的黄土作为模拟填筑材料,而后以重度控制制作路堤模型。高速铁路路基压实标准为基床表层(级配碎石)大于等于 97%,基床底层应不小于 95%,基床以下路堤应不小于 92%。则路基压实度可按 92% 控制。在对路堤填料进行击实试验后得到路堤土击实曲线如图 11-4 所示,其最佳含水率为 8.88%,最大干密度为 2.16g/cm^3。因此,在制作路堤模型时按 1.99g/cm^{3}控制,即可保证路堤荷载的一致。

(2)地基土

场地内松软土分布于整个测区,呈带状连续分布于整个测区地表 0 ~ 20m 范围以内,一般厚 1 ~ 10m，局部厚度达 20m；个别段呈透镜体状分布于 20m 以下，最大埋深 28m，20m 以下该层一般厚度 1 ~ 3m。如上节所述，本试验研究的典型断面有〈2-2〉、〈9-1〉、〈9-2〉三种土质，对于砂土地基，试样制备时将配制好的砂土分 5 次加入模型箱内，每层平摊均匀然后用泡沫板轻轻压实至指定高度。关于离心加速度对在常重力场制作的砂土地基密度的影响问题。Ueno（2001）通过重复循环加速试验、杨俊杰等（2003）也通过大量重复试验验证，在离心场中地基密度和孔隙比的确会发生变化，变化幅度随初始状态不同而变化，但是幅度特别小，对试验结果不会产生的影响极其有限，因此砂土制作的地基可以认为其密度与初始状态相同，并可以通过几次循环加速使其稳定。

对于黏土为保证离心模型试验模拟跟现场相同的条件，在离心机进行软土固结数小时，然后做快剪试验得到强度指标。地基土模拟主要以强度相似为控制指标，即考虑固结时间、含水率与土体强度之间的相互控制，在大量探索试验后得出以下结论：在离心机固结 3h 后，模拟土强度与天然土体强度一致，其物理力学指标见表 11-4。

模型地基土主要物理力学指标　　表 11-4

代　号	含水率（%）	密度（g/cm^3）	黏聚力 c（kPa）	内摩擦角 φ（°）
〈2-2〉	19.5	1.96	6.3	20.5
〈9-1〉	8.6	1.78	20.1	23.6
〈9-2〉	24.2	1.61	11.5	14.4

2）相似材料

（1）桩体模拟

在综合考虑尺寸、误差、试验效果等因素下拟定相似比 $n = 80$，选取路基断面的一半进行模拟。换算后的桩体参数见表 11-5。

换算后的桩体参数　　表 11-5

处理方法	模　型				
	长度（mm）	桩径（mm）	横距（mm）	纵距（mm）	置换率
方桩	275	5.625	31.25	35	0.025
碎石桩	125	5	15	18.75	0.053

经过计算，方桩的预计使用根数为 102 根，碎石桩则达到 400 根，数量庞大，且桩径太小，无法在桩的表面安置传感器，因此在保证复合地基置换率相同的情况下对桩径、桩距进行调整。

$$m = \frac{A_p}{A} \tag{11-1}$$

式中：m——复合地基置换率；

A_p——桩体的总横断面面积；

A——复合地基面积。

经过调整，方桩的预计使用根数为 23 根，碎石桩为 70 根。调整后的桩体参数见表 11-6。

调整后的桩体参数 表 11-6

处理方法	调整后模型				
	长度(mm)	桩径(mm)	横距(mm)	纵距(mm)	置换率
方桩	275	12	68.10	73.10	0.025
碎石桩	125	12	37.85	42.85	0.053

①方桩

对于混凝土,离心模型试验多采用铝合金材料进行模拟,本试验采用的为6061号铝合金,其极限抗拉强度为205MPa以上,受拉屈服强度55.2MPa,弹性模量68.9GPa,弯曲极限强度228MPa,泊松比为0.3,密度为2.7g/cm^3。根据《工业建筑防腐蚀设计规范》(GB 50046—2008)在腐蚀环境中混凝土桩的混凝土强度不应低于C40,弹性模量$E_c = 3.8 \times 10^4$MPa = 38GPa,设配筋率为0.6%,钢筋弹性模量约为$E_f = 210$GPa,则方桩的弹性模量约为$E_p = (E_C A_c + E_f A_f)/A = 39.032$GPa。由于本试验桩体所受应力状态远远达不到破坏的标准,因此桩体变形很小,弹性模量对桩身应力的分布情况影响很小,能较好地模拟混凝土材料。在制作方桩时把一端削尖模拟桩尖,以方便插入土体中。模型桩表面可涂环氧树脂并粘上一层砂浆,从而保证摩阻力与在土层中相似(王年香、章为民,2015)。

②碎石桩及垫层

是指用振动或冲击等方式在软弱地基中成孔后,再将碎石或砂挤压入已成的孔中,形成大直径的碎石所构成的密实桩体。从复合地基的理论角度来看,碎石桩处理饱和软弱地基主要有置换和排水两个作用,在软弱地基中成桩后,形成了桩和桩间土组成的复合地基。碎石桩的渗透系数大约为地基土体渗透系数的500倍左右,在本工况中主要考虑其加筋、垫层作用,置换和排水作用较小,在离心模型试验中多采用中粗砂桩模拟。根据规范《建筑地基处理技术规范》(JGJ 79—2012),振冲碎石桩粒径可采用30~100mm,最大可以采用150mm(由施工机具决定),则在模型中经过相似变换采用0.5~1.2mm,根据试验条件,采用过0.5mm和2mm筛的砂作为模拟材料。密实度由灌入砂的质量来控制。碎石桩的加装过程如图11-5所示。

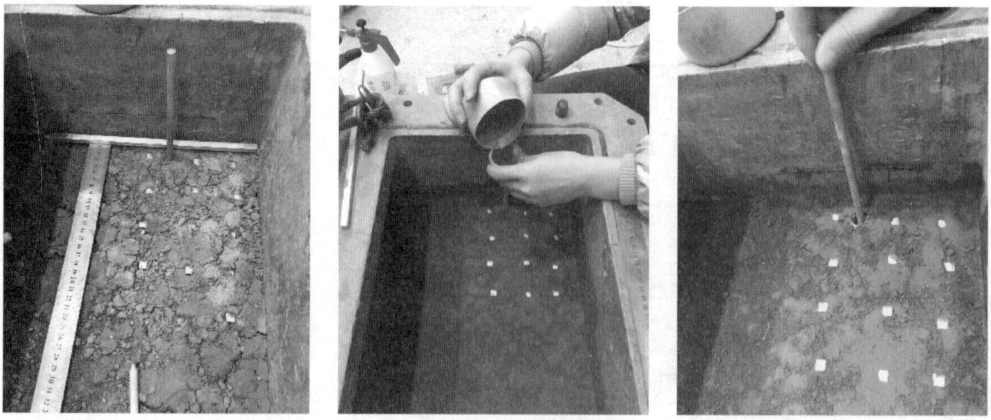

图11-5 碎石桩加装过程(从左向右依次为打孔、分层灌砂、分层捣实)

在碎石桩上部施加 200 ~ 300mm（换算后为 3mm 左右）垫层，材料为过孔径 ϕ1mm 筛子的砂（模拟 80mm 直径的碎石），经量测其堆积密度与工程相似。

11.3.2.3　土工离心模型试验设备

试验所用设备为长安大学 TLJ-3 土工离心模型试验系统，其系统主要构成有拖动控制、数据采集、摄影摄像三个部分，其主要性能见表 11-7。

长安大学 TLJ-3 土工离心模型试验系统主要性能　　表 11-7

离心机最大容量	60gt	工作制	连续工作 12h
最大荷载 （模型箱 + 模型）	100g 时 6000N 200g 时 3000N	设备噪声	90dB （噪声源 5m 处）
离心机有效半径	2.0m	配备摄影及摄像设备	
大模型箱尺寸	700mm × 360mm × 500mm	输油接头：两通道，5MPa，10L/min 输水接头：一通道，1MPa，10L/min	
小模型箱尺寸	500mm × 360mm × 400mm	集流环	64 环
离心加速度范围	10 ~ 200g	稳定度	±0.1%F · s

注：离心机的数据采集系统能测试应用于电阻式全桥、半桥、1/4 桥传感器接法；温度测量需要用到铂电阻传感器；适合于电压量输出的传感器接入信号采集，信号幅度不会大于 5V。

11.3.2.4　测试手段及设备

本试验布设的传感器有 KTR11-25 弹簧自复位式直线位移传感器（配合自制沉降板）、应变计、TY1005 微型土压力传感器及 KY1005 微型孔隙水压力传感器，图 11-6 所示为各仪器实物图。

图 11-6　传感器、沉降板、埋入后的接触式测量

KTR11-25 弹簧自复位式直线位移传感器为米朗公司生产，可以把机械位移转换成电气信号，对长度和位移进行测量，输出电压信号，其性能参数如下：线性精度为 ±0.1%，电阻 1kΩ ± 10%，机械行程为 25mm + 3mm，解析度（分辨率）为 Infinite 无断解析，重复性精度为 0.01mm，

最大工作速度5m/s,滑刷正常工作电流≤10μA,使用环境温度-60~150℃,输出电压为0~100%输入电压,灵敏度为1,温漂无限小,尺寸小巧,适合离心模型试验小模型使用。为测量土体内部位移,采用沉降板埋设指定观测位置。沉降板由底板、测杆和护筒(略短于测杆)三部分组成,埋设时沉降板埋入土体(主要是路堤模型中),护筒保护测杆以保证底板出现位移时不被上部土体的位移影响观测。测杆露出土体,将位移传感器架设在测杆上,从而可以实时记录土体内部关键点的位移。

应变计工作原理是导体或半导体材料在外力的作用下产生变形时电阻值产生相应的变化,即"应变效应",从而使电信号发生改变,将本试验采用常用的应变片贴于被测物体(桩体),粘贴时用胶水粘贴并涂一层防水胶以保护应变片受潮,最后采用半桥电路方式连接在离心机数据采集系统上,从而实现对桩体的应变监控。

将试验中得到的应变值代入材料力学相关公式,可以计算出桩身轴力,从而得到桩身的平均侧摩阻力,相关计算公式如下所示。

$$\sigma_z = E_p A \varepsilon_i \tag{11-2}$$

$$f_i = \frac{E_p A(\varepsilon_{i-1} - \varepsilon_i)}{C\delta_i} \tag{11-3}$$

其中,σ_z为桩身轴力;E_p为桩弹性模量;A为桩横截面面积;ε_i为i处桩身轴应变;f_i为$i-1$到i的平均桩侧摩阻力;δ_i为$i-1$到i的轴长;C为桩横截面周长。

TY1005土压力传感器及KY1005孔隙水压力传感器均为中国工程物理研究院的产品,量程为0~500kPa,精度±1%F·s,外形尺寸为ϕ8×3mm,供电电压5V(直流),输出电压0~2V(直流),允许过载120%F·s,使用温度0~45℃,压力传感器外形示意图如图11-7所示。该系列传感器采用了高可靠性的应变感测技术和高稳定性的信号调理器件,主体结构采用特种不锈钢材料,结构紧凑、固有频率高,并进行了特殊的防水设计。本试验采用全桥电路方式连接在离心机数据采集系统上,从而实现对指定位置的孔隙水压力和土压力监控。

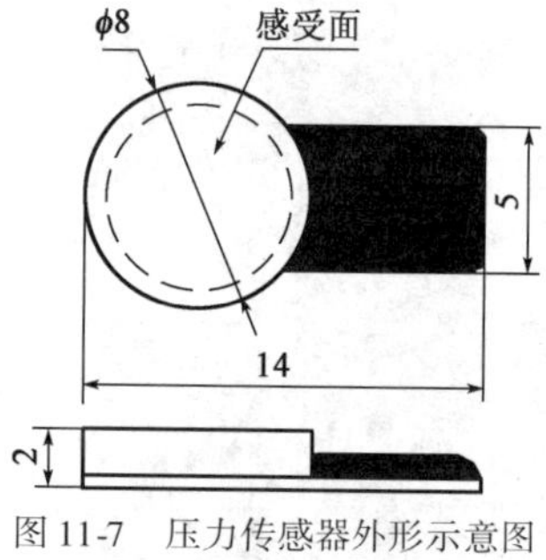

图11-7 压力传感器外形示意图
(尺寸单位:mm)

在布置传感器时注意保证传感器编号、测点编号与离心机放大器通道编号相对应。试验前,将用于观测的有机玻璃卸掉,在模型表面上按20mm×20mm间距布设变形标志,通过观测网格的变形达到观测土体变形目的。离心机运行完毕后,测量模型变形后各点相对于初始位置的偏离值,即可以得到路基内部各点的竖向位移和横向变形趋势,绘制位移矢量图研究其变形特性。

11.3.2.5 加速历程

按照设定的离心加速度和规定的离心模型试验时间,对模型进行运行。80g下运行8.09h模拟运营5年。在施加路堤荷载时,用全部路堤模型基于等效荷载法,换算为等效的离心加速度以模拟路堤的施工过程,加载分3次进行,加载过程见表11-8(黄晶,2008)。加速度随时间变化曲线如图11-8所示。

加 载 过 程　　　　表 11-8

时　期		填土高度	加速度(g)	模型历时(min)	原型历时(d)
模型预压		—	10	5	0.347
填土过程	填土 2m	2	29.1	51.2	30
	填土 4m	4	60.5	11.8	30
	填土 5m	5	80	6.75	30
工后 1 年		5	80	82.125	365
工后 2 年		5	80	82.125	365
工后 3 年		5	80	82.125	365
工后 4 年		5	80	82.125	365

地基模型制作放置后，在设计离心加速度下固结 2h，使其强度与原型基本一致；由于存在多层土，在地基制作时分层逐层制作、逐层固结，并在加速前喷洒一定质量的水以减少因蒸发而引起的误差。地基制作完成后放置砂垫层，最后放置路堤。在制作模型过程中在相应位置安置传感器，绘制内部沉降经纬线，安置内部沉降板，并在沉降板顶部安放位移计。

在加速前，为保证传感器与测量物体以及模型各个部分紧密接触，且充分使传感器预热，先使其通电 10min，而后加速到 10g 保持 5min 进行预加载。在达到规定转速后，开启数据采集系统记录传感器数据。

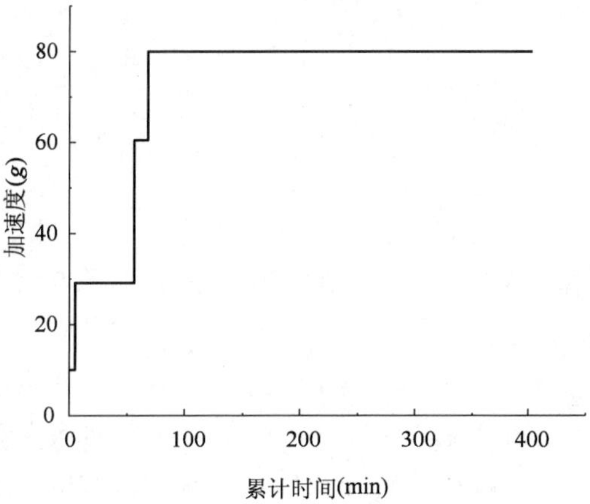

图 11-8　加速度随时间变化曲线

11.3.3　试验过程及结果分析

11.3.3.1　预制方桩

方桩试验组首先制作地基，按容积换算土重称取配制好的地基土，分层加入，每次 4 ~ 5cm，直到将所称取的土样全部填入。然后按照离心机操作规程将模型箱吊入指定位置，运行 2.5h 即制作好地基。值得注意的是，由于存在多种地基土，需要依次分类填装制作，待下层地基制作好后，再填装上层地基。对照组作为地基处理效果的对照，不用进行地基处理，直接填筑路堤，按 1.99g/cm^3 控制，换算土重，以保证路堤荷载的一致。同时也需要分层压实，为了不影响地基，压实时力量尽量不要过大。

对于方桩试验组，在地基制作好后再在指定位置打入模型桩，在打入带有应变片的关键桩时注意保护导线和裸露的补偿片。在所有模型桩都打入后铺设垫层和格栅(纱窗)，并按预先设置好的位置安放土压力盒和沉降板，而后分层填筑路堤。最后将玻璃板拆下插入变形标志，通过观测网格的变形达到观测土体变形目的。下面对方桩试验组结果进行处理分析。

第一组:对照组。对照组地基累计沉降如图 11-9 所示。

第二组:预制方桩。预制方桩复合地基累计沉降如图 11-10 所示。

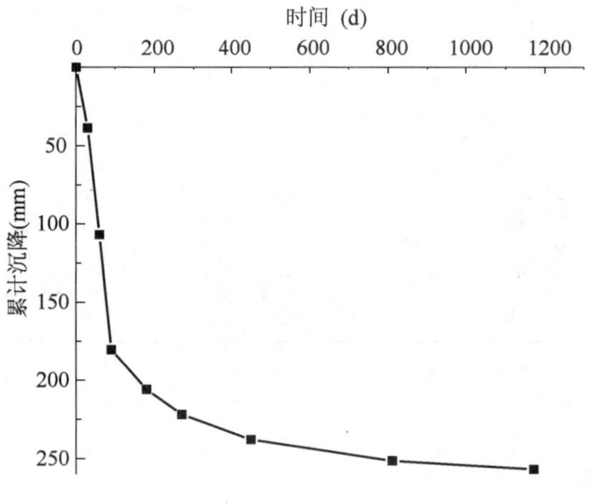

图 11-9　对照组地基累计沉降

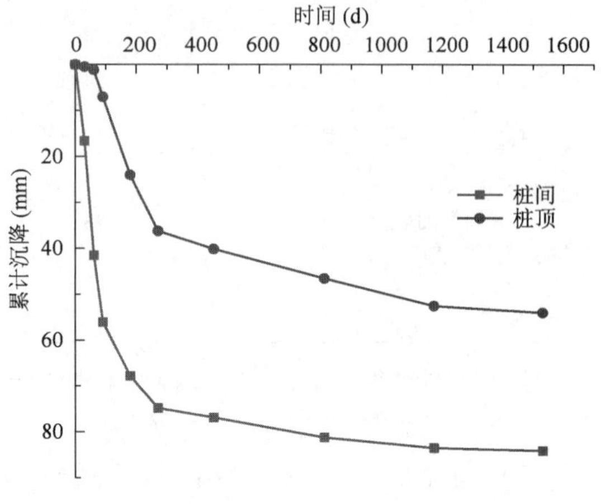

图 11-10　预制方桩复合地基累计沉降

从图 11-9、图 11-10 可以看出未处理(对照组)地基沉降和预制方桩处理过的地基沉降规律基本类似。根据加速历程可知在前 90d 模拟的是分三次路堤填筑过程,随着填筑高度的增加,沉降不断增大。在 800d(约 2.2 年)后沉降趋于稳定,沉降过程基本完成。可以看出在总的累计沉降中路堤填筑过程中发生的沉降占总沉降的很大一部分,其中对照组在路堤填筑完成后沉降量为 170.3mm(图中的数据均为转化后的实际值),占总沉降量的 66.3%;预制方桩桩顶在路堤填筑完成后沉降量为 23.9mm,占总沉降量的 44.3%;预制方桩桩间土在路堤填筑完成后沉降量为 56.1mm,占总沉降量的 66.7%。

在累计最大沉降中,未处理对照组达到了 256.7mm,工后沉降为 86.4mm,超过设计标准(50mm)72.8%。但是在现实中铺设路堤的速度可能会快于试验设计中的速度,且在长期固结变形下,这个沉降量还会增大,因此这说明该地基不进行地基处理对于工程质量是不安全的。在采用预制桩处理地基后,桩顶总沉降量为 54.0mm,工后沉降为 30.1mm,桩间土总沉降为 84.1mm,工后沉降为 28mm,可见处理后的地基总沉降为未处理的地基总沉降 32.8%,处理后的地基工后沉降为未处理地基工后沉降的 32.4%,大大减少了沉降量,符合地基沉降设计标准,并留有较大富余空间,说明这个设计是可行的。

从利用侧面变形标志得到的复合地基沉降矢量图 11-11 可以发现,沉降主要发生在路堤下方地基中,且越靠近中心位置沉降越大,且随着深度的增加沉降量越来越小。另外,在变形方向上,我们发现路堤中心位置基本为竖直向下的,但是越靠近坡脚位置,沉降变形方向会向远离中心位置的方向倾斜,这说明坡脚下的地基出现了水平位移,且坡脚处的水平位移最明显。

试验过程中在路堤坡脚附近也设置了一个位移计,试验过程中发现该位移先略有上升而后很快开始下降,这可能是因为路堤的填筑造成了坡脚位置的略微隆起,由于隆起量并不大,在土体固结作用下很快消失。

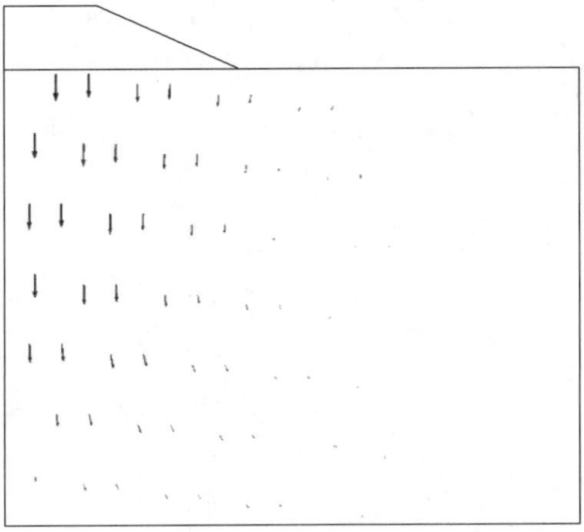

图 11-11　复合地基位移矢量图

11.3.3.2　碎石桩

碎石桩试验组方法与上述方桩试验组类似，首先分层制作地基，需要注意的是，砂土地基在填装时要均匀铺放再轻轻压实至指定高度。然后按照离心机操作规程将模型箱吊入指定位置，从 0 加速到 80g 维持数分钟再减速到 0，如此反复 7 次即制作好砂土地基。对照组作为地基处理效果的对照，不用进行地基处理，直接填筑路堤。

对于碎石桩试验组，在地基制作好后再指定位置打入打孔桩，然后慢慢旋转拔出，注意不要将上层土掉入孔内，然后用漏斗分层灌入称好的砂并捣实。因为桩间距较小，为了减少扰动地基土，在打桩时采用跳打方式，如图 11-12 所示。在所有模型桩都打入后轻轻压实隆起的地基土，然后铺设垫层和格栅（纱窗），并按预先设置好的位置安放土压力盒和沉降板，而后分层填筑路堤。最后将玻璃板拆下安设变形标志，通过观测网格的变形达到观测土体变形目的。下面对碎石桩试验组结果进行处理分析。

图 11-12　跳打方式布置图

第三组:对照组。对照组地基累计沉降如图 11-13 所示。

第四组:碎石桩。碎石桩复合地基累计沉降如图 11-14 所示。

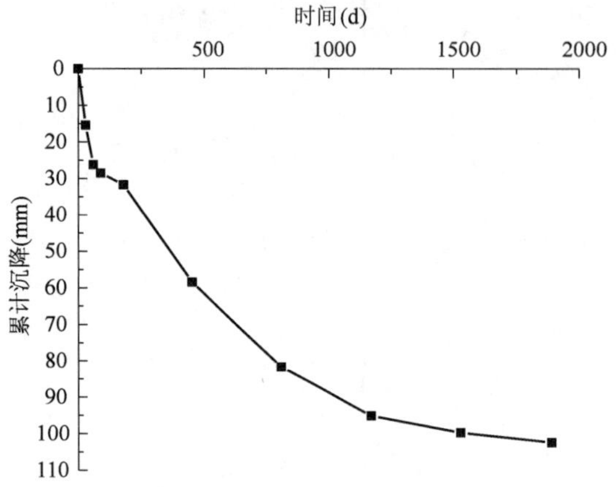

图 11-13　对照组地基累计沉降

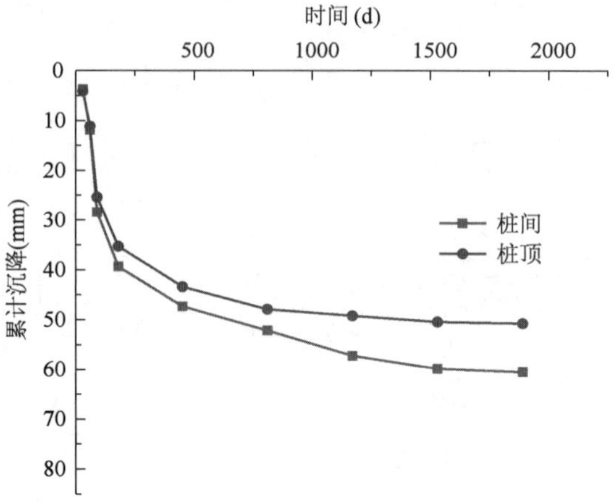

图 11-14　碎石桩复合地基累计沉降

在相同的加速历程下,碎石桩及其对照组的地基沉降发展情况如图 11-13、图 11-14 所示,可以看出该断面下的未处理地基总沉降并不多,只有 102.3mm,且在路堤填筑阶段产生的沉降占比较小,仅占 30.4%,这是因为试验中上层砂土在固结过程中水分渗入下层黏土,使下层黏土含水率变得很高,固结困难,使整体固结时间变长。在碎石桩处理后的地基则没有出现这样的情况,这是因为碎石桩部分打入下层黏土层,加速了其固结,在填筑阶段桩顶沉降就发生了 49.9%,桩间土在填筑阶段沉降 46%。同时可以看出碎石桩处理浅层软弱地基具有良好的效果,碎石桩复合地基最大沉降为 60.5mm,工后沉降为 32.1mm,减少了 40.6% 的沉降,满足高速铁路地基的沉降要求。相对预制桩地基处理方法,碎石桩复合地基比较大的优点是差异沉降较小,最大仅 9.8mm。

11.3.3.3　长-短刚柔组合型桩

长短桩试验组与方桩试验组的地层(断面一)相同,长桩制作方式与预制桩组相同,短桩与碎石桩组相同,就不赘述。由于既存在混凝土桩又存在碎石桩,为了保证碎石桩的质量,先打入方桩,再打入碎石桩,防止对已存在的碎石桩造成影响。

长短桩复合地基在上述加速历程下的沉降和桩土应力发展情况分别如图 11-15 和图 11-16 所示。沉降方面,长桩沉降特征与纯预制桩复合地基类似,在前 90d 路堤填筑过程中,沉降不断增大。在路堤填筑完成后,长桩桩顶累计沉降量为 25.4mm,短桩桩顶为 37.2mm,桩间土为 43.4mm,分别占总累计沉降的 52.4%(53.4mm)、49.5%(73.7mm)、48.7%(84.6mm)。长短桩复合地基在沉降发展上更为稳定,工后沉降比其他工况较大,这是因为碎石桩加固了上部桩间土,使其快速形成承载力,但是下部软弱土层附加应力较小,难以固结,而碎石桩的存在又增加了排水通道,使长期固结成为可能。

长短桩复合地基较未处理地基总沉降减少了 67%,工后沉降减少了 47.7%,与纯预制桩复合地基相近。但是在路线方向 25m 的断面中,长短桩复合地基仅用了 15 根桩,较纯预制方桩复合地基少了 5 根,且模型桩的截面面积更小,为 8mm × 8mm,较纯预制方桩复合地基减少 36% (10mm × 10mm),这在总体工程造价上明显有很大的改进。

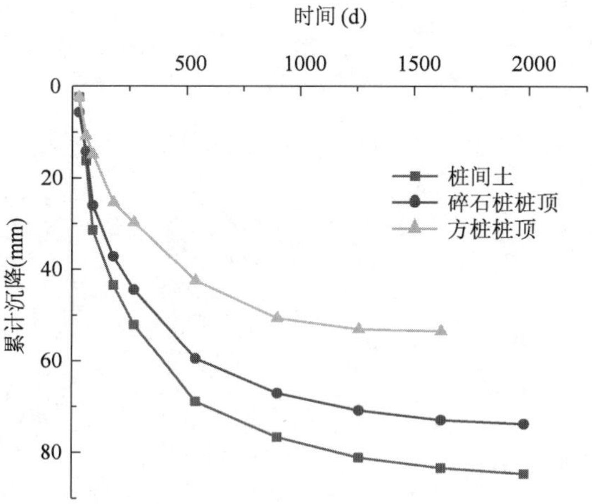

图 11-15　长短桩复合地基累计沉降

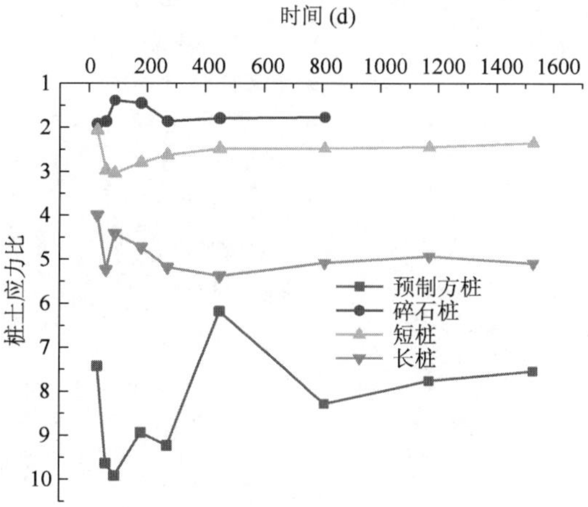

图 11-16　桩土应力比发展情况

图 11-16 将预制方桩、碎石桩和长短桩复合地基的桩土应力比发展状况总结在一起,分析图中数据我们能明显得到以下结论:随着填土过程的进行,桩土应力比在不断上升,在填筑结束后达到峰值,而后有略微的减小。这是因为填土过程中填土荷载不断增大,由于桩承载力较桩间土大很多,桩顶承受的土压力越来越多。而后随着时间的推移,路堤土强度不断上升,同时桩间土强度也得到增强,一定程度上改善了桩土应力分布,使更多的路堤荷载被桩间土承担。上述规律在三种处理方法的横向对比中也有体现,预制方桩复合地基桩土应力比最大,长短桩中长桩的桩土应力比相比较小,就是因为碎石桩加固了桩间土,使桩间土整体强度和承载力都有提高,减少了长桩桩顶承受的荷载。碎石桩组的桩土应力比最小,可见碎石桩能提供的承载力有限。在路堤填筑结束后,桩土应力比变化幅度很小,这也能表明复合地基处于较为稳定的状态。

11.3.3.4　预制方桩、CG 桩、灌注桩和碎石桩

第六 ~ 十组试验地层均相同,均为断面三的工况,在这个地质状况中,采用了预制方桩、CG 桩、桩板结构(灌注桩)和碎石桩四种地基处理方式,试验过程除地层厚度不同,与前面几个工况类似,这里就不赘述,下面对上述几种工况进行数据整理分析。

第六组:对照组。对照组复合地基累计沉降如图 11-17 所示。

第七组:方桩。方桩模型如图 11-18 所示。方桩复合地基累计沉降如图 11-19 所示。

第八组:CG 桩。对于 CG 桩和灌注桩,混凝土材料的变形模量为铝合金材料变形模量的 0.5 倍,由于桩主要承受正向应力,因此在截面等刚度的原则下选用铝合金空心管作为模型材料。本试验 CG 桩模型采用壁厚 1mm 的铝合金管,灌注桩模型材料采用壁厚 2mm 的铝合金管。CG 桩模型如图 11-20 所示。CG 桩复合地基累计沉降如图 11-21 所示。

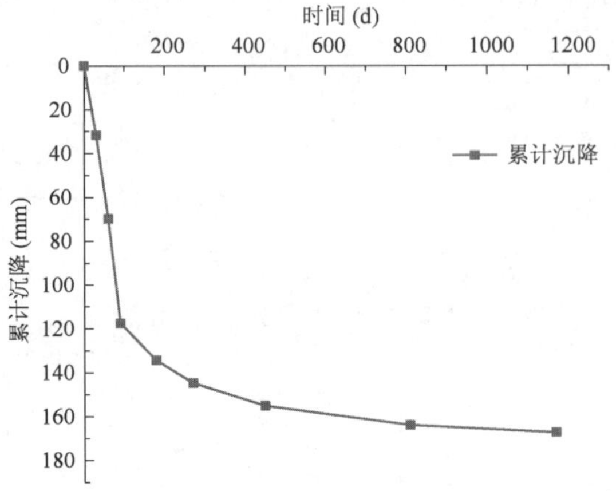

图 11-17　对照组复合地基累计沉降

图 11-18　方桩模型

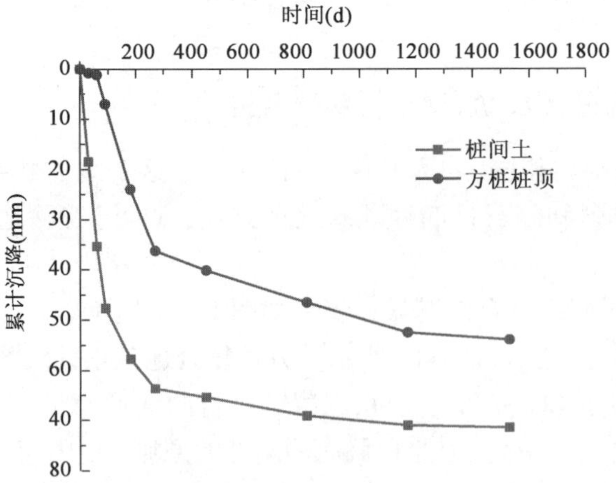

图 11-19　方桩复合地基累计沉降

图 11-20　CG 桩模型

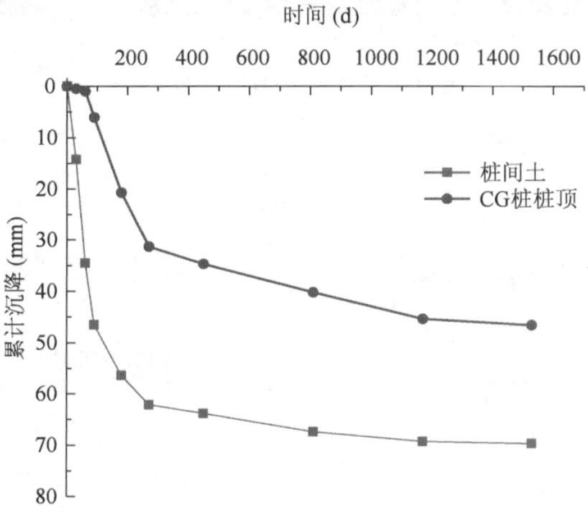

图 11-21　CG 复合地基累计沉降

第九组:桩筏结构(灌注桩)。桩筏结构(灌注桩)模型如图 11-22 所示。

图 11-22　桩筏结构(灌注桩)模型

第十组:桩筏结构(CG 桩)。桩筏结构(CG 桩)模型如图 11-23 所示。桩筏结构(CG 桩)复合地基累计沉降如图 11-24 所示。

图 11-23　桩筏结构(CG 桩)模型

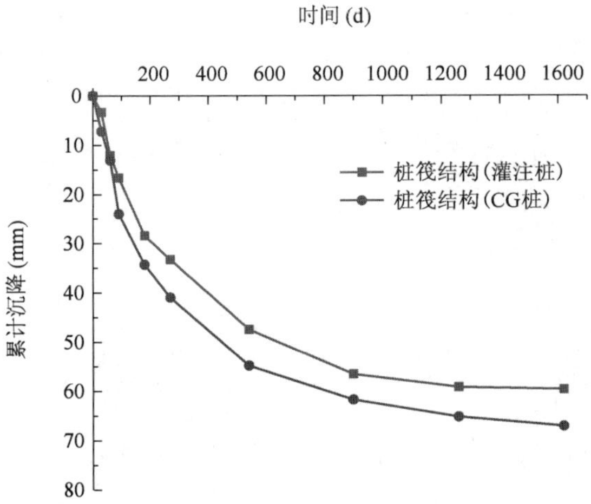

图 11-24　桩筏结构(CG 桩)复合地基累计沉降

对数据进行整理,从表 11-9 中可以看出,上述试验组采用的地基处理方法都能有效减小地基沉降,提高地基承载力。其中灌注桩效果最好,累计沉降减少 64.3%,且桩板结构(桩筏结构)能有效降低差异沉降的问题,使地基作为整体受力。这从工后沉降占比也能看出,两个工况的工后沉降占比较大,能有效发挥桩体的承载力。差异沉降在 CG 桩和预制桩复合地基中比较明显,其中 CG 桩最大差异沉降可达 36mm,但是在运营过程中桩顶和桩间土的累计沉降差距慢慢变小至 21mm。这正是桩体承载力发挥了作用,为避免施工期及其结束时产生较大差异沉降,可增加垫层、土工格栅等结构,增大路堤荷载的刚度,调整桩土应力,充分发挥桩体的承载力。

数据整理　　表 11-9

试验组号	处理方法	累计沉降(mm)		施工期累计沉降(mm)	工后沉降占比(%)	累计沉降减小率(%)
六	对照	167.4		69.7	58.3	—
七	CG 桩	桩顶	46.6	20.7	55.6	58.3
		桩间土	69.7	46.5	33.4	
八	预制桩	桩顶	54.0	24.0	55.6	57.3
		桩间土	71.5	47.7	33.3	
九	桩筏结构—灌注桩	59.7		28.4	52.4	64.3
十	桩筏结构—CG 桩	67.1		34.3	48.9	59.9

11.4　盐渍化软弱土地基处理数值模拟

11.4.1　概述

本节计算对象是以上节研究内容为对比,采用显式有限差分软件 FLAC3D 进行数值分析。该软件是由 Itasca 公司开发,在全球 70 多个国家广泛应用,在国际土木工程领域(尤其是岩土工程领域)享有盛誉。在岩土领域软件主要的应用范围有岩体和土体的破坏与崩塌、固结过程、流变现象、变形的局部化剪切带、动力稳定分析、土体与结构的相互作用、土体液化等。软件采用"混合离散法"(Matrix 和 Cundall,1982)模拟塑性破坏和流动,比离散集成法更准确;求解时对静态系统也采用动态运动方程,使得计算更加稳定。当然这款优秀的计算软件也有不足之处:不同尺寸的网格划分对结果影响较大,某些计算求解时间会很长,前处理功能很弱。软件求解时必须具备有限差分网格、本构关系和材料特性、边界和初始条件三个基本部分,为了避免软件的薄弱部分,本章基于有限差分数值模拟软件采用其他建模软件建立原始模型导入 FLAC3D 计算软件,建立合理的网格划分模型,对桩复合地基进行数值分析。

11.4.2　模型建立

复合地基是极为复杂的地基处理方法,想把它各个因素量化分析是繁重而艰巨的任务,且需要大量的计算资源,因此在能够准确模拟现实工况下适当简化模型是个科学的过程。下面从单元类型、接触面设置、材料的本构关系与屈服准则选择、模型单元划分等几个方面对该过程进行分析。

11.4.2.1　单元类型及本构模型

本节数值模拟分析的地基土体、垫层、路堤填土均采用六面块体网格(brick),这是最常用的一种网格,能够很好地模拟荷载下三维模型的受力和变形状况;上述材料均采用弹塑性模型 Drucker-Prager 模型,是比较经典的非线性分析模型,特别适用于松散或胶结的粒状材料土体、岩石等,而且考虑了静水压力对土体屈服极限的影响,由三个参数控制:黏聚力、内摩擦角和膨胀角,其屈服函数如下。

$$f = \alpha I_1 + \sqrt{J_2} - k = 0 \tag{11-4}$$

式中：I_1——应力张量的第一不变量；

J_2——应力偏量的第二不变量。

通过参考大量论文及计算实例，FLAC3D 中体积模量和剪切模量与弹性模量的换算关系由下面两个公式计算。

$$K = \frac{E}{3 \times (1 - 2\upsilon)} \tag{11-5}$$

$$G = \frac{E}{2 \times (1 + \upsilon)} \tag{11-6}$$

然而在工程实际中，压缩模量是更常用的计算参数，而弹性模量和压缩模量之间的转换关系并没有很好的定论，一般由经验确定。本书参考其他研究成果得知弹性模量一般为压缩模量的 2～5 倍，这也是个很大的变化范围，因此基于试算以及对模型的参数验证（见 11.5.3 节）取弹性模量为压缩模量的 3 倍。

对于预制方桩，因为一般认为在复合地基中混凝土桩身应力远远达不到破坏的水平，可以把混凝土材料看作弹性材料。因此模型中的混凝土（方桩）为弹性模型，选用实体单元加接触面的形式进行模拟，单元由几何参数、材料参数、耦合弹簧参数确定。

11.4.2.2 接触设置

两种材料之间由于属性的不同，会产生作用力的差异，因此在数值模拟时需要添加一种特殊的结构单元以模拟这种作用力，即接触面。FLAC3D 提供的接触面为无厚度三角形单元，模型采用库仑剪切模型。接触面单元通过接触面节点和实体单元节点建立联系。接触面法向受力计算过程为先得到接触面节点和实体单元表面之间的绝对法向刺入量和相对剪切速度，再利用接触面本构模型计算法向力和切向力。弹性阶段受力计算公式如下。

$$F_n^{(t+\Delta t)} = k_n u_n A + \sigma_n A \tag{11-7}$$

$$F_{si}^{(t+\Delta t)} = F_{si}^{(t)} + k_s \Delta u_{si}^{(t+0.5\Delta t)} A + \sigma_{si} A \tag{11-8}$$

其中：$\boldsymbol{F}_n^{(t+\Delta t)}$ 为 $t + \Delta t$ 时刻的法向矢量；$\boldsymbol{F}_{si}^{(t+\Delta t)}$ 为 $t + \Delta t$ 时刻的切向矢量；u_n 为法向绝对位移；Δu_{si} 为相对剪切位移；σ_n 为接触面应力初始化造成的附加法向应力；σ_{si} 为接触面应力初始化造成的附加切向应力；k_n、k_s 分别为接触面单元的法向和切向刚度；A 为节点代表面积。

接触面单元有两种状态：黏结（intact）和滑动（broken）。根据库仑抗剪强度准则得到最大切向力如下。

$$F_{smax} = c_{if} A + \tan\phi_{if} (F_n - uA) \tag{11-9}$$

其中，c_{if} 为接触面凝聚力；φ_{if} 为接触面摩擦角；u 为孔隙水压力。

当接触面上的切向力小于最大切向力时接触面处于弹性阶段；当大于最大切向力时则进入塑性阶段。滑动时的剪切力不变，但是会导致法向力的增大。

$$\sigma_n := \sigma_n + \frac{|F_s|_0 - F_{smax}}{A k_s} \tan\psi k_n \tag{11-10}$$

式中：ψ——接触面膨胀角；

$|F_s|_0$——修正前剪切力。

本节接触面主要施加在预制方桩和碎石桩与桩周土之间,采用“移来移去”法,即分别建立地基和桩模型,然后在桩表面设置接触面,并把桩和接触面移到指定位置。这样可以在一个坐标有两个节点号,从而模拟桩土的相互滑移、挤压的情况。

11.4.2.3　模型设置及单元划分

在数值模拟时,由于各个单元、结构存在大量参数,很难凭经验一次确定。因此为了保证模型的准确性,首先建立地基的单桩模型,从局部到整体,验算单桩承载力复合实际情况后,再大规模建立完整的群桩复合地基模型,从而达到良好的模拟效果。

本节的基本假定如下:填方路堤、地基土、垫层和碎石桩均采用 Drucker-Prager 模型,预制方桩和混凝土板采用线弹性模型;不考虑水的影响。

边界条件:左右两侧 x 方向固定,前后两侧 y 方向固定,下表面为固定表面,上表面为自由边界。

分析过程:①单桩模型分析过程:加载前进行自平衡形成初始应力场,而后添加桩模型,按照速率加载法加载,直至应力在较大水平上下波动即达到桩的荷载极限,并提取数据绘制 p-s 曲线;②群桩模型分析过程:路堤加载前进行自平衡形成初始地应力场,然后按照不同工况激活群桩模型、垫层模型和路堤模型,按照位移稳定作为计算结束的标准。

1)单桩模型建立

单桩模型下,选取了一根桩加固区域,因为断面三地层状况最为复杂,选取断面三作为参数调整的典型断面,而后选取最不利断面(断面一)进行验证;因此针对两个断面(断面一和断面三)建立单桩复合地基基本模型(图 11-25)。

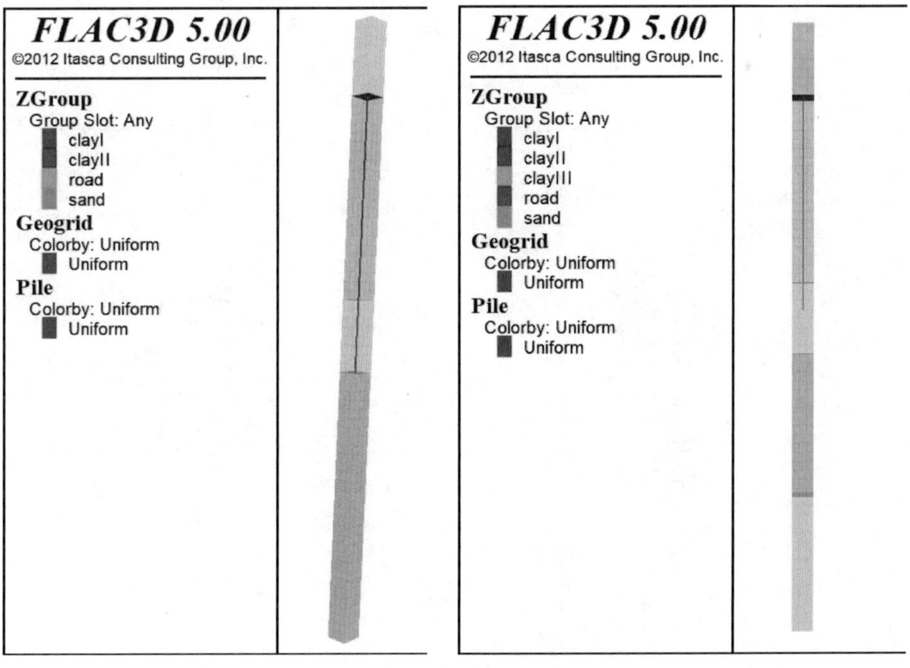

a)方桩(断面一)　　b)碎石桩(断面三)

图 11-25　单桩复合地基基本模型

断面三的模型参数如下:计算深度35m,地层分为3层,软弱黏土〈9-1〉10.5m,砂土〈2-2〉4m,其余为硬黏土〈9-2〉;地基处理方式分为预制方桩、桩板结构(灌注桩)和碎石桩三种。预制方桩:截面尺寸为0.45m×0.45m,桩间距2.5m,桩长12m;桩板结构:直径为1.0m的钻孔灌注桩,桩长12m,桩间距为5.0m,混凝土板高1m;碎石桩:桩径0.5m,桩间距1.2m,桩长12m,加固区坡脚外扩大宽度为3.0m。

2)群桩模型建立

因为模型是左右对称的,为减少模型的计算量,模型选取路堤左侧一半进行模拟。全长桩和全短桩的地基模型在路线方向截取3排桩,长短桩地基模型在路线方向截取5排桩,计算深度为35~50m,是最长桩长的2.5~3倍,计算宽度为40~50m,根据网格划分变化而变化,为路堤宽度的3倍左右;桩长和桩距根据不同工况进行调整,碎石桩按等效面积法换算为等效方形截面桩;行车荷载换算为等效的土层,填方路堤、地基土、垫层和碎石桩均采用Drucker-Prager模型,预制方桩和混凝土板采用线弹性模型,同时桩的表面设置接触面,以模拟桩土的相互作用。

地基整体模型如图11-26、图11-27所示。接触面模型如图11-28所示。

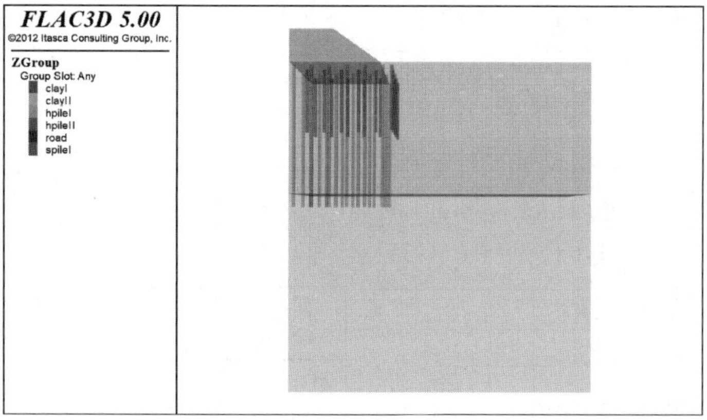

图11-26 地基整体模型

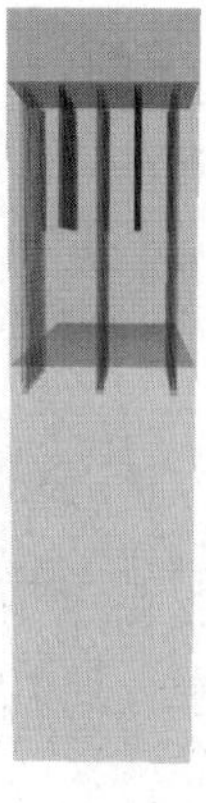

图11-27 地基整体模型(左视图)

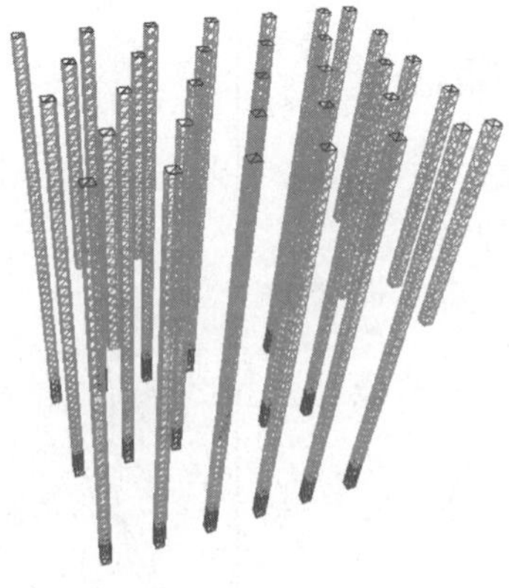

图11-28 接触面模型

11.4.2.4　确定计算参数

土体、桩体材料参数分别见表 11-10、表 11-11。

土体材料参数　　表 11-10

土层代号	厚度（m）	密度（g/cm^3）	黏聚力 c（kPa）	内摩擦角 φ（°）	泊松比	压缩模量 E_s（MPa）
〈2-2〉	7.7	1.9	8	22	0.25	18
〈9-1〉	10/12/22	1.7	28	23	0.3	8
〈9-2〉	1/10.4/20	1.6	13	15	0.3	3
垫层	0.3	2.1	5	30	0.23	30
路堤	5	2.1	15	27	0.33	25

桩 材 料 参 数　　表 11-11

桩　型	长度（m）	密度（g/cm^3）	黏聚力 c（kPa）	内摩擦角 φ（°）	泊松比	弹性模量 E（MPa）
预制方桩	22	2.1	—	—	0.3	3.5×10^4
灌注桩	12	2.1	—	—	0.3	3.3×10^4
碎石桩	10	2.0	0	38	0.25	70

对于接触面参数的选取主要通过试算决定，其中 k_n、k_s 由下式确定，根据不同的网格划分变化。另外摩擦角 φ 和黏聚力 c 分为预制桩和现浇桩两种，碎石桩和灌注桩接触面摩擦角 φ 和黏聚力 c 为周围土层的 0.8 倍左右，预制方桩接触面摩擦角和黏聚力为周围土层的 0.6 倍左右，并根据不同工况进行微调。

$$k_n = k_s = 10\max\left[\frac{\left(K+\frac{4}{3}G\right)}{\Delta z_{\min}}\right] \tag{11-11}$$

式中：K——体积模量；

G——剪切模量；

$\Delta z_{\min}$——最小网格面积。

11.4.3　数值模型与离心模型试验结果对比分析

1）单桩模型验证

FLAC3D 中对桩的静载试验模拟主要有应力加载法和速率加载法两种，根据大量实践证明速度加载法所得到的单桩承载力极限值结果较小，对于设计更加安全，但是两者相差不会太多；同时应力加载每次加载的应力越小，两者越趋近一致。由于速率加载的准确性和易操作性，本节采用速率加载法对模拟桩的静载试验，以图 11-29 ~ 图 11-31 为各工况下的单桩复合地基模型力-位移图。

经过参数调整的计算结果可以看出，预制方桩承载力为 877kN 左右，碎石桩承载力为 236kN 左右，灌注桩单桩承载力在 2340kN 左右，这与规范法计算得到的结果相近。由此证明，本节建立的计算模型在单桩承载力方面是合理的，下面在上述成果的基础上建立群桩整体模型对离心模型试验的典型工况结果进行对比分析，分析整体沉降方面是否符合实际情况。

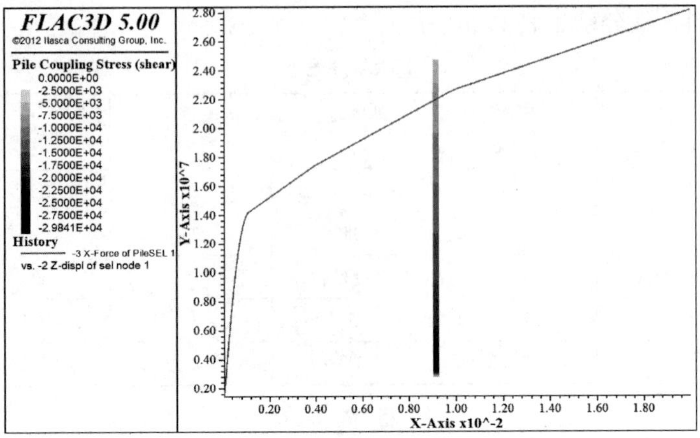

图 11-29　预制方桩单桩复合地基模型力-位移图

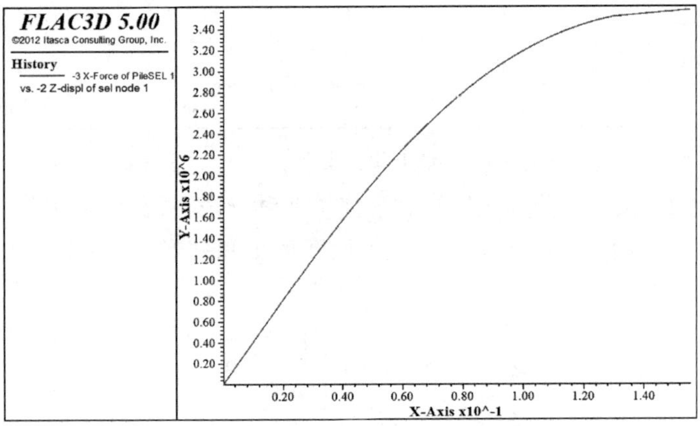

图 11-30　碎石桩单桩复合地基模型力-位移图

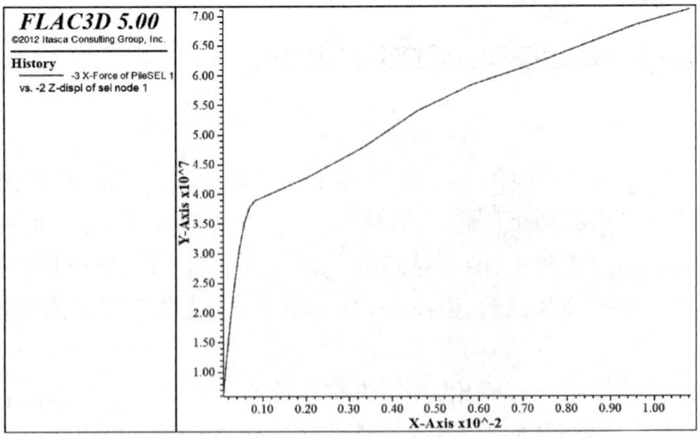

图 11-31　灌注桩单桩复合地基模型力-位移图

2）整体模型对比分析

为证明数值模拟建立模型的准确性和合理性，按照单桩模型验证后的参数选用原则，对不同工况的地基建立群桩模型（见 11.4.2.3 节），最后将计算结果汇总于表 11-12。

计 算 结 果　　表 11-12

<table>
<tr><th rowspan="2">试验组号</th><th rowspan="2">断面编号</th><th rowspan="2">处理方案</th><th colspan="3">模型试验变形结果</th><th colspan="3">数值模拟变形结果</th><th colspan="2">误差（%）</th></tr>
<tr><th colspan="2">桩顶</th><th>桩间土</th><th colspan="2">桩顶</th><th>桩间土</th><th>桩顶</th><th>桩间土</th></tr>
<tr><td>第一组</td><td rowspan="4">断面一
DK89 +800</td><td>对照</td><td colspan="3">256.5</td><td colspan="3">272.1</td><td colspan="2">6.3</td></tr>
<tr><td>第二组</td><td>预制方桩</td><td colspan="2">54.9</td><td>84.1</td><td colspan="2">58.8</td><td>86.5</td><td>7.1</td><td>2.9</td></tr>
<tr><td rowspan="2">第三组</td><td rowspan="2">长短桩</td><td>长桩</td><td>53.4</td><td rowspan="2">86.6</td><td>长桩</td><td>54.7</td><td rowspan="2">91.4</td><td>2.4</td><td rowspan="2">5.5</td></tr>
<tr><td>短桩</td><td>73.7</td><td>短桩</td><td>78.7</td><td>6.8</td></tr>
<tr><td>第四组</td><td rowspan="2">断面二
DK100 +500</td><td>对照</td><td colspan="3">102.4</td><td colspan="3">105.6</td><td colspan="2">3.1</td></tr>
<tr><td>第五组</td><td>碎石桩</td><td colspan="2">53.7</td><td>64.5</td><td colspan="2">55.5</td><td>69.1</td><td>3.2</td><td>7.1</td></tr>
<tr><td>第六组</td><td rowspan="5">断面三
DK84 +620</td><td>对照</td><td colspan="3">167.4</td><td colspan="3">167.0</td><td colspan="2">0.2</td></tr>
<tr><td>第七组</td><td>CG 桩</td><td colspan="2">46.6</td><td>69.8</td><td colspan="2">49.5</td><td>75.2</td><td>6.2</td><td>7.7</td></tr>
<tr><td>第八组</td><td>预制桩</td><td colspan="2">54.0</td><td>71.5</td><td colspan="2">57.1</td><td>72.8</td><td>5.5</td><td>1.8</td></tr>
<tr><td>第九组</td><td>桩筏结构</td><td colspan="3">59.7</td><td colspan="3">61.5</td><td colspan="2">3.0</td></tr>
<tr><td>第十组</td><td>桩筏结构</td><td colspan="3">67.9</td><td colspan="3">68.2</td><td colspan="2">0.4</td></tr>
</table>

注：表中变形数据单位均为毫米（mm）；沉降值为最终沉降。

从表 11-12 中可以看出，数值模拟和离心模型试验结果最大误差为 7.7%，平均误差约为 4.3%，相差不大；模型试验结果普遍比数值模拟要小，这是因为离心模型试验进行时土层会固结，造成土体的强度会一定程度上增大，最后的变形沉降会略小；同时数值模拟追踪的沉降点为路堤底部中心位置，而离心模型试验中为了消除边界效应的影响，测量的沉降值是路堤底部靠近路肩的部分，因此沉降值必然会略小。综上所述本书的分析手段是可行的，在本小节的基础上，下面将主要研究布置形式和桩距、垫层、桩长、混凝土腐蚀对沉降的影响。

11.4.4　影响因素分析

1）布置形式和桩距的影响

课题采用了两种长短桩布置形式，如图 11-32 所示，▨为短桩，■为长桩，为与试验工况对应且建模方便，采用正方形布置方式，具体置换率数据见表 11-13，垫层模量为 35MPa，厚 0.5m，

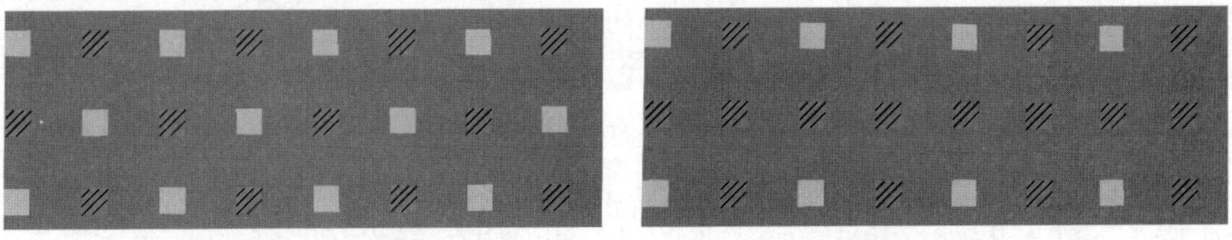

a）置换率长：短=1∶1　　b）置换率长：短=1∶3

图 11-32　长短桩布置形式

路堤填高5m,选取3倍、4倍和5倍桩径(这里的桩距指的是两个桩最近距离)3种工况,基于此进行模型分析。

不同布置形式置换率　　表11-13

桩距/桩径	1:1		1:3	
	长桩	短桩	长桩	短桩
3	0.11	0.11	0.11	0.33
4	0.06	0.06	0.06	0.19
5	0.04	0.04	0.04	0.12

图11-33整理了6个计算工况的沉降数据,从图中可以明显看出两种不同布置形式的沉降有较大的差别。在5倍桩径时,1:1最大沉降比1:3减少了6.67mm,约8%,4倍桩径则减少了3.14mm,约4%,3倍桩径时仅减少了1.41mm,约2%。由此可以看出布置形式(长桩的增加)对于降低沉降有一定的影响,但是有限。桩距对沉降的影响相对布置形式影响较大,总体趋势上,桩距的减小使复合地基沉降减小,尤其在1:3布置形式中,从5倍桩径至4倍桩径最大沉降减少了10%,3倍桩径时则减少了14%,1:1布置方式则没有这么明显的改善。

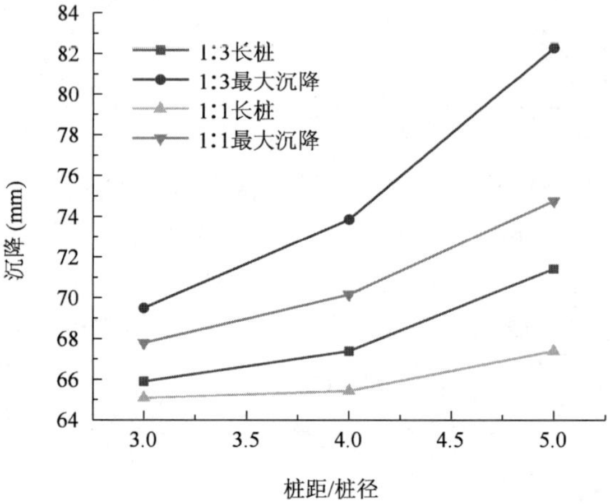

图11-33　布置形式和桩距对长短桩复合地基沉降的影响

在上述地基模型中,1:1模型比1:3模型方桩增加4根,约50%,但是沉降变化并不是很明显。但是从5倍桩径到4倍桩径方桩增加2根,约25%,效果相对布置模式的改变要明显得多。因此,在高桩径下,采用1:1模式是有效的,但是在3~5倍桩径下,1:1模式显得有些浪费。在本地质条件下,桩径的改变也有个最佳值,在两种布置形式下,桩距低于4倍桩径沉降改善效果降低,特别是从长桩沉降的发展上可以看出。1:1模式下3~4倍桩基基本呈水平直线,基本没有改善效果,且都在规范规定的范围内,因此,可以得出4~5倍桩径是较合理的。

从图11-34中可以看出两种布置形式对桩土受力状态的影响并不大,曲线基本重合,只有长桩应力1:3下略有提高。可见更加密集的长桩组合并不能发挥长桩的承载优势,反而增加了造价,不够经济。与沉降规律类似,桩距的影响比布置方式影响更大,这从受力方面解释了沉降变化机理。随着桩距的增大,桩土应力比也逐渐增大,单桩承受更多荷载,长桩是承受荷载的主要部分，这也说明了为何随着桩距增大长桩沉降变大。短桩应力约为长桩受力的 1/4 左右，且桩距的变化基本不影响这个比例，但是随着桩距增大两者应力差越来越大。所以，桩距越小，短桩越能发挥其承载作用。桩距的减小对桩间土的应力影响不大，甚至略有升高，这说明桩距减小使力作用于土体，但是总体沉降变小，使地基成为整体受力。

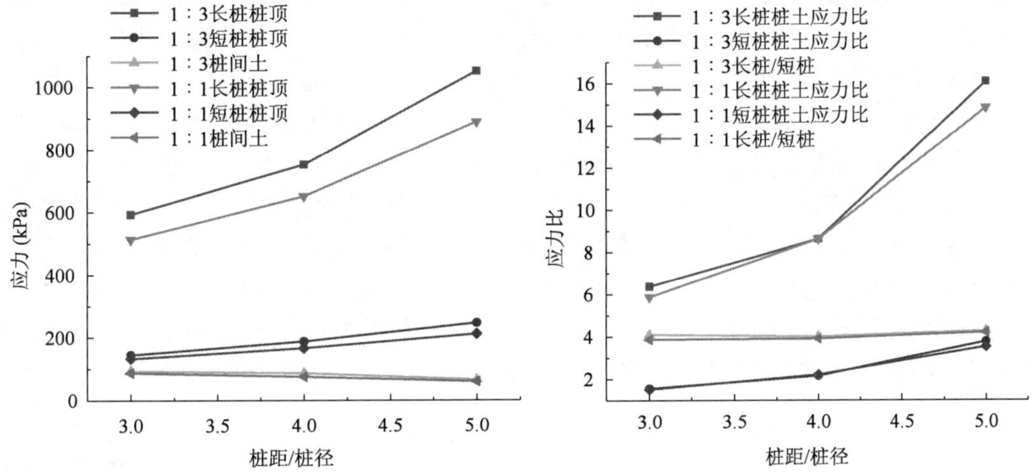

图 11-34　布置形式和桩距对长短桩复合地基承载性状的影响

2）垫层的影响

为保证桩和土体作为整体共同受力，调整桩土荷载分担比例，长短桩复合地基必须要设置褥垫层，为研究褥垫层对后者的承载性状的影响，本部分计算 4 倍桩径、长短桩 1 比 3 布置形式、长桩 22m（深入下层土 2m）、短桩 10m 下分别采用弹性模量为 35MPa、50MPa、70MPa、90MPa、110MPa、140MPa 的褥垫层的情况，得到以下结果。

从图 11-35 垫层对沉降影响图可以发现，垫层的存在极大地降低了复合地基的不均匀沉降，地基的最大沉降从 92.3mm 降低至 71.1mm，减少 23.0%。这说明设置褥垫层对于控制长短桩复合地基沉降是很有必要的，同时不均匀沉降从 25.7mm 缩小了 84.4%，对不均匀沉降

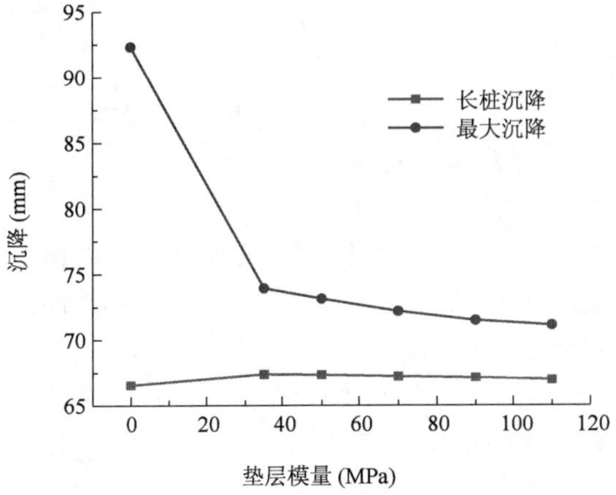

图 11-35　垫层对长短桩复合地基沉降的影响

的处治非常有效。褥垫层的模量从35MPa增加至140MPa过程中，地基沉降进一步减小，沉降差也从最初的25.7mm缩小至4mm，当垫层模量大于110MPa时，垫层强化效果趋于稳定。另外，长桩的沉降随着褥垫层模量的增高逐步发展。

为了解释上述沉降规律，需要从桩和土体受力的角度分析其机理。通过分析图11-36，可以发现，褥垫层的设置使长桩的受力激增，桩顶应力从291.9kPa增长到740.2kPa，桩土应力比从3.4增长至10.0。这解释了长桩因为褥垫层的设置而沉降增大的现象，同时，桩间土应力值一直保持较低水平，随着褥垫层的设置和模量的增大，其承受的荷载则逐步下降，这说明越来越多的荷载为长桩所承担。分析短桩的受力不难发现，短桩受力在设置褥垫层后大幅减小，这说明在设置垫层前，长桩和短桩的受力状态基本类似，并未发挥出长桩的承载优势。随着褥垫层模量的增加短桩承受的荷载略微下降，桩土应力比先略微上升而后又慢慢下降，但是基本稳定在2.8~2.3。而长桩的应力比一直在增大，两者的比值在110MPa时达到5.3，这说明长短桩复合地基在褥垫层作用下，长桩为主要荷载承受者，短桩起到了主要加强桩间土的作用，并分担少量荷载。长桩所承受的荷载基本与褥垫层模量呈正比，而桩间土和短桩则为负相关，且模量增大到一定程度后基本保持不变，所以垫层的模量存在一个最佳值。

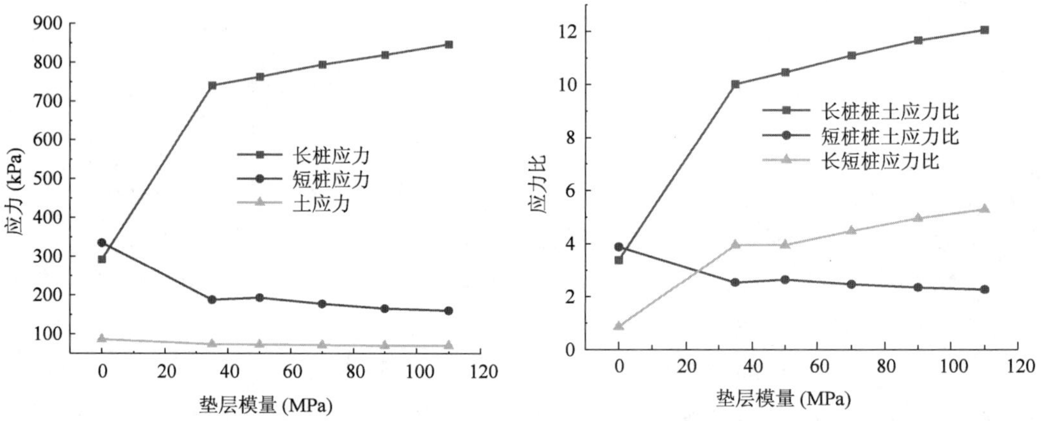

图11-36 垫层对长短桩复合地基承载性状影响

3）桩长的影响

为研究长桩和短桩长度对复合地基沉降和受力状态的影响，分别取16m、18m、20m、22m、24m的长桩和短桩/长桩长度比值（下简称桩长比）为0.3、0.4、0.5、0.6、0.7的短桩长度，地层、路堤与之前相同，进行模拟分析，结果如图11-37、图11-38所示。

通过分析图11-37，对比两幅统计图可以看出，长桩为变量的情况下，斜率较大，桩长对复合地基的沉降有巨大的影响。其中长桩的加长对减少复合地基沉降的贡献最为有效，最大减幅可达56.9%，而短桩的效果相对较弱，在相同长桩的情况下，最大减幅仅13.2%。由此可以看出，控制沉降增加长桩桩长是必不可少的手段。另外明显可以看出，长桩在增加到20m后，对沉降控制效果减弱，22m后再次减弱，这说明长桩在达到持力层后，再增加桩长在相同的荷载强度下，复合地基沉降的控制效果将变得不够经济。因此，该地质状况下，22~24m的长桩是比较合适的。短桩的加固效果可以从图11-37a）得到，长桩一定的情况下，短桩的加长会使复合地基沉降减少。在长桩未达到持力层情况下,效果明显,但是随着长桩的长度增加,短桩的加长作用效果越来越弱,在长桩 22m、24m 下,桩长比到 0.6 后作用基本消失。这说明在长桩作用效果明显时,短桩长度尽量不要超过长桩的 0.5~0.6 倍,且长桩深入持力层越多短桩最佳值越小。

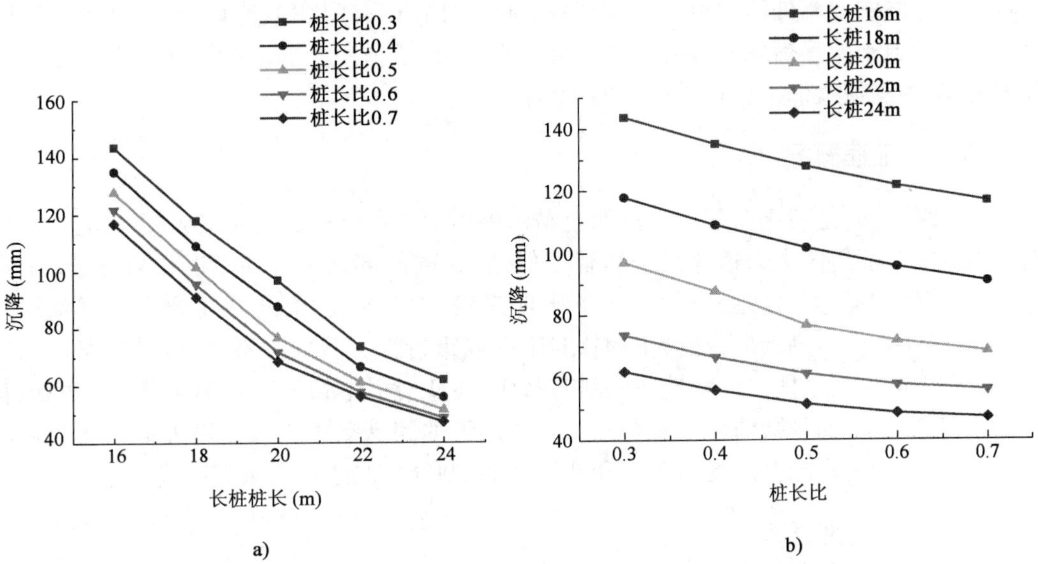

图 11-37　桩长对复合地基沉降的影响

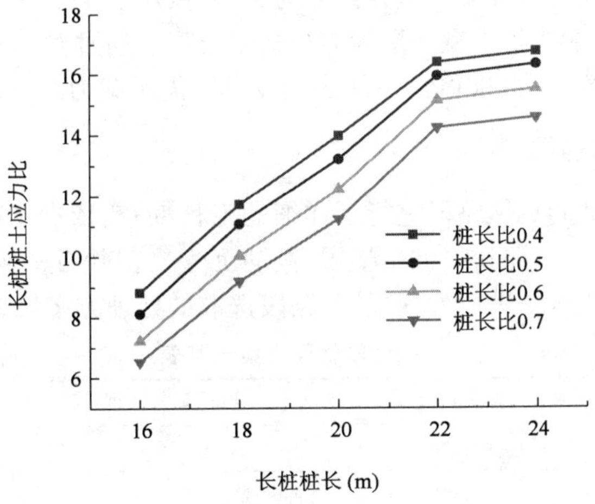

图 11-38　桩长对长桩应力的影响

分析复合地基的受力状态可知,桩长的作用是明显的,长桩的增加会使长桩的应力攀升,而短桩长度的增加则会减少长桩的受力,从图 11-38 中可以看出,这种增加和减小趋势基本呈线性变化。另外,长桩作用更加强烈,这也与沉降控制效果相符。长桩长度达到持力层后,再增加桩长,其受力状态变化不显著,这说明这种状态下增加桩长将贡献不大。

11.5 盐渍化软弱土地基处理工程实例

为了综合提高西北地区盐渍化软弱土地段公路地基处理的工程质量，以嘉安一级公路盐渍化软弱土地段的地基处治项目为工程依托，通过 MARC 有限元数值计算分析、现场实际监测数据结果及地基处治措施的社会经济效果评价，研究了适用于西北盐渍化软弱土地基处治的合理措施，为其他类似工程提供一定的参考。

11.5.1 工程概况

嘉安一级公路，是我国东起连云港西至霍尔果斯国道主干线的重要组成部分，它的建成将迅速加快我国西部地区大通道建设的步伐。但是，我国西部地区地质情况比较复杂（王小生等，2003），道路所通过地区地势较低、地下水埋深浅，常有水溢出，土体主要为软塑状饱和软弱土，且盐渍化程度较高，具有盐渍土和软弱土的双重特性。若处治不当，该段公路在今后的通行中将产生诸如由土体中的盐造成的路基盐胀、溶陷、腐蚀等破坏，由软弱土引起的地基变形过大等病害现象，而且盐渍化和软弱化综合作用下的路基病害不仅会极大地增加公路养护维修费用，而且严重影响公路的耐久性和使用性能，制约公路建设质量和运营服务水平。

11.5.2 工程地质条件

根据工程的具体情况，选定嘉安一级公路 JA 10 标段 K117 +000 ~ K117 +300、K117 +900 ~ K118 +200 及 K118 +200 ~ K118 +400 三处为盐渍化软基处理试验段。这三处试验段的地层根据土层的岩性特性及物理力学性质的差异可分为 5 层，按从上至下的顺序分别为：粉土、淤泥、淤泥质粉土、中砂、圆砾，主要的不良土层为表层盐渍土层。通过对原地基进行原位荷载试验，可知原地基最大允许承载力为 100kPa，不能满足设计所需承载力。

11.5.3 地基处治方案

笔者针对盐渍化软基的具体路段进行了详细的工程勘查，依据工程实际情况提出了 3 种较合适的处理方案，即采用水泥粉喷桩 + 垫层、振动沉管挤密砂石桩 + 垫层、强夯置换加固 + 垫层 3 种处理方案对所选路段进行处理，试验路段选取的处理方案见表 11-14。

试验路段处理方案一览表 表 11-14

位　置	试验段长度（m）	设计填方高度（m）	处 理 方 案
K117 +000 ~ K117 +300	300	6.8	粉喷桩（采用抗腐蚀水泥）
K117 +900 ~ K118 +200	300	5.6	强夯置换加固
K118 +200 ~ K118 +400	200	6.4	振动沉管挤密砂石桩

注：垫层为土工格室加筋粒料垫层。

11.5.4 数值计算基本参数

路堤按平面应变问题处理并取其半幅计算，材料采用 Mohr-Coulomb 屈服准则。路堤分级加载，采用单元死活技术。土体与土工合成材料的接触面采用 contact 功能处理，接触面只发生静摩擦作用，不发生动摩擦作用（张庆松等，2006；俞亚南等，2003；杨明等，2008；骆凤涛等，2007）。粉喷桩和振动沉管挤密砂石桩按照等面积转化为方桩，然后简化为平面应变；对强夯置换的数值模拟采用夯后土体的均值参数直接进行计算。

为了对不同的处理方案进行对比，3 种处理方案在计算时，路面、路堤及地基材料参数选用同一参数（Menard L，Boroise Y，1975；邓卫东等，2007；赵炼恒等，2008），见表 11-15。

路堤材料计算参数　　表 11-15

类别	厚度 (m)	γ (kN/m^3)	变形模量 (MPa)	μ	φ (°)	c (kPa)
面层材料	0.62	24.8	1300	0.30	—	—
原地基	20.00	14.7	4.7	0.35	6.1	11.3
路堤堤身	3.18	19.0	40.0	0.35	20	35
垫层	0.20	18.0	67.0	0.25	—	—

设计参数为：

（1）水泥粉喷桩复合地基设计参数：①置换率 0.145；②桩长 6.7m（表 11-16），桩径 0.5m，喷灰量 50kg/m；③水泥掺入比 15%。

水泥粉喷桩复合地基设计参数（部分）　　表 11-16

类别	厚度 (m)	γ (kN/m^3)	变形模量 (MPa)	μ	φ (°)	c (kPa)
单桩	6.7	18	69.6	0.25	25	300
桩间土	6.7	17	8.20	0.35	6	20

（2）强夯置换加固设计参数：①夯点按等边三角形布置，夯点间距 3m，排距 2.6m；②夯击能 2000kN·m，夯锤直径 1.5m，夯锤重量 140kN，落距 13m，有效加固深度 5.0m；③夯击遍数为 4 遍，采用平底夯锤，间隔跳打，最后一遍采用满夯，夯锤印迹重叠 1/3，每遍夯控制标准以最后 2 击夯沉量小于 5cm 计；④强夯后，采用砂石填料回填。见表 11-17。

强夯置换复合地基计算参数　　表 11-17

类别	厚度 (mm)	γ (kN/m^3)	变形模量 (MPa)	μ	φ (°)	c (kPa)
墩与夯间土均值	5	20.1	25.6	0.25	33.5	10

（3）振动沉管挤密砂石桩设计参数：①地基外缘扩大 3 排桩；②砂石桩采用等腰三角形满堂布置，置换率 0.183；③桩长 9.0m，使桩端进入圆砾层，以减少沉降变形；④桩径 0.5m；⑤施工时由两路基边线向路中线同时施工，采用间隔跳打的施工方法；⑥桩孔内的材料选用颗粒范围在 20～50mm 的砾石和级配良好的中粗砾组成混合料，见表 11-18。

振动沉管挤密砂石桩复合地基　　表 11-18

类别	厚度 (m)	γ (kN/m^3)	变形模量 (MPa)	μ	φ (°)	c (kPa)
单桩	9	19.60	28.7	0.25	27.0	—
桩间土	9	18.42	10.1	0.30	10.2	31

11.5.5 地基处理方案数值计算结果分析

图 11-39 为水泥粉喷桩处理地基计算模型网格划分。图 11-40 分别为粉喷桩、强夯置换及振动沉管挤密砂石桩处理地基的路基底面累计沉降量曲线。

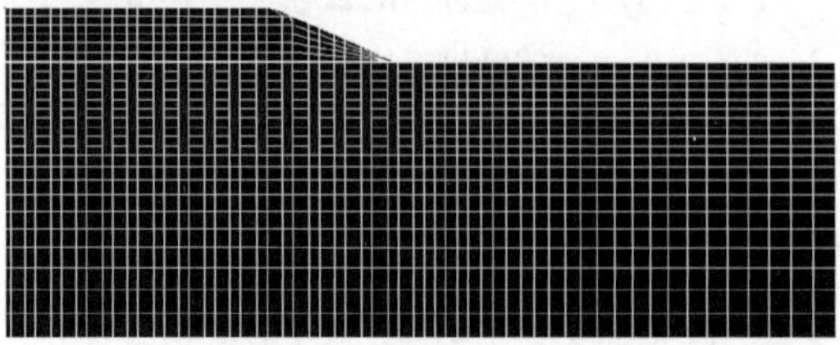

图 11-39 水泥粉喷桩处理地基计算模型网格划分

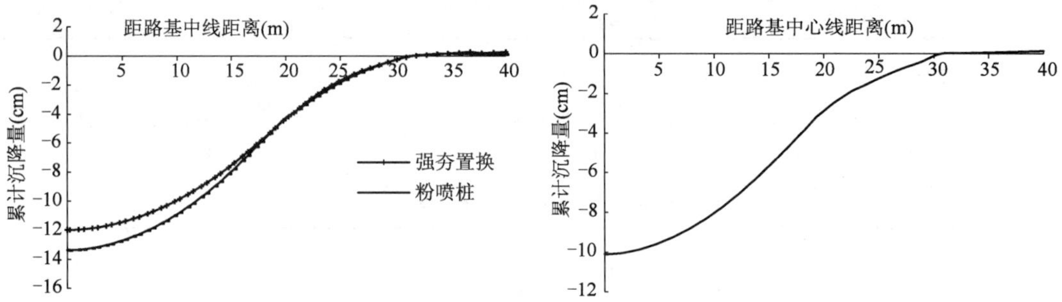

a)处理地基最终累计沉降量

b)沉管挤密砂石桩处理地基最终累计沉降量

图 11-40 盐渍化软弱土地基累计沉降量曲线

由图 11-40 可知,三种地基处治方案的效果都是距路基中心线距离越远,地基累计沉降量越小。路基中心线处的累积沉降量最大,沉降量变化较实测值均匀缓和,路基坡角向外的地基表现为向上隆起,隆起量随着远离坡角而逐渐减小。三种处理方法中最终累计沉降量最大的为粉喷桩处理方案,最大累计沉降量为 13.3cm,效果最好的是振动沉管挤密砂石桩,最终累计沉降量为 10.1cm,强夯置换的最终累计沉降量为 11.9cm。

对于相同的路堤而言,用不同的地基处理方法处理的地基所引起的坡脚外地基隆起量也是不同的,振动沉管挤密砂石桩引起的地面隆起量最小,对路堤的影响也最小。

11.5.6 盐渍化软基现场处理效果监测

试验进行压力和沉降现场监测所采用的试验元件为钢弦式土压力盒和静力水准沉降杯,埋设方式如图 11-41 所示。

粉喷桩段 K117 +150 断面竖向土压力与沉降量的分布曲线如图 11-42、图 11-43 所示。

选取路中线处 428 号(桩间土)和 808 号(桩)两个压力监控数据来反映桩、土应力随时间(填土高度)变化的情况。如图 11-42 所示。由图中可以看到,桩土应力比高达 4.5 倍。开始填筑路基时,随着每一层填筑,土压力增长很快;在填土开始,土压力成线性增长;等到填土结束,土压力增长放缓,在这个阶段土压力达到最大值。随后由于孔隙水压力的消散,土压力缓慢减小，最终趋于收敛。桩间土的应力值趋于平稳时间要早于桩体，在填土 5d 以后，桩体逐渐发挥其作用，桩间土在此以后参与承载效应的机能开始弱化。

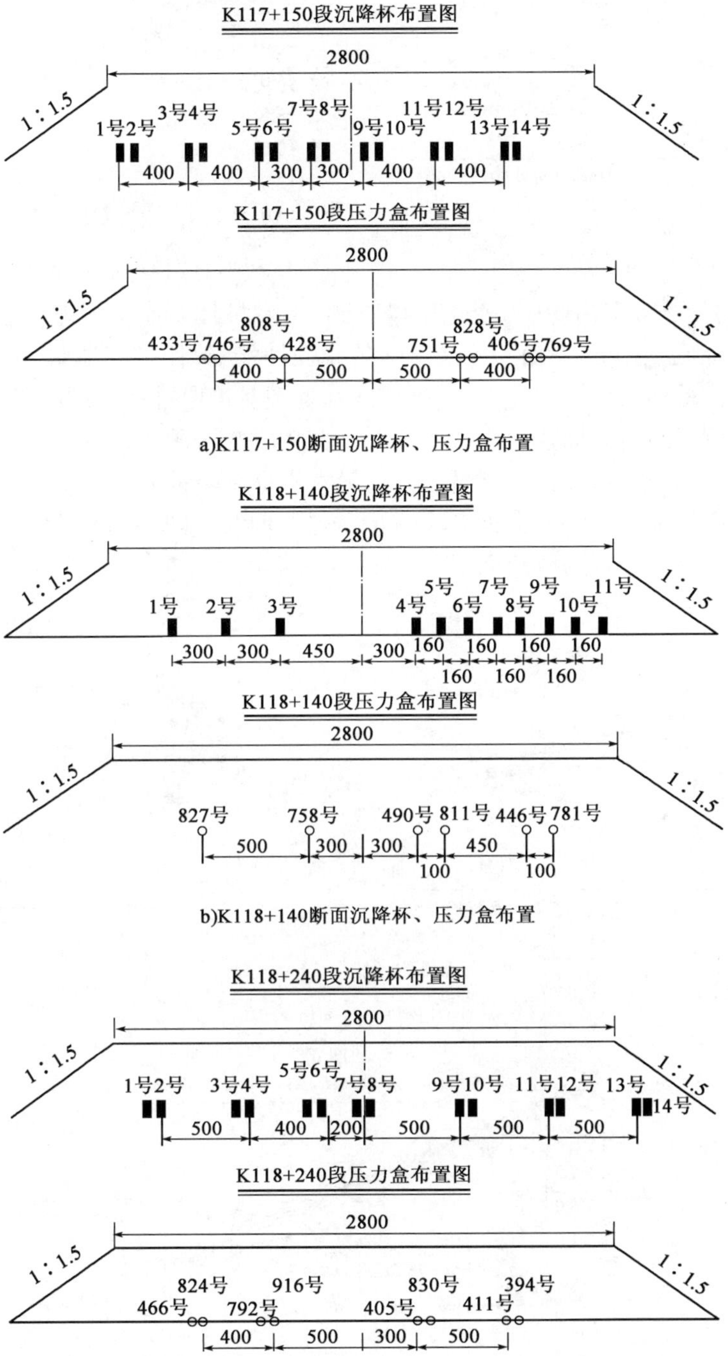

a)K117+150断面沉降杯、压力盒布置

b)K118+140断面沉降杯、压力盒布置

c)K118+240断面沉降杯、压力盒布置

图 11-41　试验路断面测试元件布置图(尺寸单位:cm)

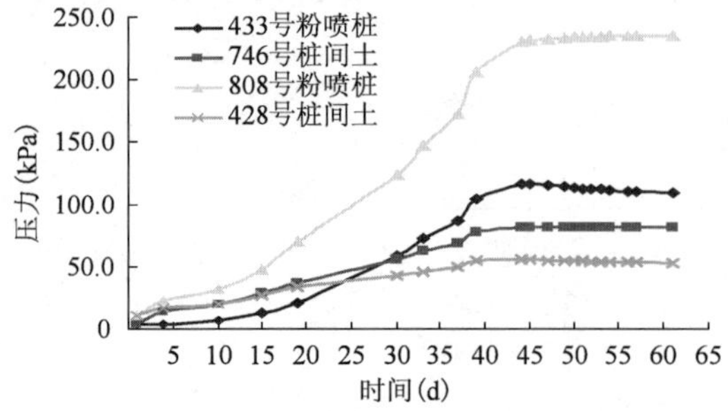

图 11-42　K117 + 150 断面压力曲线

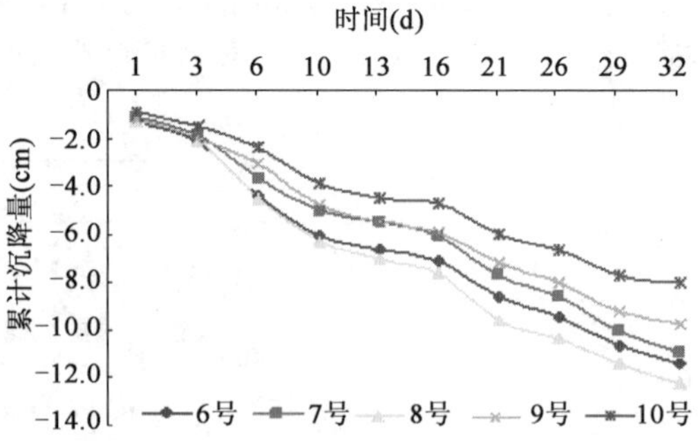

图 11-43　K117 + 150 断面累计沉降量曲线

分析工后(填土 22d 以后)压力变化可以看到,工后桩体所受应力基本稳定不变,而桩间土所受应力稍有降低,可见工后由于桩间土体的蠕变性能,致使桩间地基土应力值逐渐消缓,路堤大部分荷载由桩体承担。因此,在粉喷桩地基处理对策中,桩体质量直接影响后期的地基处理效果。累计沉降与时间曲线图中标点 8 ~ 6 号、9 ~ 10 号的顺序为从路中心到路肩,累计沉降量与时间曲线基本呈线性关系,比较均一,最大累计沉降量 12cm。

强夯置换加固段 K118 + 140 断面各个点部分监测曲线如图 11-44 ~ 图 11-46 所示,图中标点 7 ~ 11 号代表从路中心到路肩的标记。

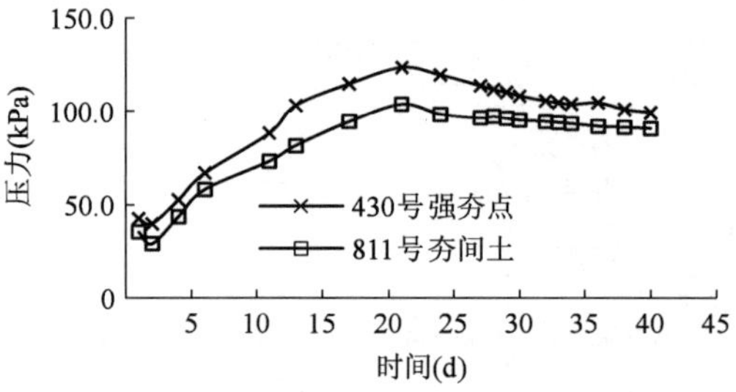

图 11-44　K118 + 140 断面靠近路中心压力曲线

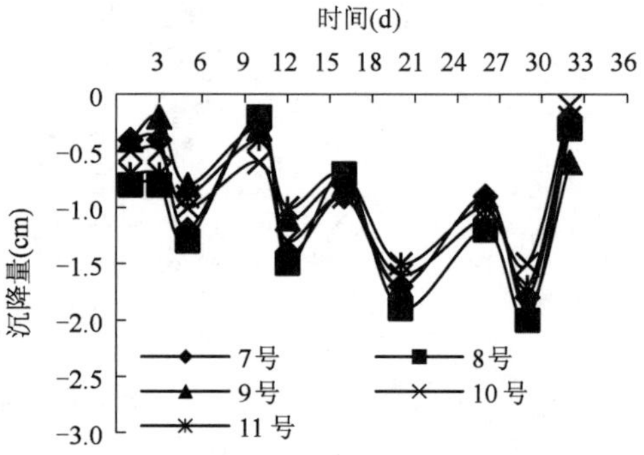

图 11-45　K118 + 140 断面沉降量与时间曲线

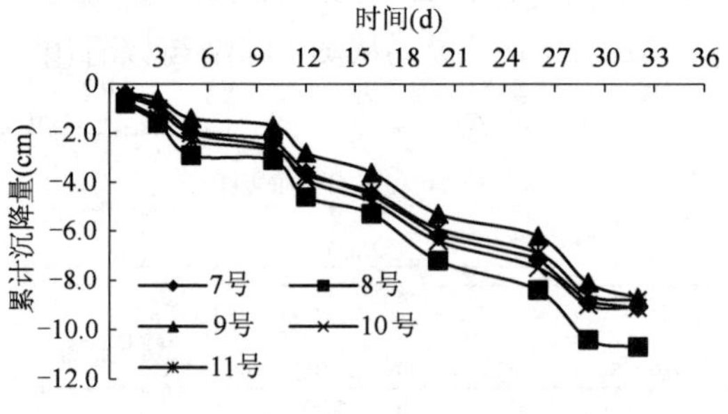

图 11-46　K118 + 140 断面累计沉降量与时间曲线

图 11-44 中 0 ~ 22d 内填土阶段,土压力成线性增长,等到填土结束,土压力增长放缓,在这个阶段土压力达到最大值;随后由于孔隙水压力的消散,土压力缓慢减小,最终趋于收敛。

在 K118 +140 断面处，夯点处与夯间土处的应力值差值不是很大，说明夯间土得到了很好的挤密，强夯置换墩和夯间土变形协调、共同承担外部荷载。

由沉降量与时间的关系曲线图可以看出，前期路基填土过程中，沉降变化幅度比较大，一般在 2cm 左右变化。沉降曲线随时间先增大后减少，反复循环 3～4 个周期，这是由于盐渍土的特性——盐胀性引起的冻胀和沉降变形，盐渍土随着温度的不断降低时，盐胀量不断增加，在升温过程中，随着温度的升高，盐胀量又逐渐减小，但只能回落一部分，在下次冻融循环中，盐胀量继续增加。累计沉降量与时间曲线基本呈线性关系，比较均一，每 3d 的累计沉降在 1cm 左右，最大累计沉降量 11.2cm。

振动沉管挤密砂石桩段 K118 +240 断面的部分监测结果如图 11-47、图 11-48 所示，图中标点 8～13 号代表从路中心到路肩的标记。

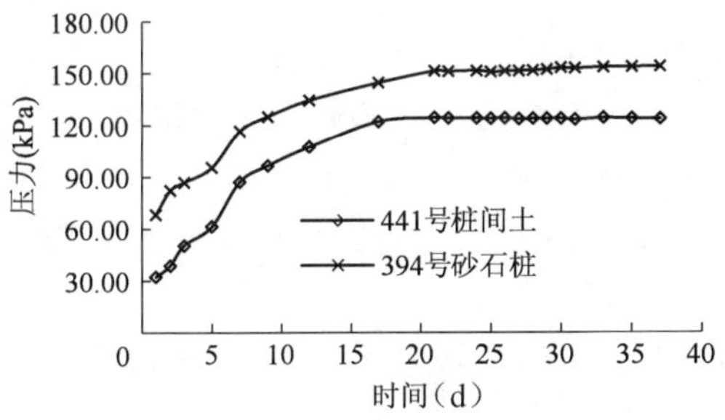

图 11-47　K118 +240 断面曲线

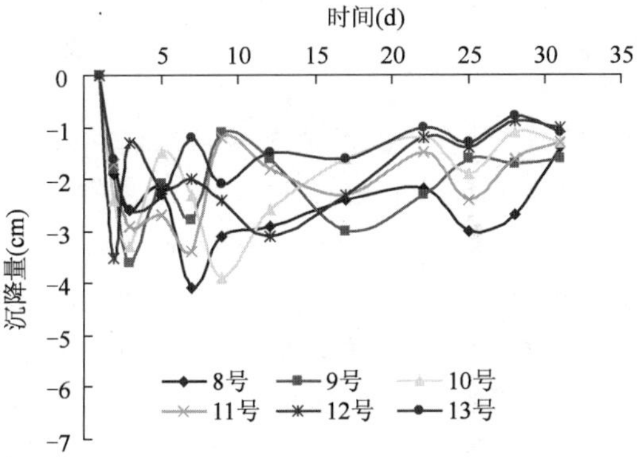

图 11-48　K118 +240 断面沉降量与时间曲线

结合填土过程分析，在开始填土时，复合地基表面荷载较小，填土荷载在复合地基表面分布基本上是均匀的，桩顶和桩间土所受的压力基本相同；随着填土荷载的逐步增大，桩顶和桩间土所受的压力也在增加，但是桩顶压力的增长速率大于桩间土压力的增长速率。这是因为路堤填土经过压实后，填土具有了一定的强度和模量，与桩间土的变形不能完全保持协调，桩间的填土产生拱效应，填土荷载通过拱效应传递到桩顶，使桩间土所承受的压力增长缓慢，而桩顶的压力增长较快，桩顶应力与桩间土表面的应力差增大。填土结束进入预压期后，随着路堤填土的固结和孔隙水压力的消散，自身内应力增加、强度增大，下层填土具有了一定的承载力，所以桩顶和桩间土表面的应力趋于平缓。从图 11-47 可以看出，沉降量随时间的变化关系也受到了盐渍土盐胀性的影响，呈现出周期性。

综合上述各断面的地基处理效果提高程度、地基应力的分布均匀情况、地基沉降变形量的大小、地基沉降量的不均匀情况，可以评判出 K118 +140 地基处理断面附近处从路堤中线向路肩方进行的强夯施工效果较好，即按强夯法处治该试验段盐渍土软弱地基效果最佳。

11.5.7　效果评价

从现场监测数据可以看出，强夯置换与振动沉管挤密砂石桩处理盐渍化软基效果好于水泥粉喷桩，强夯置换地基处理效果在短期内的效果要明显于振动沉管挤密砂石桩。但是从数值计算结果就长期来看，振动沉管挤密砂石桩由于后期排水固结效应对提高整个处理区域的地基承载力强度有明显作用,其最终累计沉降量小于强夯置换。

嘉—安路现已通车,总结盐渍化软基路段的总体情况可以得出:水泥土搅拌桩加固后,复合地基承载力从100kPa提高到150kPa,平均提高50%,费用为145～175元/m^2;振动沉管挤密砂砾桩可充分利用当地的砾石资源,加固后复合地基承载力从100kPa提高到133～167kPa,平均提高50%,费用为93～115元/m^2,平均每提高10kPa需要费用23元;强夯加固后,地基承载力从100kPa提高到200kPa左右,加固费用大致为50元/m^2,以加固费用计算,平均每提高10kPa仅需要费用5元,成本低廉。采用此法大面积加固处理,仅此一项可节省投资数千万元,而且强夯法可大大缩短工期,因此,强夯法是一种经济合理的地基处理方案。然而振动沉管挤密砂石桩虽然费用比强夯法略高,但由于其与地基形成的复合地基能有效减小不均匀沉降,并且可以改善强夯法置换地基深度的限制,所以其地基处治效果更为明显。

本章参考文献

[1] 李波,韩森,等.盐渍土地区耐腐蚀混凝土研究[D].西安:长安大学,2007.

[2] 中华人民共和国行业标准.JTG E30—2005 公路工程水泥及水泥混凝土试验规程[S].北京:人民交通出版社,2005.

[3] 中华人民共和国国家标准.GB/T 50082—2009 普通混凝土长期性能和耐久性能试验方法标准[S].北京:中国建筑工业出版社,2009.

[4] 田培,王玲.我国混凝土外加剂现状及发展趋势[J].施工技术,2009,38(4):5-11.

[5] 中华人民共和国国家标准.GB/T 749—2008 水泥抗硫酸盐侵蚀试验方法[S].北京:中国标准出版社,2008.

[6] 中华人民共和国国家标准.GB/T 2419—2005 水泥胶砂流动度测定方法[S].北京:中国标准出版社,2005.

[7] Ovesen N K. The scaling law relationship-Panel Discussion[C]// Proc. European Conference on Soil Mechanics and Foundation Engineering,1979.

[8] 徐光明,章为民.离心模型中的粒径效应和边界效应研究[J].岩土工程学报,1996,18(3):80-86.

[9] 张莎莎.基于离心模型试验的饱和土固结理论研究[D].西安:长安大学,2011.

[10] 王年香,章为民.土工离心模型试验技术与应用[J].岩土力学,2015(7):1914-1914.

[11] UENO. On the bearing capacity of surface foundation on granular media[D]. Tokyo:Tokyo Institute of Technology,2001:98-99.

[12] YANG Jun-jie,TOYOSAWA Y. Bearing capacity of reinforced sandy ground using centrifuge tests[J]. Soil Mechanics and Foundation Engineering,2003,51(11):47-49.

[13] 中华人民共和国国家标准.GB 50046—2018 工业建筑防腐蚀设计[S].北京:中国计划出版社,2018.

[14] 南京水利科学研究院土工研究所.土工试验技术手册[M].北京:人民交通出版社,2003.

[15] 中华人民共和国行业标准.JGJ 79—2012 建筑地基处理技术规范[M].北京:中国建筑

工业出版社,2013.

[16] 黄晶.路堤荷载作用下 CFG 桩复合地基试验分析[D].成都:西南交通大学,2008.

[17] 王小生,章洪庆,薛明等.盐渍土地区道路病害与防治[J].同济大学学报,2003,31(10):1178-1182.

[18] 张庆松,刘松玉,李术才.粉喷桩复合地基沉降的数值模拟研究[J].公路交通科技,2006,23(11):15-18.

[19] 俞亚南,张仪萍,高文明.分级加载条件下粉喷桩加固路基有限元分析[J].中国公路学报,2003,16(2):38-41.

[20] 杨明,张可能,刘杰柔性基础下复合地基有效桩长计算方法研究[J].郑州大学学报(工学版),2008,29(2):23-26.

[21] 骆凤涛,王家鼎,宋飞,何华.祁临高速公路强夯振动压实黄土的力学性质分析[J].西北大学学报(自然科学版),2007,37(2):261-265.

[22] Menard L, Boroise Y. Theoretical and Practical Aspects of Dynamic Consolidation[J]. Geotechnique, 1975, 25(1): 3-18.

[23] 邓卫东,崔相奎,赵清平.强夯碎石墩加固软基路堤的稳定性有限元分析[J].公路交通科技,2007,10(5):1-5.

[24] 赵炼恒,李亮,何长明,等.土石混填路堤强夯加固范围研究[J].中国公路学报,2008,21(11):12-18.